HISTOIRE
DU
1er RÉGIMENT
DE
Cuirassiers

ANGERS
IMPRIMERIE-LIBRAIRIE LACHÈSE & DOLBEAU
4, Chaussée Saint-Pierre

1889

HISTOIRE

DU

1ᴱᴿ Régiment de Cuirassiers

f 207
2/4

Histoire
du 1er Régiment
de
Cuirassiers

ANGERS

IMPRIMERIE-LIBRAIRIE LACHÈSE & DOLBEAU

4, Chaussée Saint-Pierre, 4

1889

AVANT-PROPOS

Avant d'exposer l'histoire du 1er Régiment de Cuirassiers, nous présenterons quelques considérations générales sur l'organisation de la cavalerie à ses débuts, sur l'origine des cuirassiers, et sur les différentes modifications survenues dans cette arme.

Ces renseignements, empruntés en grande partie à l'Histoire de la cavalerie par M. le général Suzanne, permettront de suivre plus facilement les transformations successives du régiment.

Organisation de la cavalerie à ses débuts

La création de l'armée permanente et soldée remonte à 1439. Les États du royaume réunis à Orléans par Charles VII décidèrent, par édit du 2 octobre, l'organisation des compagnies de cavalerie, dites *Compagnies des ordonnances du Roi*.

Compagnies d'ordonnances. — Toutefois cet édit ne put rece-

voir de suite son exécution, et c'est seulement en 1444 que
furent organisées les quinze compagnies des ordonnances,
dont la formation avait été décidée en conseil du Roi.

Chaque compagnie était commandée par un capitaine et
comprenait cent lances, c'est-à-dire cent hommes d'armes ou
maîtres, armés de pied en cape. Chaque lance était accompagnée de trois archers, un coutillier et un page, montés et
armés à la légère. Une compagnie de cent lances, présentait
donc un effectif de six cents hommes.

La présence dans la compagnie de deux officiers porte-
étendards, l'enseigne et le guidon, montre que l'on ne confon-
dait pas les hommes d'armes et leurs auxiliaires, et que chacun des deux groupes pouvait combattre à part.

Les guerres d'Italie, commencées à la fin du XVe siècle, et
qui se continuèrent pendant les deux tiers du siècle suivant,
devaient, en mettant nos troupes en rapport avec toutes les
nations de l'Europe occidentale, amener de profondes modifications dans la constitution générale de l'armée et dans
l'organisation particulière de la cavalerie.

Dès les premières campagnes d'Italie, les archers s'étaient
séparés des hommes d'armes et avaient formé des compagnies
particulières, qui furent bientôt désignées par le nom nouveau de cavalerie légère, et qui commencèrent à combattre
sous leurs guidons ou cornettes propres.

Cette modification dans l'organisation et dans le service
des troupes à cheval, qui se produisit dans les premières
années du règne de Louis XII, eut pour résultat d'établir peu
à peu, une ligne de démarcation tranchée, entre les compagnies d'hommes d'armes ou gens d'armes, qui sous le nom
de *gendarmerie* devinrent troupes de réserve, et les compagnies de *cavalerie légère*.

Tel fut le point de départ de cette singulière constitution des troupes à cheval de l'ancienne monarchie, qui jusqu'aux derniers jours comptaient, d'une part la maison du Roi et la gendarmerie de France, et de l'autre la cavalerie légère.

Maison du Roi et gendarmerie. — La maison du Roi formait deux divisions. La gendarmerie en formait une autre. A elles trois, elles constituaient la cavalerie de réserve.

En 1763, la gendarmerie comprenait quatre compagnies appartenant au Roi et formant la grande gendarmerie, qui avait ses quartiers près de Versailles, et six compagnies appartenant aux princes. Ces dernières étaient désignées collectivement, sous le nom de petite gendarmerie, ou gendarmerie de Lunéville, parce que le Roi leur avait assigné cette garnison, où elles faisaient le service d'honneur près du roi Stanislas, son beau-père. La gendarmerie fut supprimée le 1er avril 1788. Le Roi ne conserva de toute la splendide maison formée par ses prédécesseurs, que les quatre compagnies de gardes du corps, qui devaient elles-mêmes disparaître en 1791. Le nom illustre de gendarmerie fut pourtant maintenu par la République, et donné à la maréchaussée.

Cavalerie légère. — La cavalerie légère comprenait, à l'exclusion des dragons, les troupes à cheval qui ne faisaient partie ni de la maison du Roi, ni de la gendarmerie. Un seul régiment, celui des cuirassiers du Roi, était cuirassé, toutefois les autres régiments portèrent longtemps le plastron de cuirasse, et il est difficile d'établir à quelle époque ils l'ont quitté. En 1693, on organisa un premier régiment de hussards. Deux autres furent successivement formés en 1706. Mais ces trois régiments firent partie de la cavalerie proprement dite jusqu'en 1779.

Dragons. — Les dragons qui provenaient des anciens carabins, ne furent considérés comme troupe de cavalerie, qu'en exécution d'un édit du 2 avril 1668, qui en fit une arme particulière. Jusqu'à cette époque ils avaient pris rang dans les troupes à pied, et étaient réputés corps d'infanterie.

D'après une ordonnance de 1689, les officiers de cavalerie et de dragons devaient prendre rang entre eux de la date de leurs commissions, de manière cependant, que lorsqu'elles se trouvaient de même date, l'officier de cavalerie commandait à celui de dragons.

Création des subdivisions d'armes. — L'ordonnance du 29 janvier 1779 remania toutes les troupes à cheval. Les escadrons de chasseurs furent retirés des régiments de dragons, et formèrent six régiments de chasseurs à cheval. Les régiments de hussards dont le nombre fut porté à cinq, formèrent également une arme à part.

C'est donc en 1779, qu'on voit pour la première fois, apparaître les subdivisions d'armes, sous les désignations de régiments de cavalerie, de dragons, de chasseurs et de hussards; et dès lors, le mot de cavalerie doit être compris dans le sens de grosse cavalerie.

Carabiniers. — En même temps qu'avait apparu en France le 1er régiment de hussards en 1693, les compagnies de carabiniers avaient été distraites des régiments et réunies en un seul corps, sous le nom de Royal Carabiniers, qui avait été classé dans la série des régiments de cavalerie.

En 1788, les carabiniers furent partagés en deux régiments, tout en restant à leur rang de création; c'est seulement en 1791, qu'ils prirent la tête des troupes à cheval, et formèrent une subdivision spéciale.

Suppression des noms donnés aux régiments. — La loi du 1er janvier 1791, enleva aux régiments les noms et les titres qu'ils avaient portés sous la monarchie, et ils furent désignés par leur numéro de classement, dans la subdivision d'arme à laquelle ils appartenaient.

La cavalerie se trouva alors composée de :

Deux régiments de carabiniers ;

Vingt-quatre régiments de cavalerie ;

Dix-huit régiments de dragons ;

Douze régiments de chasseurs ;

Treize régiments de hussards.

La Convention porta le nombre des régiments de cavalerie à vingt-cinq, celui des dragons à vingt et un, et celui des chasseurs à vingt-cinq. Cette situation ne fut pas modifiée jusqu'en 1803, époque où furent formés les cuirassiers. Par suite de cette nouvelle formation, chaque subdivision d'arme se trouva avoir un nom particulier, et dès lors le mot de cavalerie n'eut plus qu'une signification générale s'appliquant à l'arme.

Formation des régiments. — L'établissement régulier du service des troupes, qui pour l'infanterie avait été relativement simple et facile, présenta pour la cavalerie de grandes difficultés, dont le temps et les progrès de la puissance royale pouvaient seuls venir à bout. On avait bien réussi plusieurs fois, à grouper et à faire escadronner ensemble un jour de bataille, plusieurs compagnies de cavalerie ; mais aussitôt après, il fallait tenir compte des exigences des capitaines, de leurs rivalités, de leur méfiance à l'égard de tout ce qui pouvait porter atteinte à leur indépendance et à leurs intérêts.

C'est seulement le 16 mai 1635, que le cardinal de Riche-

lieu fit signer au Roi une ordonnance prescrivant la formation de douze régiments de cavalerie légère. Dans le cours de
la même année, plusieurs régiments étrangers furent achetés
par la France, et le 26 octobre 1635, seize régiments allemands, qui sont restés célèbres dans l'histoire sous le nom
de Weymariens, passèrent à la solde de Louis XIII. Les premiers régiments français furent composés de deux escadrons,
et chaque escadron de deux compagnies : une compagnie
ancienne, dite *Chef d'escadron,* et une compagnie nouvelle,
subordonnée à la première dans les manœuvres seulement.
Les régiments furent donnés à des Mestres de Camp, choisis
parmi les officiers déjà pourvus d'une compagnie ancienne ;
cette compagnie personnelle, propriété du chef du régiment, et
appelée la *Mestre de camp,* fut placée à la tête du 1er escadron.

Cette première organisation ne dura que très peu de temps.
Soit par l'effet de sourdes résistances, soit que l'harmonie
n'ait pu s'établir tout à coup entre les éléments des régiments
nouveaux, soit enfin que le défaut d'instruction et d'ensemble
n'ait pas permis à ces corps, de soutenir la comparaison
avec les régiments Weymariens, vieilles troupes formées à
l'école de Gustave-Adolphe, Richelieu fut obligé de renoncer
à son organisation.

Les régiments de cavalerie furent cassés le 30 juillet 1636,
après un essai qui n'avait duré que sept mois, et ils furent
remis en escadrons.

Le 24 janvier 1638, on reforma trente-six régiments de
cavalerie légère française, ce qui avec les vingt-cinq étrangers restant de la levée de 1635, en donna soixante et un.
Toutefois, le désordre le plus grand régnait dans la cavalerie,
probablement en raison de l'irritation causée par la nouvelle
organisation.

Une ordonnance du 24 février 1647, incorpora dans l'armée française, les régiments qui combattaient avec nous depuis 1635, et elle décida que les corps étrangers prendraient rang avec les régiments et compagnies français, de la date de la commission que Sa Majesté avait donnée aux colonels et aux capitaines.

Le 7 septembre 1659, sans attendre la signature de la paix des Pyrénées, le Roi prononça la réforme de tous les régiments de cavalerie dont il ne voulut conserver qu'une ou deux compagnies. Cependant cette mesure subit quelques adoucissements, les régiments ne furent licenciés que successivement, et quatre régiments complets furent même conservés.

En 1665, trente-sept régiments furent reconstitués, et le commandement en fut donné à d'anciens mestres de camp réformés. Turenne réunit toute cette cavalerie au camp de Compiègne pour l'instruire.

Le 14 mai 1668, après la signature de la paix d'Aix-la-Chapelle, Louis XIV qui n'avait pas été complètement satisfait de ses régiments, les réduisit encore une fois en compagnies franches.

Ce n'est que le 4 février 1672, au moment où allait éclater la guerre avec la Hollande, que les régiments de cavalerie furent définitivement organisés. Et c'est alors que commença pour les troupes à cheval, la période de la permanence, dont les vieux corps de l'infanterie étaient déjà en possession depuis plus de cent ans.

État-major de la cavalerie

Colonel-Général. — Le 20 décembre 1549, Henri II plaça la cavalerie légère sous l'autorité et la direction d'un colonel-général, ainsi que cela avait été fait deux ans avant par son frère pour l'infanterie. Les gendarmes demeurèrent sous le commandement immédiat du Roi, représenté par le connétable.

Le Colonel-Général avait comme signe distinctif de son autorité, un étendard blanc; le ban et l'arrière-ban de la noblesse, qui, lorsqu'ils étaient convoqués, étaient assimilés aux compagnies de cavalerie légère, devaient subordonner leur bannière à la bannière blanche du Colonel-Général.

Quand les premiers régiments de cavalerie furent formés sous Louis XIII, comme ils n'étaient que des agrégations temporaires pour la durée de la guerre, il n'y eut pas lieu de leur donner l'étendard blanc, qui était celui de tous les régiments d'infanterie. En 1672, la permanence des régiments de cavalerie fut déclarée, mais Louis XIV afin de ne pas augmenter la puissance du colonel-général de la cavalerie légère en lui laissant le droit d'avoir dans chaque régiment, une compagnie à sa dévotion, conserva les dispositions adoptées pour les étendards, lors de l'établissement provisoire de ces régiments.

Pour l'infanterie, il avait tourné la difficulté d'une autre façon, en supprimant la charge de colonel-général, et en se substituant à lui, mais les régiments avaient conservé leurs enseignes blanches. C'est donc seulement dans la cavalerie, que la cornette blanche resta le privilège de la première compagnie du régiment, appartenant en propre au colonel-général. Cette compagnie était sa propriété, et était commandée par son lieutenant-colonel.

Tant que fut maintenue la charge de colonel-général, les commandants des régiments de cavalerie ne portèrent pas le titre de colonel, mais celui de mestre de camp. Les premiers

colonels généraux de la cavalerie légère furent successivement :

20 décembre 1549, Claude de Lorraine, duc d'Aumale.

24 novembre 1558, Jacques de Savoie, duc de Nemours.

6 mai 1589, Charles de Valois, duc d'Angoulême.

1er janvier 1624, Louis-Emmanuel de Valois, comte d'Alais,
fils du précédent.

20 juillet 1553, Louis de Lorraine-Guise, duc de Joyeuse,
gendre du précédent.

Le 24 avril 1657, la charge fut donnée à Henri de la Tour
d'Auvergne, vicomte de Turenne. A dater de cette époque,
les noms des colonels-généraux se rattachent au régiment
dont nous allons écrire l'histoire.

Mestre de camp général. — A partir de l'année 1552, le colonel-général eut quelquefois pour auxiliaire un mestre de
camp général, ou premier chef d'état-major. La charge de
mestre de camp général devint permanente le 6 septembre 1578. Quand il y avait deux armées sur pied, le mestre
de camp général commandait la cavalerie de celle où n'était
pas le colonel-général.

Commissaire-général. — Le cas de trois armées en campagne s'étant présenté, le colonel-général eut un adjoint,
désigné sous le nom de commissaire-général de la cavalerie
légère. Cette charge n'est devenue permanente que le 15 octobre 1654.

Les titulaires des charges de colonel-général, mestre de camp
général et commissaire-général, étaient propriétaires de régiments, qui portaient ces mêmes désignations, et occupaient
les trois premiers rangs dans la cavalerie. Ils constituaient les
régiments de l'état-major de la cavalerie. Ces trois charges

furent supprimées le 17 mars 1788, mais elles ne devaient
s'éteindre qu'avec le titulaire.

Brigadiers. — Le 8 juin 1657, Turenne fit créer les charges
de brigadiers de cavalerie. Lorsqu'il y avait plus de trois
armées, et que les officiers de l'état-major de la cavalerie
s'étaient distribué les commandements à leur convenance, il
ne restait personne pour commander la cavalerie dans les
autres. Cette absence d'une autorité supérieure y livrait les
mestres de camp à toutes les conséquences de leurs rivalités.

L'institution des brigadiers fut une idée féconde, qui contribua beaucoup à établir l'ordre dans le service des troupes
à cheval en campagne.

Les brigadiers étaient officiers généraux, sans cesser d'être
mestres de camp, et de commander leur régiment.

Origine des cuirassiers et modifications survenues dans cette arme

Le 13e des trente-six régiments de cavalerie organisés le
24 janvier 1638, après avoir été réduit en 1661 à une seule
compagnie, fut rétabli le 2 décembre 1665, sous le nom de
cuirassiers du Roi. Malgré cette désignation spéciale, il faisait
partie de la cavalerie légère, dans laquelle il portait le n° 7.
A cette époque, tous les régiments étaient pourvus du plastron de cuirasse, et les officiers portaient la double cuirasse,
mais au régiment des cuirassiers du Roi, la troupe comme les
officiers était cuirassée devant et derrière. Ce régiment est,

à proprement parler, le seul régiment de cuirassiers qui ait figuré dans la cavalerie française jusqu'en 1802.

Lorsqu'au 1er janvier 1791, les régiments perdirent les noms sous lesquels ils étaient désignés, pour ne plus porter qu'un numéro de série dans leur arme, le régiment des cuirassiers du Roi devint le 8e régiment de cavalerie.

Le 17 septembre 1802, le premier Consul prescrivit au maréchal Berthier, ministre de la guerre, de préparer un projet pour réduire à dix-huit, le nombre des régiments de cavalerie, et armer de cuirasses les cinq premiers, ce qui avec le 8e devait en donner six cuirassés. Les quatre premiers régiments furent d'abord seuls cuirassés.

L'arrêté du 23 décembre 1802, donna la cuirasse aux 5e, 6e et 7e régiments de cavalerie.

Enfin un arrêté du 24 septembre 1803, supprima définitivement la dénomination de régiments de cavalerie, et créa l'arme des cuirassiers représentée par douze régiments.

Ils étaient formés des douze premiers régiments de cavalerie, qui, sous l'ancienne monarchie, portaient les noms suivants :

1er Colonel-Général ; 2e Royal ; 3e Commissaire-Général ; 4e La Reine ; 5e Royal-Pologne ; 6e Du Roi ; 7e Royal-Étranger ; 8e Cuirassiers du Roi ; 9e Artois ; 10e Royal-Cravates ; 11e Royal-Roussillon ; 12e Le Dauphin.

Les régiments de cavalerie portant les numéros 13 à 18 passèrent dragons, et prirent dans cette arme les numéros de 22 à 27. Les régiments de cavalerie portant les numéros 19 à 25 furent licenciés, et leurs éléments furent versés dans d'autres corps.

A la création des grands dignitaires de la couronne, le maréchal Gouvion Saint-Cyr fut nommé colonel général des cuirassiers, titre purement honorifique, qui n'entraînait aucun commandement effectif.

Lorsque le maréchal Saint-Cyr fut appelé en 1812 au commandement de la cavalerie de la garde, il fut remplacé comme colonel général des cuirassiers par le général Belliard.

Les régiments de cuirassiers formés d'abord à quatre escadrons furent portés à cinq le 10 mars 1807. Au mois de novembre de la même année, les douze régiments envoyèrent chacun un escadron, pour concourir à la formation de trois régiments provisoires, qui furent envoyés en Espagne. L'escadron fourni par le 1ᵉʳ Cuirassiers fut affecté au 1ᵉʳ régiment provisoire.

Par décret du 14 décembre 1809, le 5ᵉ escadron fut licencié, les deux premiers régiments provisoires furent réunis, pour former le 13ᵉ cuirassiers, les escadrons du 3ᵉ régiment provisoire rejoignirent leurs régiments respectifs.

En 1812, on forma un 14ᵉ régiment de cuirassiers, avec le 2ᵉ cuirassiers Hollandais. Enfin un 15ᵉ régiment fut constitué, avec les escadrons qui avaient été dirigés des dépôts sur la place de Hambourg, où ils furent bloqués pendant la campagne de France. Ce régiment comprenait un escadron du 1ᵉʳ Cuirassiers, qui rejoignit à Paris en 1814. L'ordonnance du 12 mai 1814 réduisit le nombre des régiments de cuirassiers à douze, comprenant chacun quatre escadrons à deux compagnies.

Cette organisation fut conservée pendant les Cent-Jours.

Après Waterloo, l'ordonnance du 30 août, fixant les détails pour l'organisation de la cavalerie, réduisit à six le nombre des régiments de cuirassiers.

L'ordonnance du 1ᵉʳ septembre 1815 créa deux régiments de cuirassiers de la garde royale.

En 1825, une ordonnance en date du 27 février porta à dix le nombre des régiments de cuirassiers de la ligne ; les nouveaux régiments qui prenaient les numéros 7 à 10 étaient formés avec les régiments de dragons, portant les mêmes numéros.

Le décret du 11 août 1830 licencia les cuirassiers de la garde royale. Dans la réorganisation de l'armée, les dix régiments de cuirassiers furent conservés.

L'ordonnance du 1er mai 1854, qui créait la garde impériale, décréta la formation d'un régiment de cuirassiers de la garde.

Le décret du 20 décembre 1855 créa un deuxième régiment de cuirassiers de la garde. Ce régiment fut licencié le 15 novembre 1865, par le décret qui réunissait les deux régiments de carabiniers, pour en former un régiment de carabiniers de la garde.

En 1870 après les premiers désastres, on organisa successivement onze régiments de marche de cuirassiers, avec les dépôts des régiments de cuirassiers de la ligne et de la garde.

Après la guerre, les cuirassiers furent reconstitués sur le pied de douze régiments, dans lesquels vinrent se fondre les régiments de marche ; le 11e cuirassiers était formé avec les carabiniers, et le 12e avec les cuirassiers de la garde.

Depuis cette époque, ces régiments ont été l'objet d'ardentes discussions ; les progrès réalisés dans les feux de l'infanterie ont fait mettre en doute l'efficacité des armes défensives, et un moment on a agité la question de la suppression des cuirassiers. Un premier essai fut fait dans cette voie, et le 15 juillet 1880, les cuirasses étaient retirées aux six régiments pairs, qui étaient armés de carabines, tout en conservant d'ailleurs les autres détails de leur tenue et leur dénomination. Mais si on touchait aux cuirassiers, ce n'était que d'une main timide, et sans se risquer à appliquer dans son ensemble, un projet qui tendait à la suppression complète des douze régiments, et à leur remplacement par une troupe à cheval armée de carabines. Un revirement total ne tardait pas du reste à se produire, et le 19 avril 1883, les cuirasses étaient rendues aux régiments auxquels on les avait enlevées.

L'adoption du fusil de huit millimètres a ramené la question avec d'autant plus d'ardeur que l'Allemagne s'est prononcée pour la suppression des cuirasses ; mais cette fois encore, notre arme a trouvé d'énergiques défenseurs, les voix les plus autorisées se sont élevées en sa faveur, et le Conseil supérieur de la guerre aurait décidé le maintien des douze régiments actuels.

Qu'il nous soit permis de saluer avec enthousiasme une mesure qui conserve à la France, les descendants des héroïques régiments qui, pendant quinze ans ont semé la terreur sur les champs de bataille de l'Europe !

On ne saurait oublier qu'à l'époque de nos plus grandes gloires militaires, cette arme s'était acquis un renom tout particulier. L'expression « brave comme les cuirassiers » était passée en proverbe. Bien souvent leur seule apparition suffit pour jeter la panique dans les rangs ennemis.

Pendant le siège de Saragosse, Palafox avait rendu un arrêté, par lequel il punissait de mort quiconque dans une sortie crierait : « Voici les cuirassiers français. »

Le colonel de Gonneville, raconte dans ses *Mémoires* que pendant la campagne de 1807 des cavaliers russes se préparaient à charger une troupe française, qui s'avançait revêtue de ses manteaux. Lorsque ces cavaliers mirent le sabre à la main, leurs manteaux s'ouvrirent et laissèrent apercevoir les cuirasses. En voyant qu'ils avaient devant eux des cuirassiers, les Russes firent immédiatement demi-tour.

Le duc de Wellington, qui avait vu de près les cuirassiers dans la terrible journée du 18 juin 1815, résumait ainsi son opinion sur ces redoutables cavaliers : « Quand je vois un cuirassier français à côté de sa rosse, je le méprise ; quand il monte dessus, je le regarde ; quand il charge, je l'admire. »

La légende des cuirassiers, née pendant l'épopée impériale, a trouvé une glorieuse confirmation dans la cruelle campagne de 1870 ; et les cuirassiers de Reischoffen passeront à la postérité avec les cuirassiers d'Eylau et de la Moskowa.

On a estimé avec raison, qu'un pareil passé était un gage certain de l'avenir. C'est aux douze régiments de cuirassiers à prouver que leur rôle n'est pas fini, et à continuer la glorieuse légende de leurs ancêtres.

Noms successivement portés par le régiment depuis sa formation

~~~~~~~~~~

1631, **Trefski Cavalerie.**

17 octobre 1644, **Flextein Cavalerie.**

1649, **Nimitz Cavalerie.**

3 juin 1651, **Turenne Cavalerie.**

24 avril 1657, **Colonel-Général Cavalerie.**

1er janvier 1791, **1er Régiment de Cavalerie.**

24 septembre 1803, **1er Régiment de Cuirassiers.**

12 mai 1814, **Cuirassiers du Roi.**

Cent-Jours, **1er Régiment de Cuirassiers.**

24 août 1846, **Cuirassiers de la Reine.**

19 février 1831, **1er Régiment de Cuirassiers.**

ORIGINE DU RÉGIMENT

La similitude des dénominations, a fait souvent confondre l'origine du régiment, qui porte aujourd'hui le nom de 1er Cuirassiers, avec celle du régiment français, organisé en 1635 sous le titre de Colonel-Général. Celui-ci appartenait au comte d'Alais, qui exerçait alors en survivance de son père la charge de colonel-général. Or la permanence n'étant pas encore acquise aux régiments, ils suivaient la fortune de leur chef, et ce premier régiment Colonel-Général, perdit son titre et ses privilèges à la mort du duc de Joyeuse, gendre du comte d'Alais, lorsque la charge sortit de la famille de Valois-Angoulême, pour entrer dans la maison de la Tour d'Auvergne.

En réalité, le 1er Cuirassiers remonte à l'armée Weymarienne.

Le régiment auquel il se rattache, a été levé par le prince de Saxe-Weymar, lorsqu'il organisa en 1631, les troupes que Gustave-Adolphe prit à sa solde. Presqu'au début de sa formation, ce corps fut appelé à combattre dans les rangs de l'armée française, par suite de l'alliance que Louis XIII avait conclue avec la Suède. Bientôt après il passa à la solde de la France.

Richelieu, en effet, n'avait pas tardé à reconnaître, qu'il devait peu compter sur ses alliés, aussi chercha-t-il, après la mort de Gustave-Adolphe, à s'assurer par un achat en bonne forme, un général avec ses troupes. Parmi toutes les petites armées qui à cette époque couvraient le sol de l'Allemagne, nulle ne pouvait mieux répondre à ses vues que l'armée Weymarienne.

Issu de cette maison de Saxe qui avait disputé l'Empire à Charles-Quint, et qui était assurément la plus nationale et la plus illustre de l'Allemagne, ambitieux, sans scrupules, très doué pour la guerre, Bernard de Saxe-Weymar avait été le plus illustre lieutenant de Gustave-Adolphe. Après la bataille de Lutzen en 1632, il avait, à la mort du roi de Suède, partagé le commandement des troupes avec le comte de Horn ; la sanglante journée de Nordlingen, rompit l'accord entre lui et les Suédois, et le premier usage qu'il fit de son indépendance en 1635, fut de traiter avec le cardinal.

Parmi les troupes qui passaient à la solde de la France, se trouvaient seize régiments de cavalerie ; celui dont nous descendons, le seul, qui en 1659 devait survivre au traité des Pyrénées, était à cette époque commandé par le colonel Trefski.

TREFSKI CAVALERIE

Bien qu'attaché au service de la France, Trefski Cavalerie continuait à faire partie des troupes Weymariennes, dont la fidélité dépendait de celle de leur chef. Or, si le duc Bernard était animé de la haine des Habsbourg, il conservait néanmoins un vague attachement à l'Empire, et il était résolu à reconstituer sur sa personne, la grandeur de sa maison spoliée. Aussi malgré les engagements qu'il avait pris, il ne se livra jamais complètement. Depuis le jour où il entra au service de Louis XIII, il ne sortit guère d'un échiquier restreint, manœuvrant, prenant des places en Lorraine, en Franche-Comté, sur les deux rives du Rhin, entre les Vosges et là Forêt-Noire, espérant bien travailler pour lui-même. Mais le Roi avait auprès de ce prince allemand, un serviteur d'un dévouement à toute épreuve, qui par sa fermeté et son adresse, sut faire respecter le traité conclu avec son souverain. La postérité n'a pas rendu au maréchal de Guébriant la justice qu'il méritait ; le vaillant soldat, l'habile général, le patriote, l'homme de bien qui avait donné l'Alsace à la France, et qui est mort pour la lui conserver, a été admiré un moment par ses contemporains, mais il n'occupe pas dans l'histoire la grande place qui lui revient.

En exposant la généalogie du 1er Cuirassiers, nous ne saurions nous dispenser de rendre au maréchal de Guébriant un hommage tout particulier, puisque c'est à lui que le régiment auquel nous nous rattachons, doit l'honneur d'être entré dans l'armée française.

Jean-Baptiste Budes de Guébriant, né en 1602, à Saint-Brieuc, après s'être distingué, dans les Flandres, en Allemagne, en Italie, rejoignit en 1636 le duc Bernard, qui ne voulut plus se séparer de lui. Il eut alors un double caractère, et un rôle difficile. Commandant un contingent français au milieu d'une armée étrangère, accrédité en quelque sorte comme représentant de son Roi, auprès de ce prince allemand, dont il était aussi le lieutenant, il se montra propre aux deux rôles. L'égalité de son humeur s'alliait à une fermeté inébranlable ; conciliant et plein de tact, il savait résister aux prétentions, et parler fièrement au nom de la France.

Maintes fois, dans ses entretiens, à moitié intimes, à moitié officiels avec le duc de Weymar, il l'avait sondé, essayant de l'amener à s'expliquer sur ses intentions, sur la suite que recevraient les engagements pris avec la France, cherchant à obtenir pour le Roi la cession de la place de Brisach ; il l'avait trouvé impénétrable. Un jour cependant, il obtint une réponse qui n'était que trop claire. « Vous me demandez toujours Brisach, mais c'est « demander à une sage fille son pucelage, et à un homme de bien « son honneur. » Aussi Guébriant veillait-il sans relâche.

En 1639, le duc de Weymar mourut, témoignant sa haute estime pour Guébriant, en lui léguant avec ses armes, le fameux cheval noir Rapp, qui, disait-on, assistait son maître dans les mêlées, se jetant sur ceux qui cherchaient à le frapper, les renversant avec ses pieds, les déchirant avec ses dents.

Le commandement de l'armée Weymarienne passait entre les mains du major-général d'Erlach. Il ne tarda pas à être vivement sollicité d'abandonner le service de la France ; on lui écrivit pour lui rappeler ses devoirs envers la couronne de Suède. Mais Guébriant sut habilement persuader à son camarade, que le roi Louis XIII était le plus puissant, le plus proche, et que lui seul payait. Le brevet d'une large pension, fut encore de tous les arguments le plus sérieux, et au mois de septembre 1639, l'armée Weymarienne fut définitivement engagée au service de la France.

Sous les ordres du duc Bernard, le régiment de Trefski avait pris part aux victoires de Rheinfeld en 1637, et de Brisach en 1639.

En 1640, il est en garnison à Pont-à-Mousson.

En 1641, il retourne sur les bords du Rhin, et assiste sous le commandement de Guébriant, à la victoire de Wolfenbuttel.

Le 17 octobre 1641, il devient la propriété du colonel Flextein.

FLEXTEIN CAVALERIE

Au mois de novembre 1641, Flextein Cavalerie se trouvait au siège de Rothweil, où Guébriant fut tué deux jours avant la capitulation. Frappé d'un coup de canon au bras droit, le maréchal fut amputé le 17 novembre ; la gangrène se mit dans la blessure, et il expira le 24, s'écriant au milieu de son délire : « Ah ! ma « pauvre armée ! on la défait. Mes armes ! Mon cheval ! Tout est « perdu si je n'y suis ! » En effet, au moment où il prononçait ces paroles, l'armée, qui après la prise de Rothweil, s'était dirigée sur Tuttlingen, sous le commandement de Rantzau, était surprise et dispersée.

Le roi voulut honorer la mémoire du soldat qui l'avait si loyalement servi, et ses funérailles furent célébrées dans notre antique cathédrale, en présence des princes du sang, des représentants des cours souveraines, et de tous les dignitaires de l'État.

Après la malheureuse bataille de Tuttlingen, le régiment se retira avec toute la cavalerie sur le Rhin.

Campagne de 1644. — Au commencement de l'année 1644, le maréchal de Turenne reçoit le commandement de l'armée d'Allemagne. Le régiment prend part à la campagne qui s'ouvre au mois de mai, il assiste à l'attaque des lignes de Fribourg les 3, 5 et

10 août. Dans la journée du 5, il se trouva seul un moment pour soutenir l'infanterie du prince de Condé ; « il se maintint sous le « feu de toute l'infanterie ennemie, avec une constance admirable, « aussi perdit-il la moitié de ses gens. » Cinquante cavaliers de Flextein avec un officier, avaient été envoyés au début de l'action, pour reconnaître les positions de l'ennemi, établi sur le Josephsberg.

Dans la journée du 10, au combat de Saint-Peter, la cavalerie Weymarienne attaqua le convoi de l'armée Bavaroise, qui battait en retraite. Pendant deux heures, elle tint tête aux troupes de Mercy, et donna à l'infanterie le temps d'arriver. Rosen qui la commandait, montra dans cette rencontre, ce qu'un chef habile peut risquer et obtenir avec une cavalerie bien exercée. « C'est « une des actions que j'aie jamais vues, dit Turenne dans ses « Mémoires, où les troupes ont témoigné le moindre étonnement, « pour en avoir tant de sujet. »

La cavalerie se porte ensuite jusque sur le Neckar, s'empare de Germersheim, assiste au siège de Philippsbourg, et revient sur la rive gauche du Rhin. Le 10 septembre, le colonel Flextein, avec trois régiments de cavalerie Weymarienne, surprit et tailla en pièces un parti de cinq cents chevaux, expédié par Beck, et qui venait de traverser les montagnes du Hardt, se dirigeant sur Frankenthal. Il mit ainsi l'ennemi hors d'état de nuire, en détruisant sa cavalerie, qui lui aurait permis de continuer ses courses.

L'armée prit ses quartiers d'hiver au mois de décembre.

Campagne de 1645. — Au mois de mars 1645, Turenne malgré les plaintes des capitaines, qui prétendaient n'avoir pas eu le temps de rétablir leurs escadrons, quitte Spire, passe le Rhin, et vient s'établir près de Stuttgart.

Il était bien placé pour couvrir les Hesses, et maintenir ses communications avec Philippsbourg. D'ailleurs les officiers affirmaient que leurs chevaux ne pouvaient supporter une plus longue marche, avant d'avoir été soumis, comme tous les ans, au régime du vert. Le vieil esprit des Weymariens se réveillait, leurs réclamations avaient toutes les apparences d'une injonction. Le maréchal, craignant de les pousser à bout, dissémina ses quartiers, beaucoup plus qu'il n'était prudent de le faire. Mercy observait son adversaire, et le 5 mai il le surprit à Marienthal. L'infanterie se débanda, la cavalerie résista davantage, mais Turenne fut contraint de repasser le Mein, laissant aux mains de l'ennemi beaucoup de prisonniers, douze cents chevaux, et un grand nombre de drapeaux.

Bataille de Nordlingen, 3 août 1645. — Le duc d'Enghien ayant été envoyé au secours de Turenne, les deux armées se réunissent le 2 juillet. Elles se portent en avant, et le 3 août elles rencontrent l'armée de Mercy, fortement établie à Nordlingen. M. le Duc n'hésite pas à l'attaquer. La cavalerie Weymarienne est placée à la gauche de la ligne de bataille, cette aile est sous le commandement de Turenne, qui va assurer la victoire malgré la défaite de l'aile droite française. Voyant qu'on ne pouvait réussir à enlever le village d'Allerheim, Turenne gravit résolument, à la tête du régiment de Flextein, le talus qui s'étend entre le Wennberg et Allerheim ; il est accueilli par un feu terrible ; son cheval est blessé, il reçoit un coup dans sa cuirasse. Avant que le régiment de Flextein ait eu le temps de charger un régiment de cavalerie qui se trouvait devant lui, le colonel et plusieurs officiers sont blessés. Turenne n'en continue pas moins sa marche en avant, la ligne ennemie est rompue et bousculée. Mercy avait été tué dans la journée ; le lendemain son armée battait en retraite et repassait le Danube. Cette victoire mettait fin à la campagne.

Le régiment prit part à la campagne de 1646, mais les Mémoires de Turenne ne mentionnent aucun fait particulier qui le concerne. Le maréchal vint s'établir sur le Rhin ; et Mazarin, jugeant que les affaires se dénoueraient sans que les Suédois eussent besoin du concours de la France, lui prescrivit de se porter en Flandre avec son armée.

Turenne se mit en mesure d'exécuter l'ordre, mais arrivés au pied de la montagne de Saverne, les Weymariens déclarèrent que leur paie étant en retard, ils quittaient le service de la France ; ils reprirent aussitôt la route du Rhin, sous la conduite de Rosen. Réduit à l'impuissance par cette défection, Turenne suivit les Weymariens avec ses autres troupes. Arrivé sur le Rhin, il arrête son infanterie sur la rive gauche, passe sur la rive droite, et rejoignant les insurgés, marche au milieu d'eux, seul avec quelques aides de camp, bravant le péril, et conservant son sang-froid, alors qu'il savait qu'on pensait à s'assurer de sa personne. Arrivé près de Philippsbourg, Turenne fit mander cent mousquetaires dans la ville, cerna Rosen pendant la nuit, le fit enlever et transporter à la citadelle. Au point du jour, il réunit les chefs de corps et leur annonça que leur chef était prisonnier ; il leur promit un plein pardon, le paiement de la solde arriérée et un traitement équitable. Les colonels se soumirent et s'efforcèrent de rallier leurs hommes autour du maréchal. Tous les officiers et bon nombre de soldats imitèrent cet exemple ; d'autres, persévérant dans la mutinerie, élurent de nouveaux chefs, et marchèrent aussitôt vers l'Est. Turenne les suivit pendant deux jours, escorté par ceux-là même qu'il venait de ramener dans le devoir ; arrivé au Tauber, il les décida le 20 juillet 1647, à charger leurs camarades ; trois cents furent tués, trois cents faits prisonniers reprirent parti en France, huit à neuf cents seulement purent rejoindre l'armée Suédoise. Les régiments Weymariens furent remaniés et incorporés dans l'armée française. L'armée du duc Bernard avait cessé d'exister.

Le colonel Flextein fut nommé général-major, et remplacé par le colonel Nimitz.

NIMITZ CAVALERIE

Campagne de 1648. — Sous ce nouveau chef, le régiment prit part à la campagne de 1648. Dès le début, la cavalerie eut l'occasion de se signaler ; le 17 mai au combat de Lawingen, elle enlève huit pièces de canon, beaucoup d'étendards, et une partie des bagages. Le 20 mai, elle passe le Lech avec de grandes difficultés, et attaque l'arrière-garde des Impériaux en retraite. L'armée campa le soir à Neubourg, pour se porter le lendemain sur Freysing.

Le 12 juin, on passe l'Isar, et on marche sur l'Inn ; bien que le passage ne fût que faiblement défendu, on ne put parvenir à établir des ponts. L'armée resta là pendant quinze jours ; la cavalerie était à Passau, où elle se remonta.

On passe le Danube, et on marche sur Dingelfingen.

Les armées restèrent un mois en présence, la cavalerie eut fréquemment des engagements en allant au fourrage. Le 10 octobre, on repasse le Lech près de Landsberg ; puis le 15, le Danube à Donauwœrth, pour se porter à Eischstœdt dans le haut Palatinat. Le 24 octobre 1648, la paix est signée à Munster, et le traité de Westphalie met fin à la guerre.

En 1649, Nimitz est envoyé en Flandre. Pendant les troubles de la Fronde, il est appelé en Picardie.

Le 3 juin 1651, il devient la propriété du vicomte de Turenne.

TURENNE CAVALERIE

L'illustre maréchal avait d'abord hérité, en 1639, du régiment de cavalerie du cardinal de la Valette, avec lequel il servit en Italie. En 1646, il avait obtenu un vieux régiment Weymarien, qui avait appartenu au colonel Kanofski. C'est à la tête de ce régiment, qu'il combattit pendant trois ans en Allemagne et en Flandre. Ce corps, qui l'avait suivi dans sa courte révolte, fut entièrement détruit à Réthel. Rentré dans le devoir, le maréchal obtint le régiment de Nimitz.

Turenne Cavalerie se trouvait par l'ancienneté de son chef comme mestre-de-camp, et par suite des réformes et des destructions survenues dans la tête de la cavalerie, le onzième des régiments en service. Le maréchal le reconstitua sur le pied de six compagnies, et fut bientot autorisé à le porter à douze.

En 1651, le régiment sert en Lorraine, et assiste à la prise de Chasté.

Guerre de la Fronde. — En 1652, la guerre civile l'appelle sur la Loire.

On le trouve à Jargeau, à Blesneau, à Étampes, au combat du faubourg Saint-Antoine et à la poursuite des Lorrains.

En 1665, il contribue à la prise de Réthel, de Mouzon et de Sainte-Menehould.

En 1654, il est au siège de Stenay, puis avec l'armée de Flandre, à ceux d'Arras, du Quesnoy et de Binch.

En 1655, aux ravitaillements du Quesnoy, de Landrecies, de Condé et de Saint-Ghislain.

En 1656, on le retrouve devant Valenciennes et la Capelle.

En 1657, Turenne s'étant converti au catholicisme fut enfin déclaré colonel-général de la cavalerie, et donna ce titre à son régiment.

En réalité, le maréchal avait obtenu cette charge en 1654, lorsque le titulaire, le duc de Joyeuse, était mort [1], mais Mazarin avait refusé de le reconnaître, avant qu'il eût abjuré le protestantisme. La permanence des régiments ayant été établie quelques années plus tard, en 1671, le régiment de Turenne garda le titre de Colonel-Général jusqu'à la suppression de la charge. L'ancien régiment Colonel-Général, qui servait en Flandre, quand mourut son propriétaire le duc de Joyeuse, fut envoyé au fond de l'Italie, sous les ordres de son premier capitaine, M. du Vignaud, et y fut licencié à la fin de la campagne de 1656. Il est probable que Turenne avait exigé ce licenciement, pour éviter toute contestation.

---

[1] Au siège d'Arras, il fut blessé d'un coup de carabine au bras ; on croyait au commencement sa blessure légère, mais ayant été porté à Paris, il en mourut au bout de six semaines.

COLONEL-GÉNÉRAL CAVALERIE

Le titre de Colonel-Général entraînait pour le régiment deux conséquences importantes. Sa première compagnie reçut en dépôt la cornette blanche, et il prit de droit le premier rang dans la cavalerie, conformément à l'ordre royal du 29 mai 1645, qui avait accordé la préséance aux régiments des officiers de l'État-major de la cavalerie.

L'État de la France donne des renseignements intéressants sur les prérogatives du régiment.

On lit dans l'édition de 1748 :

« Le régiment Colonel-Général étant le premier de tous, et exis-
« tant depuis l'an 1635, il est juste ici de dire quelque chose de ses
« prérogatives, avant que de parler des autres. Il campe toujours

« à la droite de l'armée, et occupe les premiers postes dans les
« marches, c'est-à-dire l'avant garde, ou l'arrière-garde, suivant la
« position des ennemis, si la maison du Roi ne s'y trouve pas.
« Quand elle s'y trouve, il n'occupe que le second poste. Il a de
« grandes préférences pour les livraisons de pain et de fourrages ;
« et dans ces occasions, il coupe les brigades de cavalerie, quoi-
« qu'arrivées devant lui ; observant seulement de laisser achever
« le régiment que l'on aura commencé de fournir.

« Dans tous les endroits où se trouvent plusieurs régiments avec
« lui, après que les majors ont fait les lots des logements ou
« casernes, il choisit celui qu'il veut, au lieu que les autres tirent
« au sort ; il n'a pas d'autre inspecteur que son colonel-général, et
« en son absence, son mestre-de-camp lieutenant.

« Son étendard blanc, la cornette blanche, ne salue que le Roi,
« les princes du sang, le colonel-général, et les généraux d'armée
« maréchaux de France. Lorsque l'armée est rangée pour marcher,
« et que le régiment Colonel se mettant en marche passe devant
« la ligne de cavalerie, les régiments montent à cheval, et saluent
« de leur étendard la cornette blanche. Toute la compagnie colo-
« nelle est montée sur des chevaux gris blancs ; et elle seule a ce
« droit dans la cavalerie. Le mestre-de-camp du régiment, en est
« le capitaine et le lieutenant, et il en tire les appointements. La
« charge de porte-cornette blanche de Colonel-Général est unique,
« et a toujours été possédée par des personnes de considération.
« Aussi quoiqu'elle ne donne que le rang de dernier capitaine qui
« y est attaché, et qu'elle tombe au casuel du colonel-général, elle
« ne laisse pas d'être vendue plus cher qu'un régiment. »

Campagne de Flandre, 1657-1658. — Le marquis de Saint
Viance fut placé par Turenne à la tête de son régiment, en qualité
de mestre-de-camp commandant. En 1657, il le conduit en
Flandre, pendant la campagne que Turenne soutient contre Condé.
Colonel-Général assiste à la prise de Montmédy, à celle de Cambrai,

de Saint-Venant, de Waters, de Bourbourg, de la Motte-aux-Bois
et de Mardick. En 1658, il participe à la victoire des Dunes, où
Turenne triomphant de son illustre rival s'empara de Dunkerque.
Le 7 novembre 1659, la paix des Pyrénées met fin aux hostilités.
Le régiment reste dans les Flandres, et il subit, le 20 juillet 1660,
la réforme qui avait été ordonnée par Louis XIV, le 7 septembre 1659. Il ne resta sur pied que la compagnie-colonelle.

Campagne de Flandre, 1667. — Rétabli le 5 décembre 1665,
il est placé sous les ordres du marquis de Renty, et est envoyé au
camp de Compiègne, où Turenne exerce tous les régiments de
cavalerie qui viennent d'être réorganisés. En 1667, Louis XIV
déclare la guerre à Philippe IV, roi d'Espagne, pour l'héritage de
la Flandre. Colonel-Général prend part à cette campagne, et assiste
à la prise de Tournay, puis à celles de Douai et de Lille. En 1668,
après le traité d'Aix-la-Chapelle, il va tenir garnison à Audenarde.
Les régiments de cavalerie sont de nouveau réduits en compagnies
franches ; les compagnies qui furent conservées demeurèrent
dans cette place.

En 1671, la permanence dont jouissaient déjà les corps d'infanterie, ayant été étendue aux régiments de cavalerie appartenant
au Roi, aux princes du sang et aux officiers généraux de la cavalerie, le rang et les privilèges de Colonel-Général se trouvèrent
fixés définitivement.

Campagne de Hollande, 1672. — En 1672, Colonel-Général,
rétabli sur le pied de six compagnies, fait partie de l'armée du Roi
en Hollande. Il passe l'hiver dans la province d'Utrecht, assiste
en 1673 au siège de Maëstricht, et rallie ensuite l'armée que commandait Turenne sur le Rhin. Il combat avec le maréchal en 1674,
à Sintzheim, où son glorieux chef charge à la tête de ses escadrons.
Cette affaire est considérée comme l'un des engagements de cavalerie les plus opiniâtres que l'on puisse citer. « Il n'y eut point

d'escadrons qui ne chargeât quatre ou cinq fois, dit Turenne, et les ennemis se rallièrent jusqu'à sept fois, pour revenir à la charge, avec une fierté sans pareille. »

On trouve ensuite le régiment à Einsheim, et à Mulhausen. En 1675, on le voit aux combats de Turckheim et d'Altenheim, et au secours d'Haguenau et de Saverne.

Mort du maréchal de Turenne. — Le 27 juillet 1675, le maréchal de Turenne, en visitant une batterie établie près du village de Salsbach, fut tué d'un coup de canon. Le régiment ne paraît pas s'être trouvé à cette affaire, où tomba son illustre chef.

Cette perte irréparable, qui enlevait à la France un des plus grands génies militaires qui aient jamais commandé ses armées, laissait vacante la charge de Colonel-Général.

Elle fut donnée le 24 septembre de la même année, au comte d'Auvergne, neveu du maréchal.

Campagne de Flandre, 1677. — Colonel-Général est envoyé à l'armée de Flandre à la fin de 1676. Le comte d'Auvergne, colonel général de la cavalerie, y figurait parmi les officiers généraux. Il y fut nommé lieutenant-général, au moment où le Roi, quittant l'armée, voulut récompenser les services et le zèle des principaux officiers.

En mars 1677, le Roi revenu à l'armée investit Valenciennes. M. de Jonvelle, brigadier, commandait la cavalerie, composée des gardes du corps de Noailles et de Durs, d'un escadron des gendarmes écossais, des régiments Colonel-Général, mestre de camp, et du Roi. Après huit jours de tranchée ouverte, où le comte d'Auvergne et le régiment prirent une part active aux travaux du siège, Valenciennes fut pris d'assaut, et se rendit à merci le 17 mars.

Le Roi alla ensuite mettre le siège devant Cambrai, pendant que Monsieur, frère du Roi, duc d'Orléans, allait investir Saint-Omer. La cavalerie légère fut alors envoyée en quartiers de rafraîchissement, dans la Flandre Wallonne.

1690

Cependant le prince d'Orange, avec une armée hollandaise et espagnole, voulut secourir Saint-Omer ; le 8 avril, il campe à Poperinghe. L'armée du duc d'Orléans, à laquelle se joint la cavalerie, part de Blandek pour se porter à sa rencontre, et le 10 avril les deux armées sont en présence près de Cassel.

L'armée française était formée sur deux lignes : la droite commandée par le maréchal d'Humières, la gauche par le maréchal de Luxembourg, le centre par Monsieur frère du Roi ; Colonel-Général était à la gauche en première ligne, avec les régiments Listenay-Dragons, cuirassiers et Sourdis. Malgré le terrain défavorable, la cavalerie fit des merveilles. A la fin de la bataille, le duc d'Orléans se mit lui-même à sa tête pour la mener à la charge, et compléter la victoire. Le prince d'Orange fut complètement battu. Deux cornettes du régiment furent tués dans cette journée. Le capitaine Blot fut blessé.

Cambrai s'était rendu le 4 avril, après un siège de quelques jours, où le comte d'Auvergne avait été blessé, et couvert de pierres par un boulet qui frappa un gabion devant lui.

Saint-Omer se rendit également après la bataille de Cassel. Ce furent les dernières opérations de l'armée de Flandre jusqu'à la paix de Nimègue (1678).

Campagne sur le Rhin, 1688-1697. — On retrouve le régiment en 1688, au siège de Philippsbourg, puis à celui de Namur en 1692, et aux combats d'Heidesheim et de Steinbach. Il fut cité deux fois à l'ordre de l'armée pour ces deux combats. Il demeura probablement sur le Rhin pendant les deux dernières années de cette guerre ; il ne s'y passa du reste rien de remarquable.

Campagne en Italie, 1701-1706. — Au moment de la guerre de la succession d'Espagne, le régiment fut envoyé en Italie, il prit part à la victoire de Luzzara (1702), à l'expédition dans le Trentin, et aux sièges de Verceil, d'Ivrée et de Vérone.

2

En 1705, on le retrouve encore à l'armée de Piémont commandée par le duc de la Feuillade. En mai, il se trouve aux environs de Biella, sous les ordres de M. Ruffey, maréchal de camp.

Lorsque le prince Eugène, vainqueur en Allemagne, descendit en Italie pour secourir le Piémont, le duc de Vendôme, qui occupait le Milanais avec l'armée de Lombardie, se porta à sa rencontre. Le duc de la Feuillade envoya pour le renforcer un corps de cavalerie, dont faisait partie le régiment Colonel-Général. Ce corps, sous les ordres de M. d'Albergotti, partit le 11 mai par Candia et Pavie, et arriva à Lodi le 17.

Bataille de Cassano. — Le 16 août, le régiment prend part à la bataille de Cassano, où le prince Eugène, ayant tenté le passage de l'Adda, est complètement battu. Le succès fut dû en grande partie à la cavalerie. M. de Saint-Frémond écrivait à M. de Chamillard après l'affaire : « J'ai vu M. de Murcey, après que M. Praslin a été « blessé à la tête de la brigade Colonel-Général, soutenir fièrement « notre infanterie qui combattait. »

Le prince Eugène dut battre en retraite, et l'armée de Lombardie prit ses quartiers d'hiver sur le Mincio. En novembre, Colonel-Général se trouve à Palosio ; à la fin de décembre, il est à Mantoue.

Bataille de Calcinato, 19 avril 1706. — En 1706, l'armée de Piémont, sous les ordres du duc d'Orléans et de M. de la Feuillade fait le siège de Turin, pendant que le duc de Vendôme couvre le siège, et doit arrêter l'armée impériale, qui envahit l'Italie par la vallée de la Chiese. Vendôme réunit à Castiglione et Carpenedolo son armée forte de cinquante-huit bataillons, soixante-cinq escadrons, dix-huit pièces de canon ; il se dirige sur Montechiaro, où l'armée impériale a pris position, la droite à Montechiaro, la gauche à Calcinato. Colonel-Général, fort de trois escadrons, fait partie d'un corps de cavalerie, comprenant les brigades de Cappy et de Simiane, aux ordres de MM. de Forsac et de Rennepont, et est placé en première ligne.

Après une démonstration sur la droite de l'ennemi pour le tromper, le duc de Vendôme, voyant qu'une hauteur fort importante, près de Calcinato, était occupée seulement par huit bataillons d'infanterie et par de la cavalerie, se décide à l'emporter brusquement, avant l'arrivée de l'infanterie ennemie, qui était à trois lieues de là.

Deux brigades de cavalerie, et cinq régiments de dragons avec quelques troupes d'infanterie passent rapidement la Chiese à Montechiaro, et se lancent à l'attaque. « Pour se porter à l'ennemi, « par un terrain coupé de petits fossés, il fallut trois fois rompre « et se reformer, avant de charger. Cependant les troupes firent « cette manœuvre à portée de pistolet, comme si elles l'avaient « faite un jour de revue. »

L'infanterie renverse d'abord celle de l'ennemi et une partie de la cavalerie. La cavalerie française achève la déroute. « La brigade « de Colonel-Général, composée du régiment Colonel-Général et de « ceux de Saint-Germain, Baupré et de Cappy, quoiqu'elle n'eût « point d'infanterie devant elle, monta la montagne par un « endroit très rude, et emporta toute la droite de la cavalerie « des ennemis. C'est sans contredit, la plus belle charge de cava- « lerie qui se soit jamais faite, et on ne peut donner trop de « louanges à M. de Cappy, brigadier de cette brigade, et à M. le « comte de Châteaumorant, commandant de la cavalerie, qui se « mit à la tête du Colonel-Général, et mena cette affaire avec une « conduite et une audace que je ne puis assez exagérer. Voilà, « Sire, au juste ce qui s'est passé à la bataille de Calcinato, où il « a paru visiblement, que Dieu a protégé la justice des armes de « Votre Majesté, car il n'est pas possible d'imaginer de forcer une « armée dans un poste aussi avantageux, de lui tuer sur place « trois mille hommes, et en prendre autant de prisonniers, avec « six pièces de canon, beaucoup de bagages, plus de cent chevaux, « vivres, quatre drapeaux, douze étendards, et qu'il ne nous en

« coûte que cinq cents hommes au plus hors de combat. » (Rapport de M. de Vendôme au Roi.)

La victoire de Calcinato, rejeta les Impériaux au delà de l'Adige, et Vendôme répartit son armée le long de ce fleuve, depuis Bussolenga jusqu'à Castagnaro, à la tête du Canal blanc. Colonel-Général, en mai 1706, cantonne à Pontoncello et Santa-Maria.

Au mois de juin, le prince Eugène, avec une nouvelle armée, s'avance en Italie, pour faire lever le siège de Turin ; celui-ci se continuait sans succès, grâce à l'inexpérience du duc d'Orléans et à l'impéritie de la Feuillade.

Le prince Eugène suspend le passage de l'Adige le 13 juillet, passe le Pô et le Canal blanc, et remonte la rive droite du fleuve, avant que le duc de Vendôme ait pu réunir ses troupes pour s'opposer à sa marche.

Les nouvelles du désastre de Ramillies, et des revers de l'armée française en Espagne, le font rappeler sur Turin. Après avoir essayé vainement de défendre Crémone, Plaisance et la Stradella, l'armée de Lombardie se réunit devant Turin à l'armée du duc de la Feuillade, pendant que de leur côté, le prince Eugène et le duc de Savoie opéraient leur jonction le 1er septembre, sur la rive droite du Pô, entre Carmagnola et Moncalieri.

Bataille de Turin, 7 septembre 1706. — Le prince Eugène, profitant du désarroi de l'armée française, passe le Pô, et tournant le dos à la France, va présenter la bataille, entre la Doria et la Stura, partie la moins bien défendue des lignes des assiégeants. Le 7 septembre, il attaque l'armée française sur trois colonnes. Celle de droite est formée par le prince de Saxe-Gotha, avec les troupes hollandaises et autrichiennes, celle de gauche, par le prince d'Anhalt, avec les prussiens, celle du centre, par le prince Eugène avec les troupes autrichiennes. La garnison de Turin devait en même temps opérer une sortie. L'armée française avait sa droite à la Stura, sa gauche à la Doria, près du château de Lucento. Mais la ligne présentait de nombreux vides, que le manque de commandement ne permit pas de remplir, de sorte qu'un tiers à peine de l'armée prit part à la bataille.

A l'aile droite, en bataille, au gué de la Stura, se trouvait la brigade de Châteaumorant, composée des régiments Colonel-Général, Bissy, Saint-Germain, Beaupré.

Les retranchements de la droite et du centre sont très vite forcés par les Impériaux, ce qui permet aux ennemis de tourner la gauche. Cette aile présenta plus de résistance. Au moment où les Impériaux, victorieux au centre, débordaient la ligne, la cavalerie française attaque de flanc, et renverse l'infanterie saxonne, mais elle est obligée de reculer, devant les forces supérieures de l'ennemi.

« Quand les ennemis forcèrent les lignes, la brigade de Château- « morant chargea ceux qui poursuivaient notre cavalerie, et lui « donna par là l'occasion de se rallier. Le régiment Colonel- « Général fit à son ordinaire, et prit un étendard, mais les ennemis « étant sur plusieurs lignes, ils furent obligés de rejoindre la « droite de la cavalerie qui s'était ralliée. » (Rapport au Roi.)

Cependant, grâce à la victoire du centre, le prince d'Anhalt avait pu s'emparer du château de Lucento, et l'entrée en ligne des réserves ennemies força la gauche des Français à battre en retraite.

L'armée française se retire en assez bon ordre sur la rive droite du Pô. Mais bientôt, la panique se met dans ses rangs. Les généraux ne peuvent plus retenir les troupes, qui prennent dans le plus grand désordre la route des Alpes.

Ce désastre faisait perdre à la France toute l'Italie.

Campagnes de Flandre, 1707-1712. — Réorganisé en France après la défaite de Turin, Colonel-Général est envoyé en Flandre, où nous le trouvons en mai 1707, à l'armée commandée par le maréchal de Vendôme, à Saint-Ghislain.

Il est sous les ordres de M. de Mimeurs, brigadier de cavalerie, avec les régiments Toulouse et Fontaine.

L'armée se porte le 21 mai à la rencontre du duc de Marlborough. Elle arrive le 26 à Gosselies, le 28 à Sombreffe. Mais la nouvelle des succès des Français en Espagne, et de Villars sur le Rhin, détermine le duc de Marlborough à se retirer sur Bruxelles. L'armée française s'établit au camp de Chièvres, où elle passe le mois d'août. Elle dut s'affaiblir de son côté, pour envoyer des renforts aux Alpes ; de sorte que toute la campagne se passa pour les deux armées, à s'observer mutuellement et à s'assurer des vivres.

En 1708, le Roi confie au duc de Bourgogne et au maréchal de Vendôme, une armée de quatre-vingt-dix mille hommes (cent trente et un bataillons, deux cent seize escadrons) destinée à opérer en Flandre. Colonel-Général y figure, à la première ligne de la cavalerie, avec les régiments Daulezy et Toulouse, sous les ordres de M. Daulezy, brigadier de cavalerie. Cette armée réunie en Hainaut, se dirige sur Gand, par Braine-la-Leud et Alost. Marlborough n'ayant que quarante mille hommes, se retire sur la Dyle, pour se rapprocher du prince Eugène, qui s'avançait sur Bruxelles. L'armée française s'empare de Gand, de Bruges, le 7 juillet, et s'établit au camp de Lovendeyhem, près de Gand, pour investir Oudenarde.

Bataille d'Oudenarde, 11 juillet 1708. — Mais Marlborough s'étant réuni au prince Eugène, vint à l'improviste attaquer l'armée française, dans son camp sous Oudenarde. Celle-ci mal commandée, voit toutes ses divisions battues successivement ; la cavalerie ne peut agir à cause de la difficulté du terrain. Le duc de Bourgogne ramène son armée au camp de Lovendeyhem, et y reste pour tenir les villes de l'Escaut, pendant que les ennemis continuant leur marche, allaient mettre le siège devant Lille.

Au mois d'octobre, Colonel-Général, avec les régiments Pezeux et du Roi, sous les ordres de M. de Pezeux, brigadier de cavalerie, se trouve campé près de Bruges. Au mois de novembre, il est au pont de Steinbrugge. A cette époque, le duc de Bourgogne quitte sa position près de Gand, pour se porter au secours de Lille, qui était défendu héroïquement par Boufflers : il se porte sur Mons et Tournai, pour attirer à lui les ennemis, mais il ne peut y réussir, ni empêcher les Impériaux de s'emparer de Lille le 8 décembre, et plus tard de Gand et de Bruges.

L'armée française se retire alors sur Douai. En décembre 1708, Colonel-Général est cantonné avec l'armée, entre la Bassée, Lens et Douai. Il est envoyé pendant l'hiver à Avesnes. En 1709, les revers des armées et la misère du royaume, forcent Louis XIV à demander la paix, mais on lui impose des conditions si humiliantes, qu'il se décide à un nouvel effort : il fait appel au patriotisme de la population, et confie l'armée à Villars. Cette armée devait se réunir entre Béthune et Douai.

Les régiments Colonel-Général, et Vaudrey appelés à en faire partie, quittent Avesnes le 27 mai, se dirigent par le Quesnoy et Bouchain, et arrivent à Douai le 30 mai.

De leur côté, le prince Eugène et Marlborough, après avoir réuni une armée de cent vingt mille hommes dans la plaine de Lille, s'emparent de Tournai, et mettent le siège devant Mons, sans que Villars puisse les en empêcher, à cause de la difficulté des subsistances. L'armée française souffrait beaucoup de privations de toutes sortes. Villars dit en parlant du soldat : « C'est une merveille que sa vertu et sa fermeté à souffrir la faim, » et ailleurs : « pour donner du pain aux brigades que je fais marcher, je fais « jeûner celles qui restent. »

Ce n'est qu'au mois de septembre, qu'il peut se porter au secours de Mons. Il arrive à Malplaquet, en face des ennemis, campés à Quévy, au bois de Sars et à Boussut.

Bataille de Malplaquet, 11 septembre 1709. — L'armée française prend position entre deux bois, dont la trouée était fermée par des retranchements garnis d'artillerie. La cavalerie était en bataille sur plusieurs lignes, derrière l'infanterie, dans la petite

plaine entre les bois et l'Hougnau. Le 11 septembre, l'ennemi
attaque les lignes françaises. Après un combat opiniâtre d'infanterie et d'artillerie, pendant lequel la cavalerie resta sans bouger
exposée au canon, la supériorité du nombre permet à l'ennemi de
gagner du terrain, et sa cavalerie, commandée par le prince de
Hesse et le prince d'Auvergne, vient se mettre en bataille devant
la cavalerie française. Boufflers la fait charger. Elle est culbutée,
et ses quatre lignes renversées sur l'infanterie.

Malgré ce succès partiel, la bataille reste indécise, après des
pertes énormes des deux côtés. L'armée française se retire sur
Taisnières, sans laisser aux mains de l'ennemi, ni artillerie, ni
drapeaux, ni prisonniers. Elle ne peut sauver Mons, mais préserve
du moins la Picardie de l'invasion. Elle reprend ses quartiers
d'hiver en novembre.

En 1710, les Impériaux reprennent la campagne, et assiègent
Douai. Villars, retiré dans son camp de Denain, avait l'ordre de
ne risquer aucune bataille ; il resta donc en observation devant
les alliés, qui prirent successivement Douai, Béthune, Saint-
Venant.

Il en fut de même l'année suivante : Colonel-Général se trouvait
avec les régiments de Saint-Pouanges et de Ligondez, sous les
ordres de M. de Saint-Pouanges.

Un de ses escadrons prit part les 11 et 12 juillet 1711, devant
Douai, à un brillant coup de main, contre le camp du prince
Eugène qui était mal gardé.

M. de Gassion, avec vingt-trois escadrons, dont un du Colonel-
Général, en était chargé. Parti de Denain à l'entrée de la nuit, il
rejoint près de Bouchain quatorze escadrons de dragons de
M. de Coigny, puis le 12 juillet, à deux heures et demie du matin,
il arrive à l'improviste sur le camp ennemi, range ses troupes sur
quatre lignes, et attaque. La cavalerie ennemie n'eut pas le temps
de se former et fut très maltraitée. Un grand nombre d'officiers
et de cavaliers furent tués dans leur tente ; plusieurs, surpris dans

leur lit, furent passés au fil de l'épée. Les carabiniers anglais furent détruits, et leur colonel tué. Les autres régiments furent maltraités, au point qu'il y eut des escadrons dont il ne resta pas six hommes.

Le pillage du camp dura une heure, et on mit le feu à ce qu'on ne put emporter. Les ennemis eurent neuf cent cinquante hommes tués, et beaucoup de blessés. On emmena douze cents chevaux, mais pas de prisonniers, car on n'avait pas fait de quartier ; de notre côté il n'y eut que cent cinquante hommes tués ou blessés.

Après être revenu en France, près de Saint-Quentin, pour se refaire pendant l'hiver de 1711, Colonel-Général rejoint l'armée de Villars, en mai 1712. Il est en deuxième ligne, sous les ordres de M. de Livry, brigadier de cavalerie, avec les régiments Toulouse et Livry.

Le prince Eugène, après avoir pris Bouchain et le Quesnoy, assiégeait Landrecies, dernière barrière de la France. Les coureurs ennemis allaient jusqu'à Soissons.

Au mois de juin, un parti de deux mille chevaux, commandé par le comte de Grovenstein, est envoyé par le prince Eugène, pour faire une incursion dans le Soissonnais et en Champagne. Villars averti, envoie à sa poursuite cinquante-huit escadrons, dont un de Colonel-Général, sous les ordres de MM. de Saint-Frémond, de Coigny et de Saint-Maurice.

Ils passent l'Aisne à Rethel et Château-Porcien, puis se divisent. M. de Coigny avec deux mille cinq cents chevaux, se porte à marches forcées sur Verdun ; M. de Saint-Frémond avec dix escadrons, se porte sur Sainte-Menehould. Ils ne purent atteindre M. de Grovenstein, mais ils le forcèrent à repasser précipitamment la Meuse à Saint-Mihiel, sans avoir fait d'autre mal que quelques pillages isolés.

Bataille de Denain, 24 juillet 1712. — Réduit à une situation presque désespérée, Louis XIV donne l'ordre à Villars de livrer bataille, pour sauver Landrecies.

Il marche sur cette place, puis voyant que le prince Eugène avait ses communications très éloignées à Marchiennes, et gardées seulement par un camp à Denain, il fait une simple démonstration sur Landrecies, et tourne brusquement le gros de ses forces sur Denain. Le camp ennemi est emporté après un combat, auquel le régiment, placé en réserve, ne prit qu'une part indirecte.

Cette victoire eut des conséquences considérables. Le prince Eugène coupé de ses communications, dut lever le siège de Landrecies, et se retirer d'abord sur Mons, puis sur Bruxelles. Villars reprit successivement Marchiennes, Douai et Bouchain, et la paix fut signée l'année suivante à Utrecht.

Campagne sur le Rhin, 1713. — En 1713, le régiment est envoyé à l'armée du Rhin ; il concourt à la défaite du général Vaubonne, et à la prise de Landau et de Fribourg.

En 1714, il fait partie du camp de la Haute-Meuse, et en 1730, de celui d'Aymeries-sur-Sambre, sous le prince de Montmorency-Tingry.

Campagne sur le Rhin, 1733-1735. — En 1733, lorsque s'ouvre la guerre pour la succession de Pologne, il est envoyé à l'armée du Rhin commandée par le maréchal de Berwick. La cavalerie s'établit en avant de l'infanterie entre Anenheim et Neumühl, à proximité du Rhin. Le 14 octobre, on franchit le fleuve. Le 21, on établit les batteries autour de Kehl ; le 28, la place capitule.

Du 11 au 13 novembre, les troupes repassent le Rhin, pour prendre leurs quartiers d'hiver.

En 1734, la diète de l'Empire, considérant la prise de Kehl, comme une violation du territoire germanique, déclare la guerre à la France, les troupes quittent leurs cantonnements d'hiver, et se concentrent le 7 avril. Colonel-Général prend part le 4 mai, à l'attaque des lignes d'Ettlingen. Du 10 au 25 mai, il reste au camp de Brüchsal, se porte de là au siège de Philippsbourg, qui dure jusqu'au 21 juillet. Au mois d'octobre, il vient s'établir à Trèves.

En 1735, il prend part à l'affaire de Klausen.

A la paix, il est envoyé dans la Généralité de Caen. Il y passe les années 1736 et 1737. De 1738 à 1740, il est à Mouzon et Damvillers.

Campagne de Bohême, 1741. — En 1741, Colonel-Général est envoyé à l'armée de Bohême, qui doit opérer contre l'Autriche, sous les ordres de l'électeur de Bavière et du maréchal de Belle-Isle. Il fait partie de la deuxième division de cavalerie, commandée par M. de Ségur, et forte de vingt-deux escadrons. Il est constitué à trois escadrons de cent-quarante hommes.

La division passe le Rhin à Fort-Louis le 21 août, et se dirige par Sollingen, Rastadt, Muhlberg, Brüchsal, sur Donauwerth ; elle s'y repose un jour seulement, et reprenant sa route à grandes étapes, se porte par Neubourg, Neustadt, Scharding, Vilshofen sur Passau, où elle arrive le 21 septembre.

Elle est à Enns le 26.

Le 11 octobre, la cavalerie de M. de Ségur arrive au camp devant Ips, la droite au château de Blindenmarkt.

Colonel-Général prend place à droite de la première ligne.

L'armée part pour Mœlk les 14 et 15 octobre, et y arrive le 16. Elle établit son camp à Saint-Pœlten, le 21.

« A ce moment, l'état de l'armée était excellent, les régiments « presque au complet. Les fatigues, les marches et les privations, « n'avaient pas encore eu de prise sur ces rudes soldats. »

Mais les fautes et les retards de l'électeur de Bavière donnent à l'impératrice d'Autriche, Marie-Thérèse, le temps de faire appel aux Hongrois, dont la nombreuse cavalerie va bientôt venir harceler nos troupes, par une guerre continuelle de partisans.

Le 30 octobre, M. d'Estrées écrit : « Quoique la cavalerie soit encore en bon état, elle a été extrêmement fatiguée depuis quinze jours, par les marches et les détachements. Il y en a plus de un tiers de commandé. Si cela dure, on en verra bientôt le bout, »

Vers cette époque, l'expédition en Bohême est décidée, pour rejoindre nos alliés, le roi de Prusse et l'électeur de Saxe.

L'armée quitte donc Saint-Pœlten, pour reprendre la route de Enns, puis par Munthausen celle de Budweiss, où elle arrive le 13 novembre.

Pendant ces marches, les hussards hongrois fatiguent beaucoup la cavalerie.

Le 20 novembre, départ de Budweis pour Prague, par Piseck, Dobritz et Mnizeck. Le 24 novembre, le régiment est à Mitin.

Pendant qu'une armée autrichienne de quatre-vingt mille hommes accourt d'Olmütz pour secourir Prague, cette ville est emportée par surprise, par le comte de Saxe et par Chevert, avec l'avant-garde de l'armée dont faisait partie le régiment.

Le maréchal de Belle-Isle envoie alors des expéditions sur Egra, pour assurer ses communications avec la France, et sur Pisek, pour se relier à l'armée bavaroise.

Expédition sur Pisek. — Colonel-Général fait partie de cette dernière expédition, qui est dirigée par M. d'Aubigné. Il a avec lui deux brigades d'infanterie et deux brigades de cavalerie. La colonne quitte Prague le 3 décembre, et le 6 décembre, l'avant-garde atteint Pisek ; elle en chasse les hussards et l'infanterie autrichienne, et pousse jusqu'à Protiwin, en face de Budweis, où elle arrive le 10. Elle trouve là des forces considérables. M. d'Aubigné n'osant attaquer s'établit en cantonnement le long de la route de Pisek à Budweiss, en attendant du secours.

Le régiment cantonne à Schwaletitz, aux environs de Protiwin. Quelques jours après, l'armée autrichienne attaque les cantonnements ; M. d'Aubigné se retire sur Pisek, et s'y fortifie. La brigade Colonel-Général (colonel-général Egmont-Grammont), campe le 27 décembre en deuxième ligne, derrière l'infanterie française ; le 28, l'armée autrichienne vient sommer Pisek de se rendre. Le

soir elle tente une attaque générale, mais elle est vigoureusement
reçue à coups de fusil, et le lendemain est obligée de battre en
retraite.

M. de Saignes, lieutenant-colonel de Clermont-Tonnerre, est
envoyé avec une partie de la brigade Colonel-Général et quatre
compagnies de grenadiers, pour reconnaître la direction prise
par l'ennemi.

Le 30 décembre, il rejoint l'arrière-garde près de Peanenberg,
et l'attaque, mais nos cavaliers presque aussitôt chargés par près
de deux mille chevaux, sont ramenés sur l'infanterie. Celle-ci se
débande, et est sabrée en grande partie. M. de la Richardie, capitaine de Colonel-Général, resta blessé sur le champ de bataille
avec bon nombre de cavaliers.

Les troupes demeurèrent plus d'un mois au camp de Pisek, en
partie au bivouac, malgré la rigueur de la saison. Dix escadrons à
tour de rôle bivouaquaient par mesure de sûreté. Malgré toutes
les précautions prises, pour leur permettre de lutter contre un
froid excessif, beaucoup de soldats périrent. Ceux qui survécurent,
gardèrent pendant de longues années le souvenir du bivouac de
Pisek, et léguèrent ce souvenir à la génération suivante, comme
une image des plus grandes souffrances de la guerre.

L'armée autrichienne s'étant retirée, le camp est levé le 6 janvier. Les troupes de M. d'Aubigné, furent alors reportées en
arrière de la Wotawa. Colonel-Général cantonne à Donianitz,
Badomïschl, Galentz, où il passe l'hiver.

A cette époque, Frédéric II, roi de Prusse, contre la foi des
traités, faisait la paix avec l'Autriche, et l'armée de Bohême se
trouvait dès lors seule à lutter contre les armées de Marie-Thérèse.

Siège de Prague, 13 juin 1742. — Le maréchal de Broglie,
ayant pris le commandement de l'armée, dut rallier toutes ses
troupes autour de Prague, où il ne tarda pas à être bloqué par
deux armées autrichiennes.

A la fin de juin, le siège commençait, il devait durer six mois.

L'armée était campée en dehors de la ville, et dès le 6 juillet, elle était serrée de si près par l'ennemi, que la cavalerie ne pouvait aller chercher ses fourrages qu'au prix de violents combats. Aussi, dans ces opérations, était-elle plus occupée à se défendre qu'à charger les chevaux. Devant la nécessité de pourvoir à la subsistance des animaux, le maréchal de Broglie ordonne. pour le 29 juillet, un fourrage général, qu'il devait diriger en personne. Dès la veille, il avait fait jeter un pont sur la Moldau ; à la pointe du jour il fait passer l'infanterie, puis la cavalerie. Avant d'arriver à l'endroit désigné, il fallait traverser un bois. L'ennemi, prévenu des projets de l'armée, y avait embusqué un gros corps de cuirassiers et de hussards, qui attaque l'avant-garde à l'improviste. On parvient cependant à déboucher des bois, la cavalerie se forme rapidement par escadron, et se lance vigoureusement à l'attaque ; le lieutenant-colonel des Gravières et son frère le major de Lumigny sont tués en chargeant avec le régiment. L'ennemi est repoussé, mais devant un renfort considérable qui arrive, notre cavalerie n'a que le temps de battre en retraite. En arrivant à l'unique pont qui permettait de regagner Prague, il se produit une certaine confusion, et plusieurs officiers et cavaliers sont précipités dans la Moldau.

Après cette tentative infructueuse, le maréchal renonça à de pareilles entreprises, et on en fut réduit pour les chevaux, aux ressources insignifiantes que l'on pouvait se procurer sur place. Du reste, on ne tarda pas à les sacrifier pour la subsistance des troupes. La ville possédait un approvisionnement de blé assez considérable, mais il était impossible d'y faire entrer aucun bétail. Le riz et le beurre ne tardèrent pas à manquer, et on se trouva réduit au pain, à l'eau et à la viande de cheval.

Le maréchal écrivait le 1er août au cardinal de Fleury: « Il ne « reste plus que quatre chevaux par compagnie de cavalerie, hors « les carabiniers qui en ont six. On a tué le reste des chevaux,

« pour en donner la viande aux troupes, à raison de une livre
« par jour à chaque soldat. Ils ont été quelques jours à 's'y habi-
« tuer ; à présent, ils en mangent aussi bien que si c'était du
« bœuf, et cela n'a causé jusqu'ici aucune maladie. »

Le 17 août seulement, les Autrichiens commencent les travaux
du siège, avec cent pièces de gros canon, et trente-six mortiers.

Le 21, on reçoit la nouvelle que le maréchal de Maillebois est
en marche sur Egra, mais qu'il ne pourra pas y arriver avant le
20 septembre.

Le 22, sortie glorieuse, qui fait beaucoup de mal à l'ennemi.
Le 27 août, M. de Broglie quitte Prague pour aller prendre le
commandement de l'armée de Maillebois ; il laisse le commandement à M. de Belle-Isle.

Malgré toutes les souffrances qu'elle endurait, l'armée conservait son moral. A la date du 31, un témoin du siège écrivait : « La
« disette devient si grande, que les soldats exténués de faim et de
« fatigue, ne se soutiennent plus que par leur courage. Ces vingt-
« cinq mille hommes, préférant la mort à une démarche qui puisse
« compromettre leur honneur, au point de vue des lois de la
« guerre, sont animés de cette exaltation, qui semble accroître leur
« énergie à proportion de leur misère. »

Vers le 15 septembre, l'armée autrichienne lève le siège, et se
porte à la rencontre de l'armée de secours, ne laissant devant
Prague qu'un corps d'observation.

M. de Belle-Isle en profite, pour faire des sorties sur Melnik et
Leetmeritz, dans le but de se ravitailler, et de communiquer avec
Egra. Il remonte la cavalerie, au moyen d'achats faits dans le
pays, avec des avances faites par les officiers, qui vendirent leur
argenterie.

Le 29 octobre, M. de la Fare se porte avec trois brigades d'infanterie et la brigade Colonel-Général sur l'Elbe, pour occuper le
pays, depuis Melnik jusqu'à la Saxe.

Mais, dès le 10 novembre, les troupes durent se replier de nou-

veau sur Prague. M. de Broglie ayant échoué dans sa tentative
de secours, l'armée autrichienne reprend l'investissement.

Retraite sur Egra. — Au mois de décembre, les vivres étant
de nouveau épuisés, M. de Belle-Isle prend le parti de quitter
Prague avec son armée, et de se faire jour sur Egra.

Il prépare dès lors son départ, en multipliant les sorties pour
aguerrir les troupes, et abuser l'ennemi. Il envoie à différentes
reprises, son frère, le chevalier de Belle-Isle, fourrager à grande
distance, sur la route choisie pour la retraite ; il distribue les
vivres, prescrit à la cavalerie de ferrer les chevaux avec des cram-
pons, et de se pourvoir de deux fers de rechange par cavalier.

Le 15 décembre, les troupes pourvues de vivres pour douze
jours, reçoivent l'ordre de quitter Prague.

La place reste confiée à Chevert, avec quatre mille malades ou
convalescents, et dix-huit cents hommes, détachés de tous les
régiments.

Le 16, à midi, on part par la route d'Egra. L'ennemi croyait
encore à un fourrage.

Le maréchal de Belle-Isle dit dans son rapport : « J'avais fait
« prendre en partant du pain et du riz pour six jours, et je con-
« duisais avec moi des bœufs pour distribuer la viande journelle-
« ment, j'en ai donné une livre à chaque soldat par jour pour
« suppléer au pain, je lui ai fait donner aussi du lard et de l'eau-
« de-vie. J'avais fait ficeler secrètement du foin, j'en ai fait prendre
« à toute la cavalerie et aux équipages pour deux jours, et pour
« quatre jours d'avoine. »

Le 17, on arrive à Tuschlowitz à minuit. Les coureurs ennemis
avaient attaqué l'arrière-garde, et retardé la marche.

On fit cependant six grandes lieues. La terre était couverte de
neige.

Le 18, séjour.

Le 19, on marche par Wastrow, Rinholec, Buda, on arrive le
soir à Jechnitz.

1740

Le 21, l'armée pour tromper l'ennemi qui la poursuit, prend la route de Karlsbad jusqu'à Stebenz, puis se dirige sur Lubenz, et s'engage dans les défilés effroyables de Luditz, qui traversent Chiesch, et suivent le torrent de la Strela.

A la cinquième marche, la cavalerie prend la route de Chiesch à Petschau, à travers des bois et des marécages, que la gelée avait rendus à peu près praticables.

Le 23, on atteint Lauterbach, le 24 Petschau

Le 25, on part de Petschau à minuit; on arrive, à la pointe du jour, à l'entrée de la forêt, qui couvre la haute montagne de Kœnigswarth, on en descend par un chemin de précipices, qui eût été impraticable, sans la neige qui en adoucissait l'escarpement.

Le 26, l'armée cantonne à Kœnigswarth; l'ennemi, trompé par ces changements de direction, avait perdu sa trace.

Le 27, M. de Belle-Isle arrive à Egra, ayant fait quarante lieues en dix jours, ou plutôt en dix nuits de marche, avec une armée fatiguée. Il échappait à des adversaires bien montés après avoir parcouru des chemins impraticables, sans autre perte par le fait de l'ennemi, que quelques équipages, et ayant eu, selon son expression, la nature de plus à combattre.

Il est vrai qu'il écrit en même temps : « Il est mort quantité de « soldats de froid dans les neiges. La moitié de l'armée est malade, « mais il serait difficile qu'il en fût autrement, par ce froid excessif, « et la nécessité où j'ai été, de marcher autant de nuit que de « jour. »

Un autre témoin de l'expédition écrit : « Il serait difficile d'ima- « giner un plus affreux spectacle que celui de cette route, où « avait passé cette armée française. On y voyait en plusieurs « endroits, des pelotons entiers tant soldats qu'officiers, morts de « froid. »

Les troupes furent cantonnées autour d'Egra : Colonel-Général à Unter. et Ober-Lohma. Elles séjournèrent jusqu'au 3 janvier 1743, et se rendirent alors en Bavière, aux environs d'Amberg.

3

La perte fut d'environ huit cents hommes, et une quinzaine d'officiers, laissés en arrière, attaqués de maladie, et dans l'impossibilité de suivre.

Le 2 janvier, Chevert capitulait dans Prague avec les honneurs de la guerre, et rejoignait tambours battants Belle-Isle à Egra.

Cette retraite conserva à la France les cadres d'une armée avec tous ses drapeaux, et lui épargna la honte d'une capitulation qui semblait inévitable.

Le 29 janvier, M. de Belle-Isle quittait l'armée, laissant à M. d'Aubigné le commandement, et le soin d'acheminer les différentes divisions vers leur destination.

Campagne sur le Rhin, 1743. — En février 1743, Colonel-Général vient s'établir à Pontarlier et à Ornans, où il a à peine le temps de se refaire des fatigues de la campagne.

Au mois de mai, il est incorporé dans l'armée du Rhin. Le 27 juin, il assiste à la bataille de Dettingen, il repasse le Rhin le 17 juillet avec le maréchal de Noailles.

Il est placé ensuite sous les ordres de Maurice de Saxe et se porte dans la Haute-Alsace. Au mois d'août, il est au camp de Markolsheim. Il se trouvait à Schalampé, quand le duc de Coigny vint prendre le commandement de l'armée.

Campagne en Flandre et dans les Pays-Bas, 1744-1748. — Au commencement de 1744, les puissances alliées contre la France, portent la guerre en Flandre. Une armée de cent mille Autrichiens, Hanovriens, Anglais et Hollandais, est réunie sur la Basse-Meuse.

Vers la fin d'avril, les troupes françaises se concentrent sur la frontière du Nord, sous le commandement du maréchal de Saxe. Dans les premiers jours de mai, elles sont au camp de Cysoing, près de Lille. Colonel-Général fort de quatre escadrons, fait partie de l'aile gauche, il est établi sur l'Escaut, près de Chin.

Le 15 mai, le roi Louis XV vient passer les troupes en revue. Le 17 l'armée se met en marche, et va camper sur les hauteurs de Menin, près de Roncq.

On assiège Menin, qui capitule le 4 juin, et on se porte sur Ypres et Furnes. Pendant l'investissement de ces deux places, le maréchal de Saxe prend position avec le reste de l'armée, sur la rive gauche de la Lys, près de Courtrai.

Le 3 août, Colonel-Général est envoyé à Lille ; pendant deux mois, il assure les communications et le service des subsistances, entre cette ville et le camp de Courtrai.

A la fin de septembre, l'armée prend ses quartiers d'hiver ; le régiment vient s'établir à Cambrai.

Campagne de 1745. — Les hostilités sont reprises au mois de mars 1745.

Le 22 mars, le Roi reconstitue l'armée de Flandre, qui le 16 avril se trouve réunie à Maubeuge.

Le 21 avril, l'avant-garde commandée par M. d'Estrées, et forte de treize escadrons, parmi lesquels se trouvent trois escadrons de Colonel-Général, se porte sur la route de Mons.

Le 22, l'armée arrive à Taisnières, le 23 à Quiévrain, le 24 à Peruwelz. Le 26, on commence le siège de Tournai. Le duc de Cumberland se porte au secours de cette place, et arrive le 3 mai près de Mons. Le maréchal de Saxe se porte au-devant de lui pour livrer bataille, avec soixante-six bataillons, cent-vingt-neuf escadrons, et soixante pièces de canon. Le 8 mai, le Roi passe les troupes en revue.

Bataille de Fontenoy, 11 mai 1745. — Le 11, l'armée française est établie dans la plaine, entre l'Escaut et le bois de Barry, la droite appuyée à Anthoing et le centre à Fontenoy ; une ligne de redoutes couvre son front. Colonel-Général est placé en troisième ligne, sur le chemin de Mons, vers la chapelle de Notre-Dame-aux-Bois. Dans cette mémorable journée, la cavalerie arrête les

colonnes anglaises, qui avaient renversé notre infanterie ; elle
assure le succès de nos armes, et complète la victoire, en chan-
geant en déroute la retraite de l'ennemi. Le mestre de camp
marquis de Soisy, le lieutenant-colonel d'Ollières, M. le capitaine
de Saint-Georges, et plusieurs autres officiers furent blessés ;
M. de la Lande, lieutenant, eut la jambe emportée par un boulet.

Après la bataille de Fontenoy, on continue le siège de Tournai,
qui se rend le 20 juin.

Le 1er juillet, l'armée se porte en avant sur Leuze, Rebaix et
Warnebecq, poussant l'ennemi devant elle. Toutes les principales
places de la Flandre, tombent successivement en notre pouvoir.
Le 14 octobre, après la prise d'Ath, le maréchal disloque l'armée.
Colonel-Général est envoyé à Tournai.

En 1746, il prend part à l'occupation de Bruxelles et à la
bataille de Raucoux, à la suite de laquelle M. le capitaine de
Saint-Georges fut fait chevalier de Saint-Louis. Au mois d'octobre
il est envoyé à Tournai.

Campagne de 1747. — Le 18 janvier 1747, une coalition se
forme entre l'Angleterre, l'Autriche et la Hollande. Le 15 février,
l'armée ennemie forte de cent vingt mille hommes se réunit près
de Bréda, sous les ordres du duc de Cumberland.

L'armée française commandée par le maréchal de Saxe se concentre autour de Bruxelles. La cavalerie est entre cette ville et
la Dender. Colonel-Général fort de quatre escadrons fait partie de
l'armée de deuxième ligne, sous les ordres du comte d'Eu lieutenant-général, et de M. de Brissac maréchal de camp.

La campagne débute par la prise d'Anvers, puis l'armée se
porte le 15 mai sur Malines.

Le 16 juin, elle va camper sur la chaussée de Tirlemont, le 17
près de Leaw, étendant sa droite vers Saint-Trond et Tongres. Le
25, l'avant-garde arrive aux environs de Maestricht, et signale la
présence de l'ennemi, établi sur la Demer, près de Diest.

Le maréchal de Saxe dispose le 30 juin son armée sur deux lignes vers Herderen, la gauche en face de la Grande Commanderie, la droite au village de Riemst. L'ennemi vient occuper en avant de nos lignes, les villages de Spauwen, Rosweer, Lawfeld et Vybre.

Bataille de Lawfeld, 2 juillet 1747. — Le 2 juillet, le maréchal fait attaquer Lawfeld. L'ennemi ayant envoyé une partie de son infanterie sur le flanc de nos colonnes d'attaque, la cavalerie s'élance sur elle, la culbute, et met en fuite la cavalerie ennemie, qui s'avançait pour soutenir son infanterie. Cette brillante action de cavalerie permet à nos troupes d'enlever le village de Lawfeld, et décide du gain de la bataille. L'ennemi se retire précipitamment sur Maestricht, et passe la Meuse.

Pendant que le maréchal Löwendahl va assiéger Berg-op-Zoom, qui se rend le 16 septembre, le maréchal de Saxe reste aux environs de Maestricht. Lorsque les négociations s'entament à Aix-la-Chapelle pour la conclusion de la paix, les troupes sont envoyées en quartiers d'hiver sur la Nèthe.

Campagne de 1748. — Les négociations traînant en longueur, le maréchal de Saxe se décide à mettre le siège devant Maestricht. Il réunit son armée au mois d'avril. Colonel-Général fait partie d'un corps de cavalerie, aux ordres du lieutenant-général d'Estrées, chargé d'observer l'ennemi, et de couvrir les troupes de siège. Le 12 avril, cette cavalerie est à Hasselt sur la Demer, elle se fortifie dans cette position. Elle y reste jusqu'au 10 mai, époque de la capitulation de la place.

Le 14 mai, l'armée est disloquée, la cavalerie du général d'Estrées va cantonner entre la Dyle et la Nèthe.

Le 18 octobre, la paix d'Aix-la-Chapelle est signée. Colonel-Général est envoyé en garnison à Vesoul. Il en part en 1751 pour aller à Belfort, puis à Valenciennes en 1753, à Limoges en 1754, à Strasbourg en 1756, et à Landau en 1757.

Guerre de Sept Ans, 1757 à 1763. — Lorsque éclate la guerre de Sept Ans, Colonel-Général fait partie de l'armée du comte d'Estrées, destinée à opérer dans le Hanovre. En mai, il est au camp de Dusseldorf, il se porte en avant avec l'armée, et assiste le 26 juillet au combat d'Hastenbeck. Le mestre-de-camp, M. le comte d'Ourches, fut après cette bataille nommé chevalier de Saint-Louis. Dans le cours de cette campagne, le régiment passe sous les ordres du maréchal de Richelieu ; il assiste à la capitulation de Closter-Seven, et le 12 septembre se trouve au camp de Brême ; on le rencontre le 29 décembre du côté de Leer, faisant toujours partie de l'armée de Hanovre, qu'il a suivie dans tous ses mouvements, sans toutefois avoir assisté à la défaite de Rossbach.

A la fin de janvier 1758, le régiment est sur la rive gauche de l'Ems, à Weneer, et pendant la période de janvier à mai 1758, il suit l'armée dans sa retraite à travers le Hanovre, la Lippe, la Westphalie, jusque sur le Rhin. A la fin de 1758, il vient prendre ses quartiers d'hiver dans le pays de Liège.

Bataille de Minden, 1er août 1759. — Pendant la campagne de Westphalie, Colonel-Général reste à l'armée, qui, passée sous le commandement du maréchal de Contades et de M. d'Armentières, occupe la rive gauche du Rhin, la droite à hauteur de Cologne, la gauche au-dessous de Clèves. Il fait avec elle la campagne tout entière, et prend part le 1er août 1759 à la bataille de Minden. Dans cette journée si malheureuse pour nos armes, le régiment se signala par sa valeur, il perdit près de la moitié de son effectif, sept officiers furent tués, et le lieutenant-colonel Duval de Beaumont fut blessé de huit coups de feu. Le régiment se retire avec l'armée sur Cassel, où nous le trouvons le 7 août.

Il prend part ensuite aux opérations du siège de Munster, et à celles du reste de la campagne, jusqu'au moment où il établit ses quartiers d'hiver en janvier 1760.

Pendant son séjour en France, les quatre premières compagnies du régiment de Montcalm sont incorporées dans Colonel-Général pour y fournir un quatrième escadron, en exécution de l'ordonnance du 1ᵉʳ décembre 1761.

Le régiment retourne à l'armée d'Allemagne en 1762, fait partie de l'armée du Haut-Rhin, qui opère dans la Hesse sous les ordres du maréchal d'Estrées et du prince de Soubise. Au mois de juin, l'armée réunie à Cassel se porte sur la Dinel, mais elle est battue à Wilhemtahl (24 juin) où la cavalerie dut couvrir une retraite assez pénible, et rétrograder sur Cassel.

Au mois de juillet, l'armée repasse la Fulda, pour s'étendre, trouver des subsistances, et se rapprocher de l'armée du Bas-Rhin, qui s'avance sous les ordres du prince de Condé. A cet effet, elle se porte sur Giessen et Francfort. Colonel-Général fait partie de la colonne aux ordres de M. de Muy. Il arrive successivement à Deiverode (juillet), Hersfeld, Sorge (août), Maber-Zell, Rossdorf (29 août) et Friedberg (30). Mais M. de Soubise ne sut pas profiter des succès remportés à Friedberg et à Johannisberg (août 1762). Il laissa prendre Cassel presque sous ses yeux, et allait être chassé de la Hesse, quand on apprit la signature des préliminaires de paix.

Le 20 novembre, un ordre de Versailles rappelait une partie des troupes d'Allemagne, toutefois le régiment fut désigné pour y rester jusqu'à l'évacuation complète.

Il ne rentra en France, qu'en février 1763, après la signature du traité de Paris, qui mettait fin à la guerre de Sept Ans. Au cours de cette campagne, M. le major Maillart de Mainbeville avait été fait chevalier de Saint-Louis.

De 1763 à 1791, nous n'avons plus à signaler que les garnisons successives occupées par Colonel-Général, savoir :

Maubeuge (1765), Strasbourg (1767), Vendôme (1769), Stenay (1772), Issoudun (1774), Strasbourg (1776), Schlestadt (1778), Joinville (1779), Metz (1780), Calais (1781), Moulins (1783), Colmar (1786), Sédan (1787), Lille (1788).

En exécution d'une ordonnance du 1er janvier 1791, les quatorze
régiments de cavalerie durent quitter les noms qu'ils avaient
portés jusqu'à cette époque, pour n'être plus désignés à l'avenir,
que par le numéro de leur rang de création. Colonel-Général, en
disparaissant, après un siècle et demi d'existence, léguait son
glorieux passé au premier régiment de cavalerie, qui n'allait pas
tarder à se montrer digne de son aîné.

1er RÉGIMENT DE CAVALERIE

En 1791, au moment où il prend son nouveau nom, le régiment est en garnison à Lille. Il comprend à cette époque, deux escadrons forts de trois cents hommes, et un escadron de dépôt de deux cents hommes,

L'Europe, effrayée des progrès de la Révolution, commençait à se soulever contre nous, et préparait une coalition, pour soutenir l'autorité royale. Déjà les émigrés avaient formé deux corps d'armée à Worms et à Mayence. Le Gouvernement réunit trois armées sur les frontières du Nord et de l'Est. Le 1er de Cavalerie est désigné en décembre 1791, pour l'armée du Nord, dont le commandement est confié au maréchal de Rochambeau.

L'armée se ressent des troubles qui agitent le pays. La cavalerie plus que toute autre arme est dans la période des hésitations et des transformations. La plupart des officiers de l'ancienne armée, devenus suspects, ou ayant refusé de prêter serment aux nouvelles institutions, émigrent ou sont destitués. M. de Vergnette lieutenant-colonel du régiment abandonne son poste, et va à Coblentz rejoindre l'armée des princes, emportant avec lui la cornette blanche de Colonel-Général, qui ne fera retour au régiment qu'en 1814.

Les cadres ainsi désorganisés ne sont bientôt constitués que par des sous-officiers, ou d'anciens cavaliers du régiment. Peu préparés d'abord à leur nouvelle position, ces chefs improvisés vont s'instruire sous le feu de l'ennemi, et deviendront les héros des guerres de la Révolution et de l'Empire. Mais les débuts de la campagne qui va s'ouvrir se ressentent de la crise que la cavalerie vient de traverser.

Le colonel de Clermont-Tonnerre avait été destitué, il est remplacé le 5 février 1792 par le colonel de La Varenne.

Campagne de 1792

Au commencement de 1792, le Gouvernement se décide à faire envahir la Belgique. Une colonne de quatre mille hommes, composée de trois régiments d'infanterie, quatre pièces d'artillerie, et trois régiments de cavalerie (Orléans cavalerie, 1er et 8e de Cavalerie), quitte Lille le 28 avril, sous le commandement du général Dillon, pour se porter sur Tournay.

Le 29 au matin, on rencontre l'ennemi près de Lamain. On croyait n'avoir affaire qu'à un détachement de la garnison de Tournay, lorsqu'on aperçoit l'ennemi, présentant une ligne de bataille de dix mille hommes. Dès les premiers boulets, l'avant-garde se replie en désordre.

Le général se retire sur Baisieux, et s'y établit. Après une courte résistance, il est obligé de donner l'ordre de la retraite, qui est couverte par le 1er de Cavalerie, et un escadron d'Orléans cavalerie.

A la vue de quelques hussards autrichiens, on crie : « Trahison, sauve qui peut. » La cavalerie fait demi-tour, tombe sur l'infanterie qu'elle écrase, et tout s'enfuit en déroute.

« Dillon avec ses officiers veut arrêter les fuyards ; il est frappé « de deux coups de pistolet par ses propres soldats. On colporte à « Lille la nouvelle que tout est perdu, que l'ennemi arrive à la suite « de la colonne ; on crie : « Vengeance, mort aux traîtres ! » Un « jeune enfant de Dillon est écrasé sur le pavé par des idiots que « la frayeur a rendus féroces. Le colonel du génie Berthois est tué à « coups de pistolet, son cadavre est suspendu avec une corde à un « reverbère, et il sert de cible aux balles des assassins. Dillon « traîné mourant par les fuyards est enfin achevé par un coup de « feu, et son corps mutilé est brûlé le soir, sur une des places de la « ville.

« A la nouvelle des atrocités de Lille, l'indignation fut au comble « dans l'Assemblée et la Nation. Les troupes qui s'en étaient « rendues coupables affichèrent le plus grand repentir, et le bon « ordre se rétablit peu à peu dans les régiments de ligne. » (Général Thoumas.)

Après l'échec de Tournay, le 1er de Cavalerie est envoyé au camp de Maubeuge ; il y arrive le 28 mai. Il constitue avec le 5e chasseurs et le 5e dragons, la brigade du général Alexandre de Lameth. Le commandement des troupes est exercé par le général de Lanoue.

Une partie du régiment était restée à l'armée, qui opérait sur l'Escaut, au camp de Maulde. Le 7 juin, les Autrichiens tentent une surprise avec des forces considérables. Ils débouchent par Antoing pour faire une fausse attaque ; chargés par le régiment, ils sont complètement culbutés, et obligés de se retirer en désordre.

Après cette affaire, le détachement eut encore occasion d'exécuter quelques découvertes et reconnaissances, en avant du camp de Maulde, puis il rejoignit à Maubeuge le reste du régiment, qui de son côté n'avait cessé d'avoir des engagements dans les environs de la place.

A Bétignies, il avait chargé plusieurs fois l'ennemi, et l'avait repoussé dans les bois, d'où il voulait déboucher.

A Grisoële, faubourg de Maubeuge, il avait fait une grande quantité de prisonniers. Le 17 août, il eut une affaire très chaude près de Bétignies.

Le 29 septembre, un sous-officier du régiment fit preuve d'un rare sang-froid et d'une fermeté remarquable. Envoyé en reconnaissance avec cinq hommes sur les rives de la Sambre, le maréchal-des-logis Demongin rencontre l'avant-garde d'une colonne forte de six mille hommes, qui s'avançait sur Jeumont, pour passer la rivière. Sans se laisser déconcerter, Demongin dispose rapidement ses hommes en vedettes, sur les hauteurs qui dominent la Sambre ; il leur recommande de tenir ferme, et de payer d'audace.

Le commandant de la colonne autrichienne arrête sa troupe, et vient en personne reconnaître la position. Trompé par l'assurance des cavaliers français, il craint d'avoir à engager une action sérieuse, et se retire sans avoir attaqué.

Le maréchal des logis Demongin fut nommé sous-lieutenant en récompense de l'intelligence et de l'énergie qu'il avait déployées. Il devint par la suite capitaine, puis chef d'escadrons au régiment.

Le 20 octobre, Dumouriez vient prendre le commandement des armées combinées du Nord, de Belgique et des Ardennes, après avoir, à la bataille de Valmy, rejeté les Prussiens au delà des frontières.

Les troupes du camp de Maubeuge sont réunies sous le commandement du général d'Harville, pour former le 2ᵉ corps de

réserve. Ce général devait, pendant le mouvement offensif de
Dumouriez, marcher sur Charleroi, tourner la gauche des Autrichiens, et contenir les renforts qui viendraient de Luxembourg.

Le 1er novembre, il se porte à Hons, près du bois de Sars à la
suite de l'armée, et jusqu'au 6 novembre, la cavalerie escarmouche
avec celle de l'ennemi. Le 3 et le 4, le régiment assiste aux combats livrés près des moulins de Boussu. Le 5, il a un engagement
devant Mons.

Bataille de Jemmapes, le 6 novembre 1792. — Le 6 novembre,
il prend part à la bataille de Jemmapes, et contribue puissamment
au succès de la journée. Il chargea plusieurs fois dans l'intervalle des redoutes du Mont-Pallizel, s'empara de quatre de ces
redoutes, et fit prisonniers une grande partie de ceux qui les
défendaient.

Le lendemain 7, l'armée entrait à Mons.

Le 8, le cavalier Legout, dans une reconnaissance, enlève un
poste autrichien.

Le 11, le corps du général d'Harville vient camper à Braine-le-
Comte, et le 13, le régiment prend part à un engagement très vif,
sur la chaussée de Bruxelles, près du village d'Anderlecht.

Combat d'Anderlecht, 13 novembre. — Le village fut enlevé à
trois heures par l'infanterie ; l'ennemi, poursuivi par la cavalerie,
dut battre en retraite rapidement.

Le 14, l'armée entre à Bruxelles, et marche sur Louvain. Le
corps Harville passe la Dyle à Cootbeck le 20 novembre, et s'établit près du bois de Mérendael.

Prise de Louvain, 22 novembre. — Le 22, l'armée s'empara de
Louvain, après un combat auquel le régiment avait pris une part
brillante, en chargeant l'ennemi jusque dans les faubourgs.

Combat de Tirlemont, 25 novembre. — Le 25, les Autrichiens
ayant pris position près de Tirlemont, sur les hauteurs entre les

deux Gèthes, l'armée française se porte à leur rencontre pour les
déloger. Après une action très vive, l'ennemi est obligé de se
retirer, laissant sur le terrain trois cents hommes, et une grande
quantité de prisonniers.

Pendant les jours suivants, on se contente comme on l'avait fait
depuis le début de la campagne, de pousser les arrière-gardes
ennemies.

Le 27, on attaque les Autrichiens, mais malgré un combat
acharné, on ne peut les empêcher de passer la Meuse dans le plus
grand ordre.

Le 28, l'armée entre à Liège, et la division Harville est envoyée
au siège de Namur.

Bien que la cavalerie fît preuve d'ardeur et de courage, elle
laissait toujours beaucoup à désirer, et si elle avait été ce qu'elle
devint peu de temps après, les résultats de cette campagne
eussent été singulièrement plus considérables.

Le général Jomini fait observer à propos de cette retraite de
l'armée impériale, que de Givet à Liège il y a trois ou quatre
marches; qu'en y portant vivement une partie des forces, après la
bataille de Jemmapes, l'ennemi eût été perdu. On mit vingt-deux
jours à franchir cette distance, et on ne prit pas un canon à
l'ennemi.

Le 3 décembre, le régiment, avec la division Harville, assiste à
la reddition du château de Namur.

Le 12 décembre, l'armée s'établit en cantonnements, « alors, dit
« le général Jomini, qu'une simple démonstration sur la gauche des
« Impériaux, après les succès que l'on venait de remporter, eût
« permis de les rejeter au delà du Rhin. » Toutefois il ajoute :
« Le repos accordé à l'armée française, semblait justifié par le
« délabrement où elle était plongée. Ses soldats, sans habits, sans
« chaussures, et souvent sans pain, désertaient en foule à l'inté-
« rieur. Les maladies, fruits de cette pénurie, commençaient à
« devenir alarmantes. »

Quand l'armée prit ses quartiers d'hiver, la division Harville fut chargée de couvrir Namur : elle s'étendait le long de la Meuse, d'Aadenne à Lustin.

Le 1er de Cavalerie était à Namur.

Campagne de 1793

Au mois de janvier 1793, l'effectif du régiment est de dix-neuf officiers, quatre cent quatre-vingts sous-officiers et soldats.

Une partie de l'armée assiégeait Maestricht. Le reste était dispersé dans des cantonnements très éloignés les uns des autres. Les Autrichiens étaient postés sur la Roer. Dumouriez, laissant son armée dans cette position dangereuse, était allé tenter une expédition en Hollande.

Siège de Maestricht. — Au mois de février, un escadron du régiment est envoyé au siège de Maestricht, l'autre escadron reste à Namur.

Batailles sur la Roer, 1er et 2 mars 1793. — Les Autrichiens, profitant de la mauvaise position de leurs adversaires, passent la Roer à Duren, et attaquent les cantonnements. L'armée française abandonne Aix-la-Chapelle, lève le siège de Maestricht, et se replie sur Liège, après avoir perdu six à sept mille hommes.

L'escadron du 1er de Cavalerie, placé à l'arrière-garde, contribue à retarder la poursuite. Le 2 mars, le cavalier Simon est tué dans une escarmouche.

On abandonne la ligne de la Meuse, devant un mouvement tournant de l'archiduc Charles par Tongres, et on se retire sur Saint-Trond. Le 4 mars, dans une reconnaissance sur Tongres, le sous-lieutenant Barrois et le cavalier Durand (Jacques) sont tués.

Le lendemain 5, l'escadron est envoyé, pour chasser l'ennemi des positions qu'il occupait entre Liège et Saint-Trond, et d'où il pouvait couper la retraite de l'armée. Les Autrichiens sont débusqués, et obligés de se retirer.

Dumouriez, revenu en toute hâte de Hollande, fait prendre position à l'armée en avant de Louvain.

La cavalerie est placée à l'aile droite, sous les ordres du général Valence, vers Cumptich.

Le 15, l'archiduc Charles surprend Tirlemont, et s'en empare; mais le 16, il en est repoussé. Les Autrichiens prennent position sur les hauteurs de Landen et Nerwinden.

Bataille de Nerwinden, 18 mars 1793. — Dumouriez se décide à les attaquer, et le 17 mars, dispose ses troupes pour livrer bataille le lendemain. La colonne de droite, où se trouve l'escadron du régiment avec la plus grande partie de la cavalerie, doit passer la Ghète au pont de Neerheilissem, pour se porter sur la gauche de l'ennemi vers Landen.

Le 18 mars, à huit heures du matin, elle passe la rivière, et se dirige sur Landen, qu'elle trouve évacué par l'ennemi; elle se rabat sur Oberwinden. Vers deux heures de l'après-midi, Dumouriez ordonne une attaque générale. Nerwinden est pris et repris trois fois, mais on ne peut s'y maintenir. A ce moment, les cuirassiers de Schwetz et de Nassau débouchent dans la plaine, entre Mittelwinden et Nerwinden, sur le flanc de l'armée française. Valence rassemble sa cavalerie et la lance sur l'ennemi. Une mêlée furieuse s'engage. Valence est blessé, mais la cavalerie impériale est repoussée et maltraitée. Elle tente une deuxième attaque, qui vient échouer devant notre artillerie et notre infanterie.

La droite se maintient donc sans avancer; mais la gauche n'avait pu résister, et avait abandonné ses positions. Dumouriez ordonne alors la retraite sur Louvain. L'escadron du régiment avait perdu dans cette journée, le sous-lieutenant Richard et les cavaliers Cathelin, Crepin, Discher, Durand (Bastien), Lacroix,

1763

dit Laporte, Legout. Le lieutenant Severac avait reçu neuf coups de sabre. Le lieutenant Talon, les sous-lieutenants Odiot et Lemoine, quatre sous-officiers et six cavaliers étaient également blessés.

La défaite de Nerwinden, qui nous coûtait la Belgique, fut suivie de la défection de Dumouriez. L'armée française se retira jusque sur l'Escaut.

Pendant que ces événements se passaient, la division Harville, attaquée le 17 mars devant Namur, avait dû évacuer la ville, et s'était retirée sur Maubeuge. Le général Harville, mis en accusation pour cette retraite précipitée, fut remplacé par le général Tourville.

Le 5 mars, le lieutenant-colonel du régiment M. Doncourt avait été nommé colonel, en remplacement de M. de la Varenne nommé général.

Camp de Maubeuge. — Nous retrouvons le 1er de Cavalerie, campé au mois d'avril sous les murs de Maubeuge, où est venu le rejoindre, l'escadron qui avait pris part à la bataille de Nerwinden.

Il eut de fréquents engagements avec la cavalerie ennemie, aux environs de la ville.

Le 9 avril, un escadron repousse sur la rive gauche de la Sambre plusieurs pelotons de cavalerie, qui avaient déjà passé cette rivière, devant l'abbaye d'Hautmont.

Le 7 mai, le capitaine Sigwald est blessé dans une découverte.

Le 8, le lieutenant Monteil, dit Duteil, est blessé au bois de Bonne-Espérance, sur la route de Valenciennes.

Le 11, le régiment prend part à une sortie, pour reprendre la redoute, dite de Luxembourg.

Le 15 juin, le sous-lieutenant Odiot est blessé pendant une reconnaissance.

Le 7 août, le cavalier Zambeaux se trouvant cerné par un détachement de dragons anglais, se fait jour à travers, et fait

4

prisonnier un sous-officier à qui il sauva la vie, malgré la loi qui ordonnait de ne pas faire quartier aux prisonniers de cette nation.

Pendant que l'ennemi observe le camp de Maubeuge sans tenter aucune attaque sérieuse, les Autrichiens ont pris Condé et Valenciennes; et les Anglais, battus à Hondschoote, ont été obligés de lever le siège de Dunkerque.

Au mois de septembre, les alliés forment le projet de s'emparer de Maubeuge pour s'ouvrir la vallée de l'Oise. Le 1er septembre, leurs coureurs se présentent devant la ville, un parti ennemi se retranche dans le bois des Dames, près de Douzies. Un corps dont fait partie le 1er de Cavalerie est envoyé pour le débusquer. Le régiment charge et culbute trois postes autrichiens : le premier à la ferme du Corbeau, le deuxième sur la route de Bavay, le troisième dans un ravin communiquant avec la plaine.

Le 26 septembre, l'ennemi met en ligne des forces plus considérables. Le régiment charge sur un parti ennemi, qui s'approchait du côté de la redoute d'Assevent, et le met en pleine déroute. Le lieutenant Demongin est blessé dans cette affaire.

Blocus de Maubeuge, 29 septembre 1793. — Enfin, le 29, commence le blocus de Maubeuge. Le régiment prend part à toutes les reconnaissances ou sorties qui ont lieu jusqu'à la levée du siège.

Le 17 octobre, pendant que le général Jourdan livrait la bataille de Wattignies, les troupes du camp font une sortie vigoureuse. Cette double attaque force l'ennemi à se retirer. Le régiment poursuivit l'ennemi jusqu'au delà de la Sambre. Dans cette charge, le maréchal des logis Bouy fut blessé.

Le 23 octobre, le 1er de Cavalerie eut encore occasion de charger un détachement ennemi, dans le bois de Tilleul, près Douzies. Il le mit en fuite après un engagement dans lequel fut tué le cavalier Robert.

Dans un nouveau combat, livré le 27 octobre, le sous-lieutenant Ravenel est tué.

Le 2 novembre, le cavalier Godemé est tué dans une reconnaissance.

Le 14 décembre 1793, le régiment quitte Maubeuge, pour aller se réorganiser à Péronne.

Le colonel Doncourt avait été destitué le 15 septembre, il est remplacé le 1er octobre par le colonel Maillard, chef d'escadrons au régiment.

Moins de trois mois après, le régiment, comptant à l'effectif vingt-sept officiers et cinq cent quatorze hommes, est envoyé à l'armée du général Pichegru ; il la rejoint à Leers.

Campagne de 1794

Le 27 mars 1794, il fait partie de la brigade Macdonald, division Souham. L'armée se tenait en avant de Lille, observant l'armée anglo-autrichienne, qui occupait la ligne de l'Escaut. Pendant tout le mois d'avril et une partie du mois de mai, aucune des deux armées ne prend l'offensive ; mais en raison même de la proximité, les engagements sont très fréquents.

Le 16 avril, le régiment prend part au combat de Leers, le commandant Talon eut le bras emporté par un boulet ; il mourut à l'hôpital de Lille le 1er mai des suites de l'amputation. Le cavalier Vignard fut tué.

Dans la nuit du 30 avril au 1er mai, en faisant une reconnaissance sur Watrelos, un fort détachement du régiment met l'ennemi en pleine déroute. Le maréchal des logis Chevalier, à la tête d'un détachement de huit hommes, enlève vingt-sept pièces de canon. Le 14 vendémiaire an XI, il reçut un sabre d'honneur comme récompense de cette action d'éclat.

Le 4 mai, le régiment concourt à un combat livré sur le même point.

Le 15, il fait partie d'une découverte, en avant de Montcastrel ; on s'empare de plusieurs redoutes, mais l'ennemi étant revenu avec des forces bien supérieures, on est obligé de les abandonner.

Depuis le 14 mai, le 1er de Cavalerie était passé à la brigade Thierry attachée à la division Souham, et était campé à Montcastrel.

Bataille de Moucron ou Montcastrel, 17 mai 1794. — Le 17 mai, l'ennemi se décide à prendre l'offensive ; il dirige des forces considérables de Tournai sur Tourcoing. Les généraux Souham et Moreau se concentrent sur ce dernier point. La brigade Thierry est établie à Moucron.

Une colonne commandée par le général de Busch, et composée de dix bataillons et de dix escadrons hanovriens, attaque Moucron le 17, et s'en empare après avoir refoulé les avant-postes d'infanterie. Le général Thierry, établi avec le gros de ses forces sur les hauteurs en arrière, se précipite sur les Hanovriens, au moment où ils allaient les gravir, et les refoule en désordre. Le 1er de Cavalerie, qui était la seule troupe à cheval attachée à la division Souham, exécute une charge si heureuse, que la retraite de l'ennemi se change en une déroute complète. Il s'empare de cinq pièces de canon, cinq caissons, et fait sept cents prisonniers. Le sous-lieutenant Alix, à la tête de dix cavaliers du régiment, chargea des bataillons entiers, s'empara d'un canon, et de deux cents prisonniers anglais. La défaite de cette aile des alliés entraîna la retraite de toute leur armée.

Combat de Roubaix, 18 mai 1794. — Le lendemain 18 mai, l'armée française poursuit l'ennemi, qui tente vainement de résister à Watrelos, puis à Roubaix ; il est pris à revers, et mis de nouveau en pleine déroute. Le duc d'York, commandant les Anglais et les Hanovriens, ne dut son salut qu'à la vitesse de son cheval.

Il perdit soixante et une pièces de canon, tous ses caissons, une grande partie de ses bagages, et cinq cents prisonniers.

Le 20 mai, la brigade Thierry revient camper à Leers.

Pendant ces combats, un détachement du régiment avait été envoyé devant Menin, et avait contribué à la défaite du général autrichien Beaulieu, qui dut lever le siège de cette place et se retirer précipitamment.

Bataille de Pont-à-Chin, 22 mai 1794. — Le 22 mai, l'armée française prend l'offensive à son tour. La brigade Thierry se porte avant le jour, par Etampuis sur Saint-Léger, puis sur Pont-à-Chin, pour concourir à l'attaque du général Macdonald sur ce dernier point. Elle se déploie dans la plaine entre Templeuve et l'Escaut, et passe cette rivière. Le régiment fournit plusieurs charges, et fit dans cette journée quinze cents prisonniers. Le lieutenant Alix se signala de nouveau par sa bravoure. Après avoir eu son sabre brisé en se défendant contre un groupe nombreux d'Autrichiens, il s'était replié sur les avant-postes, et armé d'un autre sabre, retournait au combat, suivi seulement de deux cavaliers, lorsqu'il fut assailli par le feu nourri d'un peloton ennemi embusqué derrière un taillis. Sans hésiter, le brave Alix s'élance sur cette troupe en criant : « Escadron en avant. » Il tue trois hommes de sa main, et a son cheval blessé d'un coup de baïonnette. Épouvanté de cette attaque imprévue, l'officier autrichien perd la tête et met bas les armes avec toute sa troupe composée de cinquante-trois hommes.

Malheureusement le général Macdonald avait échoué dans son attaque sur Pont-à-Chin. La brigade Thierry, n'étant pas soutenue sur la rive droite, et se trouvant aux prises avec un ennemi qui recevait de nombreux renforts, fut forcée de repasser la rivière précipitamment. Elle revint à Leers. Dans cette affaire, le cavalier Maurand avait été tué.

Le 3 juin, la brigade Thierry est chargée d'observer Menin.

pendant que l'armée assiège Ypres. Le 1er de Cavalerie est établi
à Montcastrel.

Bataille de Rousselaer, 13 juin 1794. — Dans les premiers
jours de juin, le corps d'armée de Clairfayt se porte du camp de
Thielt, sur Hooglède et Rousselaer. Le 10, Pichegru marche à sa
rencontre. La brigade Thierry, attachée à la division Despeaux,
passe par Courtray, et va se placer sur la Heule, à hauteur de
Dadizecle, à cheval sur la route de Menin à Rousselaer. Le 11,
elle est en avant de Rousselaer. Le 13, elle occupe les mêmes
positions ; le régiment est campé à Mont-Cornélis. Les découvertes
venaient de rentrer sans avoir signalé aucun mouvement du côté
de l'ennemi, lorsque vers sept heures du matin, la fusillade et la
canonnade éclatent subitement. L'ennemi, ayant suivi les traces
des découvertes avec trois mille hommes, arrivait presque en
même temps qu'elles dans la direction du camp, et attaquait à
l'improviste la division Despeaux. Celle-ci se replie en bon ordre
sur la chaussée de Menin. Les Autrichiens s'emparent de Rousselaer,
mais, arrêtés par la brigade Macdonald qui résiste vigoureusement, ils sont obligés de se replier. Le cavalier Debase fut tué
dans cette journée.

La retraite de l'ennemi eut pour résultat la reddition d'Ypres
qui capitula le 18 juin.

La brigade Thierry revient le 19 près de Menin.

Le 20 juin, l'armée de Sambre et Meuse avait remporté la victoire de Fleurus, ce qui permet à l'armée du Nord de prendre
l'offensive. Elle se dirige d'abord sur Gand et Oudenarde, de
façon à se réunir à l'armée du général Jourdan, et arrive à Wor-
teghem le 26 juin. Là, elle reçoit l'ordre de se porter au Nord, et
occupe Bruges sans coup férir. Le 3 juillet, le 1er de Cavalerie est
à Volkeghem avec la brigade Thierry.

Pendant ce temps, l'armée autrichienne de Cobourg, poursuivie
par Jourdan, se retirait sur Bruxelles, Louvain et Malines ; l'ar-

mée de Pichegru redescend alors sur Bruxelles, s'avance vers Erenbodeghem, et se réunit à l'armée de Sambre et Meuse.

L'armée du Nord campe le 11 juillet derrière le canal de Vilvorde ; le 13, elle passe la Senne, et se dirige sur Malines.

Le 15 juillet, elle attaque les Hollandais qui gardaient le canal de Louvain, de Wespelaer à Mugsem, en avant de Malines. Après une courte résistance, l'ennemi se retire rapidement derrière la Nèthe, et les Français entrent le 16 dans Malines. Le régiment y cantonne.

L'armée du Nord continuant sa marche se dirige sur Anvers, suivant l'armée anglo-hollandaise du duc d'York. Le 23 juillet, elle quitte la ligne de la Dyle, pour se diriger sur Lier. Le duc d'York se réfugie à Anvers, puis évacue cette place qui est occupée par l'armée française.

L'ennemi se retire derrière Bréda.

L'armée part le 20 août des environs d'Anvers, pour se porter entre Herenthals et Lier, puis elle va s'établir près de Hoogstraeten, pour observer l'armée Anglaise. Le 27 août, le cavalier Drive est tué dans une escarmouche, aux environs de Bréda.

Le 5 septembre, le régiment est envoyé en reconnaissance vers Berg-op-Zoom.

Le 15, l'armée se porte sur la Dommel, puis sur l'Aa. Le 18, elle passe cette rivière, et campe à Bœrsdone. Elle met le siège devant Bois-le-Duc qui se rend le 10 octobre. Le régiment resta jusqu'à la fin de la campagne aux environs de cette place, au camp de Metzel. Il n'eut à exécuter que des reconnaissances journalières, qui amenèrent quelques engagements.

A la fin de l'année 1794, après les succès de Pichegru en Hollande, le 1er de Cavalerie rentre en France. Le 14 février 1795, le chef d'escadrons Severac, du régiment, est nommé colonel, en remplacement du colonel Maillard retraité. Au commencement de l'année 1795, le régiment est dirigé sur l'armée de l'Ouest à Caen. Les escadrons sont envoyés contre les chouans, à Laval.

Ambrières, Melay-les-Forges, Cousse, Croisille, Suvigny, la Pélerine. Dans un de ces engagements, le cavalier Guyon (Joseph) fut tué le 12 mars. Le régiment revient à la fin de l'année à Rouen, et il y passe une partie de l'année 1796.

Campagne de 1796

Le 1ᵉʳ de Cavalerie est envoyé en Italie au mois de juin 1796, il part de Lille le 24 juin et se dirige sur Milan ; il quitte cette ville le 10 septembre, et rejoint le 17 l'armée d'Italie, sous les murs de Mantoue, au lendemain des affaires de Saint-Georges et de Rivoli. Il fait partie de la brigade Beaumont attachée à la réserve de cavalerie.

Le 19 septembre, il est bivouaqué à Castelluchio, à l'ouest de Mantoue. Dans la matinée, la grand'garde placée sur la route de Sainte-Marie-des-Grâces est attaquée par l'artillerie ennemie. Elle se replie sur le village, qui est défendu pendant plusieurs heures par le régiment renforcé du 7ᵉ hussards, du 20ᵉ dragons et de cent grenadiers. Dans la soirée on bat en retraite, et on se retire sur Marcaria et Saint-Martin.

La position de Castelluchio est reprise le 24 septembre.

Lorsque Bonaparte se porte sur l'Adige, au-devant de la nouvelle armée qui s'avance sous le commandement d'Alvinzi, le régiment reste sous les murs de Mantoue attaché à la division Dallemagne, qui fait partie des troupes de blocus commandées par Kilmaine.

Le 29 septembre, la division Dallemagne est envoyée au sud de la place pour assurer l'investissement. Le régiment bivouaque à Pradella. Le 30, il est à Borgo-Forte, sur la rive gauche du Pô.

Un parti de cavalerie, étant parvenu à sortir de Mantoue avec des fusils, et les ayant distribués à la population du territoire de Parme, le chef d'escadrons Legendre est envoyé le 9 octobre avec trois compagnies pour désarmer les habitants et assurer les contributions. Il se porte sur Modène.

Le 17, il reçoit l'ordre de quitter cette place, et de se rendre à Ferrare, en passant par Bologne. Ce détachement vient rejoindre le régiment qui se concentre à Legnago, quand Bonaparte s'engage contre les troupes d'Alvinzi.

Après avoir rejeté les Impériaux sur la rive gauche de la Brenta, le général en chef se porte au secours de son aile gauche, et dirige une partie de ses troupes sur Vérone ; le régiment vient bivouaquer à Marnicrosse. Le 11 novembre, il en part à huit heures du matin pour aller renforcer les troupes de Vaubois, qui ont été repoussées jusqu'à Rivoli ; mais le général autrichien ne fait aucune tentative pour poursuivre ses succès, et le régiment séjourne aux environs de la ville, les 12, 13 et 14 novembre. Sur ces entrefaites, Bonaparte ayant conçu le hardi projet de descendre l'Adige pour le franchir à Ronco, et menacer les derrières d'Alvinzi, le 1ᵉʳ de Cavalerie est rappelé ; il quitte Rivoli dans la soirée du 14 novembre, et arrive à Vérone à minuit. Il reste dans cette place pendant que Bonaparte se porte sur Ronco. Le 17 novembre, il exécute une sortie par la porte Saint-Michel, et vient inquiéter le flanc gauche de l'ennemi attaqué de front à Arcole.

Le 18, il exécute une nouvelle sortie par la porte du Château, et poursuit les Autrichiens jusqu'à Gossolengo ; le 19, il les attaque de nouveau.

Le 20 novembre, l'adjudant-général Kellermann, avec un détachement de quarante-quatre hommes commandés par le capitaine Carlier, est envoyé en reconnaissance sur Bussolengo à l'ouest de la place. Il rencontre l'ennemi, et le repousse après lui avoir fait treize prisonniers et pris trois chevaux. Dans cette affaire, le maréchal des logis Richard fut tué d'un coup de feu.

Le régiment part le même jour à six heures du soir, pour se porter sur Caldiero, à l'est de Vérone, contre le général Seiters, qui était envoyé par Alvinzi au secours de Davidowich.

Le 21, on attaque la grand'garde, elle se replie sur son camp ; mais l'ennemi se porte en forces à notre rencontre. On lutte toute la journée, et on se retire seulement à la nuit sur Saint-Michel, après avoir eu quatre hommes faits prisonniers et un blessé.

Le 22 novembre, notre grand'garde commandée par le capitaine Demougin est attaquée vers minuit ; elle tient ferme, et repousse l'ennemi jusqu'à Saint-Martin.

Après l'insuccès de leurs efforts pour opérer leur jonction, les généraux Alvinzi et Davidowich se décident le 24 novembre à se retirer sur Montebello, au nord de l'Adige. Pendant que les négociations s'engagent avec l'Autriche, les deux armées continuent à s'observer.

En exécution des ordres du général en chef, le 1er de Cavalerie et deux escadrons du 1er hussards, avec le général Leclerc et l'adjudant-général Kellermann, sont provisoirement détachés de la réserve de cavalerie, pour faire le service de la division Masséna, qui occupe Vérone. Le régiment est cantonné à Saint-Michel, à l'est de la ville.

Le 7 décembre, un maréchal des logis, en faisant une reconnaissance avec douze hommes dans la direction de Montebello, est enveloppé par des hussards ennemis. Les cavaliers Jacob et Laboulé sont tués, trois hommes seulement parviennent à s'échapper.

Reconnaissance sur Vicence, 17 décembre 1796. — Le 17 décembre dans la soirée, le capitaine Lasalle [1] est envoyé avec un détachement commandé par le capitaine Carlier et le lieutenant Hippolyte Nitot en reconnaissance sur Vicence, pour prendre

---

[1] Aide de camp de l'adjudant-général Kellermann, devint plus tard l'illustre général de cavalerie qui fut tué à Wagram.

des renseignements sur la position et les mouvements de l'ennemi établi au camp de Sessère.

Lasalle arrive à Vicence le 18 décembre à neuf heures du matin, il parcourt la ville au grand trot, et envoie des détachements pour fermer les portes et les garder. Le poste dirigé sur la porte Saint-Barthélemy se heurte à un parti de hussards autrichiens, qui l'attaque vigoureusement et le repousse dans la ville ; un cavalier est fait prisonnier, un autre dont le cheval s'abat sur la glace a la cuisse cassée. Le capitaine Carlier était en bataille sur la place avec le reste de la troupe. En apercevant ses hommes ramenés par l'ennemi, il commande : « En avant! Seraient-ils dix mille, suivez-« moi... » Puis il part à la charge. Après un combat corps à corps dans les rues de Vicence, les hussards sont dispersés et repoussés en dehors de la ville.

Le capitaine Carlier rallie sa troupe, et sur l'avis qu'un escadron ennemi s'avance rapidement, il se retire. Le capitaine Lasalle, qui pendant cet engagement avait continué à recueillir les renseignements de la reconnaissance, n'a que le temps de sauter à cheval, et est obligé de se faire jour à travers l'ennemi. Dans cet engagement, les Impériaux avaient eu onze hommes blessés, et plusieurs tués ; on leur avait pris trois hommes et cinq chevaux. Le détachement du régiment, composé de dix-huit hommes, en avait repoussé quarante, il avait eu trois hommes faits prisonniers, et avait laissé entre les mains de l'ennemi, six chevaux qui s'étaient abattus sur la glace.

Un seul cavalier avait été blessé, tous les autres avaient été protégés par les manteaux placés en sautoir, qui furent hachés de coups de sabre.

Les renseignements relatifs à cette reconnaissance ont été puisés aux archives de la guerre, dans le rapport du chef du 1er de Cavalerie. M. le général Thoumas dans une biographie du général Lasalle, publiée par la *Revue de cavalerie*, raconte au sujet de ce même engagement, une anecdote des plus curieuses :

« Lasalle, dit-il, obtint le grade de chef d'escadrons, dans des
« circonstances qui sont relatées ainsi qu'il suit sur ses états de
« service. Le 17 décembre 1796, à Vérone, armée d'Italie, le capi-
« taine Lasalle, à la tête de dix-huit cavaliers du 1ᵉʳ régiment,
« chargea cent hussards ennemis du régiment de Joseph, les défit,
« et entouré lui seul par quatre hussards, les blessa tous quatre,
« passa le Bacchiglione à la nage, et rejoignit sa troupe. A la
« suite de cette affaire, le général Bonaparte le nomma chef
« d'escadrons.

« Le général Thiébaut raconte dans ses Souvenirs, d'une façon
« beaucoup plus romanesque, l'action qui valut à Lasalle, dont il
« était l'ami, le grade de chef d'escadrons. Pendant que la division
« Masséna occupait Vicence, le jeune capitaine avait fait dans
« cette ville la connaissance de la marquise de Sali, renommée
« dans toute l'Italie pour sa beauté et son esprit ; il s'était vive-
« ment épris d'elle, et avait de son côté inspiré à la belle marquise
« une violente passion. Mais leur bonheur n'avait duré que peu de
« jours ; les Autrichiens étaient venus occuper Vicence, et une
« armée entière s'était interposée entre les deux amants. Lasalle
« voulut revoir la marquise. Un soir, sans prévenir personne, il
« commande dans le 1ᵉʳ régiment de Cavalerie vingt-cinq cava-
« liers de choix, les rassemble à la nuit, traverse avec eux la ligne
« des vedettes, franchit les avant-postes, et par des chemins
« bien connus de lui, il gagne les derrières de l'armée ennemie.
« Arrivé vers minuit à Vicence, il y cache sa troupe et se rend
« chez la marquise de Sali. Rappelé à la réalité vers minuit par
« des coups de pistolet, il saute à cheval et rejoint son escorte.
« L'alerte était donnée, les chemins qu'il avait suivis pour venir
« ne sont plus libres. Lasalle charge trente-six hussards qui gar-
« daient un pont, leur prend neuf chevaux, continue sa route par
« des chemins détournés, se donnant pour un Allemand dans les
« cantonnements qu'il ne peut éviter, pénètre de vive force dans
« les avant-postes, les franchit heureusement, et regagne son point

« de départ, sans avoir perdu un seul homme. Il arrive au moment
« où Bonaparte passait en avant de Verbenna la revue des divi-
« sions Augereau et Masséna ; et lui qui était renommé pour le luxe
« de ses chevaux et de ses uniformes, il se présente à cette revue dans
« sa tenue de la nuit, monté sur un cheval autrichien encore muni
« de son harnachement, et même de son licol de corde. On lui
« demande où il a trouvé ce cheval : « A Vicence », répondit-il, « d'où
« j'arrive ». Puis il raconte son escapade, sans parler bien entendu
« du motif qui la lui a inspirée, et comme s'il avait été à Vicence
« pour reconnaître l'armée ennemie. Même dans cette supposition,
« il était en faute, un officier n'ayant pas le droit de faire une
« reconnaissance de sa propre initiative. Mais tout amoureux qu'il
« fût, il n'avait pas perdu de vue son métier d'officier d'avant-
« garde, et il rapportait sur la position des Autrichiens, des ren-
« seignements dont le général en chef se hâta de profiter.
« Bonaparte d'ailleurs aimait déjà par-dessus tout les actions de
« folle bravoure ; au lieu de punir Lasalle, il le nomma chef
« d'escadrons au 7e régiment (bis) de hussards. Cette nomination
« faite à titre provisoire fut confirmée par le Directoire le
« 22 avril suivant ; Lasalle avait vingt-deux ans. »

Le rapport du 1er de Cavalerie pouvait difficilement mentionner
ces détails anecdotiques ; aussi n'est-ce pas sur ce document qu'on
pourrait s'appuyer pour les réfuter. Quoi qu'il en soit, cette version
émane d'une source qui lui donne un caractère d'authenticité
qu'on ne saurait méconnaître, et si on l'accepte, on s'expliquera
plus facilement que le capitaine Carlier, après avoir repoussé
bravement une première attaque, se soit replié en apprenant qu'un
escadron ennemi s'avançait contre lui, et qu'il n'ait pas protégé
plus longtemps une reconnaissance qui se poursuivait avec un
pareil sang-froid. D'ailleurs avec un officier [comme Lasalle, il
pouvait s'en remettre à son intrépidité du soin de se faire jour à
travers l'ennemi.

Le capitaine Carlier prouva moins d'un mois après, en se

faisant tuer aux avant-postes sous les murs de Vérone, qu'il n'était pas homme à reculer. L'héroïne de cette aventure s'empoisonna après la signature du traité de Campo-Formio. Les Vénitiens attribuèrent ce suicide, au désespoir que ressentit cette femme douée d'une âme virile, d'un caractère au-dessus de son sexe, en voyant son pays tomber sous la domination de l'Autriche. D'après des témoins dignes de foi, cette fin tragique fut due à l'exaltation d'un cœur ardent et passionné. Lorsque le commandant Lasalle reçut l'ordre de rentrer en France, où se préparait l'expédition d'Egypte, la marquise de Sali ne voulut pas survivre à son amour. Quant au brillant officier qui avait été son amant, si affecté qu'il fut par cette séparation, il ne devait pas tarder à trouver dans l'enivrement de la gloire l'oubli de ses chagrins.

Après cette courte digression, il nous faut rentrer sur le terrain purement militaire.

Au mois de décembre 1796, le chef de brigade Severac est retraité et remplacé par le chef de brigade Juignet.

Reconnaissance sur Caldiero. — Le 10 janvier, cinquante cavaliers du régiment et cinquante dragons du 5e sont envoyés en reconnaissance sur Caldiero. La colonne, sous le commandement du chef d'escadrons Nadal, part de Vérone à six heures du matin, repousse les postes ennemis, et entre dans Caldiero, où elle essuie une fusillade très vive partie des jardins et des maisons. Elle se retire après avoir eu le capitaine des dragons tué d'une balle.

Engagement sous les murs de Vérone. — Le 12 janvier 1797, le régiment, toujours cantonné à Saint-Michel, avait sa grand'garde placée à Saint-Martin, commandée par le capitaine Carlier ; à six heures du matin elle est attaquée et se retire en combattant, soutenue par un bataillon de la 18e légère ; pendant cette retraite, le brave capitaine Carlier est blessé mortellement d'un coup de feu à la poitrine.

La division Masséna sort de Vérone, les grenadiers de la 75e

demi-brigade se précipitent sur l'ennemi, et soutenus par le
1ᵉʳ de Cavalerie s'emparent d'une pièce de canon. Dans le courant de l'action, le régiment charge de nouveau sous les ordres
de l'adjudant-général Kellermann contre les hussards du prince
Joseph, et les met en fuite. Le capitaine Maure eut le bras
emporté par un boulet; transporté à l'hôpital de Vérone, il y
mourut le 31 janvier des suites de l'amputation. Le cavalier
Faucheux fut blessé mortellement.

L'infanterie ennemie, forcée de se replier, s'était embusquée dans
les fossés, pour empêcher notre cavalerie d'inquiéter sa retraite.
Trente hommes du régiment passèrent au galop sous le feu de
cette infanterie, gagnèrent le débouché par lequel elle devait se
retirer, et firent une grande quantité de prisonniers.

Cette attaque n'était que le prélude de celle que l'ennemi préparait sur notre aile gauche. Bonaparte, prévoyant que tous les
efforts allaient se porter sur la position occupée entre le lac de
Garde et l'Adige, dirige une partie de la division Masséna de ce côté.

Le 13 janvier, il donne l'ordre au général Leclerc de partir
immédiatement avec le 1ᵉʳ de Cavalerie et deux pièces d'artillerie,
pour se rendre à Rivoli, où il est indispensable qu'il arrive deux
heures avant le jour. Le régiment, commandé par le chef d'escadrons Legendre, quitte Vérone à neuf heures du soir.

Bataille de Rivoli, 14 janvier 1797. — Le 14 au matin, en arrivant à Rivoli, il est formé en bataille, la droite au village et face
au plateau. Un brigadier et douze hommes sont envoyés en
éclaireurs. Le lieutenant Nitot, avec vingt-cinq hommes, est chargé
d'assurer le ravitaillement des munitions de l'infanterie. Un maréchal des logis et douze hommes sont détachés pour escorter une
pièce d'artillerie sur la gauche de la ligne, et repousser les tirailleurs ennemis. A dix heures tous les détachements rallient le
régiment. Vers midi, Quasdanowich, protégé par une nombreuse
artillerie, attaque de front et enlève les retranchements d'Osteria,
et commence à déboucher sur le plateau dont l'occupation devait

assurer le succès de la bataille. Le général Leclerc donne l'ordre de charger ; le régiment se précipite sur l'ennemi, et le rejette dans le défilé, en lui reprenant deux pièces de canon qu'il avait enlevées. Les Impériaux se reportent en avant ; Junot, aide de camp du général en chef, s'élance avec vingt hommes du régiment commandés par le lieutenant Duteil sur la colonne du général Laudon, mais il est obligé de reculer devant un feu meurtrier. La position devient des plus critiques, Bonaparte est presque entouré, il ordonne au général Leclerc de charger avec sa cavalerie, et fait porter la division Joubert en avant. Le 1er de Cavalerie se lance de nouveau sur les têtes de colonnes ; tout ce qui n'a pas le temps de se réfugier dans les fossés et derrière les haies est renversé ; l'infanterie de Joubert achève de rejeter les Impériaux dans le défilé, où se produit bientôt le désordre le plus affreux. Le régiment après avoir poursuivi l'ennemi en déroute revient dans la soirée bivouaquer sur le plateau.

Après cette brillante victoire, Bonaparte redescend sur Mantoue. Il donne l'ordre à la cavalerie de se concentrer sur Roverbella. Le régiment quitte Rivoli à huit heures du matin et vient coucher à Villafranca ; le 16 il est envoyé à Sorga, sur la route de Castellaro, pour couper la retraite à Provera.

Le général autrichien, enveloppé de tous côtés, est obligé de capituler. Le lendemain 17 janvier, le régiment rallie la division Masséna, et reprend son cantonnement à Saint-Michel.

Le 19, il reçoit l'ordre de rentrer à la réserve de cavalerie, qui est placée sous les ordres du général Dugua ; il vient la rejoindre à Villafranca. Après la capitulation de Mantoue, la réserve de cavalerie s'établit à Vérone. Le 15 février, elle en part pour se rendre à Montebello. Le 16, elle est à Vicence, le 17 à Padoue ; de cette ville un détachement de quatre-vingts hommes du régiment, aux ordres d'un chef d'escadrons, est envoyé à Dolo pour faire des patrouilles vers Mestre et Noale.

A la date du 6 mars, le général en chef accorde aux troupes des

1796

gratifications sur le Mantouan ; le chef du 1er de Cavalerie figure sur cet état pour la somme de 10,000 livres.

Le 10 mars, Bonaparte se porte au-devant de la nouvelle armée, qui s'avançait sous le commandement de l'archiduc Charles. Le régiment part le 14, et se dirige sur Frata. Après une halte à Porto-Buffole, le général de brigade Beaumont donne l'ordre au chef de brigade Juignet d'envoyer un officier et douze hommes en reconnaissance sur Mota. Le lieutenant Alix part avec un guide, il apprend qu'il y a dans le village une grand'garde de douze hussards, il fond sur elle à l'improviste et l'enlève. Il ramène au général Serrurier onze hommes avec leurs chevaux. Le 15 mars le régiment arrive à Paziano.

Passage du Tagliamento, le 16 mars 1797. — Le 16, l'armée s'avance pour passer le Tagliamento. Le 1er de Cavalerie devait se diriger par Sagigola, Azzano et Bannia ; mais il reçoit l'ordre de faire une reconnaissance sur Saint-Vito, où l'ennemi était signalé en force. En arrivant, il trouve des bivouacs que l'on vient d'évacuer, et dans lesquels les feux sont encore allumés ; il envoie des patrouilles pour reconnaître la direction suivie par l'ennemi. A ce moment le canon se fait entendre vers Valvasona. Le chef de brigade s'y porte rapidement, et est envoyé de suite sur la rive gauche pour couvrir le passage de l'infanterie. Le général Dugua se met à la tête du régiment, et sans se laisser arrêter par le feu des tirailleurs ennemis, s'élance sur des hussards et des hulans qui se préparaient à charger notre infanterie quand elle sortirait de l'eau. Après une première attaque, le régiment se rallie, il charge de nouveau et permet à la division Serrurier de s'établir sur la rive gauche.

Les Autrichiens menaçant de déborder notre aile gauche, on y porte rapidement le 1er de Cavalerie. Dès qu'il paraît, l'adjudant-général Kellermann se joint au général Dugua, et se précipite sur l'ennemi. Les escadrons autrichiens sont mis en déroute, et leur général est fait prisonnier. Dans cette charge, l'adjudant-général

Kellermann fut blessé à la tête, le lieutenant Flaubert reçut sept coups de sabre, et mourut quelques jours après à l'hôpital de Montebello. Les cavaliers Reveillant et Michel avaient été tués. Le lieutenant Nitot (Charles-Victor) fut blessé et fait prisonnier, l'adjudant Magnon fut blessé d'un coup de lance, et le maréchal des logis Millot reçut quatre blessures. Le capitaine Alix se fit comme toujours remarquer par des prodiges de valeur. Après deux charges que venait de fournir le régiment, il aperçoit deux hussards autrichiens, qui allaient sabrer un dragon du 15e démonté, blessé et renversé dans un fossé; Alix quitte sa compagnie, s'élance au galop sur les hussards, les renverse, et délivre le dragon.

Dans la soirée, on repasse le Tagliamento pour venir bivouaquer à Valvasona. Le lendemain 17, on se porte sur la rive gauche; vers midi on va sur Codroïpo pour se procurer du fourrage. Le 18 mars, on gagne Palma-Nova, que l'ennemi avait abandonné sans combat.

Le 19, on passe le Torre, et on se dirige sur Gradiska, précédant la division Serrurier. Cette colonne devait suivre la route de Monfalcone, passer l'Isonzo au-dessous du pont de Casseliano, et remonter la rive gauche pour couper la retraite à l'ennemi, pendant que la division Bernadotte attaquerait de front Gradiska. Le régiment, après avoir repoussé l'ennemi de Romano, traverse la rivière, rejette sur la place les Impériaux qui occupent les villages de Ranciano et de San-Piétro. Il se forme alors en bataille, la droite à la rivière, la gauche à la chaussée, et s'avance sur Gradiska. Les projectiles que la place lui envoie tombent autour de lui sans produire de sérieux résultats, deux hommes seulement sont blessés.

L'ennemi rejeté dans Gradiska, et cerné de tous côtés, n'a d'autre ressource que de capituler; il livre entre nos mains deux mille prisonniers, dix bouches à feu, et deux drapeaux. Le régiment repasse l'Isonzo, et bivouaque à Farva.

Le 22 mars on vient s'établir à Gorizia.

Le 23, le général en chef ordonne au général Dugua de partir avec le 1er de Cavalerie et le 15e chasseurs pour Trieste, d'armer les cavaliers de carabines, et de faire une reconnaissance sur Prevald et sur la chaussée de Fiume. Le régiment vient coucher à Santa-Croce. La reconnaissance prescrite, composée d'un escadron du régiment et d'un escadron du 15e chasseurs, est commandée par le chef d'escadrons Lasalle ; elle arrive le soir à minuit à Trieste, le régiment y arrive le lendemain 24 mars.

Pendant les quatorze jours qu'il passe dans cette ville, il se refait des longues marches qu'il vient d'effectuer. A la date du 26 mars, le général en chef écrit de Gorizia au général Dugua : « Je vous autorise à faire prendre à Trieste, par le capitaine « chargé de l'habillement du 1er régiment de Cavalerie, les objets « nécessaires pour faire fournir à ce brave régiment les man- « teaux, bottes, culottes, chapeaux, et généralement tout ce qui « leur manque. »

Le 4 avril, un détachement est envoyé en reconnaissance sur Capo d'Istria, le cavalier Natot est assassiné dans la nuit par les habitants à coups de stylet.

Pendant que le régiment stationnait à l'extrême droite de la ligne occupée par l'armée d'Italie, Bonaparte traversait la chaîne méridionale des Alpes, se joignait successivement à Masséna et à Joubert dans la vallée de la Drave, et continuait à repousser l'archiduc Charles.

L'armée française occupait alors avec un effectif considérablement réduit un front très étendu. Bonaparte, apprenant que les populations du nord de l'Italie, commencent à se soulever, et redoutant de se voir couper la retraite se décide à marcher sur Vienne ; dans ce but, il donne des ordres pour la concentration de ses forces.

Le 3 avril, il écrit de Freisach au général Dugua de quitter Trieste aussitôt la réception de cet ordre, de faire partir pour

Klagenfurt le 1er de Cavalerie, qui devra parcourir vingt milles
par jour, et de le faire suivre par le 15e chasseurs. Le régiment
arrive le 7 à Gorizia, le 8 à Canale, le 9 à Pletz, le 10 à Tarvis,
le 11 à Klagenfurt. Il descend la Drave, et le 17 avril, jour de la
signature des préliminaires de Léoben, il est à Lavamund. Le 18,
il est à Marburg, le 19 à Wildon, le 20 à Gratz.

Le 24 avril, le général Dugua reçoit l'ordre de revenir à Gorizia.
Le régiment suit l'itinéraire suivant : 25 Ehrenhausen, 26 Win-
disfreititz, 27 Cilli, 28 Laybach, 30 Heidenschalt, 1er mai Gorizia. On repart de cette ville le surlendemain 3 mai pour se rendre
à Palma-Nova, le 4 à Valvason, le 5 à Bordenone, le 6 à Conegliano, le 7 à Trévise.

A la date du 6 mai, le général en chef donne au général Dugua le
commandement d'une division composée des 1er et 5e de Cavalerie,
4e et 10e chasseurs. Cette division devra se réunir à Udine, et être
fréquemment exercée à manœuvrer. Le régiment se dirige sur
Udine et y arrive le 16 mai.

Après la paix de Campo-Formio, qui fut signée en octobre 1797,
le 1er de Cavalerie reste dans le nord de l'Italie, il y séjourne pendant
l'année 1798, et s'y trouvait encore lorsque les hostilités recom-
mencèrent en 1799.

Au mois de septembre 1798 le colonel Juignet était mort à Ferrare. Il fut remplacé par le colonel Margaron.

Campagne de 1799

A la fin de l'année 1798, l'Angleterre avait formé une nouvelle
coalition dans laquelle étaient entrées toutes les puissances
européennes à l'exception de la Prusse et de l'Espagne. Cette
alliance plaçait le Directoire dans une situation des plus difficiles.

Quarante mille de nos meilleurs soldats, et le plus grand capitaine étaient en Égypte. Les troupes qui restaient, fortement éprouvées par les maladies, avaient à défendre une ligne de frontières qui s'étendait du Texel à l'Adriatique. Bien que les négociations entamées à Rastadt ne fussent pas encore rompues, il était certain que les armées russe et autrichienne allaient promptement déboucher en Hollande, en Suisse, et en Italie. Le Directoire résolut de les prévenir. Mais au lieu de concentrer des forces imposantes sur un point principal, il voulut prendre l'offensive de tous les côtés. Aussi ne put-il résister nulle part.

On forme six armées, en Hollande, sur le Rhin, sur le Danube, en Suisse, en Italie et à Naples.

Le 1er de Cavalerie est attaché à l'armée d'Italie, qui se réunit sur les bords de l'Adige, sous les ordres du général Schérer.

Pour surcroît de difficultés, la Toscane et un certain nombre de villes d'Italie se révoltent contre le gouvernement qui leur a été imposé par la France. Au mois de février 1799, Schérer est obligé de détacher une de ses divisions pour réprimer l'insurrection. Il envoie la division Gauthier forte de six mille quatre cents hommes, comprenant seulement sept cents cavaliers parmi lesquels figure le 1er régiment de Cavalerie.

Cette division part de Vérone et se dirige sur Bologne. Le 27 février, le cavalier Hem est tué à Cento-Italice. En passant, le général Gauthier somme et prend le fort de San-Martino. Il arrive le 25 mars devant Florence qui ouvre ses portes, le grand-duc de Toscane ayant recommandé de ne pas résister : un escadron de dragons et deux bataillons d'infanterie, qui occupaient la ville, sont désarmés.

Le 11 avril, un escadron sous les ordres du chef de brigade va occuper le poste de Logano, afin de maintenir les communications entre Florence et Bologne. Jusqu'à la fin d'avril, le régiment est employé à surveiller les villes insurgées, et s'empare d'une grande quantité de révoltés.

Dans les premiers jours du mois de mai, les paysans de
Lucques chassent de la ville quelques invalides qui formaient
la garnison, et s'emparent des forts. On craignait de les voir
se porter sur Florence, où le général Gauthier n'avait à leur
opposer qu'une poignée de soldats écrasés de fatigues.

Le 1er de Cavalerie est envoyé contre les insurgés, il disperse
les rassemblements, et parvient à rétablir l'ordre et la tranquillité.

Il eut également affaire avec les rebelles à Reggio. Un chef
d'escadrons du régiment, avec trois cent cinquante hommes
d'infanterie et cinquante cavaliers, fit mettre bas les armes
à quinze mille insurgés, s'empara de treize cents fusils, vingt-
huit pièces de canon, cinquante barils de poudre, trois mille
boulets, et vingt et un mille cinq cents cartouches.

Le même chef d'escadrons fit une autre expédition sur Casal-
maggiore, où il dispersa les brigands, leur prit dix mille fusils et
quatre pièces de canon.

Pendant ce temps, l'armée d'Italie avait été défaite à Magnano
et battait en retraite vers les Alpes. Macdonald était rappelé en
toute hâte de Naples. Le 25 mai il rallie la division Gauthier
à Florence, puis la division Montrichard qui avait été détachée
précédemment pour garder le Bolonais. La division Gauthier
est fondue dans la division Montrichard, à laquelle va appartenir
désormais le 1er de Cavalerie.

Macdonald se trouve dès lors avoir sous ses ordres vingt-huit
mille hommes. Le 29 mai il se porte sur Lucques et le 11 juin,
il arrive à Bologne.

Le Directoire venait d'enlever le commandement à Schérer,
et l'avait remplacé par Moreau. Le général en chef donne l'ordre
à Macdonald de se porter sur Plaisance et Tortone. Montrichard
est chargé de couvrir son flanc droit, et de retenir Kray devant
Mantoue.

Le 13 juin, la division Montrichard en marche sur Modène
enlève le fort d'Urbin. Le 14, elle se porte entre Carpi et Coreggio.

De là, le chef de brigade du 1er de Cavalerie, avec un bataillon d'infanterie, un escadron du régiment, et un escadron de hussards cisalpins, fait une reconnaissance sur Brescello et Guastalla.

Bataille de la Trebbia, 17-18 juin 1799. — Macdonald, en arrivant sur la Trebbia, se heurte à l'armée austro-russe, avec laquelle Souwarow avait pris position pour s'opposer à la jonction des deux armées françaises. Il rappelle à lui la division Montrichard. Mais elle ne peut arriver pour le combat livré le 17, à la suite duquel Macdonald se replie sur la Trebbia. Le 18 la lutte s'engage de nouveau. Montrichard arrive à deux heures avec sa division pour prendre part au combat qui reste indécis.

Le 19 juin, bien qu'elles fussent aux prises depuis deux jours, les deux armées en viennent encore aux mains. La division Montrichard placée au centre passe la Trebbia, mais elle est surprise par un corps autrichien qui tombe inopinément sur son flanc. Une panique se met dans les rangs, et elle repasse la rivière en désordre.

Pendant ces deux journées, le capitaine Nitot (Hippolyte) et le cavalier de la Rue avaient été tués. Le lieutenant Durand et le sous-lieutenant Heckenbrenner avaient été blessés. Le capitaine Odiot avait eu deux chevaux tués sous lui. Le capitaine Demongin en avait eu un.

Macdonald est obligé de renoncer à se frayer un passage et bat en retraite. Il se dirige sur Parme et Modène, qui étaient occupées par les Impériaux. La division Montrichard, chargée de protéger son flanc, s'empare de Parme le 21 juin. Le régiment chargea dans la ville plusieurs escadrons autrichiens et leur fit quelques prisonniers.

Le 22, il assiste à la prise de Reggio après un combat assez vif.

Le 23, il charge un fort parti de hussards qui cherchait à couper la retraite de l'armée, le sabre en grande partie, et lui fait une centaine de prisonniers. Macdonald continue à se retirer par Pontremoli, Sarzane et Gênes ; la division Montrichard est placée à l'arrière-garde.

Affaire de la Secchia, 24 juin 1799. — Le 24, à la défense du pont de la Secchia, le régiment chargea avec impétuosité plusieurs escadrons de dragons, qui avaient déjà passé cette rivière et cherchaient à couper l'arrière-garde ; il en fit un horrible carnage, et emmena le reste prisonnier. A cet affaire, le sous-lieutenant Schwartz fut blessé de deux coups de sabre et fait prisonnier, le sous-lieutenant Faure fut blessé d'un coup de sabre au cou. Le maréchal de logis chef Conrot se fit particulièrement remarquer.

L'arméee de Macdonald arrive à Gênes le 17 juillet. Elle se réunit à l'armée des Alpes, dont Joubert venait de prendre le commandement.

Le régiment est alors attaché à la réserve de cavalerie, qui comprend les 1er, 3e, 18e de Cavalerie, 12e dragons, 2e chasseurs, au total mille deux combattants, sous le commandement du général Richepanse.

Bataille de Novi, 14 août 1799. — Le 9 août, l'armée opère sa concentration vers Novi. La réserve de cavalerie descend la vallée de la Bormida avec l'aile gauche; et le 11, elle s'établit à Cremolino, le 13 à Garessio.

Le 14 août, les Français, formés en demi cercle autour de Novi, sont attaqués par Souwarow. La réserve de cavalerie était placée en avant de Pasturana derrière l'aile gauche commandée par le général Pérignon. Elle avait à dos le ravin de Monficello. Ses derrières se trouvaient donc accessibles pour un ennemi qui oserait s'engager dans ce défilé.

Le général autrichien Bellegarde n'hésite pas à faire filer sa cavalerie dans le ravin, d'où elle devait remonter par la rive gauche du Riasco pour tourner l'aile gauche de l'armée française.

La cavalerie de Richepanse, se trouvant compromise, se replie à gauche de Pasturana, puis soutenue par l'infanterie, elle se lance sur les Autrichiens. Ses charges réitérées rejettent l'ennemi dans le plus grand désordre ; il est achevé par les baïonnettes du général Partouneaux.

Ce coup de vigueur dégage l'aile gauche, il était alors huit heures du matin.

Malheureusement la situation n'était pas aussi favorable à l'aile droite, qui ayant été tournée avait été obligée de lâcher pied ; le centre avait été également rejeté dans Novi. Moreau, qui avait pris le commandement en remplacement de Joubert frappé d'une balle dès le début de la bataille, donne l'ordre de la retraite. Elle allait s'opérer régulièrement, lorsqu'un bataillon russe s'introduit dans le ravin, et par son feu vient jeter le désordre dans nos colonnes. Artillerie, cavalerie, tout se confond. La réserve de cavalerie, après des prodiges de valeur sur le plateau, cède au torrent. Ce désastre de l'aile gauche entraîne celui de toute l'armée, que par bonheur l'ennemi ne poursuit que faiblement.

Dans cette journée le cavalier Blot avait été tué. Le sous-lieutenant Baudouin avait été blessé. Les capitaines Odiot et Pinard et le sous-lieutenant Faure avaient eu leurs chevaux tués.

La cavalerie se retire sur Gênes.

Quelques jours après la malheureuse bataille de Novi, le 22 août, cinq cavaliers du régiment furent surpris dans un cabaret par huit dragons de la Tour commandés par un major. Sans armes et sans moyen de défense ils furent bientôt au pouvoir de l'ennemi. Cette nouvelle parvient au détachement dont ils font partie. Leurs camarades jurent de les délivrer. Ils courent à leurs chevaux, les montent à poil et en pantalon d'écurie, et rejoignent les Autrichiens. François Chaudet, qui est à leur tête, fond sur le major, et lui présente un pistolet en criant : « Rends-moi mes camarades ou tu es mort ! » Effrayés par cette brusque attaque, les Autrichiens rendent leurs prisonniers, qui reviennent au cantonnement avec leurs libérateurs.

La bataille de Novi nous avait fait perdre l'Italie. L'infanterie fut répartie dans les défilés des Alpes, la cavalerie rentra en France. Le régiment envoyé à Avignon s'occupa de s'y réorganiser.

Mais l'ennemi menaçant nos frontières, on dut bientôt reconstituer l'armée des Alpes, dont le commandement fut confié au général Championnet. Le 1ᵉʳ de Cavalerie reçoit l'ordre le 20 septembre de se rendre à Coni, en laissant à Avignon les hommes et les chevaux incapables de soutenir les fatigues de la guerre. Son effectif n'est guère supérieur à celui d'un escadron.

Le 29 septembre, il arrive à Coni, et entre dans la réserve de cavalerie, brigade Calvin, comprenant les 1ᵉʳ, 14ᵉ, 21ᵉ de Cavalerie et le 10ᵉ hussards. Cette cavalerie doit opérer à l'aile gauche avec la division Duhesme placée à Suze et la division Grenier à Coni. Championnet avait l'ordre de reprendre l'offensive entre Coni et Tortone. Ses divisions occupaient les différents débouchés des Alpes.

Dès son arrivée, le régiment se trouve aux prises avec l'ennemi, il se porte en avant de la Chapelle de la Madone par la route de Fossano, et repousse les avant-postes.

Le 9 octobre, il exécute une découverte sur Centalle. En avant de ce village, il attaque les premiers postes autrichiens et les poursuit pendant une lieue.

Combat de Ronchi, 28 octobre 1799. — Le 28 octobre, les Autrichiens attaquent à leur tour la division Grenier et la réserve de cavalerie près de Ronchi ; ils sont rejetés sur leur camp de la Marguerite. Mais un fort détachement d'infanterie et de cavalerie autrichienne gagne nos derrières. Le corps envoyé pour l'arrêter est chargé vigoureusement et perd sa pièce de canon.

Le chef de brigade Brun s'avance avec ses braves carabiniers de la 8ᵉ légère et le 1ᵉʳ de Cavalerie. Il arrête le choc de l'ennemi, soutient les troupes eu désordre, et profitant d'un moment favorable, il charge à son tour, renverse tout devant lui, reprend la pièce de canon et en outre deux obusiers, leurs caissons, avec quatre-vingts prisonniers.

La cavalerie ennemie entoure alors la 8ᵉ légère; mais le 1ᵉʳ de Cavalerie, soutenu par le 14ᵉ et le 21ᵉ de Cavalerie, la repousse et achève de rejeter l'ennemi en désordre dans le ravin. Il le force à repasser la Stura l'épée dans les reins. Le prince de la Tour et Taxis, lieutenant-colonel du régiment de Lubkowitz, est tué avec une partie des cavaliers ennemis; le reste est fait prisonnier.

Le régiment avait perdu les cavaliers Cochil et Vacossin. Le commandant Demongin avait été blessé.

Malgré ce succès, l'armée bat en retraite devant des forces supérieures de l'ennemi, elle se retire sur Spinetto.

Le 29 octobre, le régiment se trouvant à l'arrière-garde est tout à coup assailli par plusieurs charges de mitraille faites par des batteries établies derrière des haies. Le chef de brigade, sans hésiter, ordonne la charge, et aussitôt la troupe franchit deux fossés qui protégeaient les batteries, culbute la cavalerie qui les soutenait, s'empare de deux pièces de canon et de quatorze chevaux de troupe.

Le 30 octobre, on se bat encore à Spinetto, le 31 et le 1ᵉʳ novembre sur la Stura près de Fessano.

Bataille de Genola, 3 novembre 1799. — Le 2 novembre, le général Mélas, pour empêcher définitivement la jonction des corps français qui s'étaient reportés en avant, les attaque vigoureusement. La division Grenier, accablée par un ennemi supérieur en nombre, cède le terrain. Mais le 3 novembre la division Victor tient ferme à Genola, et repousse victorieusement la cavalerie autrichienne. La cavalerie de Richepanse exécute plusieurs charges brillantes, dans lesquelles on tue le général autrichien Odorian, et on enlève une pièce de canon et deux cents prisonniers. Un détachement de cinquante cavaliers du régiment, envoyé en reconnaissance sur la Grassa, chargea un poste de cavalerie autrichienne, et lui fit trois prisonniers.

L'échec de la gauche force cependant l'armée à la retraite. Elle se retire sur les défilés des montagnes. Pendant cette retraite le régiment livre à l'arrière-garde des combats continuels, le 6 à la Marguerite, le 7 près de Mondovi. Les 9, 10, 11 et 12, près de Mondovi et le 13 entre Mondovi et Ceva.

Quelques jours plus tard, à Borgo-san-Dalmazzo, la réserve de cavalerie se signale par un brillant fait d'armes. Elle résiste à des forces très supérieures, et ne se retire qu'après avoir eu son artillerie démontée, et avoir infligé de grandes pertes à l'ennemi. L'armée des Alpes prit alors la route de Nice, par Limone et Tende.

Le 1er décembre, le régiment reçoit l'ordre de rentrer en France Un escadron est envoyé à Paris, les deux autres à Fontainebleau.

Campagne de 1800

A la date du 25 janvier 1800, le 1er régiment de Cavalerie est désigné pour entrer dans la composition de l'armée de réserve. Les deux escadrons stationnés à Fontainebleau rejoignent immédiatement l'armée à Dijon.

Le 2 mai, au moment de la constitution définitive de l'armée, les deux escadrons stationnés à Paris la rejoignent à leur tour.

Le régiment fait partie de la brigade Dumoulin, division Harville, corps Duhesme. Il franchit le mont Saint-Bernard, et le 27 mai arrive à Ivrée. Il est à l'avant-garde dans la marche sur le Tessin, franchit cette rivière le 1er juin, et entre à Milan le lendemain avec le Premier Consul. De là, il marche sur l'Adda,

prend part au combat qui précède l'entrée à Lodi, puis à celui de
Crémone, dans lequel l'avant-garde de Wukasowich est culbutée.
Il s'établit à Crémone le 7 juin ; le 10, il exécute une reconnaissance sur Casale, et revient à Crémone, où il se trouvait lorsque
fut signée la convention qui suivit la bataille de Marengo ; il
séjourne dans les environs jusqu'à la reprise des hostilités.

Dans la nouvelle organisation de l'armée d'Italie, dont le
commandement est confié au général Brune, le régiment est
attaché à la réserve de cavalerie sous le général Michaud, et fait
partie de la brigade Millet, division Kellermann.

Dans le courant de novembre, l'armée se concentre entre l'Oglio
et la Chiese, la cavalerie est à Montechiaro.

Les hostilités commencent le 5 décembre.

Combat de Mozambano, 20 décembre 1800. — Le 20 le
régiment est à Castiglione, et se dirige sur le Mincio. Il prend
part au combat de Mozambano, livré pour forcer le passage,
pendant que le général Suchet faisait une fausse attaque à
Pozzolo. Dans ces deux combats les Autrichiens perdirent plus de
sept cents hommes et quarante pièces de canon.

Le 26 décembre, le régiment passe le Mincio à Mozambano ; le
28, il marche sur Dossobuono, et arrive le 29 devant Vérone, où
il a une escarmouche avec l'ennemi.

Le 30 et le 31, il exécute des reconnaissances aux abords de la
ville.

Le 1er janvier 1801, il a un engagement assez sérieux au
village de San-Massiano dans lequel est tué le cavalier Collet.

*Brillant engagement sous les murs de Vérone, 2 janvier
1801.* — L'armée qui s'était portée tout entière sur l'Adige passe
le fleuve le 2 janvier aux environs de Vérone.

Pendant que le passage s'effectue, un corps d'armée sorti de la
place vient assaillir la division Kellermann. « Cette échauffourée,
« dit le général Jomini, procura l'occasion au 1er régiment de
« Cavalerie de se couvrir de gloire. »

Le village de San-Massiano avait été enlevé par l'ennemi.
Le colonel Margaron se précipite contre les Autrichiens à la
tête du régiment, il fournit deux charges vigoureuses, reprend le
village, soutient deux attaques du corps qu'il vient de traverser,
le repousse, ét s'empare de cent chevaux. Dans cette journée, si
glorieuse pour le 1er de Cavalerie, nombre de militaires se firent
remarquer par leur valeur, notamment le maréchal des logis
chef Bonvalet qui fit cinq prisonniers, le cavalier Dogon qui dans
une charge pénétra un des premiers dans un carré d'infanterie,
et le cavalier Vambre. Le brigadier Varrocaux chargea impé-
tueusement un parti de hussards hongrois, en blessa quatre
dangereusement, en fit deux prisonniers, et poursuivit l'ennemi
avec son peloton jusque sous les murs de Vérone, où il délivra
plusieurs fantassins qui venaient d'être pris. Le sapeur Chapuis
fit plusieurs prisonniers, et coopéra à la reprise des équipages
dont l'ennemi s'était emparé. Le cavalier Lahire tailla en pièces
plusieurs conducteurs qui emmenaient des canons qu'ils avaient
enlevés, et les ramena à San-Massiano. Ces actions d'éclat furent
toutes récompensées par des armes d'honneur.

Après cet engagement, le régiment passe l'Adige, au-dessous
de Bussolengo.

Le 12 janvier, après le passage de la Brenta, il est chargé de
tourner Castelfranco pour couper la retraite de l'ennemi, mais
arrêté par un ravin, et obligé d'allonger considérablement sa
marche, il ne put arriver à temps.

Le 14, il est à Wisnadello où il a à soutenir un combat
d'avant-garde.

Le 15, on reçoit la nouvelle de l'armistice conclu entre les
deux armées; les hostilités cessent, et le 9 février la paix est
signée.

Le régiment rentre en France et tient garnison à Versailles
pendant les années 1801 et 1802.

Institution des armes d'honneur. — A la date du 11

fructidor an V (28 août 1797), le général en chef Bonaparte, voulant donner un témoignage de la reconnaissance de la patrie envers les braves militaires qui s'étaient distingués pendant les deux dernières campagnes, avait ordonné au général chef d'état-major, de faire confectionner quatre-vingt-dix sabres de grenadiers, et dix de cavalerie, avec lame de Damas et la monture dorée et travaillée par les meilleurs ouvriers de l'Italie.

Sur un côté de la lame devait être écrit en lettres d'or :

Armée d'Italie... Division... Régiment.

Donné de la part du Directoire exécutif de la République Française par le Général Bonaparte. Au citoyen   le   an

Sur l'autre côté de la lame :

République Française
    Liberté   **Égalité**

Et ensuite l'action d'éclat pour laquelle le sabre avait été donné.

Tout militaire recevant un de ces sabres jouissait d'une double paie.

La Constitution de l'an VIII compléta ces dispositions et décida qu'il serait décerné des récompenses nationales aux guerriers qui avaient rendu des services éclatants, en combattant pour la République.

Un arrêté consulaire du 4 nivôse an VIII (25 décembre 1799) régla les détails d'exécution en ordonnant :

1º Qu'il serait donné aux grenadiers et soldats des fusils d'honneur garnis en argent ;

Aux tambours, des baguettes d'honneur garnies en argent ;

Aux militaires des troupes à cheval, des mousquetons ou carabines d'honneur garnies en argent ;

Aux trompettes des trompettes d'honneur en argent.

2º Qu'il serait accordé des sabres d'honneur, aux officiers et soldats, qui se seraient distingués par des actions d'une valeur extraordinaire.

Tout militaire ayant obtenu un sabre d'honneur jouissait d'une double paie.

Le nombre des récompenses ne pouvait excéder celui de trente par demi-brigade, et de moitié pour les régiments de cavalerie.

Le nombre des armes d'honneur délivrées avant l'institution de la Légion d'honneur s'éleva à dix-huit cent cinquante-quatre.

Onze militaires du régiment avaient été honorés de cette distinction : .

5 *thermidor an IX*. — Lahire *(Philippe)*, cavalier, un mousqueton d'honneur, pour avoir délivré plusieurs conducteurs de caissons qui avaient été pris par l'ennemi.

25 *thermidor an IX*. — Bonvalet, maréchal des logis chef, une carabine d'honneur, pour s'être distingué devant Vérone où il fit cinq prisonniers.

Chapuis *(François)*, sapeur, une carabine d'honneur, pour avoir tué deux hommes à l'attaque de San-Massiano, fait plusieurs prisonniers, et coopéré à la reprise des équipages dont l'ennemi s'était emparé.

Vambre *(Jean-Baptiste)*, cavalier, une carabine d'honneur, pour sa conduite distinguée à l'armée d'Italie pendant la campagne de 1800.

26 *thermidor an IX*. — Varrocaux *(Jean-Nicolas)*, brigadier, une carabine d'honneur, pour avoir fait deux prisonniers autrichiens, et avoir délivré plusieurs prisonniers français en avant de Vérone.

5 *fructidor an IX*. — Brucker *(Jean)*, maréchal des logis, une carabine d'honneur, pour s'être distingué par des actions d'éclat aux armées d'Allemagne et d'Italie, de 1792 à l'an IX.

28 *fructidor an X*. — Dogon *(Guillaume)*, maréchal des logis, un mousqueton d'honneur, pour sa belle conduite dans une charge

contre un carré d'infanterie, dans lequel il pénétra des premiers.

14 vendémiaire an XI. — Chevalier *(Jean-Baptiste)*, maréchal des logis, un sabre d'honneur, pour avoir enlevé vingt-sept pièces de canon à la tête d'un détachement de huit cavaliers.

4 ventôse an XI. — Dessaigne *(Antoine)*, adjudant, un sabre d'honneur, pour s'être signalé pendant les campagnes précédentes.

14 ventôse an XI. — Conrot *(Remacle)*, sous-lieutenant, un sabre d'honneur, pour sa brillante conduite pendant les campagnes précédentes.

19 ventôse an XI. — Détry *(Joseph)*, vétérinaire, un fusil d'honneur, pour s'être fait remarquer dans les guerres de 1793 à 1800.

Le régiment est cuirassé. — A la fin de l'année 1802, en exécution des ordres donnés à la date du 17 septembre par le Premier Consul au général Berthier ministre de la guerre, le régiment reçoit la double cuirasse, qu'il a continué à porter sans interruption jusqu'à l'époque actuelle. Le nombre des régiments cuirassés qui n'avait d'abord été que de cinq, fut par arrêté du 23 décembre porté à huit. L'arrêté du 24 septembre 1803 supprima définitivement la dénomination de régiment de cavalerie, et ordonna la formation de douze régiments de cuirassiers.

Le colonel Margaron avait été nommé général de brigade le 31 août 1803, et avait été remplacé par le colonel Guiton, qui commandait le régiment, au moment où il prit le nom de 1er Régiment de Cuirassiers.

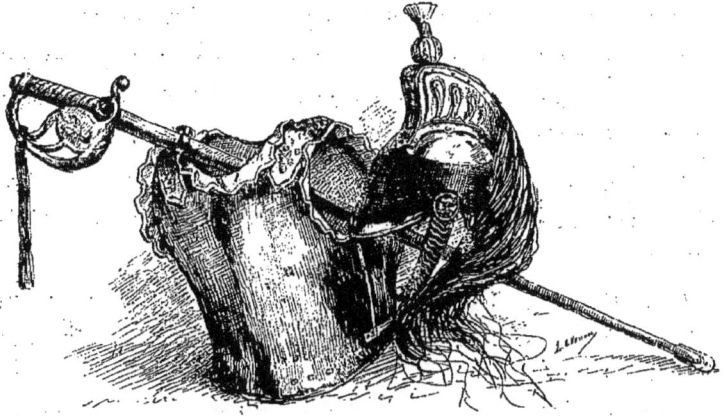

1ᵉʳ RÉGIMENT DE CUIRASSIERS

En 1803, le régiment quitte Versailles pour venir en garnison à Paris, où il passe les années 1803 et 1804.

Il assista à toutes les fêtes et à toutes les solennités par lesquelles l'Empereur célébra son avènement à la couronne.

Création de la Légion d'honneur. — Au mois de floréal an X (mai 1802), le Premier Consul avait fait présenter au Corps législatif le projet d'établissement de la Légion d'honneur.

L'arrêté consulaire concernant cette institution avait été publié le 3 messidor an X (3 juin 1802).

Par senatus-consulte du 27 messidor an X, les militaires qui avaient obtenu des armes d'honneur avaient été admis dans les cohortes de la Légion d'honneur.

Mais les premières nominations n'eurent lieu qu'en l'an XII.

Le 26 messidor an XII (14 juillet 1804), tous les légionnaires présents à Paris furent convoqués à une cérémonie solennelle dans la chapelle des Invalides, où eurent lieu la prestation du serment et la distribution des croix.

L'Empereur remit lui-même les insignes, non seulement aux grands officiers, aux commandeurs et aux officiers, mais même aux légionnaires.

Le régiment était représenté à cette solennité par vingt-cinq de ses membres, savoir : les onze militaires auxquels avaient été distribuées des armes d'honneur, et quatorze qui venaient d'être compris dans les premières promotions récemment faites dans la Légion d'honneur.

Le colonel Guiton avait été nommé officier, ainsi que tous les chefs de corps.

Les légionnaires étaient :

MM. Demongin, chef d'escadrons ;

Plique, chef d'escadrons, quartier-maître, trésorier ;

Daudiès, Monteil (dit Duteil), Pinard, Platon, Odiot, Magnon, capitaines ;

Baudoin, Maubert, lieutenants ;

Céglas, Fontaine, sous-lieutenants ;

Bourbon, maréchal des logis.

En 1805, le régiment est envoyé à Saint-Omer à l'armée des Côtes-du-Nord.

Campagne de 1805

Au mois de juillet 1805, Napoléon apprend que l'Angleterre, la Prusse et la Russie préparent une nouvelle coalition. Il quitte

brusquement Gênes où il se trouvait au retour des fêtes célébrées
pour son couronnement comme roi d'Italie. Il se rend au camp de
Boulogne, et prend ses dispositions pour la campagne qui va s'ou
vrir. Le 23 août, il donne l'ordre de lever le camp, et par lettre en
date du 24, il prescrit la formation de la réserve de cavalerie.

Pour la première fois, la cavalerie va se trouver réunie en
grandes masses ; aussi à partir de ce moment l'histoire d'un
régiment se confond-elle avec celle de la division à laquelle il
appartient. Les rapports ne portent le plus souvent que l'indica-
tion de la division; plus tard même la réserve de cavalerie sera
formée de plusieurs corps, et on ne mentionnera dans une affaire
que le nom du corps qui a opéré.

Il faut des circonstances tout à fait exceptionnelles pour que le
numéro d'un régiment soit cité.

Le régiment fait partie de la Grande Armée. — Par un
ordre du jour en date du 30 août 1805, l'armée des côtes de l'Océan
prend le nom de Grande Armée.

La réserve de cavalerie est placée sous le commandement du
prince Murat grand-duc de Berg. Elle comprend deux divisions
de grosse cavalerie, la première sous les ordres du général Nansouty, la deuxième sous les ordres du général d'Hautpoul, composée des 1ᵉʳ et 5ᵉ cuirassiers (brigade Saint-Sulpice), 10ᵉ et 11ᵉ cuirassiers (brigade Fauconnet). Le quartier général assigné à la
deuxième division était Schelestadt. Le régiment y arriva le
23 septembre, venant de Saint-Omer ; et fut passé en revue par le
général d'Hautpoul. Sur un effectif de deux cent quinze chevaux,
il en avait eu pendant la route soixante-cinq de blessés. Au moyen
d'achats effectués en Alsace, il se compléta rapidement à cinq
cents chevaux, chiffre qui avait été fixé par l'Empereur pour tous
les régiments. Au début de la campagne, l'effectif du 1ᵉʳ Cuirassiers
était de trente-deux officiers, quatre cent quatre-vingt-dix-huit
hommes, cinq cents chevaux.

Marche sur Ulm. — Le 25 septembre, la division passe le Rhin à Kehl avec l'avant-garde de la Grande Armée, formée par le corps du maréchal Lannes. Cette avant-garde et la réserve de cavalerie étaient destinées à retenir l'ennemi devant les débouchés de la Forêt-Noire, et à masquer le vaste mouvement de conversion que l'Empereur allait exécuter sur son aile droite.

L'Empereur avait adressé au grand-duc de Berg l'ordre suivant : « Vous allez flanquer ma marche oblique sur le Danube. La division d'Hautpoul ne doit pas suivre votre mouvement. Mon intention est qu'elle suive ma marche, et elle arrivera rapidement à Axlen, en même temps que votre avant-garde à Heidenheim. Je serai avec Lannes qui passera par Gmünd ; ma garde et la division d'Hautpoul feront la réserve de ce corps d'armée. »

Le 25 septembre, le régiment vient coucher à Renchen, et pendant la marche sur Ulm, il suit l'itinéraire suivant :

29 septembre Rastadt ; 30 septembre Pforzheim ; 1ᵉʳ octobre Woghingen ; 3 octobre Meckmuhl ; 4 octobre Bondenhoven ; 5 octobre Algenbach ; 6 octobre Ehingen ; 7 octobre Felsheim ; 8 octobre Wertingen ; 9 et 10 octobre Werletzwang ; 11 octobre Stadtbergen ; 12 octobre Susmershausen ; 13 octobre Jettingen ; 14 octobre Nersingen.

Le 15, il arrive à Unterthalfingen et il contribue à refouler l'armée autrichienne dans Ulm ; le 16, le lieutenant Faure est blessé de six coups de lance et d'un coup de feu. La place capitule le 17 octobre, et le lendemain le régiment rejoint les troupes envoyées à la poursuite du prince Ferdinand.

Le 18, il est à Schnaitheim ; le 19, aux environs de Nordlingen. Sans laisser à son armée un jour de repos, Napoléon la porte au devant des Russes, qui viennent d'arriver sur l'Inn. Le 1ᵉʳ cuirassiers redescend sur le Danube en suivant l'itinéraire :

20 octobre Deggingen ; 21 et 22 octobre Rain ; 23 octobre Egeweil ; 24 octobre Ranertshofen ; 25 octobre Geisenfeld ; 26 octobre

Furth ; 27 octobre Geisenhausen ; 28 octobre Ganghofen ; 29 octobre Wormansquik ; 30 octobre au 1ᵉʳ novembre Ering ; 2 novembre Siegharding ; 3 novembre Efferding ; 4 et 5 novembre Asten.

Le 5 novembre, a lieu le combat d'Amstetten, où l'arrière-garde ennemie est mise en déroute. Les Russes sont obligés d'abandonner la position de San-Pœlten, et de passer sur la rive gauche du Danube, renonçant à couvrir Vienne. Dans cette journée la deuxième division de grosse cavalerie n'entra en ligne que lorsque l'affaire était décidée ; elle vint bivouaquer à gauche, dans les jardins du village.

La poursuite de l'ennemi se continue.

6 novembre Klosterardagger ; 7 novembre Pöklaren ; 8 novembre Losdorf ; 9 novembre Pottenbrunn ; 10 novembre Coll ; 11 et 12 novembre Hasderdorf ; 13 novembre Stribesdorf ; 14 novembre Secling.

Combats d'Hollabrünn, 15 et 16 novembre 1805. — Le 15, le régiment est à Oberfelabrunn, il monte à cheval pour se porter sur Hollabrünn, où l'on vient d'attaquer l'arrière-garde ennemie ; il reste en bataille toute la journée sans être engagé, et ne rentre à ses bivouacs qu'à six heures du soir. Le lendemain, il fait quelques reconnaissances dans la matinée. L'Empereur ayant fait savoir de Schœnbrunn qu'il ne ratifiait pas l'armistice signé la veille au soir par le grand-duc de Berg, le combat recommence dans l'après-midi. Le régiment monte à cheval à trois heures. La division reprend l'ordre de bataille de la veille. Au moment de l'attaque, elle fait plusieurs mouvements dans la plaine à droite, face à l'ennemi. Après avoir gagné du terrain, elle est placée en deuxième ligne derrière la deuxième division de dragons, elle y reste jusqu'à sept heures du soir. Elle est alors envoyée sur la route de Prague pour contribuer à la poursuite de l'ennemi. Dans la nuit elle rentre à Hollabrünn, elle y séjourne le 17. Le 18 et le 19, le régiment est à Graveska ; le 20, à Mariahelf. On apprend que la cavalerie russe est dans la plaine du Santon près de Raussnitz.

Combat de Raussnitz, 20 novembre 1805. — La division reçoit l'ordre de se rassembler à Maditz pour marcher à l'ennemi. Au début de l'engagement, elle fait plusieurs manœuvres pour soutenir la cavalerie légère, et au moment où la cavalerie russe veut la charger, elle se précipite sur elle avec une telle impétuosité qu'elle culbute tout son ordre de bataille.

Le 21, le régiment se porte sur Schadpanitz et Wilowitz ; du 22 au 28, il séjourne à Alt-Raussnitz.

Le 29 novembre, la division rétrograde, et vient se mettre en bataille dans la plaine, derrière le mamelon de Tevaroschna. Le 30, elle prend les mêmes dispositions, observant l'ennemi qui tente plusieurs attaques. Le soir, elle s'établit de nouveau à Raussnitz, à l'est de la route d'Olmutz.

Bataille d'Austerlitz, 2 décembre 1805. — Le 2 décembre, la réserve de cavalerie est mise à la disposition du maréchal Lannes, qui occupe la gauche de la ligne de bataille. Le maréchal dispose la grosse cavalerie de Nansouty et de d'Hautpoul en réserve derrière ses deux divisions, la cavalerie légère et les dragons sont rangés à droite dans la plaine.

RAPPORT DU GRAND DUC DE BERG

« La division quitte le bivouac à huit heures du matin, et vient
« se mettre en bataille sur la route de Brünn, la droite à la divi-
« sion Nansouty, la gauche à la route. Au moment où le maréchal
« Lannes force l'ennemi dans sa position, la division le suit de
« près exposée au feu de l'ennemi. Le général d'Hautpoul, s'étant
« aperçu que l'ennemi voulait se rendre maître des villages de
« Siwitz et Posoritz, ordonna sur-le-champ à sa troupe de se por-
« ter au trot en avant de la route, pour charger un corps de cinq
« à six mille hommes d'infanterie russe, qui se retirait sur Poso-
« ritz. La première brigade chargea avec une telle impétuosité
« cette infanterie, qu'elle la dispersa après en avoir tué un grand

« nombre. L'ennemi, s'étant aperçu de l'avantage d'un ravin qui
« couvrait les mouvements de la cavalerie, reprit son ordre de
« bataille, se reforma en bataillon carré, et fit un feu nourri sur
« les cuirassiers. Malgré cela, il fut deux fois enfoncé. Le général
« d'Hautpoul, s'étant aperçu que les hussards et chasseurs, qui
« étaient sur son flanc droit, n'étaient point en force, et étaient
« sur le point d'être chargés par plusieurs escadrons ennemis, se
« porta vers cette cavalerie, et après lui avoir donné l'ordre de
« charger, il fit soutenir sa gauche par un escadron du 10ᵉ cuiras-
« siers commandé par le chef d'escadrons Pierrot. L'ennemi fut
« alors culbuté et poussé jusqu'au ravin, où le 29 brumaire, il
« avait déjà été forcé à la retraite.

« Il fit alors former la division par la droite, et ordonna à
« l'adjudant-commandant Fontaine, qui avait déjà chargé à la
« tête de la 1ʳᵉ brigade, de se porter avec le 11ᵉ cuirassiers sur
« sa gauche, de manière à réduire l'ennemi à ne plus faire de
« résistance. Le 11ᵉ arrive, longe le ravin, charge l'ennemi, le
« coupe, et se trouve en face de la 1ʳᵉ ligne de cuirassiers, en sorte
« que l'ennemi fut entouré, sabré, et forcé de se rendre.

« Cette belle charge a procuré dans cette glorieuse journée plus
« de quinze cents prisonniers et six cents tués. On doit cet
« étonnant succès au coup d'œil de M. le général d'Hautpoul et
« à la rapidité de ses manœuvres. Lui-même se plaît à rendre
« hommage à MM. les chefs de corps de la précision qu'ils ont
« mise dans l'exécution de ses ordres. »

RAPPORT DU COLONEL GUITON

« Le colonel a beaucoup à se louer de tout le régiment, particu-
« lièrement de M. Demongin, chef d'escadrons, blessé d'un coup
« de baïonnette, qui a eu un cheval tué; de M. Berckeim, qui à la
« tête de son escadron, a enlevé cinq pièces de canon dont un
« obusier, et fait beaucoup de prisonniers ; des capitaines Daudiès

« et Monteil; de l'adjudant-major Maubert; des lieutenants Thuon,
« Terrasse; des sous-lieutenants Schlesser, Dessaignes; des deux
« adjudants, dont l'un a eu son cheval tué sous lui, l'autre blessé
« à la cuisse par un boulet; des maréchaux des logis chefs Petit et
« Vidame; du maréchal des logis en 2e Varrocaux; des brigadiers
« Bernard, Berne, Mougau, Paris et Petit, des cuirassiers Campion,
« Maraud, Vauvard, Villette, et autres braves qui ont beaucoup
« contribué à la gloire que le régiment s'est acquise en cette
« journée glorieuse.

 « Le colonel recommande au général d'Hautpoul, M. Kaiser,
« chirurgien-major, pour les soins donnés aux blessés, aussi bien
« pendant toute la campagne, que sur le champ de bataille. »

 Dans la journée d'Austerlitz, la 2e division de cuirassiers avait
eu quatre officiers et quarante-six sous-officiers ou cavaliers tués,
soixante-dix neuf blessés et un prisonnier; elle avait eu quatre-
vingt-treize chevaux tués et soixante-cinq blessés. Elle prit onze
canons, un drapeau et quinze cents prisonniers. Au régiment qui
avait mis en ligne 388 hommes, le sous-lieutenant Céglas avait été
tué, et le lieutenant Thuon blessé grièvement mourut peu de jours
après. Dix hommes de troupe étaient restés sur le champ de
bataille : Auger (brigadier), Brun, Delétré, Hardy, Hellouin, Homo,
Lalandre, Ragot, Rigot et Ruell (cuirassiers). Le chef d'escadron
Demongin, le sous-lieutenant Dessaigne, et 25 hommes de troupe
étaient blessés; parmi ces derniers, le maréchal des logis Paris
avait reçu trois blessures. Le maréchal des logis chef Petit, cité
dans le rapport du colonel, avait pris à lui seul un obusier, après
avoir tué ou blessé plusieurs canonniers.

 Le 3 décembre, le régiment se porte sur Zeltsch. Du 4 au 9, il
est à Kremsier, le 10 à Vachau, le 11 à Pizhart, le 12 à Stamers-
dorf, du 13 au 31 décembre à Lagenbourg.

 Le 1er janvier 1806, la division part pour Lintz où elle séjourne
jusqu'au 6. Avant son départ, elle avait été passée en revue
par l'Empereur, qui à ce sujet adressa l'ordre du jour suivant.

« L'Empereur a passé la revue des divisions des généraux
« Nansouty et d'Hautpoul. Sa Majesté a éprouvé une véritable
« satisfaction, de voir en si bon état, les braves régiments de
« cuirassiers, qui lui ont donné tant de preuves de courage pendant
« la campagne et notamment à la bataille d'Austerlitz. »

La division quitte Lintz le 7 janvier et se rend à Efferding, le
8 à Totz, le 9 à Riedau, du 10 au 20 elle est à Scharding.

21 janvier Braunau ; 22 janvier Eggenfeld ; 23 janvier Landau :
24 au 26 janvier Straubing : 27 janvier Pfatter ; 28 janvier Abach ;
29 et 30 janvier Abensberg ; 31 janvier Woburg ; 1er février
Ingolstadt ; du 2 au 22 février Eichstadt : 23 février Pfaffenhofen :
24 février Heisdenheim ; 25 février Ax ; 26 février Herriden ; du
27 février au 1er avril Leutershausen.

Par décret en date du 14 mars 1806, le capitaine Badez, le
lieutenant Schlesser, le sous-lieutenant Dauphin, et le cuirassier
Simon sont nommés légionnaires.

Dans les premiers jours d'avril, la division du général d'Hautpoul est détachée au 4e corps commandé par le maréchal Soult :
au mois de mai, son quartier général est à Landshut sur l'Isar.

Campagne de 1806-1807

La Russie, la Prusse, la Suède et la Norwège organisent au
mois de septembre une quatrième coalition ; Napoléon concentre
son armée. La réserve de cavalerie, toujours placée sous le
commandement du grand-duc de Berg, doit se réunir entre
Wurtzbourg et Cronach. La division d'Hautpoul quitte Landshut
pour se porter sur le Mein.

Le 4 octobre, elle est à Hislengen près de Bamberg. Le 5, à

Burg-Eberach, où elle est passée en revue par le prince Murat.
Le 6. elle se porte sur Pomersfelten, et y séjourne le 7.

L'armée se met en marche le 8 octobre sur trois colonnes. La
réserve de cavalerie suit la colonne du centre, qui marche de
Cronach sur Lobenstein.

La division d'Hautpoul arrive le 8 octobre à Zappendorf, le 9 à
Echtenfels, le 10 à Küpte.

La cavalerie d'avant-garde prend le contact ; l'ennemi est
successivement repoussé de Schleitz et de Saalfeld.

Le 11, l'Empereur écrit au grand-duc de Berg d'attaquer toutes
les colonnes en marche, et d'inonder avec sa cavalerie la plaine de
Leipzig, pendant que l'armée française continuera sa conversion
sur l'aile gauche. Dans cette journée la division d'Hautpoul arrive
à Lobenstein, le 12 elle est à Wittendorf et le 13 à Auma.

Bataille d'Iéna, 14 octobre 1806. — Les positions ennemies
sont définitivement connues, et l'Empereur dirige toutes ses forces
sur Iéna. Dans la soirée du 13 octobre, il envoie M. Lamarche au-
devant des divisions Nansouty et d'Hautpoul pour hâter leur arrivée.
La 2e division de cuirassiers fait une marche de nuit, et débouche
le 14 octobre sur le champ de bataille, au moment où commençait
la déroute de l'armée prussienne, mais assez tôt pour prendre part
au succès de cette glorieuse journée. Dès leur arrivée, les cuirassiers
chargent les bataillons ennemis, et les poursuivent jusqu'aux
bords de l'Ilm, où ils ramassent de nombreux prisonniers. Au
retour de cette poursuite, ils rencontrent les brigades saxonnes
Burgsdorf et Nehroff qui se retiraient en carrés. Le général
d'Hautpoul charge la brigade Nehroff et la met dans une déroute
complète. La cavalerie saxonne, accourue au secours de son
infanterie, fait de vains efforts pour la soutenir, elle est ramenée.
Murat rallie alors toute sa cavalerie. Cuirassiers et dragons se
lancent à la poursuite de l'ennemi, et le suivent jusque dans les
rues de Weimar où s'engouffre la foule des fuyards qui se rendent
par milliers.

Les pertes du régiment furent dans cette journée de deux hommes tués, les cuirassiers Hordé et Pinard. Le commandant Roise et vingt sous-officiers ou cavaliers furent blessés.

Du 8 au 14 octobre, la division d'Hautpoul avait fait près de 180 kilomètres. En 24 heures, du 13 au 14 au soir, dans sa marche sur Iéna et de là sur Weymar, elle avait fait au moins soixante-dix kilomètres.

L'Empereur donne ses ordres au grand-duc de Berg pour la poursuite, qui commencée à Weymar va se continuer sur Berlin et Stettin, et se terminer à Lubeck, sans que la cavalerie ait pris un jour de repos, avant l'anéantissement complet de l'armée prussienne.

Poursuite de l'armée prussienne. — La division d'Hautpoul, après la bataille d'Iéna, se dirige le 15 sur Erfurth, et assiste à la capitulation de cette ville: Le 16, le régiment se porte sur Langensalza. Le 17, il bivouaque à Schonberg (28 kilomètres) ; le 18 à Primederoda ; le 19 à Blaukenburg ; le 20 à Groningen (35 kilomètres) ; le 21, près de Calbe ; le 22 près de Maxdorf. Le 23, la division d'Hautpoul passe l'Elbe à Dessau, le 1ᵉʳ Cuirassiers bivouaque près de Wertitz, à Oreuenbrietzen. Le 25, les deux divisions de cuirassiers bivouaquent à Postdam. Elles avaient franchi en sept jours trois cents kilomètres.

La division Nansouty cesse de prendre part à la poursuite de l'ennemi, et le 27 escorte l'Empereur dans son entrée triomphale à Berlin. La division d'Hautpoul continue sa marche, et le 26 elle arrive à Sachsenhausen, le 27 à Fredenwald, pendant que le prince de Hohenlohe capitulait à Prentzlow. Le 29, elle est à Prentzlow (25 kilomètres) ; le 1ᵉʳ Cuirassiers est à Mittenwald. Ce jour-là, six mille hommes capitulaient à Passewalk. Le 30, jour de la capitulation de Stettin, la division est à Passewalk (25 kilomètres) ; le 31 à Friedland (38 kilomètres). C'est à Friedland, à quatre heures et demie du matin, que le grand-duc de Berg écrivait à l'Empereur : « Nous sommes bien fatigués, la cavalerie

« aura absolument besoin d'un repos, il serait à désirer qu'on pût
« laisser dans le Mecklembourg, pays de cavalerie, les divisions
« Grouchy et d'Hautpoul, ce pays leur offrirait tous les chevaux
« dont elles auraient besoin pour se remonter. »

La division n'en continue pas moins sa marche.

Le 1er novembre elle est à Engelbruck, le 2 à Melchin (30 kilomètres), le 3 à Güstrow (45 kilomètres), le 4 à Petersberg, le 5 à
Holdorff et aux environs de Rehna (45 kilomètres).

Capitulation de Lubeck, 7 novembre 1806. — Le 6, elle
arrive à Lubeck, la ville capitule, mais Blücher s'échappe avec
six mille hommes. La cavalerie se lance à sa poursuite, et l'oblige
le lendemain à mettre bas les armes. L'armée prussienne avait
cessé d'exister. De Berlin à Lubeck en onze jours la division
d'Hautpoul avait fait plus de trois cents kilomètres.

Le 24 septembre, au début de la campagne, l'effectif du
1er Cuirassiers était de vingt-quatre officiers, cinq cent dix
hommes, cinq cent cinquante-sept chevaux.

Au commencement de novembre, il était de vingt et un officiers,
trois cent soixante et un hommes, quatre cent cinq chevaux.

La réserve de cavalerie se porte sur Varsovie. — La rapidité
des conceptions de Napoléon n'avait pas permis à la Russie
d'accourir au secours de la Prusse ; mais ses armées se portent
au-devant de l'armée française victorieuse. L'Empereur donne
l'ordre au grand-duc de Berg de concentrer sa réserve de cavalerie
à Posen, et de marcher sur Varsovie.

La division d'Hautpoul quitte Lubeck le 8 novembre, et se remet
en marche, elle est le 8 novembre à Schöneberg ; 9 novembre Mollen ;
10 novembre Ziechlen ; 11 novembre Rabow ; 12 novembre Stern-
berg ; 13 novembre Arneberg ; 14 novembre Steinberg ; 15 no-
vembre Metzlin ; 16 novembre Lübs ; 17 novembre Putzlitz ;
18 novembre Pritzewalk ; 19 novembre Kyritz ; 20 novembre
Pretzen ; 21 novembre Bützow.

Le 22 novembre la division arrive à Berlin, le 24 elle est passée en revue par l'Empereur.

Le 25, elle reçoit l'ordre de se diriger sur Posen, elle se met en route le lendemain 26, et vient coucher à Müncheberg. Le 27, elle est à Francfort où elle séjourne le 28, le 29 à Drossen, le 30 à Zielenzig, le 1ᵉʳ décembre à Mescritz, le 2 à Lewitz, le 3 et le 4 à Pinna, le 5 à Rosonowo, au sud de Posen. Le 6 le régiment est à Moszina sur l'Oder. Le 7, la division remonte vers le nord, se porte sur Szymanowo, passe l'Oder et arrive à Roznowo où le régiment séjourne du 8 au 13 décembre.

La marche que la division venait de faire avait eu lieu par des temps affreux, sur la route d'étapes Francfort-Posen ; cette ligne étant encombrée de troupes, il fallait chaque jour aller chercher très loin de mauvais cantonnements à droite ou à gauche de la direction suivie, aussi les hommes et les chevaux étaient-ils exténués.

Le 13 décembre, à 3 heures du soir, la division d'Hautpoul reçoit l'ordre de se rendre en quatre jours à Thorn sur la Vistule. Elle arrive le 14 à Leckno, le 15 à Bartschin et le 16 elle cantonne à Gniewkovo (20 kilomètres au sud-ouest de Thorn) rive gauche de la Vistule, après avoir traversé sur des chemins sablonneux, par de vilains temps, des contrées d'une pauvreté telle, que d'après le maréchal Lannes, on ne pouvait les comparer qu'aux déserts de la Syrie et de l'Égypte.

Le 16 décembre, le maréchal Bessières forme aux environs de Thorn le 2ᵉ corps de la réserve de cavalerie, ou 2ᵉ réserve, comprenant : une division légère (Telly), deux divisions de dragons (Sahuc, de Grouchy) et la 2ᵉ division de cuirassiers (d'Hautpoul).

Le maréchal prend le 16 le commandement de cette 2ᵉ réserve qui sera placée à l'aile gauche, pendant que la 1ʳᵉ, sous le commandement de Murat, est placée à l'aile droite.

La division d'infanterie Leval, du corps Soult, est adjointe à la 2ᵉ réserve, pour le cours des opérations.

Le 17 décembre, le maréchal Bessières passe la Vistule à Thorn, et commence l'exploration sur la rive droite de ce fleuve. Le régiment cantonne sur la rive droite de la Drevenz, à Lubiez. Le 18 décembre, il passe la Drevenz, et arrive à Wolo, entre Thorn et Lipno.

Le 19 décembre, il est à Blyno entre Srompe et Sierps, après une marche de trente à trente-cinq kilomètres.

Le 20 décembre, à Sierps, où il reste jusqu'au 26.

Le 21 décembre, la division d'Hautpoul envoie de ses cantonnements de Sierps des reconnaissances sur Rypin, Rodzonawo, Dobrzyn, Raciaz.

Combat de Biezun, 23 décembre 1806. — Le 23 décembre, la brigade Saint-Sulpice, prend part au combat de Biezun, dans lequel la cavalerie rompit la ligne prussienne dès le premier choc, et rejeta l'infanterie et la cavalerie pêle-mêle, dans des terrains marécageux. Après le combat, le régiment rentre dans ses cantonnements.

L'effectif du régiment à cette date était de :

Hommes : cinq cent cinquante-deux; chevaux : quatre cent quatre-vingt-dix-sept;

Présents sous les armes: officiers, vingt-quatre ; troupe, trois cent cinquante-trois ;

Détachés : officiers, cinq ; troupe, cent soixante-deux.

Aux hôpitaux : troupe, huit ;

Chevaux d'officiers, quarante-neuf; de troupe, trois cent trente-neuf.

Détachés : d'officiers, onze ; de troupe, quatre-vingt-dix-huit.

Le 27 décembre, la division se porte sur la rivière d'Orezye. Le régiment arrive ce jour-là à Slottowo, le 28 à Borzymy, le 29 à Krzynowologa, où il séjourne le 30 et le 31 décembre. Le 1er janvier 1807, la division d'Hautpoul arrive à Ianow, où elle reste en cantonnement jusqu'au 7.

Dès le 29 décembre, l'Empereur, tenant compte des difficultés considérables que présentaient les routes défoncées, et surtout un pays ravagé par les Russes (principalement devant le centre et l'aile droite), avait prescrit de faire prendre aux troupes des cantonnements d'hiver.

Mais pendant l'établissement de ces cantonnements, les troupes légères avaient maille à partir, sur toute l'étendue du front, avec les pointes d'arrière-garde ennemies. La deuxième division de cuirassiers avait été placée à Ianow, pour leur porter secours en cas de besoin ; le 7 janvier 1807, un ordre du major-général délimitait les cantonnements. On était obligé d'étendre ceux de la cavalerie. La division d'Hautpoul reçut l'ordre d'aller cantonner sur la route de Thorn, dans les villages dont Gurzno peut être considéré comme le centre. Elle se met en route le 8 janvier par Neidenburg, Soldau 9, Lautenbourg 10 et 11 janvier.

Le 12 janvier, l'Empereur rappelle le maréchal Bessières auprès de sa personne, au commandement de la garde ; et la réserve de cavalerie, momentanément réunie sous ses ordres, est dissoute.

La division d'Hautpoul rentre sous le commandement du grand-duc de Berg. Elle se porte le 12 janvier sur Strasburg, et y demeure jusqu'au 30. Le 1er Cuirassiers occupe successivement aux environs de Strasburg, les cantonnements de Dobrzyn, Sokolowo, Rodzonne, Rus-Kowo, Szafarina. L'effectif de la division d'Hautpoul était à cette date, de deux mille soixante-six hommes et mille neuf cent soixante-neuf chevaux.

Les Russes s'étaient retirés vers le Haut-Narew dans la direction de Grodno, et les Prussiens dans la direction de Kœnigsberg. Quinze à vingt lieues séparaient les cantonnements des deux armées, et de ces positions, il résulta de fait une cessation momentanée des hostilités.

Pendant que les régiments se reposaient et se complétaient, Napoléon formait des approvisionnements de toute espèce, il étendait son aile gauche pour s'appuyer à la mer, et se préparait à assiéger Dantzig, pour s'affermir sur la Vistule base de ses opérations.

En présence de cette situation, les Russes se décidèrent à reprendre l'offensive ; leur plan consistait à faire une marche de flanc, pour gagner l'aile gauche des Français, qu'ils comptaient couper du centre et de la droite ; ils passeraient ensuite la Vistule, et s'appuieraient sur Dantzig, qu'ils auraient débloqué.

L'armée russe fut mise en mouvement du 15 au 16 janvier, et le 20 elle se trouvait réunie au milieu de la Prusse Orientale, prête à attaquer notre aile gauche, et n'ayant plus que six marches à faire pour se porter sur Dantzig.

Dès que l'Empereur eut reçu des avis certains de la marche de l'ennemi, il donna ses ordres du 23 au 27 janvier. « Ces instruc-« tions, dit le général Mathieu Dumas, forment un ensemble « admirable, digne de la méditation des commandants d'armée ; « tous les vrais principes d'organisation et d'emploi des diffé-« rentes armes, comme aussi d'administration, sont appliqués, et « mis en action. »

La promptitude du rassemblement et la rapidité des marches de l'armée française devaient en peu de temps réduire l'armée russe à la défensive. Bien qu'elle eût habilement dérobé sa marche de flanc à Napoléon, elle allait se trouver dans la position où elle avait cru placer son adversaire.

Le 27 janvier, l'ordre général de lever les quartiers d'hiver, et de se tenir prêts à marcher, est envoyé à tous les corps d'armée. Le grand-duc de Berg était à Varsovie, ayant sa cavalerie légère détachée en avant, et la grosse cavalerie en arrière. Mlawa était indiqué comme point de rassemblement de ses troupes. La division d'Hautpoul devait le rejoindre dans sa marche sur Allenstein. En effet, après la levée des cantonnements, le 1er Cuirassiers arrive le 1er février à Grosskochlan, et le 2 à Osterode où il séjourne le 3 et 4. Le 2, le prince Murat étant arrivé à Allenstein avait envoyé une reconnaissance et obligé les avant-postes ennemis à se replier.

Le lendemain 4, il s'avance jusqu'à Deppen, d'où il repousse encore les Russes.

Le 5 février, l'Empereur lui envoie l'ordre de pousser de fortes reconnaissances sur Liebstadt et Wolfersdorff. En débouchant de Deppen, la réserve de cavalerie rencontre sur la hauteur de Waltersdorff, un gros corps de cavalerie, qui tient ferme pour protéger la jonction d'une division prussienne avec les Russes. Le combat s'engage, et cette cavalerie (environ six mille chevaux) après avoir essuyé plusieurs charges successives cède le terrain et se replie en bon ordre. Le grand-duc de Berg poursuivit toute la journée, par Arensdorff et Open, la cavalerie qui se retirait devant lui, et se rallia le soir au corps du maréchal Soult, qu'il devait précéder dans la marche du lendemain.

Combat de Hoff, 6 février 1807. — Le 6 février, à la pointe du jour, la réserve de cavalerie formant l'avant-garde de l'armée, marche sur une seule colonne par Frauendorff, sur Landsberg. Elle rencontre l'arrière-garde de l'armée russe, qui forte de douze bataillons et quinze escadrons, s'arrête et prend position entre Gross-Glandau et Hoff, sa droite appuyée à un bois, sa gauche sur une hauteur favorable au tir de l'artillerie, la cavalerie sur plusieurs lignes coupant la route. Les premières attaques dirigées successivement sur la droite et sur la gauche ayant été repoussées, le grand-duc de Berg lance les dragons et les cuirassiers du général d'Hautpoul, contre la principale masse de l'infanterie. Deux régiments russes sont culbutés, sabrés, et presque entièrement détruits ; le plus grand nombre des officiers et des soldats, furent pris dans cette mêlée. La cavalerie du grand-duc de Berg continue jusqu'à la nuit de manœuvrer sur le flanc gauche de l'ennemi, et vers la fin de l'action une seconde charge des cuirassiers du général d'Hautpoul achève de rejeter l'ennemi sur Landsberg.

Dans les charges fournies par le régiment, le cuirassier Parranton avait été tué, le commandant Roize, le lieutenant Dauphin et dix sous-officiers ou cavaliers avaient été blessés. Le maréchal des logis Vacossin avait reçu dix-sept blessures.

Le sous-lieutenant Cade, le maréchal des logis Moissonnier, le brigadier Prévost, les cuirassiers Lecler, Nicolas, Ramero et Wilhelm s'emparèrent de drapeaux ennemis, et furent décorés le 3 avril 1807 par décret daté de Finkenstein.

Le soir même, le grand-duc de Berg adressait à l'Empereur le rapport suivant sur cette affaire, à laquelle les cuirassiers d'Hautpoul avaient pris une part si brillante :

« Sire, la cavalerie de votre Majesté a mérité aujourd'hui les
« éloges que vous lui avez si souvent prodigués. Votre Majesté a
« vu avec quelle audace elle a débouché, et avec quelle bravoure
« elle est revenue à la charge. Les dragons ont chargé après le
« général Colbert, ils ont culbuté toute la cavalerie qu'ils avaient
« en face, et étaient parvenus à s'emparer de quatre pièces de
« canon ; mais arrêtés par le feu de trois régiments d'infanterie,
« ils ont dû céder, et ont été ramenés par la cavalerie ennemie.
« Mais j'étais déjà en avant du défilé avec la division d'Hautpoul.
« Le 1ᵉʳ régiment de Cuirassiers a chargé à son tour, mais arrivé
« sous le feu de l'infanterie, et chargé par une cavalerie bien supé-
« rieure, il a été ramené avec la brigade de la division Klein, qui
« avait chargé avec lui.

« Alors je me suis porté vigoureusement en avant avec toute la
« division d'Hautpoul. Ce moment a été décisif : un cri général
« s'est fait entendre : Vive l'Empereur ! rallions-nous au prince !
« Une charge générale a eu lieu. Tout a été culbuté, cavalerie.
« infanterie et canons. Le village a été enlevé. Cependant le géné-
« ral Legrand marchait à notre gauche avec un régiment d'infan-
« terie, il est arrivé presque aussitôt que nous sur les hauteurs
« du village, et s'est porté en avant pour contenir l'infanterie, qui
« marchait pour le reprendre. Les éclaireurs de gauche sont par-
« venus à s'emparer d'une batterie de quatre pièces de canon ;
« mais l'ennemi a formé ses colonnes d'attaque contre le régiment

« qui était en avant du village. Déjà il était vigoureusement
« repoussé, lorsque j'ai ordonné au général d'Hautpoul de débou-
« cher par le village, sur les derrières de cette infanterie. Jamais
« mouvement n'a été fait plus à propos, et avec plus de bravoure :
« les cuirassiers ont abordé cette infanterie, ont pénétré dans les
« carrés, et au moins douze à quinze mille Russes sont res-
« tés morts ou blessés sur le champ de bataille ; le reste a été fait
« prisonnier, les canons ont été repris. Alors toute la cavale-
« rie ennemie, soutenue par de l'infanterie, a chargé le régiment
« de cuirassiers ; il a soutenu et repoussé la charge de la cavalerie
« ennemie ; ce n'est que lorsque l'infanterie s'est portée en avant
« avec toute la cavalerie, qu'il a dû faire sa retraite. Il s'est
« replié dans le plus grand ordre sur notre infanterie, qui a reçu
« cette cavalerie par un feu si bien soutenu, qu'elle a pris la
« fuite, après avoir perdu beaucoup de monde. L'ennemi de nou-
« veau est resté maître de quatre pièces de canon, qui ont été enfin
« reprises par l'infanterie, qui s'est très bien conduite dans toute
« l'affaire.

« Sire, je dois les plus grands éloges aux généraux Belliard,
« d'Hautpoul, Saint-Sulpice, Klein, Pinard et Colbert et à mon
« aide de camp Piétou, qui est arrivé un des premiers sur la batte-
« rie avec les cuirassiers. Enfin, Sire, tout le monde a fait son
« devoir. Je désire que votre Majesté ait été satisfaite de sa cava-
« lerie dont le moral est plus fort que jamais.

« Le résultat de cette journée a été la prise de neuf pièces d'ar-
« tillerie, de cinquante-quatre drapeaux, de sept à huit cents pri-
« sonniers et douze à quinze mille morts sur le champ de bataille.
« Nous avons de notre côté à regretter le colonel Lebaron du
« 6ᵉ régiment de dragons, et quelques officiers. »

Le cinquante-septième Bulletin de la Grande Armée relate
comme il suit la charge des cuirassiers au combat de Hoff :

« Les dragons et les cuirassiers du général d'Hautpoul firent
« une brillante charge, culbutèrent et mirent en pièces deux régi-

« ments d'infanterie russe. Les colonels, les drapeaux, les canons,
« et la plupart des officiers et soldats furent pris. Le grand-duc de
« Berg fit exécuter une seconde charge par les cuirassiers, qui
« prirent en flanc dix bataillons et les écharpèrent. Ces manœuvres
« sont de beaux faits d'armes, et font le plus grand honneur à nos
« intrépides cuirassiers. »

L'armée russe continuant à battre en retraite, arriva le 7 au
matin à Preussische-Eylau, et défila à travers la ville ; l'arrière-
garde resta seule en deçà et prit position sur les hauteurs qui
couvrent Eylau. Dès que les reconnaissances de la réserve de
cavalerie eurent donné avis de la retraite de l'ennemi, l'Empereur prescrivit à tous ses corps d'armée de se diriger sur Eylau.

Benningsen, loin de songer maintenant à dégager Dantzig, ne
pouvait plus prétendre qu'à couvrir Kœnigsberg, et au lieu de franchir la Vistule, il lui fallait assurer sa retraite au delà de la Pre-
gel. Jusqu'ici il avait battu en retraite en fort bon ordre, feignant
chaque jour de prendre une position de bataille, et n'y compro-
mettant qu'une arrière-garde. Il espérait retarder les mouvements
des colonnes françaises, et plus le point de convergence était éloigné, plus il avait de chances pour la concentration de ses forces.
Toutefois ce point ne pouvait être fixé plus loin que Preussische-
Eylau, qui n'était plus qu'à une marche de Kœnigsberg.

Le général Benningsen se décida donc à accepter la bataille,
que lui présentait depuis trois jours l'Empereur Napoléon.

Le 7 février, l'avant-garde française, sous les ordres du grand-duc
de Berg, débouche vers deux heures après midi par le hameau de
Grünhofchen. Un combat sanglant s'engage dans la ville d'Eylau.
L'Empereur attachait un grand prix à rester maître de cette position, qu'il comptait utiliser pour faire déboucher ses troupes
et appuyer sa gauche. A dix heures du soir, les Russes sont
contraints de l'abandonner, laissant la ville jonchée de leurs
morts.

La division d'Hautpoul bivouaque à gauche d'Eylau, un peu en arrière de la garde à cheval, ayant devant elle la cavalerie du général Lasalle.

Bataille d'Eylau, 8 février 1807. — Le 8 février, avant la pointe du jour, le général Benningsen engage l'action par un terrible feu d'artillerie dirigé sur Eylau. Nos batteries répondent immédiatement, et leurs coups viennent porter dans les masses serrées des Russes, sans qu'elles soient ébranlées. Pendant cette épouvantable canonnade, les troupes se rendaient sur leurs positions. Les divisions de cuirassiers et de dragons, avec la cavalerie de la garde, viennent se placer au centre de la ligne, derrière le corps d'Augereau, qui gardait la trouée entre le village de Rothenen et la ville d'Eylau. Le projet de Napoléon était de manœuvrer par son aile droite, pour envelopper l'aile gauche ennemie, et après avoir débordé cette aile, de la prendre en flanc, pour la rejeter sur le centre qu'il faisait attaquer par Augereau. Cette savante combinaison fut contrariée par un accident qui prolongea la lutte et rendit la bataille beaucoup plus sanglante. Une neige épaisse, poussée avec violence par le vent du nord, obscurcit tout à coup l'horizon. Pendant cette nuit soudaine, la tête des colonnes d'Augereau perd son point de direction et se porte trop à gauche. Notre centre est dégarni : le maréchal se trouve engagé entre les troupes de l'aile droite et celles du centre et de la réserve de l'ennemi, et il subit des pertes considérables. Napoléon pour empêcher les Russes de pénétrer par la trouée qui venait de se produire donne l'ordre au grand-duc de Berg, de se mettre à la tête de toute la cavalerie, et d'exécuter une charge générale sur le centre ennemi.

« Murat part au galop, réunit ses escadrons, puis les fait passer « entre le cimetière et Rothenen à travers ce même débouché, « par lequel le corps d'Augereau avait déjà marché à une destruc-« tion presque certaine. Les dragons du général Grouchy chargent « les premiers, pour déblayer le terrain et en écarter la cavalerie « ennemie. Ce brave officier, renversé sous son cheval, se relève.

« se met à la tête de sa seconde brigade, et réussit à disperser
« les groupes de cavaliers qui précédaient l'infanterie russe.
« Mais pour renverser celle-ci, il ne faut pas moins que les
« gros escadrons vêtus de fer du général d'Hautpoul. Cet
« officier, qui se distinguait par une habileté consommée dans
« l'art de manier une cavalerie nombreuse, se présente avec
« vingt-quatre escadrons de cuirassiers que suit toute la masse
« des dragons. Ces cuirassiers, rangés sur plusieurs lignes,
« s'ébranlent et se précipitent sur les baïonnettes russes. Les
« premières lignes, arrêtées par le feu, ne pénètrent pas, et se
« repliant à droite et à gauche, viennent se reformer derrière
« celles qui les suivent, pour charger de nouveau. Enfin l'une
« d'elles, lancée avec plus de violence, renverse sur un point
« l'infanterie ennemie, et y ouvre une brèche à travers laquelle
« cuirassiers et dragons pénètrent à l'envi les uns des autres.
« Comme un fleuve qui a commencé à percer une digue l'emporte
« bientôt tout entière, la masse de nos escadrons, ayant une fois
« entamé l'infanterie des Russes, achève en peu d'instants de
« renverser leur première ligne. Nos cavaliers se dispersent alors
« pour sabrer. Une affreuse mêlée s'engage entre eux et les
« fantassins russes. Ils vont, viennent et frappent de tous côtés
« ces fantassins opiniâtres. Tandis que la première ligne d'infan-
« terie est ainsi culbutée et hachée, la seconde se replie à un bois
« qui se voyait au fond du champ de bataille. Il restait là une
« dernière réserve d'artillerie. Les Russes la mettent en batterie,
« et tirent confusément sur leurs soldats et sur les nôtres, s'inquié-
« tant peu de mitrailler amis et ennemis, pourvu qu'ils se
« débarrassent de nos redoutables cavaliers. »

Le 58e Bulletin de la Grande Armée a rendu un éclatant hommage à la cavalerie pour son intrépidité dans la journée du
8 février ; après avoir exposé la marche du corps d'Augereau, il
donne le récit de la charge qui décida de la victoire :

« ..... Cette désolante obscurité dura une demi-heure. Le temps

« s'étant éclairci, le grand-duc de Berg à la tête de la cavalerie,
« et soutenu par le maréchal Bessières à la tête de la garde,
« tourna la division Saint-Hilaire, et tomba sur l'armée ennemie.
« mouvement audacieux s'il en fut jamais, qui couvrit de gloire
« la cavalerie, et qui était devenu nécessaire dans la circons-
« tance où se trouvaient nos colonnes. La cavalerie ennemie qui
« voulut s'opposer à cette manœuvre fut culbutée, le massacre fut
« horrible. Deux lignes d'infanterie russe furent culbutées, la
« troisième ne résista qu'en s'adossant à un bois. Des escadrons
« de la garde traversèrent deux fois toute l'armée ennemie.

« Cette charge brillante et inouïe, qui avait culbuté plus de
« vingt mille hommes d'infanterie, aurait décidé sur le champ de
« la victoire, sans le bois et quelques difficultés de terrain. Le
« général d'Hautpoul fut blessé d'un biscaïen. Le général Dahl-
« mann, commandant les chasseurs de la garde, et bon nombre
« de ses intrépides soldats, moururent avec gloire. Mais les cent
« dragons, cuirassiers et soldats de la garde, que l'on trouva
« sur le champ de bataille, on les y trouva entourés de plus de
« mille cadavres ennemis. Notre artillerie et notre cavalerie ont
« fait des merveilles. »

Le 1er Cuirassiers avait sa large part de victimes parmi les
braves qui avaient payé de leur vie cet éclatant succès. Le
capitaine Odiot, l'adjudant-major Schlesser, le lieutenant de
Jarsailhon étaient tués et avec eux dix-sept hommes de troupe,
les maréchaux des logis Aubert, Maraud et Péquet, les brigadiers
Lebon, Marcomble, Marragon et Vidron, les cuirassiers Albert,
Delatre, Hallet, Lenclume, Lucas, Ouin, Rouard, Rousseau,
Scaglia et Travers.

Le sous-lieutenant Maublanc et dix-sept hommes de troupe
étaient blessés.

Mort du général d'Hautpoul. — Le chef héroïque qui avait
conduit à la charge la 2e division de cuirassiers succomba
peu de jours après à la blessure qu'il avait reçue. L'Empereur

voulut honorer d'une façon toute spéciale la mémoire de
ce brillant général de cavalerie. Le 59e Bulletin, daté du 14
février, s'exprime ainsi : « ...... Le général d'Hautpoul est
« mort de ses blessures. Il a été généralement regretté. Peu de
« soldats ont eu une fin plus glorieuse. Sa division de cuirassiers
« s'est couverte de gloire à toutes les affaires. L'Empereur a
« ordonné que son corps serait transporté à Paris. Le général
« Bonardy de Saint-Sulpice, blessé au poignet, ne voulut pas aller
« à l'ambulance, et fournit une seconde charge. Sa Majesté a été
« si contente de ses services, qu'elle l'a nommé général de
« division. »

Par décret en date du 6 mars signé à Osterode, l'Empereur
ordonna que les vingt-quatre canons pris sur l'ennemi à Eylau,
seraient fondus, et qu'il en serait fait une statue équestre, représentant le général d'Hautpoul, dans son costume de commandant
des cuirassiers.

Le général de Saint-Sulpice prit le commandement de la division, et fut remplacé à la tête de sa brigade par le général baron
Clément.

Le 9 février à la pointe du jour, la cavalerie de réserve avait
poursuivi l'arrière-garde russe jusque sur la Frisching, ramassant
une grande quantité de prisonniers dans cette armée en déroute,
dont le général Benningsen ne put rallier les débris que le 10 au
matin sous les murs de Kœnigsberg.

Napoléon, certain de l'état désastreux où il avait réduit l'ennemi,
se contenta dès lors de le faire observer, et prit ses cantonnements,
songeant à faire des propositions de paix.

La réserve de cavalerie s'établit le 9 au soir, sur la rive gauche
de la Frisching, le 1er Cuirassiers à Mülhausen. Le 11 elle se
porte sur Kœnigsberg pour observer de plus près, mais elle avait
ordre de n'engager aucune action sérieuse. Le 1er Cuirassiers
bivouaque le 13 près de Kœnigsberg.

Le 15 février, la 2e division de cavalerie reçoit l'ordre de quitter ses positions dans la nuit, pour se porter sur Heilsberg.

Le lendemain 16, Napoléon replie son armée, et la concentre sur la ligne de la Passarge.

Les trois divisions de cuirassiers doivent cantonner sur la ligne Reisenburg, Freidstadt, Neudorf, Craisin, Strasbourg, dans les lieux les plus propres à la cavalerie, de manière à pouvoir se rendre en deux marches sur Osterode, où se trouve le quartier général du grand-duc de Berg.

Du 16 au 20 février la division est à Guttstadt, le 21 à Allenstein, le 22 à Hohenstein, le 23 à Guilgenburg, le 24 à Lautenburg, du 25 février au 8 mars elle reste à Strasburg. Le 9 elle est à Grosskochlau, le 10 à Neidenburg, le 11 à Hofkoven, le 12 à Allenstein, le 13 à Siessen, le 14 à Wawoden. Le 15 mars elle vient s'établir à Bischofswerder où elle devait rester jusqu'au 7 juin.

Pendant le mois de mars, il y eut quelques engagements, la cavalerie fut souvent aux prises avec les Cosaques, et nettoya la rive droite de l'Alb jusqu'au-dessous de Guttstadt.

A la fin de mars l'Empereur distribue les récompenses pour la campagne 1806-1807. Il écrit d'Osterode le 31 mars 1807 au maréchal Berthier, major-général :

« Vous enverrez à chaque maréchal, ce qui dans les dispositions « suivantes concerne son corps d'armée, sans que l'un connaisse « ce qui regarde l'autre.

« . .   .   .   « . .

« 5° Il est accordé huit aigles aux officiers, et huit aux sous- « officiers et soldats des régiments ci-après : 1er, 5e, 10e et ₃ 11e de cuirassiers. »

Ces décorations furent données, au régiment, aux capitaines Dennefert, Fribis, Cayen dit Marin, aux lieutenants Faure et Pierredon, aux sous-lieutenants Gérard, Marais et Vacossin, à l'adjudant Luxer, aux maréchaux des logis Christophe, Euler et Harel, aux brigadiers Dethon et Lesieur, aux cuirassiers Michel et Nicolas.

Le colonel Guiton fut nommé général et désigné pour commander, dans la division Saint-Sulpice, la brigade des 10e et 11e cuirassiers. Il fut remplacé dans le commandement du régiment par le colonel baron de Berckeim.

Pendant que le maréchal Lefebvre assiégeait Dantzig, et jusqu'à la capitulation de cette place, qui eut lieu vers la fin de mai, les deux armées restèrent immobiles dans leurs positions respectives comme s'il eût existé un armistice. Les avant-postes très rapprochés ne s'inquiétaient même pas. L'armée française avait reçu des renforts et se reconstituait.

Dans le courant de mai, Napoléon passa dans les plaines d'Elbing la revue de toute sa cavalerie. Les cuirassiers, dragons, chasseurs et hussards, présentaient sous les ordres de Murat une superbe ligne de dix-huit mille cavaliers. A la date du 15 mai 1807, la 2e division comprenait seize escadrons et dix-neuf cent soixante-sept sabres.

Bien que les négociations continuassent, il était certain qu'elles ne pourraient aboutir, aussi l'Empereur méditait-il son plan de campagne, se préparant à porter des coups décisifs.

Au mois de juin, l'Empereur Alexandre se décide à prendre l'offensive, il attaque les avant-postes les 5 et 6 juin, et les oblige à se replier. Napoléon concentre son armée.

La division Saint-Sulpice réunie à Bischofswerder se porte le 7 dans la direction de Mohrungen et Guttstadt. Le 7, le 1er Cuirassiers bivouaque à Bintken, le 8 à Krottau, le 9 à Gottland. Le 10 juin, jour où la cavalerie de Murat livrait un brillant combat à l'arrière-garde de l'armée russe à Heilsberg, le régiment était à Altkak, il ne vint que le lendemain bivouaquer près de Heilsberg.

On s'attendait à voir la lutte recommencer, mais les Russes battirent en retraite.

Le 12 juin, l'armée française rentrait à Heilsberg, la réserve de cavalerie fut dirigée sur Eylau. Le 1er Cuirassiers était à Standitten.

Le 13, la division Saint-Sulpice est désignée pour faire partie des forces, qui avec Murat, Soult et Davout, doivent s'interposer entre les Russes et Kœnigsberg ; elle se porte en avant sur la Frisching ; le 13, elle prend part à un combat livré près de Thorau, dans lequel le cuirassier Jœger est tué, et le sous-lieutenant Reder blessé. Dans la journée du 14, elle contribue à rejeter l'ennemi dans la place après une nouvelle affaire près de Rudesdorf.

Dans la soirée, le grand-duc de Berg reçoit la lettre suivante, que l'Empereur lui avait fait envoyer le matin même du champ de bataille de Friedland :

« Sa Majesté espère que vous serez entré dans Kœnigsberg, et
« qu'attendu qu'une division de dragons et le corps du maréchal
« Soult suffisent pour garder cette ville, vous aurez marché sur
« Friedland, avec le reste de votre cavalerie et le corps du maré-
« chal Davout. Cela est d'autant plus urgent, qu'il est possible
« que l'affaire dure encore demain ; tâchez donc d'arriver à une
« heure du matin... »

Cet ordre reçut de suite son exécution, mais l'arrivée du grand-duc de Berg et du maréchal Davout à Friedland, n'ayant plus d'objet après l'heureuse issue de la bataille , l'Empereur arrête leur marche à Abschwangen, et leur ordonne de passer la Prégel à Tapiau. La division Saint-Sulpice arrive sur cette ville [1] le 16 juin au matin dans la journée elle repart pour rejoindre le gros de l'armée à Wehlau. Le 17 elle continue sa marche avec la

---

[1] Itinéraire du 1er cuirassiers : 15 juin Gemslaken ; 16 Petersdorf ; 17 Gross-Denbarteuen ; 18 Serpensnian ; 19 Birkenwald jusqu'au 28.

réserve de cavalerie sur la route de Tilsitt, poursuivant les arrière-gardes russes. A cette date l'Empereur écrit de Wehlau : « Le grand-duc de Berg enverra une brigade de cavalerie légère, « une division de dragons, et la division Saint-Sulpice, pour « tâcher de couper l'ennemi sur Labiau du côté de Lankischken. »

Le 18, la division arrive à Popelhen, le 19 elle est à Birken-wald. Le grand-duc de Berg reçut à Tilsitt dans cette journée, un parlementaire qui venait demander un armistice, qui fut signé le 21 juin.

La division est envoyée le 28 juin à Kuglaken, en passant la Prégel à Wehlau, le 29 à Steinwald, le 30 elle revient à Donnau où elle séjourne jusqu'au milieu de juillet.

La paix de Tilsitt, signée le 7 juillet 1807, mit fin à la guerre.

Le 16 juillet, la division Saint-Sulpice part pour Bartenstein, le 17 elle est à Heilsberg, le 18 à Wormditten, le 19 à Holland, le 20 à Elbing ; elle cantonne dans l'île de Nogat jusqu'au 18 août.

Par décret du 13 juillet daté du camp de Kœnigsberg, il avait été accordé soixante aigles d'argent, dont moitié aux officiers, moitié aux sous-officiers et soldats de la division Saint-Sulpice. MM. Gery-Terrasse et Maret, capitaines ; Maour et Petit, lieutenants ; Picard et Reder, sous-lieutenants, et les maréchaux des logis Desbrosses, Humbert et Baroche furent décorés.

Le 18 août la division se met en route pour aller occuper de nouveaux cantonnements à Dramburg. Elle suit l'itinéraire suivant :

18 août Dirschau ; 19 Stargard ; 20 Bittowa ; 21 Otowa et Kossabude ; 22 et 23 Conitz ; 24 Schlochau ; 25 Hamerstein ; 26 New-Stetten ; 27 Tempelburg ; 28 Dramburg.

Elle cantonne à Altkapke, Weyershorst, Jankendorf, Scharpau, Krieppenwald.

Elle part le 16 septembre et se dirige par Conitz, Preuss-Friedland, Platow, Schneidmühl, Schönlauke, Filschmi, Driésen, Friedberg sur Landsberg où elle arrive le 3 octobre.

Le 6 décembre 1807, elle quitte ses cantonnements, pour venir en prendre d'autres près de Magdebourg, où elle s'établit sur la rive droite de l'Elbe. De là le régiment va cantonner en Bavière près de Straubing où les subsistances sont assurées par les autorités bavaroises.

Par décret signé à Erfurt le 12 octobre 1808, la Grande Armée est dissoute à dater du 15. Les corps qui resteront en Allemagne prendront le nom d'Armée du Rhin, et seront placés sous le commandement du maréchal Davout. La réserve de cavalerie est attachée à cette armée, et continue à séjourner dans le Hanovre.

Campagne de 1809

Enhardie par l'absence de Napoléon et par l'éloignement d'une partie de ses troupes, l'Autriche ne tarda pas à former avec l'Angleterre une nouvelle coalition. Aux premiers bruits de guerre, Napoléon quitte l'Espagne le 17 janvier 1809, et arrive à Paris le 24.

Les troupes autrichiennes sont mises sur le pied de guerre le 4 mars. A cette même date, l'Empereur organise ses corps d'armée, mais sans quitter sa capitale ; il ne veut se mettre à la tête de ses troupes, que lorsque l'agression sera bien constatée, et lorsque les projets de l'ennemi seront démasqués.

La division Saint-Sulpice, qui est cantonnée à Werden sur le bas Weser, est désignée pour être attachée au 3e corps d'armée commandé par le maréchal Davout.

Le 12 mars, Napoléon prescrit le mouvement général de concentration.

Le 1er avril, les troupes réunies pour lutter contre l'Autriche prennent le titre d'Armée d'Allemagne. Le 8, l'armée ennemie prend l'offensive sur tous les points. L'Empereur, qui jusqu'au dernier moment se refusait à croire à l'ouverture des hostilités, ne quitte Paris que le 12 avril à dix heures du soir, et arrive dans la nuit du 16 au 17 à Donauwerth où était établi son quartier général. L'armée autrichienne débouchait en face du centre de notre ligne que le major général avait laissé dégarni malgré les instructions de l'Empereur. Napoléon donne immédiatement ses ordres pour rejoindre ses deux ailes, et se mettre en mesure d'arrêter les colonnes autrichiennes. La division Saint-Sulpice, qui était partie de Verden au milieu de mars, était le 7 avril aux environs de Nuremberg, le 12 près d'Ingolstadt, le 17 à Painten.

Combat de Thann, 19 avril 1809. — Dans la nuit du 18 au 19 avril, le 3ᵉ corps se met en marche sur quatre colonnes dans la direction d'Abensberg. La division Saint-Sulpice marche avec la colonne de gauche. A neuf heures du matin on rencontre l'ennemi entre Reising et Thann. Un combat acharné s'engage, à l'issue duquel le maréchal Davout reste maître du terrain. La division bivouaque le soir sur les collines d'Arnhofen.

Le 20, pendant que Napoléon va se porter sur Landshut avec le corps de Lannes, pour se placer entre les deux parties de l'armée autrichienne, Davout est chargé d'inquiéter l'archiduc Charles.

La division Saint-Sulpice est laissée en avant des défilés de Postsaal pour les garder ; elle demeure en réserve, entre Davout et l'Empereur, le jour de la bataille d'Abensberg.

Le 21, elle se porte sur Essenbach, elle y est informée qu'elle passe sous les ordres du maréchal Lannes pour la bataille du lendemain.

Bataille d'Eckmühl, 22 avril 1809. — Le 22, alors que l'archiduc Charles croit l'Empereur encore à Landshut, il le voit tomber sur lui comme la foudre, sur la basse Laber, et est attaqué à Eckmühl.

Un général Wurtembergeois, le comte de Bismarck, qui assista
à cette bataille, dans les rangs de l'armée française, a fait de
cette journée mémorable, un curieux récit que nous croyons inté-
ressant de citer :

« A la bataille d'Eckmühl, l'Empereur disposait des divisions
« de grosse cavalerie des généraux Nansouty et Saint-Sulpice, qui
« comptaient environ quarante escadrons, plus trente-quatre esca-
« drons de cavalerie légère, dix-huit escadrons Bavarois, et seize
« escadrons Wurtembergeois. Ces soixante-quatorze escadrons
« n'obéissaient pas à une direction unique, le maréchal Bessières
« étant alors à la poursuite du général Heller sur la route de
« Braunau ; il leur avait été seulement prescrit de suivre les cui-
« rassiers, et de les soutenir suivant les circonstances.

« Cette masse de cavalerie marchait en colonne serrée, les Bava-
« rois sur le flanc gauche, les Wurtembergeois sur le flanc droit.

« Le terrain très accidenté n'était pas favorable à l'emploi de la
« cavalerie. Les premières attaques de la cavalerie légère ayant
« été repoussées, elle se reforma à droite et à gauche des cuiras-
« siers, qui venaient d'atteindre une ligne de hauteurs où ils se
« déployèrent par régiment, les deux divisions placées l'une à côté
« de l'autre, sur cinq régiments de profondeur. Pendant ce temps,
« l'infanterie française, sous les ordres des maréchaux Lannes et
« Davout, gagnait du terrain sur les deux ailes.

« La cavalerie autrichienne saisit le moment où cette infanterie
« s'avançait dans la plaine, et se disposa à la charger. En voyant
« ce mouvement, la cavalerie française, secondée par les Bavarois
« et les Wurtembergeois, se précipita sur la cavalerie autrichienne
« et la culbuta. Mais dans la poursuite, elle vint se heurter sur la
« cavalerie de réserve de l'ennemi, et dut se replier.

« Les cuirassiers français continuent à se porter en avant au
« trot ; leur mouvement était si brillant, que l'infanterie du maré-
« chal Lannes, qui défilait sur les hauteurs, s'arrêta pour les
« applaudir.

1866

« Les cuirassiers s'étaient acquis une véritable puissance morale,
« et l'on disait alors : brave comme les cuirassiers.

« La charge des cuirassiers se faisait directement, et sur deux
« régiments de front, les autres suivaient le mouvement des pre-
« miers. On entendait les officiers encourager leurs soldats et leur
« crier : Serrez, cuirassiers, serrez !

« On ne pouvait dire que ce fût une charge en colonne ; c'était
« une charge en bataille, que suivaient à courtes distances d'autres
« lignes déployées. Un instant avant le choc, les généraux et les
« colonels poussèrent le cri : En avant ! qui fut répété par les
« cuirassiers. Les divisions de cavalerie légère, qui s'étaient rapi-
« dement reformées, chargèrent en même temps sur les flancs des
« cuirassiers français. L'ennemi ne put résister à ce choc.

« La cavalerie française, continuant son mouvement en avant,
« vint se placer près de la route de Ratisbonne, entre les corps de
« Lannes et de Davout. L'ennemi se retirait sur Egglofsheim.

« En avant de ce village, l'Archiduc avait réuni toute sa cavale-
« rie disponible, environ quarante-quatre escadrons, dont douze
« de cuirassiers, et en avait formé deux colonnes.

« Dès que la cavalerie française reconnut que l'ennemi avait
« l'intention d'accepter le combat sur ce point, la division Nan-
« souty se déploya par brigade sur deux lignes qui se suivaient à
« la distance d'un front d'escadron. La première ligne était for-
« mée de trois régiments et la seconde de deux.

« La division Saint-Sulpice resta en colonne par brigades acco-
« lées. Les deux divisions légères cherchèrent à s'échelonner sur
« les ailes et eurent plusieurs engagements avec quelques esca-
« drons légers de l'ennemi.

« Il était sept heures du soir et la nuit commençait à tomber.
« Le feu de l'artillerie autrichienne arrêta cette première charge.
« Mais le général ennemi Schmeller, ayant voulu lancer le régi-
« ment de cuirassiers Gattesheim sur la première ligne française,

8

« le général Nansouty commanda immédiatement : Escadrons en
« avant, marche ! et s'avança au pas. Au moment où la première
« ligne ne fut plus qu'à cent pas des Autrichiens, le régiment de
« carabiniers, placé au centre, s'arrêta, arma ses carabines, et
« exécuta un feu de salve à trente ou quarante pas de l'ennemi
« qui s'avançait.

« En même temps, dans les deux régiments de cuirassiers qui
« formaient les ailes de cette ligne, on commandait : Au trot,
« marche ! et l'on chargeait les Autrichiens.

« Le régiment de carabiniers, après avoir fait feu, mettait vive-
« ment le sabre à la main et chargeait également ; la deuxième
« brigade de la première ligne imitait le mouvement de la pre-
« mière, et le général Saint-Sulpice suivait.

« Bien que les régiments ennemis se fussent portés en avant
« avec une remarquable énergie, ils ne purent résister à ce choc ;
« on s'aborda à l'arme blanche et il s'en suivit une mêlée de quatre-
« vingt-dix escadrons, événement assez rare pour être signalé.

« Huit escadrons de la première ligne française avaient fait
« brèche dans la ligne ennemie ; par suite, la deuxième ligne put
« entrer également en action ; aussi le sort du combat fut-il
« promptement décidé, d'autant mieux que les Français étaient
« protégés par leurs doubles cuirasses, tandis que les Autrichiens
« n'étaient garantis que par devant ; aussi éprouvèrent-ils des
« pertes sérieuses dans leur retraite, puisque le dos de leurs cui-
« rassiers étaient livrés sans défense aux coups de leurs adver-
« saires qui les serraient de près.

« L'ennemi fut donc obligé d'abandonner le champ de bataille.
« Les escadrons, qui se trouvaient à gauche de la route, furent
« précipités dans un marais ; le reste prit la fuite, et suivit la
« route en abandonnant son infanterie.

« Le général Saint-Sulpice, qui n'avait pu prendre part à cet
« engagement, continua à s'avancer au trot. Près de Köffering, il

« rencontra deux bataillons de grenadiers laissés en arrière comme
« soutiens de la cavalerie, et leur passa sur le corps avant qu'ils
« eussent seulement songé à se mettre en défense.

« Il faisait nuit et l'on ne pouvait plus rien distinguer. Le feu de
« l'artillerie avait cessé depuis longtemps. On entendait encore des
« cris, des coups de sabre, et l'on voyait briller des étincelles au
« milieu des ténèbres lorsque le fer s'entre-choquait. Tout ce bruit
« était dominé par la voix des officiers supérieurs, cherchant à
« rallier leurs régiments, et par les appels des trompettes. Les
« escadrons se reformaient sur place, mais difficilement, car c'est
« à peine si l'on pouvait distinguer les amis des ennemis. La lune
« éclairait cette scène lugubre. »

Dans la charge exécutée par le régiment, les cuirassiers Auger,
Aujard, Denis, Fiaux, Jacot, Klein, Lepreux, Migieux, Paus,
Straub et Viard avaient été tués. Le lieutenant Dauphin, le sou-
lieutenant Desbrosses, quatre sous-officiers, deux brigadiers et
seize cuirassiers avaient été blessés. Le cuirassier Sahr avait reçu
trente-sept coups de sabre.

Le général Clément avait eu le bras emporté. Il fut remplacé à
la tête de la brigade par le général Fiteau.

Le premier Bulletin de l'Armée d'Allemagne, donne le récit suivant sur l'action de la cavalerie à Eckmühl :

« La cavalerie autrichienne forte et nombreuse se présenta pour
« protéger la retraite de son infanterie ; la division Saint-Sulpice
« sur la droite, la division Nansouty sur la gauche, l'abordèrent ;
« la ligne de hussards et de cuirassiers ennemis fut mise en
« déroute. Plus de trois cents cuirassiers autrichiens furent faits
« prisonniers. La nuit commençait. Nos cuirassiers continuèrent
« leur marche sur Ratisbonne. La division Nansouty rencontra
« une colonne ennemie qui se sauvait, la chargea et la fit prison-
« nière, elle était composée de trois bataillons hongrois de mille
« cinq cents hommes. La division Saint-Sulpice chargea un autre
« carré dans lequel faillit être pris le prince Charles, qui ne dut

« son salut qu'à la vitesse de son cheval . Cette colonne fut égale-
« ment enfoncée et prise. Les cuirassiers se sont comme à l'ordi-
« naire couverts de gloire. » En parlant de la blessure du général
Clément, l'Empereur dit dans ce même Bulletin : « C'est un officier de courage et de mérite distingué. »

Le général Pelet dans ses Mémoires fait remarquer au sujet
de l'engagement des cuirassiers français et autrichiens que
« là, fut décidée sans appel une question débattue dans la cava-
« lerie, celle de la nécessité des cuirasses doubles. Le nombre des
« morts se trouva dans le rapport de treize autrichiens, et celui
« des blessés de huit autrichiens pour un français. Là fut jugée
« aussi la question longtemps contestée, de la supériorité des deux
« cavaleries. Celle de l'ennemi ne put résister longtemps, et se
« sauva dans la plus grande confusion, vivement poursuivie sur
« la chaussée, où les fuyards couraient pêle-mêle avec les vain-
« queurs. »

Prise de Ratisbonne, 23 avril 1809. — Le 23 dès l'aurore,
l'Empereur se porte sur Ratisbonne. Toute la cavalerie autrichienne
était en avant de la ville. La cavalerie française s'avance entre
huit et neuf heures, et dès les premières charges culbute les
uhlans. Les hussards et les chevau-légers de Klenau sont ensuite
renversés. Les cuirassiers de Hohenzollern et de Ferdinand
essaient vainement d'arrêter nos cuirassiers. Tout est battu successivement. L'ardeur de nos cavaliers était telle, qu'ils faillirent
pénétrer dans Ratisbonne avec l'ennemi.

Après une lutte opiniâtre, les grenadiers de Lannes, entraînés
par leur intrépide maréchal, entrent dans la ville.

Le 24, l'Empereur prescrit au maréchal Davout de suivre
l'ennemi dans sa retraite ; il lui adjoint la division Saint-Sulpice.
Le maréchal devait marcher sur Passau, et pénétrer en Autriche
par Lintz, il y arriva le 5 mai.

Le 6, la division est envoyée sur Amstetten. De là, elle est
dirigée sur San-Pœlten.

La 9, à huit heures du soir, le maréchal Lannes reçoit l'ordre de se porter sur Vienne dès le lendemain à deux heures du matin, soutenu par les divisions Nansouty et Saint-Sulpice.

Le 11, la ville capitule et l'Empereur y fait son entrée.

Les trois divisions de cuirassiers sont établies à Vienne. Les premiers jours sont employés à l'établissement des ponts sur le Danube. Le 19 mai dans la soirée, les ordres sont expédiés pour le passage qui doit commencer le lendemain.

Dans la journée du 20, deux corps d'infanterie, la garde et la réserve de cavalerie, viennent s'établir dans l'île Lobau. Le 21, à la pointe du jour, les villages d'Aspern et d'Essling sont occupés, mais le passage ne peut s'effectuer que lentement sous le feu de l'ennemi. Une seule division de cuirassiers, celle du général Espagne, arrive sur la rive gauche, elle fournit plusieurs charges brillantes ; dans l'une d'elles le général Espagne fut tué d'un coup de sabre.

Le 22 mai avant le jour, la réserve de cavalerie continue le mouvement commencé la veille ; la division Nansouty passe la première et est suivie par la division Saint-Sulpice, mais les derniers régiments sont arrêtés par la rupture des ponts. Le 1ᵉʳ Cuirassiers qui se trouvait en tête de la division put prendre part à la bataille d'Essling.

Bataille d'Essling, 22 mai 1809. — La cavalerie de Bessières avait été mise à la disposition du maréchal Lannes, qui avait pour mission de s'avancer entre Aspern et Essling. A mesure que notre infanterie s'avance, elle repousse le centre ennemi, qui se retire en confusion, sur des directions tout à fait divergentes vers Esslinghof et Breitenlée. Bessières à la tête des cuirassiers, sortant par les intervalles des divisions, fait plusieurs charges heureuses, sur la cavalerie et l'infanterie des Autrichiens qui cèdent encore du terrain. Quelques escadrons s'avancent jusqu'à Breitenlée. La victoire la plus complète apparaissait déjà aux yeux de l'armée, lorsque Napoléon reçut la fatale nouvelle d'une rupture

des ponts. La fortune lui arrachait le plus beau de ses triomphes!
Il pouvait encore se livrer à l'espoir de vaincre avec les troupes
qui étaient sur le champ de bataille, mais la prudence l'emporta.
Lannes reçoit l'ordre d'arrêter le déploiement de ses divisions.
Au moment où l'ennemi se croyait perdu, il voit l'armée française
passer d'une vive attaque à la défensive. Le prince Charles rallie
son centre, et se précipite sur nos lignes pour les rejeter dans le
Danube. Pendant le reste de la journée ce n'est plus qu'un carnage
terrible, mais absolument nécessaire pour sauver l'honneur
français et même la partie de l'armée qui était engagée, puisqu'elle n'avait pour retraite qu'un faible pont de pontons, fortement menacé sur la gauche. Vers deux heures, la crête située
en face d'Aspern et d'Essling se couronne de canons, de masses
de cavalerie, et de colonnes profondes d'infanterie. L'Empereur
ordonne au maréchal Bessières de charger, non plus pour la
victoire, mais pour le salut de l'armée. Il faut donner tête baissée
dans ces masses. C'est un acte d'absolu dévouement, dont les
cuirassiers ne peuvent manquer de s'acquitter avec héroïsme. Ces
braves cavaliers bien que déjà fortement éprouvés le matin,
renversent les lignes autrichiennes, et soutenus énergiquement
par les grenadiers d'Oudinot, ils obligent l'archiduc à renoncer
à son attaque. Les victimes de ces deux terribles journées étaient
illustres et nombreuses. Le 1er Cuirassiers était pour sa part
cruellement éprouvé. Il avait perdu un officier le lieutenant
Varrocaux et trente et un hommes de troupe, les nommés Man-
ceau (brigadier), Aubert, Barabant, Berthe, Bouquet, Burrus,
Calabress, Carlier, Caron dit Rohault, Canda, Cossé, Deboaine,
Deschamps, Despret, Filippa, Franzero, Garçon, Gautier, Gola,
Hess, Lami, Lavillé, Lemière, Marienne, Marquet, Prunck,
Renaud, Rey, Roguet, Saussay et Thivellier. Huit officiers : le
commandant Maubert, les lieutenants Mauger et Tourette, les
sous-lieutenants Bourlon de Chévigné, Dietrich, Guérin, Henry
et Humbert (Lambert), huit sous-officiers et brigadiers, et qua-

rante cuirassiers étaient blessés. Le maréchal des logis Sénéchal avait reçu sept coups de sabre. Le capitaine Dauphin avait eu deux chevaux tués sous lui.

Après ces journées désastreuses pour les deux armées, Napoléon se décide à ramener ses troupes sur la rive droite, jusqu'à ce que les ponts aient été rétablis. Les cuirassiers sont cantonnés à mi-chemin entre Fischament et Neustadt. Le maréchal Bessières avait ordre d'éclairer soigneusement la rive du Danube du côté de Presbourg, afin de s'assurer si l'ennemi ne travaillait pas à quelque passage dans cette partie du fleuve.

Le 16 juin, l'Empereur distribue les décorations pour les combats livrés depuis l'ouverture de la campagne. Le chirurgien-major Dupons, les lieutenants Jarland, Tourette, Maublanc, les sous-lieutenants Devocey et de Voute, le maréchal des logis Deperraud, le cuirassier Virvodey, sont nommés légionnaires.

Le 1er juillet, les ponts étaient terminés.

Le 2, les ordres sont donnés pour le passage des troupes, qui devait commencer le 4 à neuf heures du soir. Les cuirassiers devaient arriver le 4 à Ebersdorf, pour ne passer les ponts qu'après l'armée.

Le 3 juillet, le major-général écrivait à ce sujet au duc d'Istrie : « L'Empereur ordonne, Monsieur le Maréchal, que vous fassiez « vos dispositions, pour que les trois divisions de cuirassiers « soient réunies demain à quatre heures après-midi du côté d'Ebers- « dorf, de manière à pouvoir déboucher par le pont qui a été « jeté dernièrement sur la rivière d'Ebersdorf, près son embou- « chure dans le Danube, afin de ne pas encombrer le pont de la « ville, sur lequel cependant moitié pourra passer. Vous enverrez « au dépôt général de Schœnbrunn, tous les bagages, magasins et « embarras, de sorte que personne ne perde rien, quand l'ennemi « s'emparerait de tout le pays. L'intention de Sa Majesté est que « vous fassiez déboucher les cuirassiers le 5 à quatre heures du « matin, pour rester en bataille par escadron, en dedans des

« ouvrages, une division à droite, une au centre et une à gauche,
« de manière à déboucher des ouvrages sur les trois ponts, selon
« l'ordre qui sera donné. »

Combat d'Enzersdorf, 5 juillet 1809. — Le mouvement
commence dans la nuit du 4 au 5. Dès six heures du matin, les
redoutes d'Essling et d'Aspern sont attaquées et rapidement
enlevées; à neuf heures du matin, toute l'armée française a franchi
le Danube, et se trouve en bataille sur l'extrémité gauche de
l'ennemi, dont les camps retranchés sont tournés et les ouvrages
rendus inutiles. L'armée autrichienne lutte avec acharnement
pendant toute la journée, sans parvenir à repousser l'armée française des positions où elle s'est établie.

Des deux côtés on se prépare à la journée décisive du lendemain.
Les cuirassiers passent la nuit à Raschdorf.

Bataille de Wagram, 6 juillet 1809. — Le 6 juillet à cinq
heures du matin, l'archiduc Charles prend l'initiative de l'attaque,
son armée déploie pendant toute cette journée une bravoure et
un courage incomparables. Mais rien ne peut arrêter l'impétuosité
de notre infanterie, nos cuirassiers la secondent énergiquement,
ils débordent l'aile gauche de l'ennemi et la rejettent sur la route
de Brünn du côté de Wolkersdorf.

La victoire de Wagram avait coûté au régiment un officier, le
capitaine Fontaine qui blessé très grièvement mourut à Vienne
le 10 août, et onze hommes de troupe : le brigadier Lesueur, le
trompette Hébert, les cuirassiers Bisson, Blengino, Demazure,
Jouin, Laurent, Lesieur, Marguerite, Mercier et Martin. Le chef
d'escadron Maubert, un maréchal des logis, trois brigadiers et huit
cuirassiers avaient été blessés. Le lieutenant Vacossin avait eu
deux chevaux tués sous lui.

Le 7 juillet, l'Empereur donne l'ordre au maréchal Masséna de
marcher sur Stockerau et de poursuivre l'ennemi sur la route de
Znaïm, il lui adjoint la division Saint-Sulpice.

Combat d'Hollabrünn, 9 juillet 1809. — Après quelques engagements contre l'arrière-garde ennemie dans la journée du 8, on atteint le 9 à Hollabrünn le corps du général Klenau qui est obligé d'accepter le combat. La cavalerie attaque l'ennemi de front; mais l'engagement avait commencé tard, et la nuit vient favoriser la retraite des Autrichiens.

Le 1ᵉʳ Cuirassiers avait perdu un officier le capitaine Fribis. Le lieutenant Maublanc et deux cavaliers avaient été blessés.

Combat de Znaïm, 11 juillet 1809. — L'archiduc Charles voulant à tout prix empêcher les Français de s'emparer des défilés de Thaya, qui, situés près de Znaïm, sont la clef de la Bohême, se porte en toute hâte sur ce point avec toutes ses forces, et vient s'établir sur la rive gauche de la Thaya, sur deux lignes, entre Znaïm et Brenditz. Masséna culbute la droite des Autrichiens, mais il est arrêté par la réserve des grenadiers. Une mêlée terrible s'engage sur la route. Une forte pluie qui tomba en ce moment, avait détrempé le terrain, et l'avait rendu glissant; cet obstacle empêche pendant quelque temps les cuirassiers de la division Saint-Sulpice d'avancer jusque sur le champ de bataille. Mais avant que l'affaire ne fût décidée, le soleil très ardent dans cette saison avait séché la terre, et au plus fort du combat, Masséna lance ses cuirassiers. Ces braves, chargeant avec leur courage et leur intrépidité habituels, fondirent comme la foudre sur la colonne autrichienne, qui ne s'attendait pas à ce terrible choc. Ils percèrent les bataillons, les foulèrent aux pieds de leurs chevaux, en sabrèrent une grande partie, firent le reste prisonnier, et s'emparèrent de tous leurs canons.

A ce moment, des officiers d'état-major, français et autrichiens, accoururent au milieu de la mêlée, pour annoncer aux deux partis qu'un armistice avait été conclu entre les deux Empereurs.

Le brigadier Droméré, les cuirassiers Pierrot, Vuidard et Vitrin, avaient été tués. Le sous-lieutenant Beaslay et un cavalier étaient blessés.

Le lendemain de cette affaire, le colonel de Berckeim est nommé général de brigade et remplacé par le colonel baron Clerc.

La réserve de cavalerie rétrograde sur Vienne, la division Saint-Sulpice vient cantonner à Am-Spitz.

Par décret du 13 août 1809, le capitaine Leclerc de Juigné, le sous-lieutenant Henry, le chirurgien-major Loix, le maréchal des logis chef Malet, les cuirassiers Jacques et Marion sont nommés légionnaires.

Paix de Vienne. — Le 14 octobre la paix était signée à Vienne.

Le 15 novembre, la réserve de cavalerie recevait l'ordre de garder ses positions au delà de l'Inn, jusqu'au dernier moment de l'évacuation. Le quartier-général de la 2ᵉ division était à Sigärtskirchen.

Au mois de mai 1810, la division rentre en France.

Le 1ᵉʳ régiment de Cuirassiers vient tenir garnison à Metz.

Dès le commencement de 1811, les dispositions hostiles de l'empereur Alexandre à l'égard de Napoléon commencent à se manifester : la frontière russe se couvre de troupes. Afin d'être prêt à répondre à toute agression, l'Empereur envoie de nombreux renforts aux garnisons qui sont stationnées en Allemagne.

Au mois de décembre, il donne ses ordres pour la constitution des divisions de cuirassiers, qui devaient entrer dans l'organisation de la Grande Armée.

Il écrit à ce sujet au général Clarke, ministre de la guerre :

« La 4ᵉ division sera composée des 1ᵉʳ et 2ᵉ régiments de cara-
« biniers, et du 1ᵉʳ Cuirassiers. Les généraux de brigade Schwartz
« et Paulthe seront employés dans cette division. Le 4ᵉ régiment
« de lanciers sera attaché à la 4ᵉ division, ce régiment fournira
« trois escadrons complets à près de huit cents hommes et de
« huit cents chevaux. En admettant que chaque régiment de
« cuirassiers soit à neuf cents chevaux, au 1ᵉʳ mars, l'augmenta-
« tion de huit cents chevau-légers portera la force de la division
« à trois mille cinq cents chevaux.

« Sous aucun prétexte, les cuirassiers ne pourront être donnés
« en ordonnances. Ce service sera fait par les lanciers, les géné-
« raux même se serviront de lanciers. Le service de correspon-
« dance, d'escorte, de tirailleurs sera fait aussi par eux. Quand les
« cuirassiers chargent des colonnes d'infanterie, les chevau-légers
« doivent être placés sur le derrière ou sur les flancs, pour
« passer dans les intervalles des régiments, et tomber sur l'infan-
« terie lorsqu'elle est en déroute, ou si l'on a affaire à la cavalerie,
« sur la cavalerie et la poursuivre l'épée dans les reins. »

Les régiments de cuirassiers ainsi endivisionnés entraient
dans la composition de la réserve de cavalerie de la Grande
Armée dont le commandement était donné au roi de Naples.
Cette réserve comprenait quatre corps. Le 2e corps aux ordres
du général Montbrun était formé de trois divisions :

2e division légère, général Sébastiani.

2e division de cuirassiers, général Wathier Saint-Alphonse.

4e division
de cuirassiers,
Général de France.
{
1er carabiniers, général Chouard.
2e carabiniers, général Paulthe.
1er cuirassiers, colonel Baron Clerc.} Général
4e chevau-légers. } Bouvier des Éclats

Campagne de 1812

Au commencement de 1812, l'Angleterre, la Russie, la Suède,
l'Espagne et le Portugal, forment contre la France la sixième
coalition.

Dès le 2 janvier Napoléon avait donné ses ordres pour la constitution de ses armées. La 4e division de cuirassiers devait faire
partie du corps d'observation de l'Elbe, et se réunir à Cologne.

Le régiment quitte Metz, et se rend au point de rassemblement.

Vers la fin de février, le 2e corps de cavalerie franchit le Rhin et se dirige vers Leipzig et Erfurth. De là il se porte sur Torgau, où le général Montbrun arrivant d'Espagne vient prendre son commandement.

Il quitte Torgau le 1er avril, arrive à Francfort sur l'Oder le 5, et se porte sur Thorn le 15 avril.

Le 17 juin, il est à Kalwarya.

Le 23 juin, il était cantonné à Wilkowiski, lorsque parut la proclamation, qui annonçait l'ouverture des hostilités.

Le 24 juin, il passe le Niémen à Kowno avec l'Empereur. A cette date il comprenait dix mille quatre cent trente-six hommes et onze mille cent vingt-cinq chevaux.

La cavalerie était déjà très éprouvée par les marches qu'elle venait d'effectuer : l'avoine, le foin, l'herbe des prairies avaient été bientôt épuisés sur le passage de l'armée, et l'on avait été obligé avant d'arriver au Niémen, de couper des grains encore verts, pour suppléer aux fourrages ; mais on avait remplacé au moyen de réquisitions faites sur le pays, les pertes qu'on avait subies, et les régimeats présentaient encore un brillant aspect.

Le 26 juin, le roi de Naples marche à l'avant-garde avec la cavalerie, se dirigeant sur Wilna.

Le 28, après quelques escarmouches, on entrait dans cette ville. Les Russes avant de se retirer avaient incendié les magasins, et détruit le pont de la Vilia. On s'occupe de suite de le rétablir, et la cavalerie est envoyée à la poursuite de Barclay, dans la direction de la Dwina. Près de Swentziani, il y eut le 3 juillet un engagement avec l'arrière-garde russe.

Le 5 juillet, au passage de la Disna, la cavalerie de Murat eut encore un combat assez sérieux. Elle occupe ensuite successivement Widzouy, Opsa et Zamoscha, où elle arrive le 3 juillet.

Le 14, le 2e corps de cavalerie est envoyé à Druia.

Le 18, il rejoint le roi de Naples, qui avec toute la réserve, remonte la Dwina par la rive gauche.

Le 23, le général Montbrun est envoyé avec ses trois divisions sur la rive droite pour y suivre les mouvements des Russes, pendant que Murat avec le reste de la réserve se porte sur Vitepsk par l'autre rive.

Le 27 au soir, on rejoint l'armée de Barclay ; Montbrun est établi sur la rive droite ; trois corps d'infanterie, la garde et le reste de la réserve sont sur la rive gauche. Les deux armées bivouaquent en présence ; l'Empereur compte que les Russes vont le lendemain accepter le combat, mais dans la nuit, ils évacuent leurs positions, et battent en retraite sur Smolensk, où les corps d'armée de Barclay et de Bagration se réunissent.

Murat se dirige par Agaponowitschna, Ianowiczi, Rudnia, Inkowo, et le 13 août passe le Dniéper à Khomino.

Pendant ces marches incessantes, dans un pays ravagé par l'ennemi, la cavalerie voit chaque jour diminuer ses effectifs. Sur les situations du 3 août, le 2e corps de cavalerie ne figure plus qu'avec quatre mille vingt-neuf hommes.

Le 14 août on arrive à Liady, d'où l'on chasse deux régiments de cosaques ; à trois heures de l'après-midi, on est devant Krasnoé, que l'on trouve occupé par un régiment d'infanterie ; plus loin la division Néwerowskoi est en position derrière un ravin. La cavalerie s'étend sur la droite, traverse le ravin, et se précipite sur les troupes ennemies qui battaient en retraite ; elle enlève leur artillerie et leur fait huit cents prisonniers.

Le 16 août, la cavalerie est à Lubna, village qui n'est éloigné de Smolensk que de quatre lieues.

Combat sous les murs de Smolensk, 17 août 1812. — Le 17, toute l'armée arrive à Smolensk, et investit la ville sur la rive gauche. La réserve de cavalerie est à l'extrémité du demi-cercle, sa droite appuyée au Dniéper. Elle repousse la cavalerie ennemie dans la ville. Malgré un combat sanglant, qui ne se termine qu'avec le jour, on ne peut déloger les Russes abrités derrière leurs retranchements. Le capitaine Cade est blessé d'une balle au bras gauche. Pendant la nuit, Barclay fait évacuer la ville avec rapidité et dans le plus grand silence, évitant encore une bataille que Napoléon appelle de tous ses vœux. L'armée française entre à Smolensk le 18 août.

Le 19, la cavalerie se porte sur Valutina-Gora, mais ne prend pas part au combat livré par la division Gudin. Le 22 août, elle atteint le Dniéper à Slob-Pnewa, elle traverse le fleuve à gué, et s'avance presque vis-à-vis Ousvia, village situé à une demi-journée en-deçà de Dorogobuj.

En apprenant que l'armée russe a pris position en avant de cette ville, Napoléon espère enfin qu'il va livrer cette bataille rendue chaque jour plus nécessaire, car à mesure que la poursuite de l'ennemi se prolonge, le nombre des trainards augmente, et les effectifs diminuent. A la date du 23 août, le 2ᵉ corps de cavalerie ne comprend plus que trois mille huit cent cinquante-neuf hommes. Mais Barclay ne voulant pas accepter la lutte sans les renforts que doit lui amener Miloradowitz, se retire encore, et les Français entrent à Dorogobuj dans la soirée du 25 août.

L'armée continue donc sa marche sur Moscou, la cavalerie de Murat formant toujours l'avant-garde.

Le 27 août on arrive près de Rybki, où a lieu un engagement de cavalerie sur les bords de l'Oszma.

Le 29, on entre à Wiazma, après en avoir chassé l'arrière-garde russe.

A cette même date, le général Kutusof prenait le commandement des armées ennemies. L'empereur Alexandre avait été obligé de sacrifier le général Barclay, contre lequel s'élevait un cri d'indignation, pour avoir reculé depuis le Niémen, sans presqu'avoir combattu. Le nouveau général en chef vient établir ses troupes dans la position de Borodino, à environ vingt-sept lieues de Moscou ; il était enfin décidé à livrer une bataille, que l'opinion publique en Russie lui imposait, et pour laquelle d'ailleurs il se trouvait suffisamment prêt, par suite de la concentration de tous ses corps d'armée et des pertes subies par l'armée française, durant toutes les fatigues qu'elle venait d'éprouver.

Attaque de la redoute de Schewardino. — Le 5 septembre, les Français débouchent en face de Borodino. Les Russes sont établis entre la Moskowa et la vieille route de Smolensk, leur ligne de bataille est couverte par de nombreux ouvrages. En avant du centre, sur un mamelon qui domine les environs, et commande le passage resserré entre la Kolótcha et un bois, est établie la redoute de Schewardino. Il est indispensable de s'en rendre maître, pour permettre à l'armée de déboucher. Le corps de Poniatowski, la cavalerie de Murat, et trois divisions du corps de Davout y sont employés. La cavalerie est placée au centre et par ses charges contribue puissamment au succès.

Le 6 septembre, Napoléon donne pour la journée du lendemain ses ordres de mouvement, dont l'exécution ne doit commencer qu'à la chute du jour.

Le 7, à cinq heures du matin, les troupes occupaient les positions qui leur avaient été assignées; le corps de cavalerie de Grouchy est à l'aile gauche avec le corps du prince Eugène, les trois autres corps sont au centre, en colonne par brigade, en arrière de la redoute enlevée la veille.

Bataille de la Moskowa, 7 septembre 1812. — A six heures du matin, la bataille s'engage par une terrible canonnade. Vers neuf heures, après une lutte sanglante, durant laquelle les positions sont enlevées par l'infanterie et reprises par l'ennemi, Murat lance le 2e corps de cavalerie dans l'intervalle situé entre le village de Semenowskoé et la grande redoute. L'héroïque général Montbrun, le plus brillant de nos officiers de cavalerie, tombe mortellement frappé par un boulet, au moment où il se porte en avant, pour reconnaître le terrain sur lequel va charger sa cavalerie. Nos intrépides cuirassiers se précipitent sur l'ennemi, une partie de la cavalerie russe est rompue, mais l'autre, composée des régiments de Lithuanie et d'Ismaïlow, résiste et soutient le choc. Une horrible mêlée s'engage, les cuirassiers russes s'avancent jusqu'à nos lignes d'infanterie, ils ne peuvent les entamer. Les redans et le village de Semenowskoé restent en notre pouvoir.

Le prince Eugène, après une lutte opiniâtre sur la Kolotcha, s'établit définitivement sur la rive droite, et se porte en avant pour enlever la grande redoute établie entre Borodino et Semenowskoé. Il était environ trois heures de l'après-midi. Murat pour soutenir cette attaque, fait porter en avant le 2e corps de cavalerie, à la tête duquel le général Caulaincourt a remplacé Montbrun. Il le fait soutenir par Latour-Maubourg et Grouchy.

« Caulaincourt traverse le ravin, débouche au delà, et fond sur
« tout ce qu'il rencontre, à la tête des cuirassiers. En un clin
« d'œil l'espace est franchi. Quelques restes de l'infanterie russe
« de Rafskoï, debout encore sur cette partie du terrain, sont
« enfoncés. La cavalerie est culbutée, et la masse de nos cavaliers
« lancée à toute bride dépasse la grande redoute. Le général
« Caulaincourt, tournant alors à gauche avec un régiment de cui-
« rassiers, se rabat sur la grande redoute, où il pénètre, et dont il
« sabre les défenseurs ; malheureusement il tombe frappé à mort.

« L'infanterie du prince Eugène profite de cette attaque des
« cuirassiers pour occuper la redoute.

« La garde à cheval russe, déployée toute entière, se précipite
« alors sur nos cuirassiers, et les charge à fond, en passant sous
« la fusillade du 9e régiment d'infanterie. Elle les oblige à céder.
« Les carabiniers du général de France la ramènent. Chaque fois
« qu'elle passe et repasse, elle reçoit les coups de fusil du 9e.
« Incommodée par le feu de ce régiment, elle veut le charger pour
« s'en débarrasser, mais elle est arrêtée par les balles. Nos cuiras-
« siers viennent au secours du 9e, et en défilant devant lui
« crient « Vive le 9e ! », à quoi celui-ci répond « Vivent les cuiras-
« siers ! »

L'armée russe, couverte par son artillerie, se replie en ordre. Toutes les troupes qui avaient été engagées de part et d'autre avaient essuyé de grandes pertes et étaient accablées de lassitude. Plus de soixante-dix mille hommes avaient été tués et blessés de part et d'autre ; dans le nombre on comptait plus de quarante généraux. Le 2e corps de cavalerie avait vu successivement tomber les deux généraux qui le commandaient. Le régiment avait été relativement peu éprouvé. Dans les archives, on ne trouve qu'un homme tué, le cuirassier Bernard ; et deux officiers blessés, le capitaine Dessaignes et le lieutenant Beaslay.

Marche sur Moscou. — Les quatre corps de cavalerie, réunis sous le commandement du roi de Naples, sont lancés à la poursuite des Russes.

Le général Sébastiani a remplacé le général Caulaincourt à la tête du 2e corps.

Murat livre un combat d'arrière-garde le 9 à Mojaisk, et s'empare de cette ville ; le 10, il repousse la cavalerie russe de Krymskoié, à sept lieues de Mojaisk.

Le 11, la cavalerie prend un jour de repos.

Le 14, elle arrive en vue de Moscou, qu'elle occupe sans résistance, et le lendemain elle se porte à la poursuite de l'armée russe que l'on croyait sur la route de Riazan.

Poursuite de l'armée russe. — Murat passe la Moskowa le 22 septembre à gué, au village de Zazeria, il pousse devant lui les cosaques, puis reconnaissant que l'armée russe n'est pas dans cette direction, il se rabat sur Podolsk, en livrant de nombreux combats de peu d'importance. Les cosaques gênaient beaucoup les opérations de la cavalerie, en interceptant les courriers et les communications entre les différents corps. Aussi ne fut-il informé que le 26 septembre de la position de Kutusof près de Krasnaia-Gora sur la Pakra.

Le 27, il se trouve en présence de toute l'armée russe forte de

9

cent mille hommes, mais son infériorité numérique (vingt mille hommes dont huit mille de cavalerie) ne lui permettait pas d'attaquer.

Le 29, Kutusof se met en retraite, suivi par Murat, qui lui livre quelques combats d'arrière-garde, entre autres à Czirikowo et Winkowo.

Le 12 octobre, la cavalerie hors d'état de continuer ses marches, et éprouvant d'ailleurs les plus grandes difficultés à s'approvisionner, s'établit à Winkowo.

Combat de Winkowo, 18 octobre 1812. — Le 18 octobre, Kutusof surprend le roi de Naples, et l'attaque avec toutes ses forces. Murat dut à la rapidité de ses déterminations et à son intrépidité, de ne pas essuyer un désastre complet. Il perdit une grande partie de ses bagages, trente-six bouches à feu et une partie de sa cavalerie.

Le régiment eut dans ce combat huit hommes tués, le maréchal des logis Plée, le brigadier Dastor, les cuirassiers Badano, Barbarin, Bardet, Casdellino, Delaire, Pressey et Varet et cinq officiers blessés, les capitaines Grosselin et Tourette, le lieutenant Guerrin, les sous-lieutenants Dauphin et Bourzac.

Le sous-lieutenant Berlaimont fut fait prisonnier.

Murat se retire vers la Grande Armée, que Napoléon, à la nouvelle de cette attaque, avait portée sur la route de Kalouga.

Le 20 octobre, il se trouve avec la réserve de cavalerie derrière la Motscha.

Le 22, il est à Fominskoë.

Le 24, après la bataille de Malo-Iaroslawetz, l'Empereur se décide à remonter au nord, pour gagner Mojaisk, et se porter sur Smolensk. La retraite allait commencer.

Depuis longtemps déjà, les effectifs de la cavalerie s'épuisaient de plus en plus. Bien que des dépôts provisoires eussent été établis à Kowno, Lepel près de Witepeck, puis à Rouza près de Mojaisk, on n'avait pu combler les vides effrayants qui s'étaient produits.

La réserve de cavalerie comptait encore treize mille hommes le 2 septembre. Le 2ᵉ corps y compris la cavalerie légère du 3ᵉ corps qui lui était adjointe, comprenait le 20 septembre quatre mille deux cent soixante-trois hommes.

Dès le 29 septembre, l'Empereur avait ordonné de réunir en deux bataillons, environ deux mille hommes de cavalerie démontés. Ces bataillons mécontents de leur position ne rendirent que de très médiocres services.

A la date du 18 octobre, les quatre corps de cavalerie réunis ne présentaient plus qu'un effectif de cinq mille hommes.

Les fatigues, les privations, la rigueur de la température, allaient promptement achever la destruction complète de cette cavalerie, derniers débris des brillants régiments qui étaient entrés en Russie. Après le passage du Dnieper, il ne restait plus qu'une poignée de cavaliers ; après le passage de la Bérézina les quatre corps de cavalerie étaient entièrement détruits. La cavalerie de la garde seule conserva jusqu'au dernier moment un certain nombre d'hommes dans le rang.

Nous n'en devons pas moins indiquer les étapes de cette douloureuse retraite, puisqu'elles furent parcourues par nos malheureux cavaliers démontés. Tous ceux qui purent gagner les rives de l'Oder reprirent place dans le régiment réorganisé.

Le 27 octobre, la cavalerie arrive à Wereia. Elle marche sur Mojaisk, Gjatzk, et le 31 octobre s'établit au delà de Wiazma.

Le 5 novembre, elle est à Dorogobuj. La neige commence à tomber ; les chevaux ne sont pas ferrés à glace, et on perd la plus grande partie de ceux qui restaient. Les quatre corps de cavalerie sont réunis sous le commandement du général Latour-Maubourg.

Le 7 on passe le Dniéper, le 9 on arrive à Smolensk, le thermomètre descend à 17° au-dessous de zéro.

Le 15 novembre, le sous-lieutenant Mougeot est blessé à Kwydanow et fait prisonnier.

Le 17, l'Empereur attaque les Russes à Krasnoë. A cette date, le général Latour-Maubourg n'a plus sous ses ordres que quatre cents cavaliers. Le soir on couche à Liady. Depuis le 14 le temps s'était adouci, et le dégel avait commencé.

Le 20 novembre on arrive à Baranni, le 21 à Kokhanow, le 22 à Toloczin. L'Empereur apprend que les Russes viennent de s'emparer de Borisow.

Le 23 novembre, le gros de l'armée est à Bobr, le 24 à Lochnitza. A ce moment on enrégimente les officiers qui avaient encore conservé un cheval. On forma quatre compagnies de cent cinquante hommes, qui constituèrent un escadron placé sous le commandement du général Grouchy. Les généraux de division de France, Saint-Germain, Sébastiani, furent nommés capitaines de ces compagnies, dans lesquelles les colonels étaient sous-officiers.

Le 25, on se porte sur Borisow, qui venait d'être enlevé par Oudinot. Le sous-lieutenant Michel meurt de fatigues et de privations.

Le 26, on gagne Studianka. Les quatre corps de cavalerie ne figurent à cette date sur les situations que pour cent hommes. On commence l'établissement de ponts sur la Bérézina.

Le 27, l'Empereur passe la Bérézina et s'établit à Zawnicki.

Le 28, le passage continue, et le 29, les ponts sont brûlés. Le sous-lieutenant Martine tombe entre les mains de l'ennemi. L'armée gagne le 30 novembre Pleszenecitzy, le sous-lieutenant Monteil (Étienne) est fait prisonnier; 1ᵉʳ décembre Staik; 2 Schlitza, le sous-lieutenant Saint-Georges est fait prisonnier; 3 Malodeczno; 4 Benitza; 5 Smorgoni.

L'Empereur quitte l'armée laissant le commandement au roi de Naples.

Le 6, on arrive à Ozmiana, le thermomètre descend à 24° au dessous de zéro.

Le 7, à Mednicki, 26°.

Le 8, on est à Wilna.

Le 10 décembre, à Ewé. Les lieutenants Vacossin et Deleau, sont faits prisonniers.

Le 11, à Rhumszicki.

Le 12 décembre, à Kowno, le thermomètre atteint 30° au-dessous de zéro.

Le 13, à Schrance.

Le 14, à Wirballen.

Le 15 décembre le lieutenant Guérin, le 16, le sous-lieutenant Tournon sont faits prisonniers.

Le 19, on est à Kœnigsberg, où les débris de l'armée s'arrêtent enfin pendant quelques jours.

De la superbe cavalerie qui avait passé le Niémen, six mois avant, il ne restait que des hommes isolés, luttant depuis Moscou contre le froid, la faim et les fatigues de tous genres, et qui, chaque jour, avaient été harcelés par les cosaques.

Indépendamment des pertes éprouvées par le feu de l'ennemi, six officiers du régiment et cent trente et un hommes de troupe dans les mois d'octobre et de novembre, six cent un en décembre et en janvier, au total sept cent trente-deux, étaient tombés entre les mains de l'ennemi.

Le 3 janvier, on quitte Kœnigsberg pour se porter sur Elbing.

Le 12, on arrive à Posen où l'on séjourne.

Le 16 janvier, le roi de Naples abandonne l'armée, laissant le commandement au vice-roi d'Italie.

Campagne de 1813

Le 1er février, le commandant en chef rendait compte à l'Empereur, que l'infanterie était réduite à six mille quatre cents combattants. Quant à la cavalerie, elle n'existait pour ainsi dire plus. Mais Napoléon s'occupait de réunir une nouvelle armée, et il n'allait pas tarder à accourir, pour infliger de nouvelles et sanglantes défaites à ses ennemis.

Le général Sébastiani, est désigné pour réorganiser à Brunswick, la deuxième division de cuirassiers, qui doit comprendre les 1er et 2e carabiniers, les 1er, 5e, 8e, 10e cuirassiers, et dont le commandement sera confié au général Saint-Germain.

Le général Bourcier, commandant le dépôt général des remontes de l'Allemagne du Nord, reçoit l'ordre de réunir toutes les ressources qu'il pourra trouver dans le pays. Le général Lebrun, duc de Plaisance, est chargé d'organiser en France, les escadrons qui seront dirigés sur l'Allemagne.

Avant que ces renforts puissent être prêts à marcher, le prince Eugène arrivé sur la ligne de l'Oder est obligé de l'abandonner, en raison de la pénurie complète de cavalerie où se trouvait son armée.

Il se porte sur l'Elbe, et le 7 mars toute la Prusse était évacuée, à l'exception des places fortes.

Quand Napoléon accourt à la fin d'avril, à la tête de la nouvelle armée qu'il vient de lever, les débris de la Grande Armée ont dû encore reculer et se sont établis sur la Saale.

La jonction des deux armées françaises a lieu à Naumbourg.

Napoléon bat les alliés à Lutzen le 2 mai, et passe l'Elster.

Déjà la cavalerie commence à se réorganiser. Le 4 mai, le général Sébastiani se trouvait sur le bas Elbe avec quatre mille cavaliers, il reçoit l'ordre de se joindre aux troupes du duc de Bellune venues de la basse Saale, et à celles du général Régnier venues de Halle. Toutes ces forces, sous le commandement du maréchal Ney, doivent marcher sur Torgau.

Le 9 mai, Ney, n'ayant pu passer à Torgau occupé par les Saxons, reçoit l'ordre de passer à Wittemberg.

Le 15, à 9 heures du matin, le général Sébastiani débouche de Wittemberg et marche sur Lukau et Spremberg, après avoir fait une courte démonstration dans la direction de Berlin.

Le 17, le maréchal Ney rend compte à l'Empereur que ses troupes seront le 18 à Alt Döbern et Kalau, liées de manière à livrer bataille à Bautzen le 20.

Le 19 il est à Markendorf.

Le 21, Napoléon bat l'ennemi à Bautzen. La cavalerie devait tourner l'aile droite, mais elle ne put arriver à temps pour compléter la victoire. Ces escadrons à peine formés, laissaient encore à désirer. Le 27 mai le maréchal Macdonald qui marchait à l'avant-garde écrivait au major général après un engagement où il avait battu l'arrière-garde ennemie :

« C'est avec peine que j'annonce à votre Altesse, qu'il n'y a que les cuirassiers qui aient bien fait leur devoir. »

En un mois, Napoléon avait ramené son armée sur l'Oder, repoussant devant lui toutes les forces des alliés. Néanmoins, le 2 juin il écrivait de Neumarckt au ministre de la guerre : « Je vais « conclure un armistice ; cet armistice arrête le cours de mes vic- « toires, je m'y suis décidé pour deux raisons : mon défaut de cava- « lerie, qui m'empêche de frapper de grands coups, et la position « hostile de la Prusse. »

Armistice de Pleiswitz. — Le 4 juin, il signait l'armistice de Pleiswitz.

La réorganisation complète de l'armée fut dès lors poussée avec activité. Au commencement d'août, le 1er Cuirassiers constitué à deux escadrons, fait partie avec les 1er et 2e carabiniers, de la brigade d'Augéranville, 2e division de grosse cavalerie (général Saint-Germain), 2e corps de cavalerie (général Sébastiani). Ce corps était cantonné sur les bords de l'Oder, son quartier général était à Freystadt.

Vers la fin de l'armistice, la cavalerie avait complètement changé d'aspect. Elle était nombreuse et bien montée, les chevaux en bon état, les cavaliers instruits à les soigner et à s'en servir.

Pour la reprise des hostilités, le 2e corps de cavalerie est adjoint aux 6e et 11e corps d'armée qui, sous le commandement du maré-

chal Ney, étaient opposés à l'armée de Silésie commandée par Blücher.

Le 13 août, le prince de la Moskowa avec le 2e corps de cavalerie est entre Haynau et Liegnitz.

Le 15 août, Blücher, sans attendre la fin de l'armistice, attaque
le maréchal qui est obligé de se replier sur Bunzlau.

A cette nouvelle, Napoléon, espérant détruire l'armée de Silésie
avant que l'armée de Bohême pût entrer en action, se porte en
avant avec une partie de ses troupes.

Le 20 août, il est à Lambau, et fait reprendre l'offensive sur
toute la ligne du Bober.

Plusieurs combats s'engagent, auxquels prend part le régiment.
Blücher se dérobant recule jusque derrière la Katzbach.

Mais Napoléon est obligé de courir au secours de Gouvion
Saint-Cyr, il part avec Ney, pour livrer la bataille de Dresde,
laissant à Macdonald le commandement des corps de Lauriston,
Ney et Sébastiani, avec mission de rejeter Blücher au delà de
la Katzbach.

Tout présageait à Macdonald le plus heureux succès; mais il
semblait qu'on ne dût plus attendre que des catastrophes. Une
erreur avait été commise dans les ordres expédiés au maréchal
Ney, les corps de Souham et de Sébastiani firent un faux mouvement de Liebnitz sur Haynau, leur absence força Macdonald à
suspendre son mouvement le 24 et le 25; Blücher eut le temps de
refaire son armée et de relever son moral.

Bataille de la Katzbach, 26 août 1813. — Le 26 août, Macdonald attaque les Prussiens. Les pluies avaient grossi les cours
d'eau et détruit les chemins; la marche des troupes se trouve
retardée. Les différentes colonnes viennent se réunir dans un
ravin étroit, d'où il leur fallait se déployer sur le plateau situé
au delà. Blücher profite de cette situation pour attaquer l'armée
française avec une nombreuse artillerie, et lance sur elle dix mille
chevaux.

Le général Sébastiani charge cette cavalerie avec vigueur et la repousse, mais il est ramené à son tour, et ne peut résister longtemps à des forces triples des siennes. Toutes les troupes sont rejetées en désordre sur la Katzbach, et la retraite devient bientôt une déroute complète. Le sous-lieutenant Dehez fut blessé dans cette désastreuse journée.

Macdonald se retire vers l'Elbe.

Il écrivait le 2 septembre : « La cavalerie du 2e corps est bonne ; « elle a fait le 26 des choses que l'on aurait peine à attendre de « vieux cavaliers. »

La cavalerie de Sébastiani protège la retraite sur Bunzlau, où elle arrive le 28 après une marche des plus pénibles.

Le 31 août elle est à Lambau.

Le 2 septembre à Gorlitz.

Le 4 septembre, Napoléon qui venait de battre la coalition à Dresde (27 août) accourt avec sa garde, et fait reprendre le mouvement offensif.

Il se porte en avant avec la cavalerie, et rencontre sur le plateau de Reichenbach la cavalerie ennemie qui est facilement culbutée.

Blücher reconnaissant son terrible adversaire se dérobe de nouveau, mais l'Empereur ne peut songer à le poursuivre, il quitte Macdonald, et l'autorise à reculer jusqu'à Bautzen avec mission de contenir Blücher.

Le 12 septembre, on continue à battre en retraite.

Le 18, la cavalerie est à Pulsnitz. L'apparition de quinze escadrons ennemis oblige à reprendre le mouvement rétrograde ; on arrive à Fischbach. Le 24 septembre, l'armée française commence à repasser l'Elbe.

Par décret du 28 septembre, les sous-lieutenants de Perthuis et Omor sont nommés légionnaires.

Le 6 octobre, le corps Sébastiani est envoyé de Dresde à Messen, par la rive droite de l'Elbe.

Les alliés avaient à ce moment forcé le passage de l'Elbe à Wartenbourg et Roslau et se dirigeaient sur Leipsick. Napoléon réunissait ses forces à Düben.

Le 2ᵉ corps de cavalerie doit se diriger sur Wurzen.

Le 8, il arrive à Mockerchna.

Le 9, il rencontre à Probsthain les premières troupes de Sacken et les disperse, mais Blücher évite encore la rencontre décisive, et se retire le long de la Mulde. Napoléon le fait poursuivre ; le 2ᵉ corps de cavalerie est envoyé vers Wittemberg, où il doit passer l'Elbe au pont de Wartenbourg.

Le 10, il arrive à Tribitz.

Le 11, il reçoit l'ordre de suivre la rive droite, et d'aller attaquer la tête de pont de Roslau.

Le 12, il culbute les avant-postes de Thumen, chargé d'assiéger ce point ; il rejoint ce corps, lui fait éprouver des pertes sensibles à Pistnitz, à Klischen, à Coswig. Le 12, Sébastiani se porte sur Acken, et enlève quelques ouvrages commencés devant le pont.

Sur ces entrefaites, Napoléon apprend la défection de la Bavière qui va entraîner celle du Wurtemberg et du grand-duché de Bade. Il donne immédiatement l'ordre de concentrer les troupes autour de Leipsick.

Toute l'armée doit passer par le défilé de Duben, et Sébastiani en est à seize lieues. Ne pouvant passer l'Elbe à Roslau, il va passer à Wittemberg.

Le 14, il est à Guntheritz et Podelwitz.

Bataille de Leipsick, première journée, 16 octobre 1813. — Le 16, à la pointe du jour, il se dirige sur Stötteritz. Pendant la sanglante bataille qui va se livrer, et dans laquelle la cavalerie devait jouer un rôle considérable, il est placé à l'aile gauche, et il est mis à la disposition du maréchal Macdonald, qui avait pour mission de tourner l'aile droite des alliés par Seiffertshain. Pendant que la cavalerie enlève le Klomberg, Sébastiani pousse jusqu'à Seiffersthain : il rencontre la cavalerie du

corps Klenau et la brigade Luthen, soit quatorze escadrons autrichiens, plus six escadrons prussiens. Il se précipite
sur elle, la met en déroute et la poursuit vigoureusement.
Mais les brigades Wrangel et Mutius arrivent à ce moment,
elles s'ouvrent pour laisser passer les fuyards et chargent la
cavalerie française, qui se trouve en même temps attaquée sur
son flanc gauche par les cosaques de Platow arrivant de Pössna.
Sébastiani est contraint de s'arrêter et se replie sur le Kohnberg.

Cette intervention de la cavalerie alliée permit à Klenau de
rallier ses troupes sur Gross-Pössna. Dans cette journée, le sous-
lieutenant Clément avait été tué, et le sous-lieutenant Bourzac
avait été blessé d'un coup de sabre à la tête.

Le soir, le 2e corps de cavalerie vint coucher à Klein-Pössna.

Deuxième journée, 18 octobre 1813. — Le surlendemain
18, la bataille recommence. L'infanterie après avoir enlevé le matin
la position de Baalsdorf, est obligée de l'abandonner et les alliés
se portent sur Holzhausen. Le 2e corps de cavalerie pour les
arrêter, se lance sur la 12e division d'infanterie russe, mais il est
repoussé par les régiments de Smolensk et de Narva, et pour
suivi par la cavalerie de Klenau, qui le force à se retirer sur le
Steinber. Six escadrons de hussards, six escadrons de uhlans et
trois escadrons de landwehr, aux ordres du général major Krenz
et du général Tschaplitz, viennent l'y attaquer, ils sont chargés
par les cuirassiers près de Zweinanndorf, et après avoir été
ramenés ils sont canonnés par l'artillerie qui leur fait subir de
grandes pertes.

A deux heures la victoire semblait assurée, lorsque les troupes
saxonnes passèrent à l'ennemi.

La situation devenait des plus critiques. Le maréchal Ney
lance alors sur l'ennemi la cavalerie de la garde, et la fait soutenir
par les 2e et 5e corps de cavalerie.

Cette charge faillit enlever le général russe Benningsen, mais
elle échoua devant le feu des batteries ennemies ; sa retraite fut

inquiétée par la cavalerie russe de Tschaplitz. Un peu plus tard, les mêmes troupes chargent de nouveau pour retarder les progrès des alliés vers Zveinanndorf, mais toujours infructueusement, à cause de la supériorité de l'ennemi en artillerie.

Dans les charges de la journée, les cuirassiers Dessert et Parenteau avaient été tués. Le sous-lieutenant Humbert (Charles) avait reçu six blessures, le sous-lieutenant Paris avait eu la cuisse gauche emportée, tous deux furent faits prisonniers. Le capitaine Odiot fut blessé.

Retraite de l'armée française. — Lorsque la retraite est décidée, le corps de cavalerie de Sébastiani passe l'Elster sur le pont de Lindenau dans la nuit du 18 au 19, et prend la route de Lutzen.

Le 20 il est envoyé sur la route de Mersebourg à Freybourg, pour flanquer la marche de l'armée en retraite.

Le 21, il se met en marche à quatre heures du matin, pour passer la Saale à Kosen.

Le 22, il est à Eckartsberg.

Le 23, l'armée est concentrée à Erfurth.

L'Empereur s'occupe alors de la réorganiser, il fait de nombreuses promotions, et distribue des décorations.

Le général Nansouty est nommé commandant de la cavalerie, en remplacement de Murat qui vient de quitter l'armée.

Sébastiani est envoyé à Gotha, avec les divisions Berckeim, Exelmans et Saint-Germain, il chasse les cosaques de Gotha, et arrive le 24 à Eisenach.

En cinq jours, l'armée se porte d'Erfurth sur Hanau, le 2e corps de cavalerie est placé à l'avant-garde ; le 27, il est à Fulde, et de là, l'Empereur l'envoie avec les divisions Berckeim et Exelmans occuper la tête de la vallée de la Kinzig.

Le 29, on arrive sur cette rivière, la division Saint-Germain suit la rive droite, elle rencontre les avant-gardes ennemies à Gelnhausen, et les repousse.

L'armée bavaroise était établie sur la route de Hanau à Gelnhausen cherchant à nous barrer le passage.

Bataille de Hanau, 30 octobre 1813. — Le 30, Macdonald
soutenu par la cavalerie de Sébastiani attaque les avant-postes
de la 3e division bavaroise de Rückingen, vers huit heures du
matin, il les rejette au delà de la forêt, puis sur Hanau, mais il est
arrêté par l'artillerie bavaroise.

Vers trois heures, le général Drouot, sur l'ordre de Napoléon,
établit une batterie de cinquante pièces contre les positions
ennemies. Pendant que notre infanterie contient les Bavarois, la
cavalerie se forme en colonne de pelotons à l'abri des bois, à
droite de l'artillerie de Drouot, pour se précipiter sur les batteries
ennemies.

A ce moment, la cavalerie austro-bavaroise charge l'artillerie
de Drouot ; elle est accueillie par une décharge générale à cinquante ou soixante pas ; puis la cavalerie de la garde, les cuirassiers de Saint-Germain et la division Exelmans fondent sur
elle et la forcent à se replier.

La cavalerie française se forme aussitôt sur trois lignes. La
première comprenant quatre régiments de cuirassiers se porte
rapidement en avant et culbute le régiment de cuirassiers autrichiens de Lichtenstein, le régiment de dragons de Kneserich et
deux régiments de chevau-légers bavarois, conduits par le feld-
maréchal Spleny en personne.

Après avoir enfoncé ces quatre régiments, le général Nansouty
s'inspirant de la manœuvre qui avait si bien réussi à Kellermann
à Marengo, tourne à gauche et se précipite sur l'infanterie.

Quelques régiments de cavalerie alliés, qui avaient réussi à se
rallier, accourent au secours de l'infanterie, le régiment de
hussards Archiduc-Joseph réussit un instant à arrêter l'élan de
nos cavaliers, mais il est obligé de céder devant notre 2e ligne.
Nansouty aborde alors le centre de la position ennemie, sabre
les servants d'artillerie, achève la déroute de la cavalerie e

culbute les carrés qui la soutenaient. Des bataillons entiers sont acculés, et jetés dans la Kinzig.

L'artillerie avance au fur et à mesure des progrès de la cavalerie, et réduit au silence celle des alliés.

Pendant ce temps la division Saint-Germain continue à gagner du terrain ; elle allait enlever les batteries, et prendre à revers les débris des divisions Beckers et de la Motte, lorsque l'intervention des troupes de Tchernitchef et des partisans de Mensdorf vient arrêter ses progrès, et préserver l'armée bavaroise d'un désastre complet.

Sébastiani survenant avec le reste de la cavalerie dégage les divisions Nansouty et Saint-Germain, et oblige les cavaliers ennemis à quitter le champ de bataille.

Le général Saint-Germain fut un des héros de la journée. La majeure partie des croix de légionnaires fut donnée à ses régiments et à ceux de la garde.

Le 1er Cuirassiers qui avait pris une part si active à cette bataille avait perdu le capitaine Faure, les cuirassiers Cade et Dirn. Le colonel Clerc, le chef d'escadrons Maubert, les capitaines Tourette et Dauphin, le lieutenant Dehez, les sous-lieutenants Limozin et de Perthuis avaient été blessés.

La victoire de Hanau avait ouvert à l'armée la route de France ; et le 14 novembre on arrivait à Mayence.

Pendant que les corps d'armée vont se réorganiser sur la rive gauche du Rhin, la cavalerie est maintenue sur la rive droite pour rallier les traînards. Le 2e corps de cavalerie est dirigé sur Cologne, où se trouvaient les troupes du maréchal Macdonald.

Campagne de France 1814

Au commencement de l'année 1814, le 1er Cuirassiers se trouvait divisé en trois fractions.

L'une était à Hambourg avec le corps du maréchal Davout. Le dépôt était à Metz, où il venait d'être rejoint par les blessés et les malades revenant de l'armée. Les hommes encore valides et en état de figurer dans le rang étaient sur le Rhin. Il est indispensable d'exposer séparément les faits qui se rattachent à chacun de ces groupes.

Fraction du Régiment stationnée à Cologne

La portion du régiment encore valide représentait un effectif de neuf officiers et cent trente-six cavaliers montés, sous les ordres du commandant Dessaignes. Elle se trouvait à Eigen-Bilsen près de Cologne, et faisait partie du 3ᵉ régiment provisoire, commandé par le colonel Baillencourt, brigade Thiry, division Exelmans, sous les ordres supérieurs du maréchal Macdonald.

C'est ce détachement qui va prendre la plus grande part à cette pénible et glorieuse campagne.

Le maréchal Macdonald était chargé de tenir tête à l'armée de Silésie, qui débouchait par Coblentz et Mayence. Il bat en retraite devant les forces écrasantes des alliés, sur Mézières, l'Argonne et Châlons. Il arrive dans cette ville le 29 janvier, et y reçoit l'ordre de tenir sur la Marne, pour flanquer la gauche de l'Empereur qui allait livrer les batailles de Brienne et de la Rothière.

Combat de la Chaussée, 3 février 1814. — Il prend position en avant de Châlons sur la route de Vitry, et pour favoriser le passage du grand parc d'artillerie, livre le 3 février un combat près du village de la Chaussée. Le cuirassier Lemaire fut tué dans cette affaire et le capitaine Dauphin fut blessé d'un coup de biscaïen à l'épaule droite. Le lendemain, le régiment est chargé de couvrir la marche du convoi. Les cuirassiers Dosabris et Ferize sont tués.

Le maréchal se retire le long de la Marne, suivi de près par l'armée de Silésie, et arrive le 8 à Château-Thierry.

Après sa défaite à la Rothière, Napoléon s'arrête à Nogent et réorganise la cavalerie.

Le 2ᵉ corps de cavalerie, sous les ordres du général Saint-Germain, doit se réunir à Meaux.

Le 1ᵉʳ Cuirassiers, avec des détachements des 5ᵉ, 8ᵉ et 10ᵉ cuirassiers, des 1ᵉʳ et 2ᵉ carabiniers, forme une division de grosse cavalerie, sous les ordres du général Delort, le régiment fait partie de la brigade Blancart. Le général Saint-Germain, arrivé de Compiègne à Meaux le 7 février, réunit ainsi avec les débris du 2ᵉ corps de cavalerie, une colonne de douze cents cavaliers.

A peine organisé ce corps entre en action.

Le 10, l'Empereur avait battu les Prussiens à Champaubert. Pendant cette bataille il avait envoyé au maréchal Macdonald l'ordre de pousser en avant toutes les troupes disponibles. Le maréchal, occupé à Meaux à renforcer son corps d'armée, se contente de prescrire au général Saint-Germain de passer la Marne. Celui-ci retardé par la rupture du pont de Trilport ne peut arriver sur la rive gauche que le 10 dans la soirée. Il se porte sur la route de la Ferté-sous-Jouarre, et y rencontre quelques détachements ennemis, il s'empare de vingt dragons et hussards russes, deux capitaines et cinquante chevaux.

Il s'établit à Saint-Fiacre sur les hauteurs de Fublaines le 10 au soir.

Le 11 février, la brigade Blancart est placée sous les ordres du général Leval, qui doit avec sa division se diriger sur la Ferté-Gaucher, et de là se porter sur le point où il entendra le canon entre Vieux-Maisons et Montmirail, pour rejoindre l'Empereur et être à portée de recevoir des ordres. « Il est possible, lui écrit-on, « que l'Empereur ait besoin de vous pour détruire totalement « le corps de Sacken, qu'il compte rencontrer entre Vieux-Maisons « et la Ferté-sous-Jouarre. »

Les troupes du général Leval n'arrivent que le 12 à Vieux-Maisons ; la bataille de Montmirail avait lieu le 11.

Le 13, le général Saint-Germain se porte sur Montmirail, il est rejoint par la brigade Blancard.

Combat de Vauchamps, 14 février 1814. — Le 14, toute la cavalerie composée des divisions Doumerc, Bordesoulle et Saint-Germain, quatre mille cavaliers, sous les ordres du général Grouchy, prend une part brillante au combat de Vauchamps. Cette cavalerie était placée à gauche de la première ligne. Dès le début de l'action, elle reçoit l'ordre de tourner la droite de l'ennemi par Léchelle, Livry et Sarrechamps.

Blücher, apercevant ce mouvement, bat en retraite ; il forme son infanterie en carrés par bataillon, à cheval sur la route, resserrant son front le plus possible.

Vers une heure, il commence son mouvement qui s'effectue en bon ordre jusqu'à Jauvilliers ; mais la cavalerie qui a tourné les bois de Sarrechamps l'attaque de flanc ; cette charge poussée à fond rompt les lignes, enfonce les carrés, et les met dans le plus grand désordre ; deux bataillons posent les armes. Ney ordonne alors à Grouchy de continuer sa marche et de prévenir l'ennemi vers Stoger. Les carrés prussiens commençaient à se reformer en colonne de marche pour traverser la forêt d'Etoges, quand Grouchy qui était déjà à la lisière de la forêt s'élance sur eux. Plusieurs carrés sont de nouveau rompus. Blücher, le prince Auguste de Prusse, le général Kleitz et tout l'état-major sont entraînés par les fuyards dans le bois à droite de la route, ils ne doivent leur salut qu'à l'obscurité. Ney en effet, craignant que la cavalerie ne s'égarât dans les bois, fit sonner le ralliement. Blücher put arriver ainsi à Étoges, puis à Bergères à onze heures du soir. Le général Uruzof, commandant l'arrière-garde, avait été pris dans Étoges avec six cents hommes et huit canons.

Dans la nuit du 14 au 15, Napoléon est revenu à Montmirail ; il en repart pour se rendre à Meaux, puis sur l'Yères où l'armée de

10

Bohême a refoulé ses corps d'armée. Il laisse à Champaubert sa cavalerie trop fatiguée pour se remettre en marche.

Toutefois dans la journée du 15, le général Grouchy reçoit l'ordre de rejoindre l'Empereur avec la division Leval et la cavalerie Saint-Germain. « Écrivez au général Grouchy, au général « Saint-Germain et au général Leval, qu'il est indispensable « qu'ils s'arrangent pour être demain à midi à Meaux, et après- « demain 17, à la bataille qui se donnera du côté de Guignes. » Grouchy se porte sur Meaux. Mais le 18, il est rappelé sur Montmirail par le duc de Raguse, et revient à Vieux-Maisons où il apprend que l'ennemi a évacué sa position devant Montmirail. Sur l'ordre réitéré de l'Empereur, il se porte malgré les fatigues d'une marche de dix lieues, à travers des chemins épouvantables, sur la Ferté-Gaucher, et fait encore une marche de neuf lieues pour arriver à Croix-en-Brive et Châteaubleau, en arrière de Nangis, où il arrive le 20 au soir. Il y apprend la victoire de Montereau.

Une nouvelle organisation de la cavalerie, décidée par Napoléon le 19, ne change pas sensiblement la composition du 2e corps. Il comprend la division de cuirassiers du général Saint-Germain, auquel est donné le commandement du Corps, et la division de cavalerie légère du général Maurin.

Le 21, le général Saint-Germain reçoit l'ordre de se porter sur Nogent, pour couper la retraite de l'ennemi le long de la Seine. Il vient cantonner à Chalmaison, Gouaix, Everly, les Ormes, puis arrive à Nogent; l'ennemi a dépassé Nogent, et se porte sur Troyes.

Le 23 au soir, la cavalerie du 2e corps, adjointe aux troupes du général Gérard, arrive à Troyes. Elle va occuper le pont de la Guillotière, et pousse ses avant-postes jusqu'à Lusigny. L'ennemi continue à se retirer ; le duc de Reggio le poursuit sur Vandœuvre. La cavalerie qui fait l'avant-garde a un engagement à soutenir contre une forte arrière-garde de cavalerie alliée, à l'embranchement des routes de Bar-sur-Aube à Lemagny-Fouchard. A la suite de cette affaire, le cavalier Demay est décoré de la Légion d'honneur.

Le 26, le corps Saint-Germain est entre Bar-sur-Aube et Ailleville.

Napoléon quitte l'armée pour aller combattre Blücher qui s'est avancé jusque près de Meaux.

Combat de Bar-sur-Aube, 27 février 1814. — Le corps Saint-Germain reste aux ordres du duc de Reggio qui est attaqué le 27 par des forces supérieures, et rejeté sur la rive gauche de l'Aube, après le combat de Bar-sur-Aube, pendant lequel la cavalerie était restée inactive dans le ravin de Montier.

Le duc de Reggio bat en retraite sur Vandœuvre, et prend position le 28 février à Magny-Fouchard.

Le 1er mars, le prince de Schwarzenberg envoie des reconnaissances de cavalerie sur Val-Suzenay, Spoy et Magny-Fouchard; la division du général Saint-Germain leur livre quelques escarmouches.

Combats en avant de Troyes. — Le 2 mars, cette division est mise de nouveau sous les ordres du général Gérard chargé de défendre le pont de la Guillotière; elle a des avant-postes au pont de la Bourse et est établie à Ruvigny et Tennelière. L'ennemi attaque cette position le 3 mars. Le général russe Rœdinger, avec trois régiments de hussards et de cosaques, tourne la position par le village de Bouranton qui n'était pas occupé, pousse vers Tennelière et s'empare d'un parc. Au moment où il l'emmenait, le général Saint-Germain arrive avec sa division de cuirassiers et en deux charges vigoureuses, le rejette sur Bouranton; il ne put cependant empêcher les Russes de rester maîtres de quarante-cinq chevaux et cent prisonniers.

A trois heures de l'après-midi, a lieu vers Laubressel une attaque générale qui arrête le général Gortchakof.

Malgré des succès relatifs, le maréchal Macdonald, qui prend le commandement des troupes opérant sur la Marne et la Seine, ordonne la retraite sur Nogent.

Engagement à la Chapelle Saint-Luc. — Le 4, l'armée évacue Troyes. Vers le soir, la cavalerie qui fait l'arrière-garde est surprise par la cavalerie ennemie près de la Chapelle Saint-Luc. Il y eut un instant de désordre, mais l'infanterie fit bonne contenance, la cavalerie put se rallier, charger l'ennemi et continuer sa retraite en bon ordre.

Le 6, le maréchal Macdonald passe la Seine à Nogent, la division Saint-Germain est toujours à l'arrière-garde et occupe la Chapelle et Saint-Aubin ; elle fait quelques démonstrations contre la cavalerie ennemie.

Combat près de Sézanne, 12 mars 1814. — Le 7, elle passe la Seine, détruit le pont de Nogent et rejoint le maréchal qui a pris position devant Provins. L'armée du prince de Schwarzenberg reste immobile jusqu'au 11. Ce jour-là, elle passe la Seine à Pont-sur-Seine, occupe Sézanne, Montpothier, Villenauxe. Le général Saint-Germain est envoyé par Chalantré-la-Grande sur Villenauxe. A Montpothier il rencontre la cavalerie des généraux Rœdinger et Slowaisky, et l'attaque. Il est repoussé et rejeté sur les troupes du général Gérard. Le sous-lieutenant Limozin fut blessé de deux coups de pointe au côté droit, et d'un coup de feu qui lui enleva deux doigts.

L'effectif de la division Saint-Germain n'était à ce moment (10 mars) que de mille trente-quatre chevaux. Le commandant Dessaigne avait sous ses ordres neuf officiers, cent-cinq hommes, quatre-vingt-dix-neuf chevaux.

Le maréchal Macdonald, apprenant l'insuccès de Napoléon à Laon, se retire sur Melun.

Combat en avant de Provins. — Le 16 au matin, les alliés attaquent l'armée française. Le général Saint-Germain, toujours

à l'arrière-garde, occupe Mériot. Mais après avoir livré combat, le
maréchal, menacé d'être débordé, se replie et établit son armée à
cheval sur la route de Provins à Nangis pour couvrir cette dernière ville. La cavalerie prend position à la gauche, à Mortery.

La nouvelle de la victoire de Napoléon à Reims produit un
nouveau mouvement de retraite des alliés. Macdonald se reporte
en avant pour rejoindre l'Empereur, il arrive le 19 à Villenauxe,
le 20 à Saint-Saturnin et Boulages, pendant que Napoléon livre le
combat indécis d'Arcis-sur-Aube.

Le 21, le duc de Reggio à la tête du 7e corps de la division Leval
et du corps Saint-Germain, rejoint Napoléon. La cavalerie se
porte le soir sur Mailly, pour reconnaître l'ennemi. Mais Napoléon
renonçant à attaquer les forces très supérieures des alliés, se
décide à se porter sur la Haute-Marne et à manœuvrer sur leurs
communications. Il se porte d'Arcis sur Vitry par Sommepuis,
défilant ainsi en vue de l'ennemi, sans avoir à éprouver d'attaque
sérieuse.

Il arrive le 23 à Saint-Dizier.

Le 22, la division Saint-Germain avait participé en avant de
cette ville, au succès de la division de cavalerie Piré, qui surprit
des convois russes et prussiens et s'en empara.

Le 24, la division entre à Saint-Dizier.

Combat de Valcourt. — Le 26, elle s'établit à Perthes sur la
route de Vitry. Ce jour-là, Napoléon qui était entre Vassy et Saint-
Dizier apprend qu'un corps considérable de cavalerie ennemie, se
trouvait sur la route de Vitry. Il revient sur ses pas, décidé à
l'attaquer pour s'assurer si le gros de l'armée alliée l'avait suivi,
ou marchait sur Paris. Il passe la Marne aux gués de Haricourt
et Valcourt, et attaque le corps ennemi de Winzingerode posté
entre la Marne et Hallignicourt. La cavalerie du général Saint-
Germain prend part à ce combat en opérant sur les ailes de l'armée. Winzingerode est mis en déroute, Napoléon acquiert la cer-
titude qu'il n'a été suivi que par un corps isolé. Il se dirige de

nouveau sur Vassy, après avoir bivouaqué à Saint-Dizier. Le 28, le corps Saint-Germain passe le gué à Valcourt et marche sur Vassy. Il reçoit dans la journée l'ordre de se diriger sur Bar-le-Duc avec le maréchal Oudinot.

Mais le 29, Napoléon apprend le danger qui menace Paris, il rappelle toutes ses troupes et les dirige sur la capitale, où elles doivent arriver le 2 avril.

Le 30 mars, le corps Saint-Germain arrive à Troyes, et le 31 il repart dans la direction de Sens par Villeneuve-l'Archevêque, flanquant la droite de l'armée. Le 2 avril, il arrive à Cannes au sud de Montereau, où il reçoit l'ordre de s'arrêter.

Le 3 avril, il est rappelé sur Fontainebleau où l'Empereur passe la revue des cuirassiers dans la cour du Cheval-Blanc, puis il va rejoindre les 5e et 6e corps de cavalerie sur l'Ecole, à Saint-Germain et Soisy.

Mais les alliés étaient entrés à Paris le 1er avril, et Napoléon, après avoir conservé quelques jours l'espoir de rétablir sa fortune par une nouvelle bataille, était forcé d'abdiquer le 11 avril.

Fraction du régiment statio née à Metz.

Pendant que le commandant Dessaigne représentait si glorieusement le 1er Cuirassiers sur les champs de bataille, le dépôt stationné à Metz s'associait de son côté à cette immortelle campagne. A la fin de 1813, le colonel Clerc l'avait rejoint en ramenant les blessés, les malades, les convalescents, pour reconstituer son régiment ; l'effectif total placé sous ses ordres à cette époque se trouvait de quarante-trois officiers, cinq cent vingt-huit sous-officiers et cavaliers, trois cent-dix chevaux. Mais sur ce nombre bien peu étaient en état de combattre. Les effets d'habillement et d'équipement faisaient défaut ; d'après les demandes du colonel, il manquait trois cent vingt et un harnachements complets. Il était dû sur la solde, trois mois aux officiers et sept mois à la troupe.

Le 13 janvier, devant les menaces de l'invasion, le colonel reçoit l'ordre de partir immédiatement pour Amiens. Peu de temps après, il est envoyé à Versailles, où sont dirigés tous les dépôts de cavalerie ; et là, il s'occupe avec une infatigable activité, d'organiser des renforts qui sont envoyés à l'armée dès qu'ils sont prêts.

Le 16 février, il met en route pour Étampes deux officiers et quarante hommes montés ; ce détachement rejoint Meaux le 19, et est envoyé à Château-Thierry, pour y être placé sous les ordres du général Vincent.

Le 22, trois officiers et cinquante-huit cavaliers arrivent à Charenton ; ils sont incorporés dans les troupes du général Bordesoulle qui commande le 1er corps de cavalerie. Ces deux détachements accompagnent Napoléon dans sa marche sur l'Aisne, ils assistent aux combats contre Blücher sur l'Ourcq, aux batailles de Craonne 7 mars, Laon 9 et 10 mars, Reims 13 mars, la Fère-Champenoise 25 mars, où le cuirassier Baternay est blessé de quinze coups de lance.

Le 19 mars, le colonel Clerc quitte Versailles avec quatorze officiers, cent-vingt cavaliers, et arrive à la Ferté-sous-Jouarre, où il doit attendre des ordres. Il rejoint le duc de Raguse qui se retire sur Paris, et assiste ainsi que les précédents détachements à la bataille de Paris le 30 mars, sous les ordres du général Bordesoulle.

L'attaque de Paris par les alliés s'étend de Vincennes à Clichy. Le corps de cavalerie Bordesoulle et la division Chastel (ancienne division Vincent) sont placés entre Charonne et Montreuil, sous le commandement du duc de Raguse. Au début de la bataille, les Russes et les Autrichiens sont repoussés devant Montreuil et Belleville. Mais l'entrée en ligne de Blücher vers le Nord leur redonne l'avantage. Les Français sont refoulés et prennent position en arrière. La cavalerie des généraux Chastel et Bordesoulle s'établit dans le ravin de Charonne, couvrant Ménilmontant. Ces généraux essaient plusieurs charges contre les colonnes ennemies. Mais la nature du terrain ne se prête pas à des actions de cavalerie, et les efforts désespérés que l'on tente ne peuvent arrêter les masses considérables des alliés.

Dans les charges exécutées par le régiment, le lieutenant Nadal est blessé mortellement, il mourut le 14 mai. Le colonel Clerc et le capitaine Bourlon de Chevigné sont blessés.

La cavalerie est bientôt acculée aux barrières. A quatre heures de l'après-midi, une suspension d'armes est convenue pour les troupes combattant à l'extérieur de Paris.

Le 31, l'armée se met en route pour Fontainebleau.

Après la restauration des Bourbons, le 1er Cuirassiers est envoyé dans le centre de la France. Le 1er mai, il tient garnison à Bourbon-l'Archambault, il compte à cette époque vingt officiers et cent quarante-huit cavaliers. Le quartier-général de la division Saint-Germain est à Moulins.

Dans le courant de mai a lieu la réorganisation de l'armée.

Fraction du régiment stationnée à Hambourg

Après le départ du régiment pour la campagne de Russie, le dépôt était resté à Metz, où le régiment tenait garnison depuis le mois de mai 1810.

Au mois de février 1813, il était commandé par le plus ancien capitaine, M. le Harivel de Gonneville. Il se composait d'environ cinq cents recrues qu'il fallait habiller et instruire, et d'un petit nombre de chevaux hors d'état de faire campagne, mais pouvant servir à donner les premières leçons d'équitation. Tout ce qu'il y avait de meilleur et de plus instruit parmi les hommes du dépôt fut successivement envoyé à l'armée ; on leur donnait des chevaux à leur arrivée en Allemagne, et ils rejoignaient le régiment. Vers le mois de mai, un major sortant de la garde vint prendre le commandement. Quelques jours après, il reçut l'ordre de faire partir pour Hambourg, tout ce qui restait d'officiers et d'hommes disponibles. Le capitaine de Gonneville partit avec sept officiers, la plupart nommés récemment et sortant de la gendarmerie, sauf deux sous-lieutenants belges, MM. Van-den-Bergh et Kniff et des hommes dont l'instruction était loin d'être terminée ; les officiers seuls étaient montés. Le détachement se dirigea sur Cologne, s'embarqua sur le Rhin pour descendre jusqu'à Wesel, puis se porta de là sur Munster, Osnabruck, Brême et Hambourg. Là il fut réuni à trois autres détachements provenant des 2e, 3e et 4e cuirassiers, pour former le 15e régiment de cuirassiers. Ce régiment, n'ayant pas d'officier supérieur, fut au début commandé par M. le capitaine de Gonneville. Vers la fin d'octobre le colonel de Saint-Sauveur vint en prendre le commandement. Les communications avec la France furent définitivement interrompues au mois de novembre, et pendant sept mois le maréchal Davout fut bloqué dans Hambourg. Durant cette période les cuirassiers eurent avec les Russes des engagements peu sérieux, mais presque journaliers.

Le régiment fut particulièrement cité dans un rapport du maréchal Davout, en date du 17 février.

« D'après le rapport du général Wathier sur la sortie effectuée
« par la garnison de Hambourg sur l'île de Wilhemsbourg, et qui
« a été suivie d'une retraite, deux escadrons du 1er Cuirassiers qui
« se trouvaient dans l'île de Wilhemsbourg sont entrés dans le
« faubourg Saint-Georges, après avoir chargé vigoureusement
« et enfoncé l'ennemi qui s'opposait à leur retraite. Le rapport fait
« l'éloge du capitaine de Bouriès, du lieutenant Desrues [1], du

[1] Les noms de ces officiers ne figurent pas sur les états du ministère comme ayant appartenu au 1er Cuirassiers. D'ailleurs le régiment n'avait qu'un escadron à Hambourg, et le maréchal Davout signale deux escadrons comme s'étant distingués, il y en avait donc un d'un autre régiment.

« maréchal des logis Brune, du brigadier Alberties, et des cuiras-
« siers Guéroel, Lami, Brogaud. »

Le 29 avril, un ordre du jour du maréchal annonça la rentrée
des Bourbons. Une suspension d'armes fut conclue et le général
Gérard vint le 11 mai remplacer le maréchal Davout dans son
commandement, avec mission de ramener l'armée en France.

On forma trois colonnes qui partirent les 27, 29 et 31 mai.
Le 15e cuirassiers faisait partie de la première, placée sous le
commandement du général Guiton. Elle se dirigea sur Brême,
Osnabruck, Holerm, Darnstein, Wesel où elle passa le Rhin,
Venloo où elle passa la Meuse, puis Louvain, Gand et Lille. En
arrivant à Denain, le 15e cuirassiers reçut l'ordre de dislocation,
qui faisait rentrer les escadrons dans leurs régiments respectifs.
L'escadron du régiment sous le commandement de M. de Gonneville rejoignit la portion principale à Paris.

M. de Gonneville avait été nommé chef d'escadrons par le maréchal Davout pendant le siège de Hambourg, il fut confirmé dans
son grade et maintenu au régiment. Il le quitta peu de temps
après, pour aller prendre en Corse les fonctions de chef d'État-
major.

CUIRASSIERS DU ROI

L'ordonnance du 4 mai 1814, confia à une Commission de maréchaux et de généraux le travail de la reconstitution de l'armée.

La cavalerie devait comprendre cinquante-six régiments, dont douze de cuirassiers.

Dans l'infanterie et dans la cavalerie, les régiments portant les premiers numéros reçurent des dénominations honorifiques, rappelant les membres de la famille royale. Le 1er régiment de Cuirassiers, qui prenait le nom de cuirassiers du Roi, fut reconstitué à Paris. Par arrêté en date du 23 avril 1814, il avait été formé un régiment de troupes à cheval de chaque arme. Le régiment de cuirassiers provenant de cette formation, fut dans les premiers jours de mai amalgamé avec le 1er Cuirassiers, qui se trouva compter un nombre d'officiers bien supérieur à la constitution normale des cadres.

Le 11 mai, M. le colonel Baron de la Mothe-Guéry est désigné pour commander le régiment.

A la fin de juillet, la reconstitution des régiments est terminée, et le général comte Pajol prend le commandement d'une division dans la composition de laquelle entrent les cuirassiers du Roi.

Elle fait partie du corps d'armée du général comte Maison gouverneur de Paris, et comprend :

1re *brigade*, Baron Valin, maréchal de camp, commandant.
    1er régiment de cuirassiers.
    1er régiment de dragons.

2me *brigade,* Comte de Périgord, maréchal de camp, commandant.
    1er régiment de chasseurs.
    1er régiment de hussards.

Cette division portait le nom de division du Roi.

Le régiment était chargé avec le 1er de ligne, de la garde extérieure des résidences royales ; il portait comme marque distinctive les épaulettes et les aiguillettes blanches.

Le gouvernement des Bourbons voulant se rallier l'armée, s'empressa de distribuer des récompenses pour les faits de guerre qui venaient d'avoir lieu pendant la campagne de France. Par décret du 29 juillet 1814, le colonel fut nommé commandeur de la Légion d'honneur, le commandant Dessaigne fut nommé officier. L'adjudant-major Van-den-Bergh, les capitaines Clerc et Dehès, les sous-lieutenants Parès, Humbert et Catrin, l'adjudant Fossé, les maréchaux des logis chefs Caillot et Foncier, le maréchal des logis Paquier, furent nommés chevaliers. Par décret du 3 octobre, le lieutenant Ehret, le sous-lieutenant porte-étendard Bon et le brigadier Toublanc furent également nommés chevaliers.

Le régiment comptait à cette époque près de trois cents membres de la Légion d'honneur.

Le 20 janvier 1815, la division du général Pajol est dissoute. Le régiment quitte Paris pour aller occuper Blois, Vendôme et Montoire. Il arrive dans ses garnisons le 26 janvier.

Au moment de l'envahissement des Romagnes par le roi de Naples, on décrète l'organisation d'une armée d'observation ; le général Pajol doit prendre le commandement de la cavalerie de l'aile droite ; les cuirassiers du Roi en font partie, et se rendent à Orléans.

Sur ces entrefaites l'empereur Napoléon débarque en France. Louis XVIII pour l'arrêter dans sa marche sur Paris prescrit la formation d'une armée sur la Loire, sous le commandement du maréchal Gouvion Saint-Cyr.

Le maréchal rejoint de suite son quartier général à Orléans, il y arrive le 20 mars, et trouve les troupes à moitié soulevées. Il fait fermer les portes de la ville, abattre le drapeau tricolore et incarcérer le général Pajol comme auteur du mouvement.

Des officiers envoyés de Paris avaient pu pénétrer dans la ville, et avaient appris au 1er Cuirassiers l'arrivée de l'Empereur dans la capitale. Le régiment monte à cheval spontanément, attaque le siège des autorités, délivre son général, et met en fuite le général Saint-Cyr.

Le général Pajol prend alors le commandement et fait proclamer à Orléans et dans les environs le rétablissement de l'autorité impériale.

Le colonel de la Mothe-Guéry était resté étranger au mouvement de son régiment. Le ministre de la guerre écrivit au général Pajol, à la date du 25 mars : « Renvoyez à Paris le colonel du 1er Cuiras- « siers, celui du 46e régiment d'infanterie et les officiers sur les- « quels on ne pourrait pas compter. Je vous envoie deux colonels « pour les remplacer. J'envoie aussi près de vous le général Guiton « qui a commandé le 1er régiment de Cuirassiers. L'intention de « Sa Majesté est que vous fassiez témoigner sa satisfaction aux « hussards et aux cuirassiers du 1er régiment, qui ont forcé les « portes de la ville, pour venir le rejoindre et arborer la cocarde « tricolore... »

Le régiment était parti pour Paris, et le général Pajol écrivait le 26 mars au ministre de la guerre : « Le 1er régiment de Cuiras- « siers, que je n'ai pu rencontrer en route parce que je voyageais « la nuit, a dû arriver en partie à Paris : c'est un régiment

« superbe, et animé du meilleur esprit ; il a été induit en erreur
« par son chef et par quelques officiers : ceux-ci changés, Sa
« Majesté en sera contente... »

Le colonel qui était envoyé pour prendre le commandement,
était le baron Ordener qui était colonel depuis 1812. Il avait commandé le 7e cuirassiers, puis le 30e dragons et depuis le 20 juillet 1814, il était colonel à la suite de ce régiment.

L'armée est reconstituée comme elle l'était avant la Restauration
et le régiment quitte le nom de régiment du Roi.

1ᵉʳ RÉGIMENT DE CUIRASSIERS

Campagne de 1815

Dès le mois d'avril, les puissances coalisées se préparent à attaquer de nouveau Napoléon. — Neuf cent trente mille hommes appartenant à toutes les nations de l'Europe sont réunis contre la France. L'Empereur avec sa merveilleuse activité met sur pied en deux mois deux cent dix mille hommes, avec lesquels il compte prendre l'offensive, entrer en Belgique, et battre séparément chacune des armées de la coalition.

L'armée du Nord comporte cinq corps d'armée, plus la garde impériale, et la réserve de cavalerie commandée par le maréchal Grouchy. A la fin de mai, la composition de cette réserve de cava-

lerie est fixée ; elle comprend quatre corps, commandés le premier
par le général Pajol, le deuxième par le général Exelmans, le troisième par le général Kellerman, le quatrième par le général
Milhaud.

Le 1er Cuirassiers, fort de quatre escadrons, comptant quarante
et un officiers, quatre cent onze sous-officiers et cavaliers, fait partie
de la 1re brigade (général Dubois), 13e division de grosse cavalerie
(général Wathier Saint-Alphonse), 4e corps de cavalerie, qui se concentre au Cateau-Cambresis.

L'armée anglo-hollandaise de Wellington occupait l'espace
entre les routes de Bruxelles à Charleroi, et de Bruxelles à Gand ;
l'armée prussienne occupait Liège et Namur, ayant ses avant-
postes vers Charleroi et Fleurus, où elle se liait avec l'armée
anglaise. Napoléon prend aussitôt la résolution de se jeter entre
elles deux, et prescrit la concentration de son armée vis à vis
Charleroi, entre la Sambre et la Meuse.

Le 13 juin, le 4e corps de cavalerie reçoit l'ordre de se réunir à
Beaumont. Le même jour, il arrive à Solre-le-Château, les Fon-
taines et Beauvieux. Le 14, il poursuit sa route sur Beaumont et
Walcourt, et bivouaque près du 3e corps de cavalerie à la lisière
des bois de Gayole. Cette concentration s'était effectuée dans le
plus grand secret, et les Prussiens ignoraient la proximité de cette
armée qui allait fondre sur eux.

L'ordre de l'armée daté d'Avesnes, 13 juin, donnant les positions
des différents corps autour de Beaumont, prescrivait à chacun d'eux
de se tenir prêt à marcher le 15 à trois heures du matin. Le 14 au
soir, arrive l'ordre définitif. Le 15 juin au matin, toute l'armée
doit se mettre en mouvement.

Les 2e, 3e et 4e corps de cavalerie, sous la conduite du maréchal
Grouchy, doivent se diriger sur Charleroi par Yvé, en longeant
la route principale qui doit être laissée aux colonnes d'infanterie·
Le 4e corps de cavalerie quitte ses bivouacs à sept heures et demie
et arrive en vue de Charleroi à deux heures de l'après-midi. Le

maréchal Grouchy venait d'en chasser les avant-postes prussiens.
On bivouaque le 15 au soir près de Charleroi.

Un ordre du même jour plaçait le corps du général Milhaud,
avec le 3e corps (Vandamme), le 4e (Gérard), le 1er de Cavalerie
(Pajol) et le 2e de Cavalerie (Exelmans) sous les ordres supérieurs
du maréchal Grouchy, commandant l'aile droite de l'armée. Cette
aile devait marcher droit sur Fleurus, pour couper de suite les
communications entre l'armée prussienne et l'armée anglaise.

Bataille de Ligny, 16 juin 1815. — Le 16 au matin, le maréchal Grouchy se met en marche sur Sombreffe et Gembloux. La
cavalerie légère rencontre l'armée prussienne, en arrière du ruisseau de Ligny, établie de Saint-Amand à Fongrines, couvrant la
chaussée de Namur à Nivelles, et menaçant celle de Charleroi à
Namur.

Napoléon dirige de suite contre elle les 3e et 4e corps, en y ajou-
tant la garde et le corps de cavalerie du général Milhaud. A
onze heures, après avoir reconnu la position, il se décide à attaquer Blücher et prend ses dispositions de combat. Milhaud est
placé en réserve avec la garde, en arrière de Fleurus.

A deux heures et demie l'action s'engage. Les villages de Ligny
et de Saint-Amand sont bientôt le théâtre d'un combat acharné.
Les Prussiens défendent énergiquement le terrain. Mais vers le
soir, Blücher ayant porté à sa droite vers Saint-Amand la plus
grande partie de ses forces, Napoléon profite de cette faute, fait
avancer la garde et les cuirassiers de Milhaud, et leur fait passer
le ruisseau à l'est de Ligny. Il coupe ainsi l'armée ennemie en
deux. La cavalerie prussienne veut arrêter ce mouvement, elle est
écrasée par les cuirassiers de la division Delort appuyés par ceux
de la division Wathier. Blücher, accouru à Bry pour rallier ses
troupes, est entouré et renversé par les charges réitérées des cuirassiers de Milhaud, il ne dut son salut qu'à l'obscurité qui couvrait déjà le champ de bataille. L'armée prussienne vaincue bat en
retraite, nous abandonnant la route de Namur à Bruxelles, ligne

11

de communication des Anglais et des Prussiens. Le 16 au soir, le 1er Cuirassiers bivouaque avec l'armée sur le champ de bataille.

Combat de Genappe, 17 juin 1815. — Le 17 au matin, Napoléon confie au maréchal Grouchy le soin de poursuivre l'armée prussienne avec l'aile droite qui a combattu à Ligny ; puis avec le 2e corps, la garde et les cuirassiers du général Milhaud, il se porte sur les Quatre-Bras où le maréchal Ney avait livré la veille une bataille indécise. Il rallie les troupes de Ney, et se porte à la poursuite de l'armée anglaise qui se retirait sur Mont-Saint-Jean. Depuis le matin, une pluie torrentielle avait détrempé le terrain et défoncé les chemins. Toutes les troupes durent se porter sur la chaussée de Bruxelles, où il y eut bientôt un encombrement extraordinaire. De là un retard considérable dans la marche.

À cinq heures du soir, la colonne qui marchait dans l'ordre suivant: cavalerie légère, cuirassiers de Milhaud avec l'artillerie légère de la garde, puis les corps d'infanterie, rencontre près de Genappe, en arrière de la Dyle, l'arrière-garde anglaise, composée d'une division d'infanterie et d'une division de cavalerie. Napoléon la fait attaquer par l'artillerie de la garde et par la cavalerie légère, soutenues par les cuirassiers de Milhaud. Le général Uxbrige soutient brillamment l'attaque avec ses cavaliers, mais il est ramené. Le 7e hussards anglais qui avait voulu charger nos cuirassiers paya cher cette audace.

Après cette affaire, Napoléon suit l'armée anglaise jusqu'en vue de Mont-Saint-Jean, où Wellington avait pris position pour livrer une bataille décisive.

À six heures du soir, les cuirassiers de Milhaud se déploient sous la protection des batteries légères de la garde, pour reconnaître les positions ennemies, et forcer les Anglais à démasquer leur artillerie. Toutefois, l'heure étant avancée et le terrain très mauvais, on n'en vient pas au choc.

On bivouaque sur le champ de bataille du lendemain.

Bataille de Waterloo, 18 juin 1815. — Le 18 juin, à onze heures du matin, toute l'armée prend l'ordre de bataille dicté par Napoléon.

Le corps de cavalerie du général Milhaud est derrière le corps d'Erlon, sur deux lignes, la gauche à la chaussée de Charleroi, la droite vers Frichermont, le 1er Cuirassiers à la droite de la première ligne. A onze heures et demie le combat s'engage à notre aile gauche. A une heure et demie, Ney se lance à l'attaque de la Haie-Sainte, à la tête de la brigade Quiot du corps d'Erlon, disposée en colonne d'attaque sur la grande route. Cette brigade est appuyée par la brigade de cuirassiers Dubois qui a défilé derrière l'infanterie de d'Erlon et suit le mouvement en longeant la chaussée de Bruxelles. Ney s'empare des bâtiments extérieurs de la Haie-Sainte. Le prince d'Orange fait alors renforcer les défenseurs de la ferme par un bataillon hanovrien de Lunebourg. Ney laisse approcher les hanovriens, et lance sur eux la brigade Dubois. Les cuirassiers fondent sur le bataillon de Lunebourg, le renversent, le foulent aux pieds, lui enlèvent son drapeau et après avoir sabré une partie de ses hommes, poursuivent le reste jusque sur le plateau. A leur tour, les gardes à cheval de Somerset chargent les cuirassiers qui surpris en désordre sont obligés de revenir, mais Ney opposant un bataillon de Quiot aux gardes à cheval, les arrête par une vive fusillade.

Tout le corps d'Erlon se porte en avant, franchit le ravin, dépasse la Haie-Sainte à l'est, et poussant devant lui les Anglais et les Hanovriens arrive sur le plateau. A ce moment, le duc de Wellington lance sur notre infanterie les douze cents dragons écossais de Ponsomby, qui y jettent le désordre. Ils sont ramenés par la brigade Travers, du corps du général Milhaud, envoyée par Napoléon. Pendant ce temps, la brigade Dubois était restée près de la Haie-Sainte, soutenant les attaques de Ney. Vers quatre heures le maréchal se rend maître de la ferme. Les défenseurs sont sabrés dans leur retraite par les cuirassiers. Sur cinq cents, quarante à peine avec cinq officiers parviennent à s'échapper.

La légion allemande, placée le long du chemin d'Ohain, se porte sur la Haie-Sainte pour la reprendre. Ney lance contre elle les cuirassiers de la brigade Dubois. Les deux bataillons allemands se forment en carrés, mais les cuirassiers fondent sur eux avec impétuosité, entrent dans un des carrés, le sabrent, tuent le colonel et prennent un drapeau. L'autre résiste à deux charges consécutives, il allait être rompu, quand il est dégagé par les gardes à cheval de Somerset. Nos cuirassiers se replient, obligés de laisser échapper l'un des deux bataillons, mais ayant eu la cruelle satisfaction d'égorger l'autre presque en entier.

A ce moment, Ney voulant déboucher victorieusement sur la chaussée de Bruxelles demande de l'infanterie à l'Empereur. Napoléon déjà préoccupé par l'attaque des Prussiens de Bulow sur son flanc droit, lui répond qu'il ne peut en envoyer, mais il met à sa disposition les cuirassiers du général Milhaud.

Ceux-ci s'ébranlent au trot, parcourent le champ de bataille de droite à gauche, traversent la chaussée de Bruxelles et vont se placer derrière la brigade Dubois, dans le fond du ravin, au sud-ouest de la Haie-Sainte.

« Le mouvement de ces formidables cavaliers, comprenant « quatre brigades et huit régiments, causa une grande sensation, « tout le monde crut qu'ils allaient charger, et que dès lors le « moment suprême approchait. On les salua du cri de vive l'Em- « pereur ! auquel ils répondirent par les mêmes acclamations. Le « général Milhaud en passant devant Lefebvre-Desnoettes, qui « commandait la cavalerie légère de la garde, lui dit en lui ser- « rant la main : « Je vais attaquer, soutiens-moi. » — Lefebvre- « Desnoettes, dont l'ardeur n'avait pas besoin de nouveaux stimu- « lants, crut que c'était par ordre de l'Empereur qu'on lui disait « de soutenir les cuirassiers, et suivant le mouvement, il vint « prendre rang derrière eux. » (Thiers.)

Wellington faisait alors relever son infanterie déjà cruellement éprouvée. Son artillerie seule, soixante pièces de canon, était sur

le bord du plateau et offrait à un ennemi audacieux, un objet de
vive tentation.

« Tout bouillant encore du combat de la Haie-Sainte, con-
« fiant dans les cinq mille cavaliers qui venaient de lui arri-
« ver, et qui formaient quatre belles lignes de cavalerie,
« Ney n'était pas homme à se tenir tranquille sous les décharges
« de l'artillerie anglaise. S'étant aperçu que cette artillerie
« était sans appui, et que l'infanterie anglaise elle-même avait
« exécuté un mouvement rétrograde, il résolut d'enlever la
« rangée de canons qu'il avait devant lui, et se mettant à la tête
« de la division Delort, ordonnant à la division Wathier de le
« soutenir, il part au trot malgré le mauvais état du sol. Ne pou-
« vant déboucher par la chaussée de Bruxelles qui était obstruée,
« gêné par l'encaissement du chemin d'Ohain très profond à cet
« endroit, il prit un peu à gauche, franchit le bord du plateau avec
« ses quatre régiments, et fondit comme l'éclair sur l'artillerie qui
« était peu défendue.

« Après avoir dépassé la ligne des canons, voyant l'infanterie
« de la division Alten qui semblait rétrograder, il jeta sur elle ses
« cuirassiers. Ces braves cavaliers, malgré la grêle de balles qui
« pleuvait sur eux, tombèrent à bride abattue sur les carrés de
« la division Alten et en renversèrent plusieurs qu'ils se mirent à
« sabrer avec fureur. Cependant quelques-uns de ces carrés,
« enfoncés d'abord par le poids des hommes et des chevaux, mais
« se refermant en toute hâte sur nos cavaliers démontés, eurent
« bientôt réparé leurs brèches. D'autres restés intacts continuent
« à faire un feu meurtrier. Ney voyant cette résistance lance sa
« 2e division, celle de Wathier, et sous cet effort violent de quatre
« nouveaux régiments de cuirassiers, la division Alten est cul-
« butée sur la deuxième ligne de l'infanterie anglaise. Plusieurs
« bataillons des légions allemandes et hanovriennes sont enfoncés,
« foulés au pied, sabrés, privés de leurs drapeaux. Nos cuirassiers
« qui étaient les plus vieux soldats de l'armée assouvissent leur
« rage en tuant les Anglais sans miséricorde. » (Thiers.)

Le colonel Ordener en chargeant à la tête du régiment avait eu son cheval tué. Tombé blessé au pied du talus, il se relève, frappe encore, et parvient à sortir du chemin formant fossé, en saisissant la queue du cheval de l'un de ses cuirassiers.

Le duc de Wellington lance contre notre cavalerie la brigade des gardes à cheval de Somerset, les carabiniers hollandais de Trip et les dragons de Darnberg qu'il a fait passer à travers les intervalles de son infanterie. Ces escadrons anglais et allemands, profitant du désordre de nos cavaliers, parviennent à les repousser, mais Lefebvre-Desnoettes, avec la cavalerie légère de la garde, les culbute à leur tour. Il s'engage alors un combat acharné entre la cavalerie anglaise, la cavalerie Lefebvre-Desnoettes et les cuirassiers de Milhaud, qui reviennent à la charge après s'être ralliés. La cavalerie anglaise se réfugie enfin derrière son infanterie.

Ney qui a juré d'enfoncer l'armée anglaise demande à Napoléon les cuirassiers de Kellermann. Napoléon, tout en trouvant le mouvement de Ney prématuré, les lui livre. Le maréchal s'empare des trois mille cavaliers du duc de Valmy, débouche avec eux sur le plateau, fond sur l'infanterie anglaise, disperse les débris de la première ligne, mais il rencontre sur la deuxième une résistance invincible. La cavalerie anglaise fait de vains efforts pour repousser cet ouragan.

La grosse cavalerie de la garde accourt et Ney lance encore ces deux mille cavaliers contre la muraille d'airain qu'il veut abattre. La cavalerie de la garde, non cuirassée, fait de grosses pertes sous le feu de la mousqueterie. Ney lance alors de nouveau les cuirassiers de Milhaud qui venaient de se reposer quelques instants, et opère ainsi une charge continue au moyen de nos escadrons qui après avoir chargé, vont au galop se reformer en arrière, pour charger encore.

Au milieu de cet acharnement, Ney va à la brigade de carabiniers que Kellerman avait gardée en réserve, s'en empare malgré le duc de Valmy et la jette sur l'ennemi. Ce nouveau choc ouvre de nouvelles brèches dans la deuxième ligne anglaise, renverse plusieurs carrés, la rejette sur la troisième ligne, mais ne peut ébranler celle-ci.

« Ney s'obstine et ramène jusqu'à onze fois ses dix mille cava- « liers au combat, tuant toujours sans pouvoir venir à bout de « la constance d'une infanterie, qui renversée un moment se « relève, se reforme et tire encore. »

Enfin il envoie vers Napoléon pour lui demander de l'infanterie. L'Empereur aux prises à la droite avec l'armée prussienne tout entière, ne dispose déjà plus d'aucune réserve, il fait répondre au maréchal qu'il doit à tout prix rester sur le plateau, qu'il sera secouru, s'il peut s'y maintenir une heure.

« Ney rallie ses cavaliers sur le bord du plateau, et alors un « étrange phénomène de lassitude se produisit. Pendant une « heure, les combattants épuisés cessent de s'attaquer. Les Anglais « tirent à peine quelques coups de canon avec les débris de leur « artillerie, et de leur côté nos cavaliers ayant derrière eux « soixante pièces de canon conquises et six drapeaux demeurent « inébranlables, ayant des milliers de cadavres sous leurs « pieds. »

Cependant, à la droite, l'armée prussienne faisait des progrès. Elle s'était emparée de Papelotte et marchait sur Planchenois. Grouchy ne paraissait pas. Ney tente en vain un dernier assaut contre Mont-Saint-Jean avec la garde. La cavalerie jusque-là immobile se voit tourner et se retire. Dès lors la retraite devient générale et se transforme bientôt dans l'obscurité en une déroute que ne put empêcher le dévouement des bataillons de la garde formés en carrés.

Le 1er Cuirassiers avait laissé sur le plateau de Mont-Saint-Jean trois officiers tués, le capitaine Poinsot, les lieutenants Ehret et Béaslay et cent dix-sept cavaliers tués ou disparus. Sur les documents officiels, nous n'avons pu recueillir que quatorze noms pour les hommes de troupe tombés sur le champ de bataille. Ce sont les nommés Boulliane, Bourguignon, Dijeans, Dulin, Gauthier,

Gayot, Gressier, Huffetier, Laquernoy, Marteau, Poutien, Rodet, Schrœder, Thouron.

Le colonel Ordener était atteint d'un coup de feu au cou ; le lieutenant Bernard avait reçu quatre blessures. Le capitaine Berville, les sous-lieutenants Bacheley et Nénot avaient été faits prisonniers.

Après le désastre de Waterloo, les débris de la Grande Armée, poursuivis par la cavalerie prussienne, s'écoulent sur Charleroi, Beaumont et Laon. Le ralliement du 4e corps de cavalerie fut assigné à Reims. Le 25, il est rejoint sur ce point par le corps d'armée du maréchal Grouchy, et le 26 il continue sa retraite sur Paris. Il arrive le même jour à Souchery, le lendemain à Soissons. Il reçoit l'ordre de se porter sur Senlis, et le 27 au matin il marche sous les ordres du général d'Erlon contre les Prussiens, qui avaient devancé l'armée française sur ce point. Mais rencontrant des forces supérieures, d'Erlon est obligé de se retirer sur Borest, et de là il continue sa retraite sur Dammartin, le Bourget et Paris.

Le 29 juin, toute l'armée est réunie sous Paris ; le 30, le 4e corps de cavalerie s'établit à Neuilly.

L'Empereur Napoléon avait été contraint le 22 juin d'abdiquer une deuxième fois. Le gouvernement provisoire renonce à défendre la capitale ; et malgré quelques combats glorieux, un armistice est conclu le 3 juillet, qui rendait Paris aux alliés, et ordonnait la retraite de l'armée au delà de la Loire.

Le 5 juillet, l'armée commence à se retirer. Le 4e corps de cavalerie doit aller occuper le pays compris entre le Cher et l'Indre. Pendant la marche, la destination fut un peu modifiée, et le 13 le général Milhaud vint établir ses troupes près de Bourbon-l'Archambault.

Le 20 novembre, la paix était signée à Paris, fermant tristement la glorieuse période, pendant laquelle le 1er Cuirassiers s'était tant de fois distingué.

CUIRASSIERS DE LA REINE

Lors du retour de l'île d'Elbe, le Roi Louis XVIII, avant de quitter le sol français, avait rendu une ordonnance datée de Lille du 23 mars 1815 par laquelle il destituait tous les officiers généraux, ou chefs de corps qui « adhéreraient au parti de Napoléon « Bonaparte » et licenciait « tous les officiers et soldats des corps « qui, entraînés par leurs chefs, auraient participé à la révolte. »

Après Waterloo et pendant que les débris redoutables encore des armées du Nord se dirigeaient vers la Loire, une ordonnance royale en date du 16 juillet jeta les bases d'une nouvelle armée, elle débutait ainsi :

« Considérant qu'il est urgent d'organiser une nouvelle armée ; « attendu que d'après notre ordonnance du 23 mars, celle qui « existait se trouve licenciée, etc. »

Le 1er août toutes les nominations faites pendant les Cent-Jours furent annulées.

Le 30 août, parut l'ordonnance qui donnait les détails relatifs au licenciement et à la réorganisation des troupes de cavalerie.

Le nombre des régiments était fixé à quarante-sept, dont six de cuirassiers. Chaque régiment devait comprendre quatre escadrons ; la division en compagnies était supprimée.

Douze inspecteurs généraux furent désignés pour opérer le

licenciement des régiments ; tout le personnel devait être dispersé et les chevaux remis aux autorités civiles.

« La suppression des anciens régiments était ainsi effectuée
« d'une manière absolue ; et la cavalerie, dont les traditions
« militaires se trouvaient alors les plus anciennes, est l'arme
« dont les éléments furent dispersés avec le plus de soin, comme
« si l'on avait redouté la vitalité particulière de son esprit de
« corps. Quatre régiments seulement échappèrent à cette pros-
« cription ; les chasseurs de Marie-Thérèse, d'Angoulême et du
« Gard, qui sont aujourd'hui les 4e, 5e et 12e chasseurs, et les
« carabiniers, le 11e cuirassiers actuel. Les trois premiers régi-
« ments étaient conservés parce qu'ils avaient servi la cause
« royale pendant les Cent-Jours ; le quatrième dut l'exception
« faite en sa faveur, à sa composition spéciale en hommes et en
« chevaux, et aussi à la haute protection de son nouveau chef,
« Monsieur, frère du Roi.

« A part donc ces quatre exceptions, aucun des régiments de
« cavalerie actuels ne serait à proprement parler, le descen-
« dant de ces vieux régiments sacrifiés en 1815 ; mais cette date
« de 1815, doit être considérée comme la coupure et le raccord
« des deux parties, dont se compose l'histoire de tous les régiments
« de cavalerie ; là, s'intercale l'anneau reforgé aussitôt que brisé,
« qui réunit les deux parties de la chaîne des traditions régimen-
« taires de la cavalerie française. Rien assurément n'est plus
« légitime et plus naturel pour nos régiments d'aujourd'hui,
« que de prendre pour parrains les glorieux corps de troupe, dont
« à leur propre création, ils ont relevé la bannière et fait revivre
« le numéro. C'est ainsi que le 1er Cuirassiers actuel peut et doit
« se dire le successeur et le représentant direct de ce 1er Cuirassiers
« de brillante mémoire, l'ancien Colonel-Général de la cavalerie,
« licencié par la même ordonnance qui l'a créé lui-même. »
(Général Vanson).

Le 1er régiment de Cuirassiers fut licencié à Loches.

D'après le général Suzanne, ses débris furent versés dans les deux régiments de cuirassiers de la Garde Royale, et son fond est entré dans la composition du 4e cuirassiers actuel.

Immédiatement après le licenciement des anciens corps, on devait procéder à l'organisation des nouveaux.

Le 27 septembre 1815, M. le colonel comte de Béthune fut désigné pour former à Amiens et commander le 1er régiment de Cuirassiers, qui devait prendre le nom de Cuirassiers de la Reine. Le comte de Béthune, émigré pendant la Révolution, était rentré en France à la première Restauration ; il avait été nommé colonel le 1er mars 1815, et pendant les Cent-Jours il était allé à Gand avec le Roi.

D'après M. le général Suzanne, le 1er Cuirassiers aurait été reformé avec les éléments provenant des anciens 4e et 10e cuirassiers ; cette règle a pu être observée pour les hommes de troupe, mais elle ne l'a pas été pour les officiers. Le registre matricule des officiers du régiment en 1816 figure encore dans les archives du corps, et il permet de constater que sur trente-neuf officiers, onze seulement provenaient de l'ancienne armée impériale ; tous sortaient de régiments différents, et aucun d'eux n'avait servi au 4e ou au 10e cuirassiers. Un seul officier, M. le capitaine Bourlon de Chevigné avait toujours appartenu au 1er Cuirassiers. Probablement dut-il la faveur toute exceptionnelle d'être maintenu dans son ancien corps, à sa position d'aide de camp du maréchal duc de Conegliano, qu'il occupa du 15 février 1815 au 7 janvier 1816. Cet officier quitta le régiment le 12 novembre 1816, pour passer dans les lanciers de la garde.

Le régiment fut définitivement organisé le 24 août 1816.

Le 28 août, il se rend à Compiègne pour y recevoir son étendard, qui lui est remis par S. A. R. Madame la duchesse d'Angoulême.

En 1819, il quitte Amiens pour aller tenir garnison à Dijon.

Le 8 août 1820, M. le baron de la Tour-Foissac, lieutenant-colonel du 2e cuirassiers de la garde royale est nommé colonel du régiment en remplacement de M. le colonel comte de Béthune, mis sur sa demande, en non activité sans traitement.

En 1823, le régiment est envoyé à Toul, en 1824 à Sedan.

Par décret du 12 mars 1824, le baron de Morell, lieutenant-colonel du 3e chasseurs, passe au régiment en remplacement de M. le chevalier de Chelers.

En 1825, le régiment se rend à Nancy. Cette même année le nombre des régiments de cuirassiers est porté de six à dix, par la formation des 7e, 8e, 9e et 10e cuirassiers.

Le 23 mai 1825, M. de Sainte-Marie, lieutenant-colonel du 2e cuirassiers de la garde royale, est nommé colonel du régiment en remplacement de M. le colonel baron de la Tour-Foissac, admis au traitement de réforme.

En 1826, les Cuirassiers de la Reine vont tenir garnison à Joigny. Le 31 décembre 1826, M. le lieutenant-colonel de Morell est nommé commandant en second de l'École de cavalerie, et remplacé par M. le vicomte de Bougainville.

Le 15 octobre 1827, le régiment part pour Vendôme où il arrive le 23 octobre ; les 1er, 2e et 3e escadrons sont successivement détachés à Montoire pendant deux mois.

Le 21 avril 1828, le régiment sous le commandement du lieutenant-colonel de Bougainville se rend à Tours où il arrive le 22.

Par décret du 6 juin 1830, le lieutenant-colonel de Bougainville est nommé colonel du 3e dragons, et remplacé par M. de la Bachellerie.

Le 4 juin, le général commandant la 2e division militaire donne l'ordre au colonel de faire monter le régiment à cheval, et d'aller prendre des instructions auprès du chef d'état-major dès qu'il sera prêt à partir. L'ordre qui fut donné au colonel, et qui devait rester secret, prescrivait de se rendre à Angers, où le gouvernement redoutait une manifestation en faveur de MM. Guilhem et de La Blanchaye, signataires de l'adresse des deux cent vingt et un.

Le régiment se met en route à six heures du soir, ignorant le but et le terme de son voyage. Le major, le capitaine-instructeur, le capitaine-trésorier et quelques hommes de chaque escadron, restent seuls à la garnison.

On arrive à Langeais le soir à onze heures.

Le lendemain, la colonne traverse la Chapelle-Blanche (gîte d'étape) sans s'y arrêter, et vient coucher à Saumur.

Le jour suivant, les deux premiers escadrons s'arrêtent aux Rosiers, et les deux derniers sous les ordres du commandant Chompré vont jusqu'à Saint-Mathurin.

Le 7 juin, le régiment arrive à Angers.

L'ordre n'ayant pas été troublé, les trois premiers escadrons rentrent à Tours. Le 4e escadron reste à Angers, et est relevé un mois après par le 1er.

Lorsqu'éclate la révolution de Juillet, le colonel est envoyé à Angers avec le 2e escadron.

Il rentre à la garnison dans les premiers jours d'août, avec les 1er et 2e escadrons.

La chute des Bourbons entraîna de nombreuses modifications dans les cadres de l'armée. Une grande partie des officiers qui avaient été nommés au licenciement de l'armée impériale quittèrent le service, et beaucoup de ceux qui étaient en demi-solde depuis 1816 furent replacés. Au 1er Cuirassiers, le colonel de Sainte-Marie, les capitaines de la Fontaine-Solare, de Muissard, de Quiqueran-Beaujeu, le Bouteiller, de Courvol, de Goyon, le lieutenant Geoffroy donnèrent leur démission ou furent admis au traitement de réforme, sur leur demande ou d'office.

Le colonel comte Ordener, qui pendant les Cent-Jours avait déjà été à la tête du régiment, en reprit le commandement par décret du 5 août. Les capitaines Carel, Senepart et Brice, le lieutenant Nepoty qui étaient titulaires de leur grade depuis 1812 et 1813 furent replacés au régiment, ainsi que plusieurs lieutenants et sous-lieutenants provenant des grenadiers à cheval, et des cuirassiers de la garde royale licenciée. Cinq sous-officiers du régiment furent nommés sous-lieutenants.

Les désignations qui sous le gouvernement des Bourbons avaient été données aux régiments furent supprimées, et le régiment quitta le titre de Cuirassiers de la Reine, pour reprendre celui de 1er Cuirassiers qu'il a conservé depuis cette époque.

1er RÉGIMENT DE CUIRASSIERS

1830. — Le 5 septembre le régiment est envoyé à Vendôme dans la garnison qu'il occupait deux ans avant. Il arrive dans cette ville le 6 septembre, et pendant son séjour il détache deux escadrons, l'un à Blois, l'autre à Montoire.

Le 15 décembre, les 5e et 6e escadrons rentrent à Vendôme pour rejoindre le régiment qui doit se rendre à Meaux. Le départ s'effectue en deux colonnes :

La première sous le commandement du colonel, comprenant l'état-major et les trois premiers escadrons, se met en route le 18 décembre.

La deuxième sous le commandement de M. Barbeyrac de Saint-Maurice, chef d'escadrons, comprenant les trois derniers escadrons, se met en route le 19.

Les deux colonnes font étape successivement à Cloye, Bonneval et Chartres où elles arrivent les 20 et 21 décembre. La première séjourne à Chartres le 21 et se dirige le 22 sur Maintenon. Une heure après son arrivée, le colonel reçoit de M. le général commandant la 4e subdivision de la 1re division militaire, l'ordre de faire monter à cheval et d'aller coucher à Rambouillet. La deuxième colonne, qui devait séjourner ce jour-là à Chartres, reçoit l'ordre d'aller rejoindre le colonel à Rambouillet. Ces modifications étaient motivées par l'agitation qui se manifestait à Paris. Depuis plusieurs jours des attroupements se formaient devant les ministères et sur les places de Grève et du Palais-Royal.

Le 23, le régiment arrive à Versailles, il y est retenu jusqu'au 27, en prévision des troubles que l'on redoute dans la capitale.

Le 28, les escadrons se remettent en route et viennent coucher à Saint-Denis, La Chapelle, La Villette, Pantin et Bondy ; le 29, ils sont à Cloye et le 30 ils arrivent à Meaux.

1831. — L'ordonnance du 19 février règle la nouvelle composition de la cavalerie qui doit comprendre cinquante régiments dont dix de cuirassiers.

Les 9 et 10 mars le régiment part en deux colonnes pour se rendre à Versailles où il arrive les 11 et 12 mars.

La première colonne comprend les trois derniers escadrons sous le commandement de M. de la Bachellerie, lieutenant-colonel; la deuxième, l'état-major et les trois premiers escadrons sous le commandement du colonel.

Le 27 mars, le régiment se rend à la grande revue passée au Champ-de-Mars par le Roi, à l'occasion de la distribution des drapeaux, et à laquelle assistent des députations d'officiers et d'hommes de troupe de tous les régiments. Le colonel y reçoit le nouvel étendard.

Le 2 avril, M. le colonel comte Ordener est nommé maréchal de camp.

Les 10 et 12 avril, le régiment part pour Lille en deux colonnes : première colonne, les trois premiers escadrons sous le commandement de M. Chompré, chef d'escadrons ; deuxième colonne, l'état-major et les trois derniers escadrons sous le commandement de M. de la Bachellerie, lieutenant-colonel.

Les colonnes arrivent à destination les 19 et 21 avril.

Le 14 avril, M. Fauvart-Bastoul est nommé colonel au régiment.

Un détachement est envoyé le 1er mai pour porter secours dans

un incendie considérable, qui s'est déclaré dans la commune de
Vazennes, près Lille. Le brigadier Thévenot, les cuirassiers
Destré, Fritzenger, Brunellière, Bigot, Simonnet et Cotard sont
cités à l'ordre comme s'étant particulièrement distingués. Le
cuirassier Cotard avait eu le bras fracturé.

Campagne de Belgique. — Au mois d'août, le gouvernement
ayant décidé de porter secours au Roi des Belges attaqué par la
Hollande réunit une armée de cinquante mille hommes, dont le
commandement est confié au maréchal Gérard. Le 1er Cuirassiers
fait partie de la division de cavalerie de réserve, commandée par
le général Guitel Saint-Alphonse et est attaché à la première
brigade (général Vilatte). Il quitte Lille le 10 août pour se rendre
à Tournay, le 11 il est à Ath et le 12 à Nivelles. Le 13 il vient
s'établir au delà de Wavre, sur la route de Louvain (état-major au
château de Laurent-Sart, chez M. le comte de Baillet ; 1er escadron
à Harchennes, 2e et 3e à Grez, 4e à Ottenbourg). Le 14 les escadrons restent dans ces cantonnements, et le 15, ils viennent
s'établir à Pellaines, à deux lieues de Jodaigne, où se trouvait
placé le quartier général. Le 16, l'état-major et les deux premiers
escadrons restent à Pellaines, les 3e et 4e viennent occuper Orp-
le-Grand et Orp-le-Petit. Le 17, séjour. Le 18, l'état-major et le
1er escadron se transportent à Orp-le-Grand et Orp-le-Petit, le
2e au Grand-Hallet, le 3e à Jandrin et le 4e à Jeauche.

Pendant que l'armée se portait en avant, les Hollandais avaient
obtenu un succès assez sérieux contre les Belges.

Les puissances interviennent et décident le roi Guillaume à
évacuer la Belgique.

Les Français suspendent leur marche, et le maréchal Gérard
reçoit l'ordre de se retirer.

Les escadrons qui avaient conservé leurs cantonnements du 18,
se rendent le 24 août dans la plaine de Tirlemont, où l'armée est
passée en revue par le Roi des Belges, le duc d'Orléans et le duc
de Nemours. Le régiment, après avoir fait séjour le 25, part le

26 pour rejoindre sa garnison. Il vient coucher à Chaumont ; le 27 il est à Gembloux, le 28 à Fleurus. Du 29 août au 30 septembre il séjourne à Charleroi et aux environs. Le 7 octobre il fait étape aux environs de Mons, le 8 à Ath, le 9 à Tournay et le 10 octobre il rentre à Lille.

Le 20 septembre le dépôt, sous le commandement du lieutenant-colonel de la Bachellerie, avait été envoyé à Béthune. Le 15 octobre il en repart pour se rendre à Aire. Il est rejoint dans cette garnison par les escadrons de guerre, qui quittent Lille le 16 novembre et arrivent le 17 à Aire.

Le 26 novembre, les escadrons de guerre partent pour Saint-Germain où ils arrivent le 7 décembre.

Le dépôt, sous le commandement du lieutenant-colonel de la Bachellerie, se met en route le 30 novembre et arrive à Saint-Germain le 9 décembre.

1832. — Par décret du 24 janvier, le lieutenant-colonel de la Bachellerie est nommé colonel et remplacé par M. Libert.

Insurrection à Paris. — Le 5 juin, une insurrection éclate dans la capitale à l'occasion des obsèques du général Lamarque ; toutes les troupes stationnées dans les environs de Paris sont appelées pour rétablir l'ordre. Le régiment part de Saint-Germain le 6 juin, à deux heures du matin, il bivouaque aux Champs-Élysées, et dans la journée parcourt les boulevards sans avoir à lutter contre les insurgés.

Le 7 juin à six heures du soir, il repart pour sa garnison.

Le 12 juin il revient à Paris pour assister à la revue passée par le Roi de toutes les troupes qui ont contribué à la répression de l'émeute.

Le 3 juillet, le cuirassier Mornetas sauve la vie à un de ses camarades qui se noyait dans la Seine. Il est cité à l'ordre.

Le régiment assiste le 29 juillet à la revue passée au Champ de Mars, pour l'anniversaire de l'établissement du gouvernement,

Au mois de septembre, il reçoit l'ordre d'aller tenir garnison à Compiègne. La première colonne, composée des trois derniers escadrons sous les ordres du lieutenant-colonel Libert, part le 4 septembre et arrive à destination le 6. La deuxième colonne composée de l'état-major et des trois premiers escadrons sous les ordres du colonel, part le 5 septembre et arrive le 7.

Siège d'Anvers. — Au mois de novembre, le gouvernement ordonne la réunion sur la frontière d'une nouvelle armée, placée sous les ordres du maréchal Gérard, et destinée à soutenir la Belgique contre les prétentions du roi Guillaume. Le 1er Cuirassiers est encore appelé à faire partie de cette armée qui doit aller mettre le siège devant Anvers. Les deux premiers escadrons sous les ordres du commandant Chompré quittent Compiègne le 6 novembre, les deux derniers sous les ordres du colonel partent le 7. Les deux colonnes se dirigent par Noyon et Ham sur Saint-Quentin, elles y arrivent les 8 et 9 novembre et y séjournent.

Par décret du 13, le commandant Chompré est nommé officier de la Légion d'honneur. Le 15 novembre le maréchal Gérard reçoit l'ordre de faire passer la frontière, et le 17 le duc d'Orléans et le duc de Nemours traversent Bruxelles à la tête du 2e régiment d'infanterie légère et du 1er lanciers. Le régiment quitte Saint-Quentin le 16, et se dirige sur Valenciennes, le 17 il est à Condé, le 18 il passe la frontière et arrive à Leuze. Le 19 il est à Grammont, et le 20 à Audenarde. Il reste dans ce cantonnement pendant toute la durée du siège. Le 29 novembre à huit heures du soir, la tranchée est ouverte. Le 4 décembre le feu commence contre la place. Le 14 un premier ouvrage est enlevé, et le 23 la place capitule. Le régiment reçoit l'ordre de rentrer en France. Il part d'Audenarde le 24 décembre et vient coucher à Grammont, le 25 il est à Ath, le 26 à Peruwcltz, le 27 à Condé où il séjourne le 28; le 29 à Valenciennes, le 30 à Iwuy où il reste jusqu'au 9 janvier. Le 10, il se rend à Cambrai, où il est passé en revue par le Roi. Le 11, il fait étape à Péronne, le 12 à Roye et le 13 il rentre à Compiègne.

1833. — Par décret du 7 janvier, le commandant Carel est nommé officier de la Légion d'honneur.

Au mois d'avril le 1ᵉʳ Cuirassiers reçoit l'ordre d'aller tenir garnison à Nancy.

La première colonne composée de l'état-major et des trois premiers escadrons, sous les ordres du colonel, part le 15 avril et arrive le 28.

La deuxième colonne composée du peloton hors-rang et des trois derniers escadrons, sous les ordres du lieutenant-colonel Libert, part le 16 et arrive le 29.

1834. — Le 15 juillet, une partie de l'état-major, et les 1ᵉʳ, 2ᵉ, 5ᵉ et 6ᵉ escadrons, constitués en escadrons de manœuvre, se rendent au camp de cavalerie établi à Lunéville. Ils rentrent à Nancy le 17 octobre.

L'ordonnance du 9 mars réduit à cinq escadrons les régiments de cavalerie.

1835. — Par décret du 30 avril le colonel est nommé commandeur de la Légion d'honneur.

1836. — Le 9 août, l'état-major et les 3ᵉ, 4ᵉ et 5ᵉ escadrons partent de Nancy pour se rendre au camp de Compiègne, où doivent avoir lieu des manœuvres sous le commandement du duc de Nemours.

Le 21 août, le régiment prend ses cantonnements dans les villages du Grand-Fresnoy, Arsy, Cauly et Fayel ; il y séjourne jusqu'au 12 octobre, et en repart alors pour aller tenir garnison à Paris où il arrive le 14.

Le 9 novembre, le dépôt et les 1er et 2e escadrons partent de Nancy sous les ordres du lieutenant-colonel Libert, pour rejoindre le régiment ; ils arrivent à Paris le 26 novembre.

1837. — *Catastrophe du Champ de Mars.* — Le 14 juin, plusieurs militaires du régiment se signalent par leur dévouement et leur sang-froid, dans la catastrophe qui eut lieu au Champ de Mars. La ville de Paris, à l'occasion du mariage de S. A. R. le duc d'Orléans, donnait une fête qui avait attiré toute la population ; dans la soirée, la foule en se hâtant de sortir, par la grille située en face de l'École militaire, ne tarde pas à obstruer le passage. Il se produit bientôt une horrible confusion ; des femmes et des enfants sont foulés aux pieds, et sans l'énergique et intelligente intervention d'un adjudant du 1er Cuirassiers, le chiffre des victimes déjà très nombreux, eût été incalculable. L'adjudant Martinel accourt à la tête des hommes de garde, et secondé avec un rare courage par le cuirassier Spenlée, il s'efforce de rétablir l'ordre. Mais il eût été impuissant à arrêter ce flot humain, s'il n'eût eu la présence d'esprit avant de quitter le quartier de faire monter des hommes à cheval. A leur arrivée, il les emploie pour couper la foule ; après bien des efforts, il put assurer la circulation et organiser les secours. Plusieurs officiers, entre autres le lieutenant Grusse et le porte-étendard Mitz accourus en hâte à la nouvelle de ces événements contribuèrent à sauver bien des victimes.

Dans la séance du 9 août, M. Lebrun, directeur de l'Académie française, après avoir exposé en détails, la scène du 14 juin, décerna à l'adjudant Martinel, le grand prix des actes de vertu, qui entraînait une gratification de huit mille francs.

L'adjudant Martinel fut nommé chevalier de la Légion d'honneur le 6 octobre 1837. Promu sous-lieutenant au régiment le 17 avril 1841, il y devint capitaine le 30 septembre 1851, et fut retraité le 30 avril 1853.

Les 23 et 26 octobre, le régiment part pour Melun en deux colonnes, qui arrivent à destination les 24 et 27. La première colonne comprenait les trois premiers escadrons sous les ordres du lieutenant-colonel Libert ; la deuxième, l'état-major, le peloton hors-rang et les deux derniers escadrons, sous les ordres du colonel.

1838. — Le 27 août, le lieutenant-colonel Libert est nommé sous-intendant militaire, et remplacé par M. de Bourgoing, chef d'escadrons au 3e cuirassiers.

Au mois d'octobre, le régiment est désigné pour tenir garnison à Haguenau, il se met en marche en deux colonnes.

La première composée des trois derniers escadrons, commandée par le lieutenant-colonel de Bourgoing, part de Melun le 2 octobre et arrive à Haguenau le 22.

La deuxième colonne, composée de l'état-major, du peloton hors rang et des deux derniers escadrons, part le 6 octobre, sous le commandement du colonel, et arrive le 26.

1839. — Le 16 juin, le régiment détache un escadron à Wissembourg.

Le 12 août, le colonel Fauvart-Bastoul est nommé maréchal de camp.

Le 18 août, le colonel Marey est appelé au commandement du régiment.

Cet officier supérieur est désigné pour assister aux manœuvres des troupes sardes, qui doivent être réunies au camp d'instruction au mois de septembre.

1840. — Du 12 au 29 juin, deux escadrons sont cantonnés à Schlittigheim et Bischeim.

Le 20 août, le 1er escadron rentre de Wissembourg où il est remplacé par le 2e le 1er septembre.

Le 21 septembre, le 3e escadron part pour Lauterbourg, et le 4e pour Wissembourg.

Le 7 octobre, le 1er escadron est détaché à Wissembourg, et le 5e à Altenstadt.

Le 27 novembre, la 2e division du 1er escadron est envoyée à Lauterbourg. Le 4e escadron quitte Altenstadt, pour le cantonnement de Riedseltz.

1841. — Le 10 janvier, le 2e escadron (capitaine Raclot) quitte Wissembourg pour le cantonnement de Riedseltz, et le 5e (capitaine Maran) quitte Riedseltz pour Wissembourg.

Le 15 février, la 1re division du 1er escadron est détachée à Lauterbourg ; les 4e et 5e escadrons vont à Soultz.

Le 16 avril, les 2e, 4e et 5e escadrons rentrent à Haguenau.

Le 2 mai, le 1er escadron et la 2e division du 3e vont de Lauterbourg à Wissembourg.

Le 24 août, la 1re division du 3e escadron (capitaine Dubosc de Neuilly) part de Lauterbourg et rentre le 25 à Haguenau.

Le 25 août, le 1er escadron et la 2e division du 3e rentrent à Haguenau, sous les ordres du lieutenant-colonel de Bourgoing.

Le 21 septembre, les 2e et 4e escadrons sous les ordres du commandant Debelleau partent pour Wissembourg, et la 1re division du 4e pour Lauterbourg.

Le 27 septembre le colonel Marey passe au 2e régiment de chasseurs d'Afrique, il est remplacé par le colonel de Franquetot, duc de Coigny.

Le 23 décembre, le lieutenant-colonel de Bourgoing est |nommé colonel du 1er dragons, et remplacé par M. de Wacquant.

1842. — Le 19 août, un détachement composé de trente sous-officiers, brigadiers et cuirassiers, commandé par le lieutenant Ernst, se rend à Strasbourg, pour servir d'escorte à S. A. R. Monseigneur le duc de Nemours. Il rentre à Haguenau le 24.

Le 24 octobre, la 1ʳᵉ division du 2ᵉ escadron (capitaine Gouesson) se rend de Lauterbourg à Wissembourg, et la 2ᵉ division du 2ᵉ escadron (capitaine Pons) de Wissembourg à Lauterbourg.

1843. — Le 16 janvier, le 1ᵉʳ escadron va de Haguenau à Lauterbourg, et le 4ᵉ de Wissembourg à Haguenau.

Par décret du 22 janvier, le colonel est nommé maréchal de camp, il est remplacé le 29 janvier par le lieutenant-colonel Reyau commandant le dépôt de remonte de Caen.

Au mois d'avril, le régiment se rend à Vesoul en trois colonnes :

Première colonne (1ᵉʳ et 2ᵉ escadrons), commandée par le lieutenant-colonel de Wacquant, part le 20 avril et arrive le 28 ;

Deuxième colonne (3ᵉ et 4ᵉ escadrons), commandée par le commandant Debelleau, part le 3 mai et arrive le 12. Le 4ᵉ escadron, sous les ordres du commandant d'Oullembourg, quitte la colonne le 11 mai, pour être détaché à Montbéliard.

Troisième colonne (état-major, peloton hors rang et 5ᵉ escadron), commandée par le colonel Reyau, part le 10 mai et arrive le 18. Le 5ᵉ escadron (capitaine Maran) quitte la colonne le 19 mai, pour être détaché à Faverney.

Le 28 septembre, le 3ᵉ escadron (capitaine Dubosc de Neuilly) va remplacer le 4ᵉ à Montbéliard.

1844. — Le 1ᵉʳ juin, le 2ᵉ escadron, sous les ordres du commandant Debelleau, va remplacer à Montbéliard le 3ᵉ escadron qui rentre à la garnison avec le commandant d'Oullembourg.

Le 15 septembre, le 4ᵉ escadron remplace le 5ᵉ à Faverney.

1845. — Les 16 et 17 septembre les escadrons détachés à Faverney et à Montbéliard rentrent à Vesoul.

Le régiment se met en route pour aller tenir garnison à Chartres.

Il est divisé en deux colonnes :

Première colonne (1ᵉʳ, 4ᵉ et 5ᵉ escadrons sous les ordres du lieutenant-colonel de Wacquant) part le 18 septembre et arrive le 5 octobre ;

Deuxième colonne (état-major, peloton hors rang, 2e et 3e escadrons sous les ordres du colonel) part le 22 et arrive le 9.

Le 7 octobre, les 4e et 5e escadrons (commandant d'Oullembourg) partent pour Châteaudun, où ils arrivent le 8.

1846. — Par décret du 27 avril, le lieutenant-colonel de Wacquant est nommé colonel du 2e carabiniers, il est remplacé par M. de Cambiaire.

Le 19 mai, trois pelotons de 27 hommes chacun, commandés par le capitaine Dubosc de Neuilly, le lieutenant Martin et le lieutenant Costes, se rendent, le premier à Dreux, le deuxième à Bréjolles, le 3e à Laon pour fournir l'escorte du Roi. Ces pelotons rentrent à Chartres le 24 du même mois.

Le 20, un peloton de même force commandé par le sous-lieutenant Klipffel se rend à la Mancellerie, pour le même service, et rentre à Chartres le 24.

Le 19 mai, le régiment se rend à Paris, pour y être passé en revue par S. A. R. Monseigneur le duc de Nemours, et rentre le 31 mai.

Le 11 juillet, le colonel avec un escadron et l'étendard se rend à Dreux pour y faire le service auprès du Roi. Il rentre à Chartres le 15 du même mois.

Le 19 juillet, le colonel est nommé officier de la Légion d'honneur.

Le 4 août, le régiment reçoit le témoignage de la satisfaction du Ministre de la guerre, pour le zèle qu'il a montré pour la troisième fois en peu de temps, le 23 juillet, lors de l'incendie de la ferme de Bouville, et dans lequel le cuirassier Charney a été blessé.

Le 8 septembre, nouveau témoignage au sujet d'un incendie qui a éclaté à Bigneau, près de Châteaudun.

Le 14 septembre, le colonel avec un escadron et l'étendard se rend à la Ferté-Vidame, pour faire le service près du Roi. Il rentre à Chartres le 22.

Le détachement de Châteaudun est relevé le 28 septembre par les 1ᵉʳ et 3ᵉ escadrons, le 4 avril 1847 par les 2ᵉ et 5ᵉ escadrons.

1847. — Le 11 juillet, le colonel avec un escadron et l'étendard va faire le service près du Roi à Dreux. Il rentre à la garnison le 15 du même mois.

Le 28 septembre, il repart pour remplir la même mission à la Ferté-Vidame, et rentre à la garnison le 5 octobre suivant.

Le 14 octobre, les 1ᵉʳ et 4ᵉ escadrons sous les ordres du capitaine Pons, vont relever les 2ᵉ et 5ᵉ à Châteaudun.

1848. — Le 3 janvier, le colonel avec un escadron et l'étendard, va faire le service près du Roi à Dreux, et rentre à la garnison le 6.

Dans la nuit du 15 au 16 mars, le régiment se distingue à l'incendie du village de Morancez. Le lieutenant Martinel déjà connu par de nombreux actes de dévouement et le cuirassier Soulier ont mérité dans cette circonstance des éloges tout particuliers.

Le 29 mars, le régiment se rend à Saint-Germain où il arrive les 1ᵉʳ et 3 avril.

Le 20 avril, le colonel ayant avec lui un escadron et la musique se rend à Paris pour y recevoir le nouvel étendard du régiment. La colonne y séjourne le 21, et rentre à Saint-Germain le 22.

Le 23, une division du 1ᵉʳ escadron, sous les ordres du capitaine Pons, est envoyée à Mantes pour y maintenir l'ordre public (réquisition du sous-commissaire du gouvernement). Cette division rentre le lendemain 24 à Saint-Germain.

Le 25, les 1ᵉʳ, 2ᵉ et 3ᵉ escadrons commmandés par le lieutenant-colonel de Cambiaire partent pour Beauvais à marches forcées, pour y maintenir la tranquillité publique (ordre de M. le général commandant la 1ʳᵉ division militaire). Contre-ordre est donné à dix kilomètres au delà de Beaumont, et les escadrons rentrent à Saint-Germain le 26.

Le 15 mai, les quatre escadrons mobilisés, sur l'ordre de M. le général commandant la division, se rendent à Paris, pour concourir à la répression de l'émeute, et rentrent à la garnison le 17.

Le 21, le régiment va assister à la revue passée par M. le Ministre de la guerre.

Le 23 juin, les quatre escadrons mobilisés sont appelés à Paris, pour l'insurrection qui vient d'éclater. Ils rentrent à la garnison le 29.

Par décret du 10 juillet, le colonel Reyau est nommé général de brigade.

Le 24, le lieutenant-colonel O'Riordan du 4e dragons est nommé colonel du régiment.

Le 12 novembre, les quatre escadrons mobilisés vont assister à Paris, à la revue donnée à l'occasion de la promulgation de la Constitution.

Le 24 décembre, ils se rendent de nouveau à Paris pour la revue passée par le Président de la République.

1849. — Au mois de janvier, le régiment se distingue dans un incendie à Saint-Germain-en-Laye. Le capitaine Cobus, les lieutenants Martinel et Pottier s'y signalent particulièrement.

Le 29 janvier les escadrons mobilisés, sur l'ordre de M. le général commandant les troupes de la 1re division militaire, se rendent à Paris, pour concourir au maintien de l'ordre. Ils rentrent le 30 à Saint-Germain. Du 10 au 14 mai, et du 12 au 16 juin, ils sont de nouveau appelés à Paris dans le même but.

Le 21 juin, un détachement sous les ordres du capitaine de Padirac part de Saint-Germain pour aller à Paris, faire le service à l'Élysée national jusqu'au 1er juillet suivant.

Le 21 juillet, un détachement sous les ordres du capitaine Costes va faire le même service jusqu'au 1er août.

Le 7 août, le colonel avec les 3e et 5e escadrons et la musique se rend à Rouen, pour y faire le service près du Président de la République, pendant son séjour dans cette ville. Il rentre à Saint-Germain le 17 du même mois.

Le 21 août, un détachement sous les ordres du capitaine Pithot part de Saint-Germain pour aller faire le service auprès du Président de la République à Saint-Cloud. Il rentre le 1er septembre suivant.

Le 21 octobre, un détachement sous les ordres du capitaine Playoult va faire le service à l'Élysée national, jusqu'au 21 novembre suivant.

1850. — Du 21 janvier au 21 février, le service de l'Élysée est fourni par un détachement sous les ordres du capitaine Pons.

Au mois d'avril, le régiment part pour Lille et Arras en trois colonnes.

La première composée des 1er et 5e escadrons, sous les ordres du commandant Ancillon ; la deuxième, composée de l'état-major et du 2e escadron, sous les ordres du colonel, partent les 15 et 18 avril, et arrivent les 23 et 26 à Lille.

La troisième, composée du dépôt et des 3e et 4e escadrons sous les ordres du lieutenant-colonel de Cambiaire, part le 23 et arrive le 2 mai à Arras.

Le 1er juin, le 4e escadron et le dépôt rejoignent le régiment à Lille.

Le 15 novembre, le 4e escadron commandé par le capitaine Ernst va remplacer le 3e à Arras.

Le 2 décembre, le colonel est nommé commandeur de la Légion d'honneur.

1851. — Le 2 janvier, le colonel O'Riordian est admis à la retraite, et remplacé par le lieutenant-colonel du régiment, M. de

Cambiaire, qui est lui-même remplacé par M. d'Azémar, major du 12e chasseurs.

Le 19 mars, le 4e escadron rentre à Lille.

Le 8 décembre, le 1er escadron (capitaine Pottier) est envoyé en reconnaissance à Armentières en prévision de tentatives de désordre, attribuées à Caussidière. Il rentre à Lille le 10 décembre.

1852. — Le 5 avril, le régiment part de Lille pour Verdun en deux colonnes.

La première composée des 1er, 2e et 5e escadrons, sous les ordres du lieutenant-colonel d'Azémar, part le 5 et arrive le 16. Le 5e escadron (capitaine de la Tour-d'Auvergne) quitte la colonne le 12 avril pour être détaché à Stenay, où il arrive le 14.

La deuxième, comprenant l'état-major, le peloton hors rang, les 3e et 4e escadrons sous le commandement du colonel, part le 16 et arrive le 25 avril.

Le 29 avril, le colonel se rend à Paris accompagné du capitaine Bucquoy, du porte-étendard, d'un maréchal des logis, un brigadier, un trompette et un cavalier. Le 10 mai, à la distribution des aigles, il reçoit l'étendard du régiment. Il rentre au corps le 24 mai.

Le 15 juillet, le colonel se rend avec deux escadrons à Bar-le-Duc, pour assister au passage du Prince Président. Il rentre à la garnison le 25 du même mois.

Le détachement de Stenay est relevé le 21 octobre par le 1er escadron (capitaine Weimer).

1853. — Le même détachement est relevé le 5 mai par le 2e escadron (capitaine Bucquoy).

Le 13 juin, l'état-major et trois escadrons commandés par le colonel vont à Metz assister à la revue passée par S. E. M. le Maréchal ministre de la guerre, et rentrent à Verdun le 20 du même mois.

Le 21 juillet, le 2e escadron quitte Stenay et rentre à Verdun le 22.

Par décret du 10 août, le colonel est nommé officier de la Légion d'honneur.

A l'occasion du 15 août, le régiment exécute un carrousel au Champ de Mars de Verdun.

Le 27 octobre, Stenay est occupé de nouveau et le détachement est fourni par le 3e escadron (capitaine Dheurle).

1854. — Le 20 avril, le détachement est relevé par le 4e escadron.

Le 5 mai, le 6e escadron est formé en exécution du décret impérial du 8 avril.

Le 10 juin, le 5e escadron (capitaine de Courtivron) part de Verdun pour aller à Montmédy où il arrive le 11 du même mois.

Le même jour 10 juin, l'adjudant Telandais, en se jetant à l'eau tout habillé, sauve d'une mort certaine une jeune fille de Verdun qui se noyait dans la Meuse.

Les escadrons mobilisés (1er, 2e, 3e et 6e) sont désignés pour faire partie du camp du Nord.

Le première colonne (1er et 3e escadrons) sous le commandement du lieutenant-colonel baron d'Azémar part le 28 juillet, et arrive à Saint-Omer le 13 août.

La deuxième colonne (2e et 6e escadrons) sous les ordres du colonel part le 29 juillet et arrive à Saint-Omer le 14 août.

Le 30 juillet, les 4e et 5e escadrons qui étaient détachés à Stenay et Montmédy rentrent à Verdun où ils arrivent le 31.

Par décret du 11 août, le lieutenant-colonel d'Azémar est nommé colonel du 6e lanciers et remplacé par M. Baumard.

Le dépôt reçoit l'ordre de se rendre à Cambrai en deux colonnes ainsi composées, savoir :

La première colonne (5e escadron) sous les ordres du commandant Landry part de Verdun le 29 août et arrive le 6 septembre.

La deuxième colonne (peloton hors rang et 4e escadron) sous le commandement du major Olry, part de Verdun le 6 septembre et arrive le 14.

Le 11 octobre, les 1er et 2e escadrons sous les ordres du commandant Tripard partent de Saint-Omer et arrivent à Cambrai le 15.

Le 12 octobre, l'état-major et les 3e et 6e escadrons partent de Saint-Omer sous les ordres du colonel et arrivent à Cambrai le 16.

Le 15 octobre, le 4e escadron est envoyé à Bapaume et le 5e au Cateau.

1855. — Le 14 janvier, plusieurs militaires du régiment se signalent dans un incendie qui a éclaté dans une fabrique de Cambrai.

Le 16 février, la 1re division du 5e escadron commandée par M. le capitaine de Courtivron quitte le Cateau et rentre à Cambrai.

Le 19 mai, les 1er et 2e escadrons sous les ordres du commandant Tripart se rendent à Amiens.

Le 1er juin, la 1re division du 4e escadron commandée par M. le capitaine de Lauzun quitte Bapaume et rentre à Cambrai.

Le 8 juin, le 3e escadron mobilisé part de Cambrai sous les ordres du capitaine Pinker, pour aller rétablir l'ordre au Cateau, il rentre à Cambrai le 1er juillet.

Le 22 juin, le 1er escadron divisé en deux détachements part d'Amiens. Le premier commandé par le capitaine Pottier va à Boulogne et rentre le 15 juillet. Le deuxième, commandé par le lieutenant Lorcet va à Saint-Omer et rentre le 14.

Le 31 août, un détachement fort de cinq officiers, cent douze hommes, part de Cambrai à trois heures du soir, en vertu d'une réquisition du procureur impérial, pour aller rétablir l'ordre au Cateau, et rentre le 6 septembre.

Le 25 septembre, les détachements d'Amiens et de Bapaume rentrent à Cambrai, et le régiment part les 26 septembre et 1er octobre pour aller tenir garnison à Lille.

1856. — Le 9 février, le 3e escadron de guerre part de Lille pour aller à Boulogne faire le service du camp.

Le 18 février, le dépôt comprenant les 4e et 5e escadrons est envoyé à Aire.

Le 17 avril, le régiment est remis sur le pied de paix.

Le 29 mai, le 3e escadron rentre à Lille.

Le 5 juillet, les 1er et 6e escadrons forts de douze officiers, deux cent cinquante-deux hommes de troupe et deux cent quatre-vingt-treize chevaux, partent pour Arras.

Le même jour, 5 juillet, les 4e et 5e escadrons forts de quatorze officiers, trois cent onze hommes, et deux cent cinquante-deux chevaux rentrent à Lille.

Par décret du 25 août, le lieutenant-colonel Baumard est nommé commandant de place et remplacé par M. Robert de Saint-Vincent.

Le 23 septembre, le régiment se distingue dans divers incendies à Lille.

Le 15 novembre, le 6e escadron et la fraction de l'état-major stationnée à Arras, forts de six officiers, cent dix-sept hommes et cent trente-sept chevaux, rentrent à Lille sous le commandement du capitaine de la Brulerie.

Le 24 décembre, le 2e escadron (capitaine Calbardure) va relever à Arras le 1er escadron (capitaine Pottier).

1857. — Le 8 février, le 2e escadron fort de sept officiers, cent dix hommes de troupe et cent vingt et un chevaux, commandé par le capitaine Calbardure, part d'Arras pour Saint-Omer, où il arrive le 10. Il rentre à Lille le 15 juillet.

Le 21 juillet, le régiment se distingue dans l'incendie du magasin à fourrage de Lille.

Le 3 août, les 3e et 4e escadrons et une fraction de l'état-major, forts de neuf officiers, deux cent trente-trois hommes de troupe et cent soixante et un chevaux sous le commandement du capitaine de Lauzun, se rendent à Saint-Omer. Ils quittent cette ville au moment

1812

où le régiment est envoyé à Versailles. Le 4ᵉ escadron part le 14 octobre, et rallie à Béthune la première colonne. Le 3ᵉ escadron rentre à Lille pour former le dépôt avec le 2ᵉ escadron.

Le régiment quitte Lille le 15 octobre. L'état-major, les 1ᵉʳ et 4ᵉ escadrons sous le commandement du colonel, les 5ᵉ et 6ᵉ escadrons sous le commandement du lieutenant-colonel Robert de Saint-Vincent, se rendent par deux routes différentes à Versailles.

Le dépôt commandé par le major Olry part le 20 octobre pour se rendre à Joigny.

1858. — Par décret du 31 décembre, le colonel de Cambiaire est nommé général de brigade, et remplacé par M. du Barail, lieutenant-colonel des chasseurs de la garde.

1859. — En exécution de la circulaire ministérielle du 14 mai, il est formé quatre escadrons mobilisés.

Le 24 mai, le régiment envoie un détachement de trente hommes au 1ᵉʳ cuirassiers de la Garde.

Par décret du 31 octobre, le lieutenant-colonel Robert de Saint-Vincent passe avec son grade au 2ᵉ régiment de cuirassiers de la Garde, et est remplacé par M. de Treil de Pardailhan, chef d'escadrons au 12ᵉ chasseurs.

Par décision ministérielle du 14 décembre, les cuirassiers prennent la tunique en remplacement de l'habit.

1860. — Le 20 janvier, le cuirassier Kuntz se distingue dans un incendie.

Le 26 janvier, le colonel du Barail passe avec son grade au commandement du 3ᵉ régiment de chasseurs d'Afrique, et est remplacé par M. de Blanchaud, lieutenant-colonel du 8ᵉ lanciers.

Au mois d'avril, le régiment quitte Versailles.

La première colonne composée des 5ᵉ et 6ᵉ escadrons, à l'effectif de treize officiers, deux cent quatre hommes et deux cent deux chevaux, part le 10, sous les ordres du commandant du Pasquier de Dommartin, pour se rendre à Saint-Avold, où elle arrive le 26 avril.

La deuxième colonne composée de l'état-major, des 1er et 3e escadrons, à l'effectif de dix-huit officiers, deux cent soixante-quatre hommes, deux cent soixante-six chevaux, part le 13 sous les ordres du colonel. L'état-major et le 3e escadron arrivent à Sarreguemines le 30 avril. Le 1er escadron quitte la colonne le 30 à Saint-Avold et arrive à Sarrebourg le 1er mai.

Le dépôt et les 2e et 4e escadrons à l'effectif de dix-huit officiers, deux cent deux hommes, deux cent sept chevaux, partent le 14 de Joigny, sous les ordres du commandant de Brémond d'Ars et arrivent à Sarreguemines le 29 avril.

Le détachement de Saint-Avold, est relevé le 14 novembre par les 3e et 4e escadrons.

Le détachement de Sarrebourg, est relevé le 14 novembre par le 2e.

L'état-major et les trois escadrons stationnés à Sarreguemines se rendent le 18 juillet à Saint-Avold pour y être passés en revue par le maréchal commandant le 3e corps d'armée; ils rentrent à la garnison le 21.

1861. — Le détachement de Sarrebourg est relevé le 29 avril par le 6e escadron, et le 29 octobre par le 4e.

Le détachement de Saint-Avold est relevé le 30 avril par les 1er et 5e escadrons, le 31 octobre par les 2e et 3e.

1862. — Au mois d'avril, le régiment quitte Sarreguemines.

La première colonne composée du 1er escadron, qui est rejoint à Saverne par le 4e venant de Sarrebourg, à l'effectif de seize officiers, deux cent vingt-neuf hommes et cent soixante-et-onze chevaux, part le 16, sous les ordres du lieutenant-colonel de Treil de Pardailhan, et arrive à Colmar le 21 avril.

La deuxième colonne, composée des 2e et 3e escadrons, à l'effectif de seize officiers, deux cent treize hommes, cent quatre-vingt-quatre chevaux, part le 18 de Saint-Avold sous les ordres du commandant de Brémond d'Ars, et arrive à Colmar le 23 avril.

La troisième colonne composée de l'état-major, des 5e et 6e escadrons, à l'effectif de vingt-deux officiers, deux cent quatre-vingt-dix hommes, deux cent soixante-quatre chevaux, part le 23 de Sarreguemines, et arrive à Colmar le 28 avril.

Le dépôt sous les ordres du major de Maurel part le 2 mai par les voies ferrées et arrive à la garnison le 3.

Le 9 juin, plusieurs militaires du régiment se distinguent dans un incendie. Le maréchal des logis de Saint-Pons, le brigadier Royer, les cuirassiers Bellon et Iégo sont cités à l'ordre de la division.

1864. — Le 5 janvier, le colonel de Blanchaud est admis sur sa demande à la pension de retraite.

Le 12 mars, M. Pelletier, lieutenant-colonel du 12e dragons, est nommé colonel du régiment.

Par décret du 15 juin, le lieutenant-colonel de Treil de Pardailhan est nommé colonel du 5e lanciers, et par décret du même jour passe au commandement de la 24e légion de gendarmerie. Il est remplacé par le lieutenant-colonel Cornat.

Dans la soirée du 11 août, le régiment est appelé à prêter son concours dans un incendie. Le maréchal des logis Seltenmeyer et le cuirassier Joubier s'y font remarquer par leur dévouement. Tous deux furent blessés et reçurent en récompense de leur conduite une médaille d'argent.

1865. — Au mois d'avril le régiment est envoyé à Haguenau.

Le peloton hors rang sous le commandement du major part le 15 avril par les voies ferrées et arrive le même jour à destination.

Les escadrons partent en trois colonnes :

La première (1ᵉʳ et 2ᵉ escadrons) sous les ordres du lieutenant-colonel Cornat, le 20 avril ;

La deuxième (état-major, 3ᵉ et 4ᵉ escadrons) sous les ordres du colonel, le 28 avril :

La troisième (5ᵉ et 6ᵉ escadrons), sous les ordres du commandant Landry, le 2 mai.

Elles arrivent à destination les 28 avril, 1ᵉʳ et 15 mai.

En passant à Strasbourg, la deuxième colonne y laisse un peloton sous le commandement du lieutenant Blanc, pour y faire le service.

Par décret du 12 août, le lieutenant-colonel Cornat passe aux carabiniers de la garde, et est remplacé par M. Hubac.

Par décret du 13, le colonel Pelletier passe avec son grade au 2ᵉ régiment de chasseurs ; M. Leforestier de Vendœuvre, lieutenant-colonel du 3ᵉ cuirassiers, est nommé colonel du régiment.

Au mois de décembre, le 6ᵉ escadron est supprimé.

1867. — Au mois de septembre, le régiment quitte Haguenau.

L'état-major et les 3ᵉ et 4ᵉ escadrons partent le 4, sous les ordres du lieutenant-colonel Hubac, à l'effectif de quinze officiers, cent quatre-vingt-quatorze hommes et cent quatre-vingt-huit chevaux, et arrivent à Belfort le 10 septembre.

Les 1ᵉʳ et 2ᵉ escadrons partent le 7 sous les ordres du commandant de Maurel, à l'effectif de douze officiers, cent quatre-vingt-dix-huit hommes, cent quatre-vingt-dix-neuf chevaux et arrivent à Huningue le 13 septembre.

Le 5ᵉ escadron et les chevaux de remonte partent le 10 sous les ordres du capitaine adjudant-major Lebaud, à l'effectif de huit officiers, cent quarante-deux hommes, cent quatre-vingt-dix-huit chevaux, et arrivent le 18 à Belfort.

Le dépôt part le 11 sous les ordres du major Boulangé, par les voies ferrées, à l'effectif de trois-officiers, cent soixante-trois hommes, quatre chevaux, et arrive le même jour à Belfort.

1868. — Le 29 mai, le brigadier Rousselet du détachement d'Huningue se précipite tout habillé dans le Rhin, pour sauver la vie à un enfant. Il est cité à l'ordre de la division par le général Ducrot. Il reçut le 7 janvier 1869 pour cet acte de courageux dévouement une médaille d'argent de 2e classe.

Au mois de juin, les escadrons mobilisés se rendent au camp de Châlons en deux colonnes, à l'effectif de cent vingt hommes et cent dix chevaux par escadron.

Les 2e et 3e escadrons sous les ordres du commandant de Maurel partent de Huningue le 26 juin.

L'état-major, les 4e et 5e escadrons, sous les ordres du colonel, partent de Belfort le 30 juin.

Les deux colonnes arrivent au camp le 12 juillet.

Par décret du 4 août, le lieutenant-colonel Hubac est admis à la retraite, et remplacé par M. de Vousges de Chanteclair, chef d'escadrons au 6e chasseurs.

Par décret du 10 septembre, le colonel est nommé commandeur.

Le 16 septembre, le camp est levé.

Les 3e et 4e escadrons, sous les ordres du commandant de Maurel, partent le 17 pour Huningue.

Les 2e et 5e escadrons, sous les ordres du colonel, partent le 18 pour Belfort.

1869. — Le 11 août, le major Boulangé est nommé officier de la Légion d'honneur.

En exécution des ordres du Ministre de la Guerre, en date du 28 août, le régiment doit former quatre escadrons mobilisés, pour aller faire partie de la division active de cavalerie du 3e corps d'armée, stationnée à Lunéville. L'effectif de chaque escadron est fixé à cent trente hommes et cent dix chevaux. Le 5e escadron et le peloton hors rang doivent se rendre à Nancy.

Le major Boulangé part de Belfort le 5 septembre avec le peloton hors rang par les voies ferrées et arrive à Nancy le même jour.

Le 5e escadron sous les ordres du capitaine de Launay part également le 5 septembre et arrive à Nancy le 11.

Les 3e et 4e escadrons sous les ordres du commandant de Maurel quittent Huningue le 7 septembre et arrivent à Lunéville le 14.

Les 1er et 2e escadrons, sous les ordres du colonel, quittent Belfort le 8 septembre, et arrivent à Lunéville le 13. La division de cavalerie dont le régiment fait partie se trouve composée de la façon suivante :

Général Desvaux, commandant la division.

1re *brigade*, général Girard.
1er cuirassiers, colonel Leforestier de Vendœuvre.
4e cuirassiers, colonel Billet.

2e *brigade*, général de Brauër.
2e cuirassiers, colonel Rosetti.
3e cuirassiers, colonel Lafutsen de Lacarre.

1870. — Le 1er janvier, M. le général Desvaux est appelé au commandement de la cavalerie de la Garde impériale et remplacé par M. le général vicomte Bonnemains.

Au mois de mai, la brigade du général Girard reçoit l'ordre d'aller tenir garnison à Versailles et est remplacée à Lunéville par les 3e et 5e lanciers.

Pendant sa route, elle doit s'arrêter au camp de Châlons pour faire partie d'une division formée sous le commandement du général Lichtlin et prendre part aux manœuvres qui vont s'exécuter sous la direction du général Frossard.

La première colonne, formée des 1er et 2e escadrons sous les ordres du lieutenant-colonel de Vousges de Chanteclair, à l'effectif de seize officiers, deux cent trente-sept hommes, deux cent trente-six chevaux, quitte Lunéville le 25 mai et arrive au camp le 1er juin.

La deuxième colonne, formée des 3e et 4e escadrons, sous les ordres du colonel, à l'effectif de dix-huit officiers, deux cent quarante-huit hommes et deux cent trente-six chevaux, part le 26 mai et arrive le 2 juin.

Vers le milieu de juillet la guerre avec la Prusse devient imminente ; le 14, les jeunes soldats de la deuxième portion du contingent sont appelés à l'activité et toutes les dispositions sont prises en vue des événements qui vont se passer. La brigade Girard est désignée pour faire de nouveau partie de la division Bonnemains, qui va entrer dans la composition de l'armée du Rhin ; elle quitte le camp de Châlons le 19 juillet.

Campagne de 1870

Escadrons actifs

L'armée du Rhin comprenait sept corps d'armée, plus la Garde impériale, une réserve de cavalerie et une réserve d'artillerie. La réserve de cavalerie était composée de trois divisions. Les quatre premiers régiments de cuirassiers, réunis sous le commandement du général Bonnemains, constituaient la 2ᵉ division qui devait rejoindre le 5ᵉ corps d'armée en Alsace. Cette division allait donc au début de la campagne, se trouver opposée à la troisième armée allemande, qui, sous les ordres du Prince Royal de Prusse, se concentrait sur le Rhin, au sud de Spire.

Le 19 juillet, la brigade du général Girard quitte le camp de Châlons pour rejoindre sa division à Lunéville. Le même jour, le régiment fait étape à Auve, avec détachement à Valmy. Le 20, il traverse Sainte-Ménehould, la chaîne de l'Argonne au défilé des Islettes, et vient coucher à Clermont.

Le 21 il est à Beauzé.

Le 22 à Saint-Mihiel ; il y séjourne le 23.

Le 24 il continue sa marche et arrive à Bernecourt.

Le 25 à Nancy et le 26 à Lunéville.

Jusqu'au 1er août, la division reste dans cette ville. Les régiments y complètent leur organisation et reçoivent leur matériel de guerre.

Des décrets en date des 16 et 17 juillet modifient la constitution des cadres qui se trouvent au jour du départ définitivement arrêtés de la façon suivante pour les escadrons actifs du 1er Cuirassiers :

MM. Le Forestier de Vendœuvre, colonel.

de Vousges de Chanteclair, lieutenant-colonel.

Picard, chef d'escadrons.

de Cugnon d'Alincourt, chef d'escadrons.

Plankaërt [1], capitaine adjudant-major.

Lebaud, capitaine adjudant-major.

La Fuente, lieutenant d'état-major, faisant son stage au régiment.

Allaire, sous-lieutenant adjoint au trésorier.

Marmet, sous-lieutenant porte-étendard.

---

[1] Le capitaine Plankaërt, tombé malade pendant la retraite sur Châlons, dut quitter le régiment. Il rejoignit le dépôt et fut nommé chef d'escadrons au 7e régiment de marche de cuirassiers, le 15 novembre 1870.

1er ESCADRON

Thenevin, capitaine commandant.
D'Oullembourg, capitaine en 2me.
Desnoyer, lieutenant en 1er.
De Campou, lieutenant en 2me.
De Tavernost [1], sous-lieutenant.
Guyon, sous-lieutenant.
De Brandt, sous-lieutenant.

2e ESCADRON

Haas, capitaine commandant.
Blanc, capitaine en 2me.
Théribout, lieutenant en 1er.
Garnier, lieutenant en 2me.
De Bournat [2], sous-lieutenant.
Anyac, sous-lieutenant.
De Montenon, sous-lieutenant.

3e ESCADRON

De Masin, capitaine commandant.
Regnault, capitaine en 2me.
Labourt, lieutenant en 1er.
Buffet, lieutenant en 2me.
Dumont, sous-lieutenant.
Giquet de Pressac, sous-lieutenant.
Crespy, sous-lieutenant.

4e ESCADRON

De Benque, capitaine commandant.
Delacour [3], capitaine en 2me.
Barbaud, lieutenant en 1er.
Blondeau, lieutenant en 2me.
Des Ligneris, sous-lieutenant.
Bolachin, sous-lieutenant.
Delahaye, sous-lieutenant.

Le capitaine de Neverlée doit figurer parmi les officiers du 1er Cuirassiers qui prirent part à la campagne. Détaché auprès du général Ducrot comme officier d'ordonnance, il assista à tous les combats avec le 1er corps de l'armée du Rhin. Il s'évada de Pont-à-Mousson avec son général et vint concourir à la défense de Paris, pendant laquelle il ne cessa de donner des preuves d'une activité et d'une intrépidité remarquables. Il fut tué le 30 novembre 1870, à la tête d'une compagnie, au moment où il l'entraînait à l'attaque du parc de Villiers.

---

[1] M. le sous-lieutenant de Tavernost eut la jambe cassée d'un coup de pied de cheval pendant la marche de nuit du 4 au 5 août, de Phalsbourg à Haguenau. Amené dans cette ville par la voiture de la cantinière, il se fit transporter à Strasbourg et fut fait prisonnier lors de la capitulation.

[2] M. le sous-lieutenant de Bournat, nommé lieutenant par décret du 2 août, quitta le régiment avant la bataille de Frœschwiller pour rejoindre le 5e escadron auquel il était affecté.

[3] Le capitaine Delacour était détaché dans les remontes.

Le 2 août, la division se met en marche pour gagner son point de concentration à Brumath ; elle voyage par brigade. La 1re brigade arrive le 2 août à Vic, le 3 à Fenestrange, le 4 à Phalsbourg.

Dans cette journée du 4 août, la division du général Abel Douay du 1er corps d'armée (maréchal de Mac-Mahon) succombait glorieusement à Vissembourg, après avoir lutté contre trois corps d'armée. A la nouvelle de cet échec, le maréchal de Mac-Mahon s'était porté avec ses trois autres divisions au-devant de l'ennemi, et avait envoyé l'ordre à la 2e division de cavalerie de l'appuyer. Les régiments montent à cheval à dix heures du soir, traversent la chaîne des Vosges, la ville de Saverne, et arrivent à Haguenau le 5 août, à sept heures du matin.

Pour parer aux inconvénients de la dispersion des corps d'armée, l'Empereur venait de donner au maréchal de Mac-Mahon le commandement des 1er, 5e et 7e corps. Le maréchal fait immédiatement prévenir les généraux placés sous ses ordres de venir s'établir sur la position de Wœrth. Cet ordre parvient à la division Bonnemains au moment où elle s'établissait au bivouac, dans la presqu'île formée par la Moder, entre la ville d'Haguenau et la forêt. Le régiment s'était occupé en arrivant de faire les distributions, à peine a-t-il eu le temps de les terminer qu'il reçoit l'ordre de monter à cheval.

On traverse la forêt d'Haguenau par une chaleur accablante. Pendant la route, on rencontre des gendarmes qui fuyaient leur résidence et qui signalent la présence de la cavalerie ennemie dans le voisinage. Toutefois on arrive à Reischoffen vers deux heures de l'après-midi, sans avoir aperçu aucun cavalier allemand.

Depuis la veille cinq heures du matin, le régiment avait parcouru plus de cent kilomètres ; il avait franchi les quatre étapes qui séparent Fenestrange de Reischoffen.

La division s'installe au bivouac sur quatre lignes, dans un bas fond à l'est, près du village. Les convois n'avaient pu suivre la colonne et il n'y eut pas de distribution dans la journée. L'artillerie campe sur les hauteurs. Le quartier-général est établi dans le château du comte de Durckeim, voisin de l'église de Frœschwiller.

Le maréchal avait compté pouvoir s'établir dans cette forte position avec trois corps d'armée pour arrêter la troisième armée prussienne; mais le 6 août, il n'avait avec lui, en dehors du 1er corps dont une division avait été si éprouvée deux jours avant, que la division Conseil-Dumesnil du 7e corps. Une division du 5e arriva jusqu'à Niederbronn dans la soirée du 6 août, lorsque la bataille était perdue, et elle dut battre en retraite.

Le 5 août au soir, l'armée était formée de la manière suivante :

Au nord de Frœschwiller la 1re division, général Ducrot, faisant face au nord.

En avant de Frœschwiller et face à l'est, la 3e division, général Raoult.

A droite de la 3e division, la 4e ayant une de ses brigades face à l'est, la deuxième face au sud.

En arrière de la 4e division, la division Conseil-Dumesnil et la brigade de cuirassiers Michel (8e et 9e).

La 2e division, commandée par le général Pellé depuis la mort du général Douay, était en réserve au centre.

La division Bonnemains et la brigade Septeuil se trouvaient en réserve au nord de la division Pellé. Quant à la brigade Nansouty. elle avait été fractionnée en cavalerie divisionnaire.

Le soir vers dix heures, la pluie commence à tomber et dure une partie de la nuit.

Bataille de Frœschwiller, 6 août 1870. — Le 6 août, dès quatre heures du matin, une reconnaissance prussienne se porte sur Wœrth et attaque notre centre. Elle constate que le village n'est pas occupé, mais voyant qu'elle a devant elle des forces sérieuses, elle se retire et cesse le combat vers huit heures et demie.

Le 2e corps bavarois, placé à l'aile droite prussienne, entendant la fusillade engagée sur le centre, avait attaqué notre gauche ; il donne contre la division Ducrot qui le repousse vigoureusement.

A ce moment il était environ huit heures, la division Bonnemains monte à cheval et se dirige à travers bois sur Frœschwiller. Elle se forme en colonne serrée, le 1er Cuirassiers en première ligne, à environ six cents mètres au sud de la route de Reischoffen à Frœschwiller, face à l'est. Le flanc droit de la colonne est appuyé à la forêt, qui en cet endroit forme un angle près des sources de l'Eberbach. A neuf heures et demie on met pied à terre.

Le 5e corps prussien, qui avait abandonné sa première attaque, se reporte en avant à la nouvelle du combat qui se livre sur sa droite ; il rentre dans Wœrth et s'avance pour forcer le passage de la Sauer. La division Raoult l'arrête par ses feux et oppose une fermeté inébranlable à toutes ses tentatives. Sur ce point, la position de l'ennemi se trouve un instant très compromise.

Le 11e corps, qui était en marche à la gauche de la ligne ennemie, précipite son mouvement pour prendre part à la lutte et attaque la division Lartigue.

La bataille se trouve ainsi engagée sur toute la ligne, sans ordres du général commandant la troisième armée.

Vers onze heures et demie, les obus arrivent jusqu'à la division Bonnemains, un projectile tombe au milieu du 1er escadron du régiment, tue le brigadier Tarcan et deux chevaux, et blesse grièvement un cavalier. On fait monter à cheval, et on va se reformer à droite, dans un pli de terrain, toujours en colonne serrée.

Le Prince Royal apprend à midi qu'il n'est plus possible d'arrêter le combat, et à une heure il arrive sur le champ de bataille, amenant avec lui le 1er corps bavarois.

Les quatre divisions du maréchal de Mac-Mahon vont dès lors avoir à combattre contre quatre corps d'armée.

Une lutte terrible s'engage sur la Sauer ; le 11e corps, constamment soutenu par les renforts qui se pressent d'arriver, parvient à forcer le passage, malgré l'énergique défense de la 4e division, et bientôt les têtes de colonne ennemies entrent dans Morsbronn. Le général Lartigue, menacé d'être débordé par la droite, prescrit au général Michel de jeter un régiment dans le flanc de l'assaillant. Impatients de prendre part au combat, les 8e et 9e cuirassiers s'ébranlent à la fois, et sont suivis par une portion du 6e lanciers qui se trouvait avec eux.

La brigade s'avance en échelons par la droite, ayant en première ligne le 8e cuirassiers formé en colonne par escadrons, puis le 9e avec trois escadrons en ligne, le 4e suivant en colonne, et enfin les lanciers. Ces braves cavaliers s'élancent dans la direction de Morsbronn, supportant avec un admirable courage la fusillade que dirigent sur leur flanc gauche des bataillons établis sur une hauteur voisine. Le 8e cuirassiers ouvre la charge, il sabre les tirailleurs et les troupes qui débouchent du village, entre dans Morsbronn et vient s'y heurter contre deux compagnies. Il fond sur elles et est reçu par un feu terrible qui couvre le terrain de morts et de blessés ; tous les cavaliers qui ne sont pas atteints passent sur le corps de l'ennemi et s'échappent vers le sud-est.

Le 9e cuirassiers et les lanciers suivent le mouvement en se dirigeant vers la droite ; ils arrivent sur de l'infanterie en ligne, l'écrasent sous leur choc impétueux et contournent le village ; ils sont alors accueillis par le feu des réserves qui vient jeter le désordre dans leurs rangs, et ils ne sont pas moins éprouvés que le 8e. Les débris de ces héroïques régiments arrivent jusqu'à Walbourg ; dans la soirée ils purent gagner Saverne, après avoir eu à soutenir une nouvelle attaque des hussards prussiens.

Pendant cette énergique et audacieuse intervention de la cavalerie, notre infanterie avait pu se reformer ; bientôt elle se reporte en avant et parvient à garder ses positions, malgré les forces croissantes que le 11e corps lui oppose successivement.

Vers deux heures, le général Girard reçoit l'ordre de porter sa brigade au sud du plateau, dans la direction d'Elsasshausen. Il la fait rompre en colonne par pelotons et la conduit à travers un terrain labouré par les obus. Chemin faisant on rencontre des fantassins isolés qui fuyaient en criant qu'il n'y avait plus possibilité de tenir; des officiers sont obligés de les menacer de leur revolver pour leur imposer silence.

La brigade arrive au point qui lui avait été indiqué et le général la forme en colonne serrée. On aperçoit alors l'infanterie battant en retraite, écrasée par l'ennemi qui venait d'enlever le village d'Elsasshausen. Il était urgent de tenter un nouvel effort pour dégager l'aile droite. La brigade Girard reçoit l'ordre de charger. Le terrain qui s'ouvrait devant elle était en partie occupé par des houblonnières, et à sept ou huit cents mètres en avant il était coupé de nombreux fossés, bordés d'arbres à hauteur d'homme. Les tirailleurs ennemis étaient embusqués derrière ces abris.

Le général fait exécuter la charge par escadron, avec ordre de ne pas dépasser les obstacles que l'on considérait comme infranchissables pour la cavalerie.

Les capitaines Thénevin, Haus, de Masin et de Benque se lancent successivement et se portent jusqu'à la ligne des tirailleurs, sans se laisser arrêter par le feu violent que l'on dirige sur eux. Quelques cavaliers, notamment les cuirassiers Bretteville et Fabiani, du 2e escadron, entraînés par leurs chevaux, franchissent les fossés et vont tomber au milieu de l'ennemi.

Au retour du 4e escadron, le général Girard fait sonner demi-tour pour engager le 4e cuirassiers. Mais le maréchal arrivant sur ces entrefaites prescrit de reporter le régiment en avant.

Les trois premiers escadrons exécutent successivement une deuxième charge. Au moment où le 4e allait suivre le mouvement, le général de brigade fait avancer le 4e cuirassiers qui se porte à son tour à l'ennemi. Il avait ordre de pousser la charge aussi loin que possible, aussi ses pertes furent-elles sensiblement supérieures à celles du régiment.

Si la brigade Girard ne réussit pas à repousser l'ennemi au delà d'Elsasshausen, elle jeta du moins le désordre dans ses premières lignes ; devant ces attaques successives des cuirassiers, nombre de tirailleurs s'enfuirent en toute hâte et des servants abandonnèrent leurs pièces.

Plus de soixante cavaliers du régiment, tués ou blessés, restaient sur le champ de bataille. Au nombre des morts figuraient les nommés Briquet, Carré, Cayron, Clapier, Debret, Dehot, Dester, Duny, Lacondemine, Lesimple, Pitolet, Wackerr, Walter. Cinq officiers étaient blessés, les lieutenants Blondeau et de Campou, les sous-lieutenants Bolachin, Dumont et Marmet. MM. de Campou, Bolachin et Marmet furent faits prisonniers à l'ambulance de Reischoffen, les deux derniers parvinrent à s'échapper quand on les dirigea sur l'Allemagne et rejoignirent le dépôt. MM. Blondeau et Dumont purent suivre le régiment et continuer la campagne.

Notre infanterie décimée s'était reformée pendant que les cuirassiers contenaient l'ennemi ; mais les Prussiens, incessamment renforcés par des troupes fraîches, ne tardent pas à conquérir un terrain que l'on défend toujours pas à pas. Le maréchal se décide enfin à ordonner la retraite qui va s'effectuer par la route de Reischoffen. Mais il faut défendre cette ligne à tout prix ; car de là dépend le salut de l'armée.

Cette noble mission est confiée à la division Bonnemains, à laquelle on adjoint le 2ᵉ lanciers et les tirailleurs algériens de la division Pellé. La division se forme sur deux lignes, la 1ʳᵉ brigade en avant ; le 2ᵉ lanciers s'établit en troisième ligne, et les tirailleurs à cent cinquante mètres sur le flanc droit.

Dès que ce dispositif est établi, le général Bonnemains donne l'ordre au général Girard de faire retirer sa brigade pour engager la brigade de Brauer. Le passage de la ligne en arrière s'effectue selon les prescriptions réglementaires, avec un calme admirable, sous un feu des plus violents. Ce mouvement porte la 1ʳᵉ brigade dans une ondulation de terrain qui la met à l'abri. La 2e brigade reste sur la crête, très exposée au feu de l'ennemi. C'est là que fut tué le colonel de Lacarre, du 3e cuirassiers.

Il était environ trois heures de l'après-midi. Tout à coup les tirailleurs ennemis apparaissent sur la droite, soutenus par une batterie. On se trouve attaqué à la fois de front et de flanc.

Les 2e et 3e cuirassiers se portent en avant et disparaissent derrière le pli de terrain où se trouve la première brigade. En même temps, le maréchal lance les turcos sur la droite. Ils bondissent sur l'ennemi qui se groupe pour leur résister, ils l'abordent à la baïonnette, et nos cuirassiers les applaudissent, en les voyant disparaître au delà de la crête, au milieu des Prussiens qu'ils ont repoussés.

A ce moment, la brigade de Brauer revient de la charge. Comme les brigades Michel et Girard, elle était cruellement éprouvée, mais comme elles, elle avait fièrement accompli sa tâche. Ces charges audacieuses avaient successivement immobilisé l'ennemi à Morsbronn, à Elsasshausen et devant Reischoffen ; elles avaient arrêté sa marche victorieuse, alors que notre infanterie, épuisée par cette lutte inégale, était contrainte de reculer. C'est au dévouement des cuirassiers que l'armée dut de conserver sa ligne de retraite, et d'échapper à un désastre complet. Mais alors que l'on voudrait contester à ces héroïques régiments, cette glorieuse récompense du sang qu'ils ont versé, il leur resterait la suprême consolation d'avoir noblement soutenu dans cette journée la vieille réputation de leur arme. Aussi, est-ce avec raison que l'opinion publique a associé à leur nom comme un titre de gloire le souvenir d'une défaite si honorable pour l'armée française et dans laquelle ils ont fait preuve d'une si rare intrépidité.

Bientôt les turcos reparaissent, suivis de près par l'ennemi. Ils s'engagent à leur tour sur la route par laquelle viennent de se retirer les débris de l'armée.

Le maréchal donne l'ordre à la cavalerie d'abandonner le pla-

14

teau. On arrive près d'un chemin qui descendait à travers bois sur Reischoffen ; les cinq régiments se trouvent réunis à l'entrée d'un défilé, qui ne permettait pas de rompre sur un front de plus de sept ou huit cavaliers. Les obus tombent au milieu de cette masse, et y font de cruels ravages. C'est à ce moment que fut tué le colonel Poissonnier, du 2e lanciers.

Peu à peu cependant la colonne s'écoule et se dirige au pas sur Niederbronn. On apprend que le maréchal a désigné Saverne comme point de ralliement de l'armée ; on rétrograde pour se diriger sur cette ville, et on y arrive vers deux heures du matin.

La division s'établit au bivouac, à l'est de la ville, entre le canal et le chemin de fer. Des cinq colonels commandant les régiments de cavalerie qui avaient couvert la retraite, un seul, le colonel de Vendœuvre, était présent. Les colonels de Lacarré et Poissonnier avaient été tués, les colonels Billet et Rosetti étaient blessés et prisonniers.

Certains hommes du régiment, soit qu'ils aient traversé les lignes ennemies, soit que tombés sur le champ de bataille, ils aient pu s'échapper, se réfugièrent dans Strasbourg. Pendant le siège de cette ville, les cuirassiers Blanc, Le Buzit et Vigier furent tués, le cuirassier Robert, déjà blessé à Frœschviller, reçut deux nouvelles blessures.

La division passe la journée du 7 août à Saverne ; le soir, vers six heures, la présence des uhlans est signalée, on se remet en marche, on contourne Phalsbourg, dont les portes étaient fermées et on arrive à Sarrebourg le 8 août, vers cinq heures du matin. Cette marche fut des plus pénibles, c'était la quatrième nuit que l'on passait sans prendre de repos, et la cavalerie obligée de régler son allure sur le pas de l'infanterie était contrainte de s'arrêter constamment.

Dans la matinée le régiment reçoit quarante et un hommes fournis par les réservistes, et trente chevaux la plupart provenant de la gendarmerie. A quatre heures de l'après-midi, il se remet en marche.

A neuf heures du soir, on arrive à Blamont par une pluie battante, on s'installe au bivouac, et on repart à deux heures du matin pour Lunéville, que l'on atteint le 9 août à dix heures du matin ; les régiments s'installent dans leurs anciens quartiers.

Retraite sur Châlons. — Le maréchal ayant décidé de se retirer sur Châlons pour y reconstituer son armée, la 2e division de cavalerie reçoit l'ordre de se diriger sur le camp, en obliquant un peu vers le sud, afin de laisser à l'infanterie la ligne du chemin de fer et la route directe, par Nancy et Bar-le-Duc.

Elle quitte Lunéville le 10 août dans la journée, et arrive à Bayon à cinq heures du soir. Le 11, elle est à Colombey, où elle séjourne le 12. Le 13 elle gagne Neufchâteau.

Le 14, pendant la route, on rallie la division Duhesme (10e dragons, 2e et 6e lanciers, 3e hussards) avec laquelle on va marcher jusqu'au camp de Châlons. Après une longue étape dans un pays accidenté, à travers les hauteurs qui séparent le bassin de la Meuse de celui de la Marne, on arrive à Poissons à neuf heures du soir.

Le lendemain 15, la division traverse Joinville et arrive à Saint-Dizier, à onze heures du matin.

Le 16, on devait marcher sur Vitry, mais un chef de gare ayant télégraphié que la cavalerie ennemie était à peu de distance sur le flanc droit, on oblique à gauche pour l'éviter, et on descend sur Vassy, où on arrive à dix heures du matin.

Dans la journée, on apprend que les cavaliers qu'on a pris pour des uhlans, appartiennent au 4e chasseurs d'Afrique : on reprend donc la direction primitive le 17 août : on suit la vallée de la Blaise, on traverse le village d'Eclaron, et à onze heures on vient bivouaquer à Frémicourt, près de Vitry-le-François. On retrouve là le 4e chasseurs d'Afrique, cause indirecte de l'alerte de la veille, et qui revenait de Commercy, n'ayant pu rejoindre sa division, sous les murs de Metz.

Le 18, on arrive à Châlons à une heure du soir, et le 19 au camp à onze heures du matin.

De nombreuses troupes se trouvaient déjà installées sur la Vesles. On bivouaque d'abord près du village de Livry, puis sur la voie romaine. On séjourne au camp jusqu'au 23 août.

Durant ces quatre jours, le régiment se réorganise, et dirige sur le dépôt les hommes et les chevaux indisponibles.

Il reçoit communication des récompenses accordées à l'occasion de la bataille de Reischoffen. Le lieutenant-colonel de Vousges est nommé colonel du 9e cuirassiers qui doit aller se reformer à Paris. Il est remplacé par M. Mariani, chef d'escadrons au 8e cuirassiers.

Par décret en date du 20 août, les lieutenants Blondeau, Desnoyers et Théribout sont nommés chevaliers de la Légion d'honneur. La médaille militaire est conférée au maréchal des logis chef Marion, du 1er escadron, au maréchal des logis Berger, au trompette Gousset, du 2e escadron, aux cuirassiers Goutorbe et Linger, du 3e escadron.

L'armée de Châlons se met en marche sur Metz. — L'armée qui venait de se reconstituer sous le nom d'armée de Châlons, était placée sous le commandement du maréchal de Mac-Mahon. Après bien des hésitations et sur les nouvelles envoyées de Paris, il fut décidé que, trompant l'ennemi, qui devait la supposer en retraite sur la capitale, elle remonterait vers Reims, pour ensuite marcher directement vers l'est, et donner la main au maréchal Bazaine.

La division est désignée pour former l'arrière-garde, elle quitte le camp le 23 août à trois heures de l'après-midi, et va coucher à Auberive.

Le 24, elle arrive à Pont-Faverger, à six heures du soir.

Le 25, elle est à onze heures du matin à Réthel, où elle bivouaque sur la rive gauche de l'Aisne.

Par décret impérial signé dans cette ville, le colonel de Veu d'œuvre est nommé général, et appelé au commandement de la 1re brigade, de la division de Salignac-Fénelon.

Le commandement du régiment, en l'absence du lieutenant-colonel Mariani qui n'avait pas rejoint, est exercé par le commandant Picard.

Le plan qu'on avait arrêté pour l'armée de Châlons, n'était susceptible de réussir, qu'autant qu'on l'aurait exécuté avec rapidité. Malheureusement, du 23 au 25 août, il y eut beaucoup d'hésitation dans les mouvements, les contre-ordres se succédaient et les têtes de colonnes n'étaient encore qu'à Réthel, quand elles auraient déjà dû se trouver sur la rive droite de la Meuse. Ces lenteurs donnèrent à l'ennemi le temps d'éventer la marche audacieuse que l'on avait entreprise, et l'état-major allemand s'occupa sans perdre un instant, d'arrêter des dispositions en rapport avec la tournure nouvelle des opérations.

L'armée du Prince Royal de Saxe, désignée sous le nom d'armée de la Meuse, reçoit l'ordre de se porter au nord, sur la rive droite du fleuve, pour arrêter la marche des Français vers l'est. L'armée du Prince Royal de Prusse est dirigée sur Reims pour déborder notre aile gauche et nous couper la retraite sur Paris.

Le régiment quitte Réthel le 26 à midi et arrive à Attigny à 5 heures du soir.

Le lendemain 27 il monte à cheval à quatre heures du matin, et se porte avec la division, dans la direction de Vouziers, pour couvrir les derrières de l'armée, pendant qu'elle traverse les défilés de l'Argonne. Cette reconnaissance n'est pas poussée assez loin, et ne rencontre pas l'ennemi. Le soir, le régiment rentre à Attigny.

Le 28, on monte à cheval à la pointe du jour, on rétrograde vers l'ouest pour venir passer l'Aisne à Givry; on remonte ensuite au nord vers Tourteron, et on traverse le défilé du Chêne-Populeux. A six heures du soir on arrive à Tannay.

Le 29, on vient coucher à Raucourt.

Dans la soirée, le régiment se porte sur le village de Yoneq, la ferme de la Besace, et va jusqu'à Beaumont, pour couvrir un convoi appartenant au 5e corps. A une heure du matin, il rentre au bivouac.

Le 30 août, on se met en marche pour Carignan, à deux heures de l'après-midi. La route est encombrée de troupes et de convois : on arrive à Remilly sur la Meuse, où l'on avait établi un pont, qui se trouve couvert par une crue du fleuve. Pendant que la division attendait son tour pour gagner la rive droite, arrivent les troupes du 7e corps. Un encombrement indescriptible se produit bientôt aux environs du village.

Vers neuf heures, la division commence à traverser la Meuse, et le passage s'effectue sans accident, dans l'obscurité, sur ce pont que l'eau recouvrait entièrement. On se dirige sur Carignan, mais à peine a-t-on fait quelques kilomètres, qu'on fait faire demi-tour à la colonne et on se porte sur Douzy, où on arrive vers 3 heures du matin. On en repart à cinq heures du matin, pour arriver vers dix heures à Floing, en contournant Sedan. On s'établit au bivouac, dans une prairie sur la rive droite de la Meuse.

Dans la journée on aperçoit des troupes prenant position sur les hauteurs qui au sud-ouest commandent la ville et les environs. On ne peut les distinguer, mais bientôt on entend un coup de canon, et le projectile vient tomber à peu de distance du régiment. Vers trois heures, le canon retentit du côté de Bazeilles et cesse à cinq heures. Les chevaux restent sellés toute la nuit.

Bataille de Sedan, 1er septembre. — Le 1er septembre, dès quatre heures du matin, la fusillade éclate à Bazeilles. La division monte à cheval. L'armée se trouve établie dans le triangle formé par la Meuse, la Givonne et le Floing. Le 7e corps (général Douay) est face au nord entre la route de Sedan à Illy et le village de Floing. La division Bonnemains est placée à sa gauche, entre le village et la Meuse ; elle a devant elle la division Margueritte.

Les Prussiens s'avançaient par les deux rives du fleuve. Après avoir attaqué notre droite à Bazeilles, l'armée du Prince de Saxe, entre progressivement en action sur tout le cours de la Givonne s'opposant à notre marche dans la direction de l'est.

Dès deux heures et demie du matin, la gauche de la troisième armée avait passé la Meuse aux environs de Donchery, pour nous couper la retraite. A quatre heures du matin, elle atteignait la route de Sedan à Mézières, et le Prince de Prusse était informé que les Français n'occupaient pas cette route. Il prend alors ses dispositions pour effectuer un vaste mouvement tournant, et venir au nord de Sedan, relier sa gauche à la droite de l'armée de la Meuse.

A cet effet, il dirige deux corps sur Saint-Menges.

Il en établit un troisième de Fresnois à Villette, pour s'opposer à toute tentative de retraite vers l'ouest.

Le général Bonnemains, prévoyant qu'on pourrait être obligé de battre en retraite, et de passer la Meuse à gué, avait envoyé un peloton du 3e cuirassiers, reconnaître le fleuve entre Sedan et Donchery. Après avoir parcouru quelques kilomètres, ce peloton rencontre un convoi, qu'on avait fait filer la nuit sur Mézières, et qui rétrogradait, suivi de près par les coureurs ennemis. L'officier fait prévenir le général, qui envoie immédiatement en reconnaissance de ce côté, le 2e escadron du 1er Cuirassiers. Le capitaine Haas, se dirige sur Saint-Albert ; arrivé à trois ou quatre cents mètres du village, il voit défiler des colonnes ennemies et des batteries, qui s'établissent sur les hauteurs situées au nord. L'escadron s'arrête, le sous-lieutenant de Montenon est envoyé pour rendre compte au général de division, pendant que le maréchal des logis chef va au galop, sur les hauteurs à l'est de la route, informer les batteries du 7e corps, que l'ennemi arrive derrière elles. L'artillerie française ouvre immédiatement le feu.

Le capitaine Haas, pour se renseigner sur les forces de l'ennemi demande un sous-officier et deux hommes de bonne volonté. Le

maréchal des logis Destorey, le brigadier Kœnig et le cavalier
Julliard se présentent les premiers et sont envoyés en reconnaissance ; ils s'avancent assez près de l'ennemi, et déchargent
même sur lui leurs pistolets, sans qu'on leur réponde. L'escadron
pendant ce temps se forme en bataille dans la prairie, et voit
défiler le convoi qui rétrogradait, protégé par le peloton du
3e cuirassiers. Quelques chasseurs et hussards qui étaient à cheval
avec ces bagages, viennent se ranger à la gauche du 2e escadron,
demandant l'honneur de combattre à ses côtés.

Sur ces entrefaites arrive le capitaine de Masin avec le 3e escadron, puis quelques instants après le reste du régiment, moins
une division du 1er escadron, qui depuis le matin était avec
les bagages. Ces renforts étaient envoyés par le général Bonnemains, sur le compte rendu qui lui avait été fait par M. le sous-
lieutenant de Montenon.

Le régiment se forme en bataille, et le commandant d'Alincourt
se porte en avant, pour reconnaître le terrain. Un officier du
3e cuirassiers, amène une cinquantaine d'hommes à pied, armés
de carabines ; ces braves gens, au lieu de rétrograder sur Sedan
avec les bagages, avaient demandé à combattre, on les dispose en
tirailleurs dans les jardins qui sont au nord de Floing, et ils
commencent de suite le feu. Pendant que se passaient ces événements, les batteries prussiennes établies au nord du château de
Bellevue, avaient obligé les deux divisions Margueritte et Bonnemains à se déplacer, et elles s'étaient portées en arrière des
troupes du 7e corps dans un vallon près du calvaire d'Illy.

Vers neuf heures et demie le général envoie l'ordre au régiment
de se retirer, il rallie la division.

Les Prussiens ne tardent pas à s'emparer des premières maisons
de Floing, leur gauche s'étend vers le nord, et bientôt vingt-quatre
batteries sont établies de Floing à Fleigneux. Le général Margueritte fait charger cette artillerie, par ses trois régiments de
chasseurs d'Afrique, et deux escadrons de lanciers de la division

Ameil ; mais les efforts de ces braves cavaliers échouent devant les feux de l'infanterie.

Les deux ailes des armées ennemies continuent leur mouvement ; la droite de l'armée de la Meuse gagne la Scierie et Oily ; le 5e escadron des hussards de la Garde, après avoir rencontré sur ce point quelques partis de cavalerie qu'il ne parvient pas à arrêter, et qui s'échappent par la Belgique, vient opérer la jonction avec la gauche de la troisième armée. Désormais le cercle est fermé autour de l'armée française.

Une lutte opiniâtre s'engage alors autour du plateau d'Illy ; l'aile droite du 7e corps défend cette position avec une énergie incomparable, contre des forces toujours croissantes ; repoussée plusieurs fois, elle parvient à s'y établir de nouveau, mais à deux heures de l'après-midi, elle est obligée de l'évacuer définitivement.

L'aile gauche ne tarde pas à être ébranlée à son tour. Le général Douay ne dispose d'aucune réserve ; il a dû les envoyer au secours du 12e corps, et il ne peut que recourir à la cavalerie pour rétablir le combat. Le général Margueritte se porte alors en avant, il est frappé à mort en reconnaissant le terrain sur lequel va charger sa division. Les chasseurs d'Afrique et le 1er hussards se précipitent sur l'ennemi, et renversent ses premières lignes ; arrêtés par un feu terrible, ils viennent se reformer et repartent plusieurs fois à l'attaque, avec une telle intrépidité que des escadrons arrivent jusqu'à Saint-Albert, où ils jettent le désordre dans les convois. Si les régiments qui accomplirent cette brillante action de cavalerie ne purent arrêter un ennemi victorieux, ils eurent du moins l'orgueilleuse satisfaction de lui arracher un cri d'admiration, et le rapport du grand état-major allemand, leur a rendu un éclatant hommage. Cet ouvrage signale deux escadrons du 1er Cuirassiers, comme ayant pris part à cette charge mémorable ; c'est là une erreur qu'il est de notre devoir de relever.

La division était restée sur l'emplacement qu'elle était venue occuper vers neuf heures du matin, exposée au feu de l'artillerie.

Vers midi les balles commencent à arriver dans ses rangs. Le lieutenant Barbaud est blessé au poignet.

L'infanterie qui après avoir évacué le calvaire d'Illy, s'était réfugiée dans le bois de la Garenne, est bientôt forcée de l'évacuer, car l'ennemi le couvre de mitraille. Les débris de la charge des chasseurs d'Afrique en se repliant au galop viennent augmenter le désordre.

Soixante-et-onze batteries allemandes font converger leurs feux sur l'étroit espace dans lequel l'armée française se trouve refoulée, et de tous côtés on se précipite vers Sedan, cherchant un abri derrière les remparts de la ville. La division arrive à peu près en ordre, jusqu'aux environs de la place, mais à mesure que la tête avance, la colonne se désorganise de plus en plus ; les régiments sont séparés, c'est à peine si les capitaines commandants parviennent à garder leurs escadrons sous la main.

Le drapeau blanc ne va pas tarder à s'élever sur le clocher de Sedan ; mais avant ce cruel dénouement, une portion du régiment allait s'illustrer par un glorieux fait d'armes.

Héroïque tentative du 2ᵉ escadron. — En arrivant près des glacis de la place, le commandant d'Alincourt voyant que l'armée n'a plus d'autre ressource que de déposer ses armes, demande au capitaine Haas, qui se trouve à ses côtés, s'il est prêt à le suivre avec son escadron, pour tenter de forcer le passage. On consulte les hommes et tous ces braves gens, qui dans cette terrible journée n'avaient cessé de conserver une attitude admirable, répondent qu'ils marcheront derrière leurs officiers.

Le commandant d'Alincourt qui était suivi du lieutenant d'état-major Lafuente, part alors avec le 2ᵉ escadron, et se dirige en longeant les murs de la place, vers la porte de Cazal, qui se trouve en aval sur la rive droite. En passant près du cimetière, que l'ennemi occupait déjà, on essuie un feu assez violent, et on arrive non sans peine à la porte de la ville, où l'on se trouve sur la route que l'on va suivre.

Avant de se lancer dans cette direction le commandant d'Alincourt hésite un instant, devant la responsabilité d'une attaque
exécutée sans ordres. Il s'arrête, et consulte de nouveau les
officiers de l'escadron. Tous se déclarent fermement résolus à
marcher à l'ennemi, estimant qu'en présence du sort qui attend
fatalement l'armée, ils sont libres de tenter une entreprise, qui
les fera du moins tomber les armes à la main, si elle ne leur
permet pas de s'échapper. Ils ignoraient d'ailleurs, que le drapeau
blanc fût déjà arboré sur Sedan.

Le commandant donne alors l'ordre au trompette de sonner le
ralliement. Le brave Gousset, qui avait été médaillé pour sa
conduite à Frœschviller, exécute sa sonnerie suivie du refrain
du régiment, comme à la manœuvre. Le capitaine de Mazin
entend cet appel, il rallie son escadron au pied des glacis et se
met en marche pour rejoindre le 2e escadron qui déjà vient de
s'engager sur la route; mais il est bientôt arrêté par le flot
humain qui grossit incessamment et, malgré tous ses efforts, il
est immobilisé avec sa troupe. Les deux adjudants Frichoux et
Thomas qui se trouvaient ainsi que les maréchaux des logis
Marion et Beuve et une vingtaine d'hommes du 1er escadron, peu
éloignés du commandant d'Alincourt, au moment de la sonnerie,
parviennent à se faire jour jusqu'à lui.

En voyant partir les cuirassiers, le capitaine d'état-major
Mangon de Lalande attaché à la division Bonnemains, le sous-
intendant Seligmann-Lui, un capitaine de turcos et une fraction
du 5e escadron du 3e cuirassiers dirigée par le capitaine Fuchey
et le sous-lieutenant Diehl viennent se joindre à eux.

Il était environ quatre heures lorsque la colonne se met en
marche au pas se dirigeant sur le faubourg de Gaulier. A quatre
ou cinq cents mètres de la porte de la place, la route forme un
coude; lorsqu'on y arrive on se trouve subitement en présence de
quelques fantassins ennemis, qui font feu immédiatement. On

continue à marcher au pas tout en sabrant les fantassins ; l'un d'entre eux est tué par un cuirassier à côté du capitaine Blanc : les autres s'empressent de lever la crosse en l'air.

On arrive au faubourg de Gaulier, que l'on trouve occupé par un bataillon prussien. Le commandant d'Alincourt part au galop, la colonne traverse la grande rue du faubourg sous un feu terrible partant des portes et des fenêtres de toutes les maisons, elle sabre et met en fuite tout ce qu'elle rencontre sur son passage. Ceux qui ne sont pas atteints continuent leur marche ; le cheval de l'adjudant Thomas est tué, ce sous-officier se relève, saisit de la main gauche l'étrier d'un cavalier qui passait à sa portée, et il suit l'escadron au galop, jusqu'à ce qu'il vienne tomber épuisé en dehors du village.

A la sortie du faubourg de Gaulier, on est assailli par le feu convergent des troupes qui couronnent le coteau situé à droite de la route. Le désordre le plus complet ne tarde pas à se mettre dans la colonne. Sur un parcours de moins de deux cents mètres, le capitaine de Lalande et le lieutenant Théribout tombent percés de balles ; le capitaine Haas reçoit une balle dans l'épaule, son cheval est tué ainsi que ceux du capitaine Blanc et du sous-intendant Seligmann-Lui. Le lieutenant Lafuente, dont le sabre s'était cassé dans la lutte engagée dans le faubourg, a également son cheval tué, mais il saute sur un cheval resté sans cavalier et poursuit sa marche ; le sous-lieutenant de Montenon est blessé d'un coup de feu à la joue gauche.

Le maréchal des logis Destorey, en voyant tomber son chef de peloton, avait sauté à terre pour lui offrir son cheval ; mais M. Théribout ne peut que le remercier de son noble dévouement, et il tombe pour ne plus se relever. Destorey remonte alors à cheval et rejoint son escadron.

Le brave commandant d'Alincourt bien que n'ayant plus avec lui qu'une poignée d'hommes, continue sa marche en avant. Tout à coup il est assailli par des hussards, qui étaient à gauche dans la prairie. Cette attaque augmente encore le désordre de la colonne mais ne parvient pas à arrêter son élan.

Le commandant avec une fraction continue sur Saint-Albert, où il vient se heurter contre des uhlans ; il tombe blessé, le lieutenant Anyac est atteint de trois coups de feu. MM. Garnier et de Montenon, avec une autre fraction, se jettent sur la gauche, et arrivent sur les bords de la Meuse. Ils se préparaient à passer le fleuve à la nage, après s'être débarrassés de leurs cuirasses, lorsque les uhlans arrivent sur eux et les font prisonniers.

Tout ce qui avait fait partie de cette troupe héroïque, et qui n'était pas resté tué ou blessé sur le chemin que l'on venait de parcourir, tombait entre les mains de l'ennemi, et se retrouva le soir à Saint-Menges, pour de là être dirigé sur Donchéry et ensuite sur l'Allemagne.

Cette tentative si audacieuse n'avait pas fait autant de victimes que l'on pourrait le supposer. En dehors du lieutenant Théribout, les documents n'accusent que cinq hommes de troupe tués dans la journée de Sedan, ce sont : les cuirassiers Bernier, Dupont, Iffli, Robert et Roudil. Le nombre des pertes a été certainement plus considérable, mais la dispersion du régiment jusqu'au mois d'avril 1871, n'a pas permis de recueillir des renseignements précis.

Au nombre des blessés, nous pouvons citer le maréchal des logis Belœil, les brigadiers Albert et Mainville, les cuirassiers Ancel (deux blessures), Brun, Gandilliet, Joffre, Miriel, Simon, Tatu (deux blessures).

Sur les murs d'une ancienne chapelle, qui se trouve à l'entrée du village de Floing, on a placé une plaque de marbre, sur laquelle on lit : « Ici-près, a été tué le capitaine d'état-major « Mangon de Lalande avec plusieurs cuirassiers, dans la charge « du 2e escadron du 1er régiment. Priez pour eux. »

Si cruel que soit le souvenir de cette journée à jamais néfaste du 1er septembre, l'armée française n'en est pas moins en droit de s'enorgueillir, de l'héroïsme qu'elle a déployé, et elle peut avec fierté invoquer le témoignage même du vainqueur.

Le rapport du grand État-major allemand, après avoir exposé la charge de la division Margueritte, s'exprime ainsi : « Bien que « le succès n'eût pas répondu aux efforts de ces braves escadrons, « bien que leur héroïque tentative ait été impuissante à conjurer « la catastrophe à laquelle l'armée française était irrémissiblement « vouée, celle-ci n'en est pas moins en droit de jeter un regard de « légitime orgueil vers ces champs de Floing et de Cazal, sur « lesquels, dans cette mémorable journée de Sedan, sa cavalerie « succomba glorieusement sous les coups d'un adversaire victo- « rieux ».

Le même ouvrage dit à propos du régiment : « Le chef d'esca- « drons d'Alincourt tentait de son côté, un dernier et suprême « effort, pour percer à la tête du 2e escadron du 1er Cuirassiers. « Lors de la retraite de la division de cavalerie Bonnemains, « cet officier, trouvant la porte nord de Sedan complètement « obstruée, avait gagné la face ouest pour pénétrer en ville par la « porte de Mézières. Celle-ci était déjà fermée, et les cuirassiers « ne pouvant se la faire ouvrir, s'élançaient alors sur Cazal, en « colonne par pelotons ; mais c'était pour tomber, ainsi que leur « vaillant commandant, sous le feu de l'infanterie prussienne. »

Enfin nous citerons encore ce passage de l'historique du 2e hus- sards prussien : « Une cavalerie ne peut pas charger avec plus de « véhémence, ne peut pas se sacrifier avec plus de dévouement « pour les autres armes, ne peut pas offrir avec plus de mépris de « la mort, jusqu'à la dernière goutte de son sang pour une armée « en détresse, que ne l'ont fait les cuirassiers français, déjà décimés « par leurs prouesses de Wœrth, les chasseurs, les lanciers et les « hussards qui tous rivalisèrent de grandeur d'âme, pour « sauver l'honneur de l'armée. Nous, Leib Husaren, qui avons « assisté à ces glorieuses charges, nous comprenons bien que les

« Français contemplent avec orgueil ces plaines d'Illy, de Floing
« et de Cazal, où sont tombés si noblement tant de vaillants
« escadrons. »

Les 3e et 4e escadrons du régiment et la portion du 1er qui ne se
trouvait pas avec le commandant d'Alincourt, bivouaquèrent
isolément sur les glacis de Sedan. Le lendemain ils vinrent se
réunir, et rallier la division au faubourg de Torcy, où les armes
furent rendues. Le jour suivant 3 septembre, la division montait
à cheval sans armes, et après avoir passé la porte de Torcy,
mettait pied à terre et livrait ses chevaux aux Prussiens. Les
hommes furent ensuite conduits à pied dans la presqu'île d'Yges,
que nos infortunés soldats ont surnommée le Camp de la Misère,
et ils y furent internés jusqu'au 10 septembre, sans vivres et sans
abris.

Les officiers et la troupe furent dirigés à pied sur Pont-à-Mous-
son où ils furent embarqués en chemin de fer et envoyés en
Allemagne. Nombre d'hommes moururent en captivité ; les noms
que nous avons pu recueillir sont ceux des cuirassiers Bonnet,
Charbonnaux, Crespin, Faivre, Gousseaux, Gutknecht, Petrée,
Stoltz.

Après la conclusion de la paix, les prisonniers de guerre furent
rapatriés dans le courant de mars et d'avril 1871. Tout le personnel qui avait appartenu au 1er Cuirassiers, fut dirigé sur Ancenis
où était stationné le dépôt.

Dépôt

Le dépôt composé du peloton hors rang, et du 5e escadron, sous
le commandement du major Boulangé, se trouvait à Nancy au
moment de la déclaration de guerre. Le 8 août 1870, il reçoit
l'ordre de partir par les voies ferrées, il est dirigé sur Toul, et y
arrive le même jour.

Le 11 août, il quitte cette ville en chemin de fer, pour être dirigé sur le camp de Châlons où il arrive le 13.

Il repart le 16 août, toujours par les voies ferrées, il est dirigé sur Vendôme où il arrive le 19.

Dans cette ville, il reçoit successivement les nouveaux contingents et organise des escadrons destinés à la formation de régiments de marche. Le 11 septembre il fournit un premier escadron au 2e cuirassiers.

Le 21 septembre le dépôt se rend par étapes à Ancenis, en suivant l'itinéraire Montoire, Château-du-Loir, le Lude, Baugé, Seiches, Angers, Ingrandes et Ancenis, où il arrive le 28 septembre.

Le 3 octobre il envoie un escadron au 4e cuirassiers de marche.

Le 26 novembre il en envoie un au 8e cuirassiers de marche, et enfin le 7 janvier 1871 un autre au 9e cuirassiers.

Au mois de mars 1871, un ordre du Ministre de la Guerre prescrit que le 1er régiment de Cuirassiers se réorganisera à Ancenis. Le 1er Cuirassiers de marche doit être dirigé sur le dépôt, ainsi que tous les officiers et hommes de troupe du régiment qui sont rentrés de captivité.

1er régiment de marche de Cuirassiers

Le 1er régiment de marche de Cuirassiers fut constitué le 1er septembre à Vendôme, sous le commandement du lieutenant-colonel d'Hauteville, commandant la section de cavalerie de Saint-Cyr. Les 5e, 6e 7e et 10e cuirassiers avaient fourni chacun un escadron pour le former.

Le 7 septembre le régiment reçoit l'ordre de se rendre à Paris par les voies ferrées. Il y arrive le 8 septembre en deux trains : le colonel est avisé par l'intermédiaire du chef de gare, d'avoir à se rendre à Versailles.

Le régiment séjourne dans cette ville du 9 au 13 septembre, en attendant sa nouvelle destination.

Le 13 septembre il reçoit l'ordre de se rendre à Rambouillet, et de là à Blois où il doit se réunir au 9e cuirassiers de marche, pour former une brigade commandée par le général Ressayre. Cette brigade doit constituer avec la brigade Jollif-Ducolombier (6e hussards et 6e dragons) la division de cavalerie du 15e corps, commandée par le général Reyau.

Le régiment arrive à Rambouillet le 14, à Maintenon le 15, à Chartres le 16, à Bonneval le 17, à Cloyes le 18, à Vendôme le 19, où il fait séjour, et enfin à Blois le 21.

Le 22 il est envoyé sur Mer d'où il doit détacher tous les jours un escadron sur Beaugency. Cet escadron fournit lui-même un peloton à Meung, un autre à Cravant.

Le 26, le régiment part dans la nuit pour Orléans. Cette ville avait été évacuée par les Français. Lorsque le 1er de marche y arrive à six heures du matin, toutes les autorités étaient parties. Le régiment passe sur la rive droite de la Loire, et va camper le 27 à Lailly avec le 6e hussards.

Il revient le 28 à Mer, et le 30 à Orléans.

Il y reste les 1, 2 et 3 octobre, puis lorsque le 15e corps sous les ordres du général de la Motterouge, prend l'offensive dans la direction de Paris, il se porte sur Chevilly avec la division Reyau.

Combat de Toury. — Le 5 octobre, il prend part au combat de Toury. Parti de Chevilly à deux heures du matin, il se trouve à six heures devant Toury occupé par les Bavarois, qui s'appuyaient à la chaussée du chemin de fer. La division Reyau soutenue par de l'infanterie, se porte à l'attaque du village sur trois colonnes, à droite la brigade Ressayre (1er Cuirassiers de marche, un bataillon de turcos, 9e cuirassiers) ; au centre la brigade de Longuerue ; à gauche, la brigade Michel, débordant Toury pour le tourner. Le village est enlevé par un bataillon de chasseurs à pied. La brigade Ressayre se porte alors en avant par Chaussey

15

et Tivernous ; ces deux villages sont évacués par l'ennemi ; on se lance à la poursuite de la cavalerie bavaroise. Le régiment continue cette marche jusqu'à deux heures environ. Il rentre à Chevilly à sept heures du soir. Le 6 octobre la brigade Ressayre reçoit l'ordre de quitter Chevilly à 11 heures du soir, avec une batterie d'artillerie, pour Pithiviers, où elle arrive après avoir fait un repos de 5 heures à Neuville ; là, elle trouve la division Reyau, campée sur le plateau (brigade de Longuerue, brigade Michel, brigade Nansouty, un bataillon de tirailleurs algériens, un bataillon de chasseurs à pied). Après avoir séjourné le 8 à Pithiviers, la division part le 9 à la nuit, pour Chevilly en passant par Neuville. Le régiment forme l'arrière-garde ; le 4e escadron, extrême arrière-garde, escorte le convoi.

Bataille d'Arthenay. — Le 10 octobre a lieu la bataille d'Arthenay, contre l'armée du général Von-der-Thann. L'action s'engage à dix heures contre l'avant-garde des Bavarois. A onze heures le régiment entre en ligne, la droite à la Croix-Briquet.

Bientôt l'ennemi prend l'avantage, grâce à la supériorité de son artillerie ; l'armée française est menacée sur ses ailes. Le régiment prend alors une position perpendiculaire à la première ; le 9e cuirassiers vient se placer à sa droite.

A trois heures cette deuxième position est tournée à son tour, et l'armée française bat en retraite. Le régiment revient sur Orléans, en passant par la forêt. Il bivouaque sur le Mail à Orléans.

Le lendemain, l'armée française passe sur la rive gauche de la Loire, après un nouveau combat à la suite duquel l'armée allemande occupe Orléans. Le 11 octobre, le régiment bivouaque au château de la Source, qu'il quitte à dix heures du soir pour aller s'établir au bivouac dans un champ à quatre lieues d'Orléans.

Le 12, il arrive à la Ferté-Saint-Aubin et prend position au Rabot, en arrière de la Ferté, qui est occupée par l'infanterie et l'artillerie du 15e corps.

Le 13 octobre, le général d'Aurelles de Paladines remplace le général de la Motterouge dans le commandement du 15e corps.

Le 14, le régiment se porte sur Nuits, et le 15 sur la Motte-Beuvron, où se trouve tout le 15e corps.

Le 16, deux escadrons du régiment, sous les ordres du commandant Perrin, se joignent à un bataillon de chasseurs à pied et un escadron du 6e dragons pour faire une reconnaissance sur la Ferté-Saint-Aubin, sous la direction du colonel Tillion. Un parti bavarois qui s'était avancé jusqu'à la Ferté se retire à l'approche du détachement.

Du 17 au 26 octobre, le régiment se trouve à Salbris, où se réorganise l'armée de la Loire.

Le 20, le général de Brémond d'Ars prend le commandement de la brigade, en remplacement du général Ressayre nommé au commandement de la division de cavalerie du 16e corps, nouvellement formé.

Le 27, le régiment se porte sur Vierzon, et de là, il s'embarque en chemin de fer le 29, pour aller à Mer où il arrive le lendemain 30.

Il quitte Mer le 3 novembre pour Suèvres, où il reste jusqu'au 6. Ce jour-là, le général Tillion prend le commandement de la brigade, en remplacement du général de Brémond d'Ars, appelé à commander une division d'infanterie du 17e corps.

Le 7, le régiment se dirige sur Marchenoir pendant que la division Ressayre du 16e corps prend part au combat de Vallière. Le 8, il arrive à Lérouville. Dans ce mouvement offensif de l'armée française, la division Reyau fait partie du centre qui s'avance vers la ligne Orléans-Patay.

Le général Von-der-Thann a pris position à hauteur de Baccon et Coulmiers.

Bataille de Coulmiers. — Le 9 novembre a lieu la bataille de Coulmiers. Les divisions de cavalerie du 15e et du 16e corps sont réunies sous le commandement du général Reyau. Elles forment l'extrême gauche de la ligne de bataille, faisant face à Saint-Péravy-la-Colombe ; elles avaient pour mission de tourner la droite de l'ennemi vers Champs et Saint-Sigismond. Le général Reyau attaque ces villages, et les fait canonner par son artillerie. La cavalerie est sur deux lignes, la division du 15e corps en première ligne, pour protéger le tir des batteries. En allant rectifier le tir de sa batterie, le général Ressayre commandant la cavalerie du 16e corps est blessé, il est remplacé par le général Abdelal.

Une battérie ayant été placée de façon à prendre d'écharpe l'artillerie ennemie, la division du 15e corps se déplace et se forme en colonne serrée par régiment dans une direction perpendiculaire à la première pour appuyer cette batterie. L'ennemi abandonne ses positions.

A 5 heures, le général Reyau se croyant menacé par de l'infanterie ennemie vers Villamblain, se replie sur Lerouville. Ce mouvement rétrograde empêcha la division de poursuivre l'ennemi ; lorsque le soir il battit en retraite, le général Von-der-Thann put se retirer sur Étampes sans être inquiété.

Le 10 novembre, le régiment quitte Lérouville et va bivouaquer près de Coulmelle, où il reste les 11, 12 et 13 novembre.

Le général Reyau avait été remplacé dans le commandement de la division de cavalerie du 15e corps par le général de Longueruc.

Après le succès de Coulmiers, l'armée française ne continua pas le mouvement offensif et s'établit en avant d'Orléans.

Le 14 novembre, le régiment reçoit l'ordre de prendre ses cantonnements à la ferme de la Haye et à Saint-Sigismond ; le 17, à une heure, il les quitte pour se rendre à Saint-Lyé, où il arrive à minuit et demi ; il reste sur ce point le 18 et le 19.

Le 19 novembre, il va cantonner aux Chapelles-Chevilly, à la gauche du 9e cuirassiers qui est établi aux Mardelles-Chevilly.

Le 21, le lieutenant-colonel d'Hauteville est nommé colonel, par décret du 18 novembre ; il conserve le commandement du régiment. Le 23, le chef d'escadrons Tondon est nommé lieutenant-colonel.

Le 24, le régiment escorte un convoi jusqu'à Saint-Lyé ; la 2e division du 4e escadron, sous les ordres du capitaine Delebarre, se joint au 39e de ligne pour former l'arrière-garde du convoi ; il y eut une escarmouche sans importance avec l'ennemi.

Le 25, le régiment se porte sur Loury où il séjourne le 26 et le 27.

Ces jours-là, l'armée française avait pris l'offensive dans la direction de Pithiviers. Elle livrait les 27 et 28, les combats de Juranville, Maizières, Beauné-la-Rolande.

Le 27, le régiment se met en marche sur Marigny.

Le 28, il prend position avec le 9e cuirassiers sur la route d'Orléans à Neuville, en arrière de Loury. Le canon gronde à la droite jusqu'à six heures du soir. Le régiment rentre dans ses cantonnements et repart à minuit pour Neuville-aux-Bois, sous les ordres du général de Boerio.

Le 29, il quitte Neuville et revient à Loury retrouver le 9e cuirassiers.

Dans les premiers jours de décembre, l'armée allemande reprend l'offensive, et après les combats de Villepion et de Loigny, force l'armée française à battre en retraite.

Le 2 décembre, le régiment se porte de Loury sur Bougié, et le 3 de Bougié sur Saint-Lyé. Il s'établit pendant quatre heures sur la grand'route d'Orléans, qui traverse le village. Il remonte à cheval pour se rendre aux Chapelles-Chevilly. Arrivé là, il revient sur les Mardelles, pour se joindre au 9e cuirassiers et prend position en avant de la route de Saint-Lyé à Chevilly, en bataille parallèlement à la route, le 9e cuirassiers en potence à la droite du 1er de marche. Il y eut là une légère escarmouche.

A 6 heures, le 1er Cuirassiers de marche quitte sa position, et rentre à Saint-Lyé, où il se joint à la division Martin des Pallières qui a évacué Neuville et Chilleurs-aux-Bois.

A quatre heures du matin, le régiment bat en retraite avec tout le 15e corps qui se dirige par Orléans sur la Sologne. Le 4 décembre il se trouve à Orléans, Saint-Mesmin, Jouy-le-Potier. Le 4e escadron détaché auprès du commandant de la place d'Orléans, a formé un poste en observation sur la route sous les ordres du maréchal des logis Puget ; un cavalier de ce poste, le nommé Fortier, est blessé au bras.

L'armée allemande après avoir occupé Orléans, et rejeté l'armée française, partie sur la rive droite de la Loire, partie sur la rive gauche, a envoyé quelques troupes à la poursuite du 15e corps.

Le régiment après avoir passé à Ligny-le-Chastel le 5, à Saint-Viat et Marcilly-en-Gault le 6, à la Selle-Saint-Denis le 7, repart à sept heures du soir de ce dernier point, et arrive à Neuvy-sur-Baraugeon pour y passer la nuit. Il n'y reste que deux heures, repart et arrive à Bourges à une heure après-midi.

Affaire de Neuvy. — Le 4e escadron (capitaine Crousse), qui n'avait quitté Orléans que le 4 décembre à onze heures du soir, arrive à Neuvy le 8, vers la fin du jour. Il y est supris par les éclaireurs ennemis, infanterie et cavalerie. Le capitaine Crousse secondé par le capitaine en second Delebarre, se tire heureusement de cette position. Le maréchal des logis chef Tardieu est blessé d'un coup de feu au bras gauche, le maréchal des logis de Polignac a son cheval tué sous lui. Le capitaine Crousse opère sa retraite sur Bourges. Le maréchal des logis Laroche chargé de couvrir la retraite réunit quelques hommes, auxquels il adjoint les francs-tireurs qui se trouvent dans le village. Cette arrière-garde arrête la poursuite, et la bonne contenance de cette petite troupe permet à l'escadron de se retirer sans être inquiété. Le maréchal des logis Dagonneau a une épaulière de sa cuirasse coupée par une balle. L'escadron est cité à l'ordre du jour de la division. Le maréchal des logis chef Tardieu fut fait chevalier de la Légion d'honneur le 5 mai 1871.

Le régiment séjourne à Bourges le 9 décembre, il est à Arçay et Saint-Lumaise le 10 et le 11 ; à Morthomier et au Subdray du 12 au 15 ; à Preuilly du 16 au 19 ; au Subdray et à Morthomier le 20 et le 21 ; à Lury du 22 au 24 ; à Saint-Hilaire-du-Temple du 25 au 30. Le 31 décembre il se trouve à Lury, où il reste jusqu'au 4 janvier 1871.

Armée de l'Est. — Vers la fin de décembre le gouvernement de la Défense nationale avait constitué l'armée de l'Est, destinée à opérer dans la direction de Belfort. Le 15ᵉ corps avec la division de cavalerie de Longuerue, dont fait partie le 1ᵉʳ Cuirassiers de marche, entre dans la composition de cette armée. Toutefois pendant l'embarquement des corps d'armée, la division de Longuerue reste autour de Vierzon pour couvrir Bourges, et former un rideau de diversion.

Le 4 janvier seulement, le régiment quitte Lury à six heures du soir et bivouaque à Bourges, le 5 il s'embarque en chemin de fer pour Besançon. A cause de l'encombrement des voies ferrées il n'arrive que le 6 à Nevers, le 7 à Dôle, le 8 à Saint-Vit et le 9 à huit heures du soir à Besançon. Il cantonne deux escadrons à Chaperais, deux escadrons à Petit-Vaire.

L'armée du général Bourbaki était déjà loin, et livrait ce jour-là le combat de Villersexel.

Le régiment reste les 10, 11 et 12 janvier, cantonné à Novillard, Petit-Vaire, Malmaison. Le 13 il se porte sur Verne et Luxiol, où il reste jusqu'au 18.

On reçoit alors la nouvelle de l'échec de Bourbaki devant Héricourt le 17. Le régiment fait un mouvement en avant sur Roche et Thyse, où il séjourne le 19 et le 20, puis il quitte ses cantonnements pour se retirer sur Besançon. Il arrive après avoir traversé cette ville, à Bussy et Vorges, où il reste le 22.

En ce moment, l'armée de l'Est en retraite venait se grouper par les deux rives du Doubs, autour de Besançon, pendant que l'armée de Manteuffel lui coupait la retraite sur Dijon. Elle dut se retirer sur Pontarlier. Le 23 janvier, le 1ᵉʳ Cuirassiers de marche occupe Pessaus en arrière de Quingey, et le même jour il reçoit l'ordre d'aller cantonner à Deservillers et l'Abergement, où il arrive à onze heures du soir.

Après être resté le 24 dans ces localités, il se porte sur la Rivière et Bouverans.

Le 26, l'armée allemande a passé le Doubs, et s'avance par Salins et Pont-d'Héry, pour couper la retraite de l'armée française par le sud. Le régiment quitte la direction de Pontarlier, arrive le 26 à Mièges et Onglières; le 27 à Vandioux et Pillemoine, échappant ainsi à la catastrophe qui allait rejeter en Suisse l'armée de l'Est.

Le 27, à six heures du soir, il quitte ses cantonnements, et arrive la nuit à Doucier. Le 28, il se porte sur Orgelet, le 29 sur Saint-Amour, mais arrivé à Puymorin, il est arrêté par l'annonce de l'armistice; il cantonne à Puymorin et Echailla.

Le 30, il continue sur Saint-Amour, où il séjourne le 31.

Le département du Jura n'étant pas dans les limites fixées par l'armistice, le régiment part le 1er février pour aller s'établir à Montrevel, dans l'Ain. Il y reste du 2 au 6. Le 7, il se porte sur Pont-de-Veyle où il séjourne jusqu'au 15 mars.

Le 15 mars, il se dirige par Charentais et Anse sur Villefranche où il cantonne du 17 au 22.

Le 22 à 7 heures du soir, il quitte Villefranche par ordre du général Crouzat, traverse Lyon à minuit, et va camper à Venissieux.

Le 24, le régiment traverse Lyon de nouveau pour se rendre à Sathonay, mais à la sortie de la ville il reçoit l'ordre de rentrer à Venissieux, il y reste le 25 et le 26 mars, il séjourne à Lyon les 27, 28 mars, à Villefranche le 29.

Il part pour Moulins le 30, en passant par Mâcon, Crèches, Cluny le 31, Charolles les 1er et 2 avril, Dégoin le 3, Dompierre le 4, il arrive à Moulins le 5.

Le 6 avril, le régiment s'embarque en chemin de fer, sur l'ordre du général commandant la place de Moulins, pour se rendre à Ancenis, où il arrive le 8.

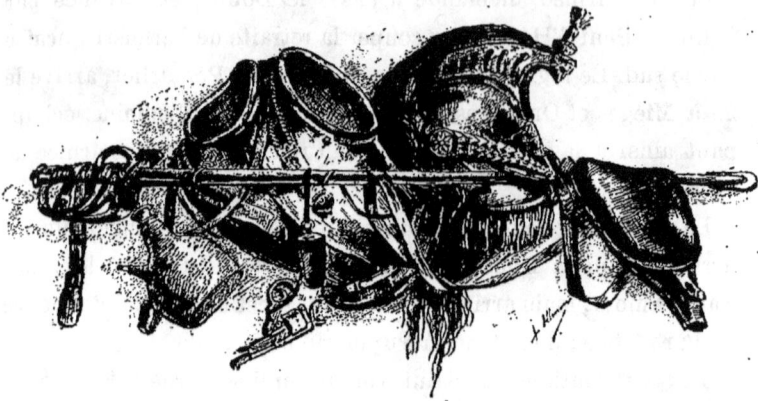

Période de 1871 à 1888

Au mois de mai 1871, le régiment est reconstitué, et est commandé par le colonel d'Hauteville.

Le 4 mai, les 5e et 6e escadrons sont détachés à Varades et à Ingrandes, où ils restent jusqu'au 19 septembre.

Par décret du 3 juin, le capitaine Blanc, le lieutenant Garnier et le sous-lieutenant de Montenon, qui avaient pris part à la charge du 1er septembre, sont nommés chevaliers de la Légion d'honneur.

Par ordre du Ministre de la Guerre, en date du 12 septembre 1871, le régiment doit se rendre à Melun. Il part en cinq colonnes. La première composée de l'état-major et du 1er escadron, sous le commandement du lieutenant-colonel Mariani, quitte Ancenis en chemin de fer le 13 septembre, elle débarque à Corbeil et continue sa route à cheval pour arriver à Melun le 15. La deuxième colonne composée des 3ᵉ et 4ᵉ escadrons, sous le commandement du chef d'escadrons d'Alincourt, part le 18 septembre et voyage par étapes pour arriver à destination le 4 octobre. La troisième colonne composée des 5ᵉ et 6ᵉ escadrons, sous le commandement du chef d'escadrons Boucher, part d'Ingrandes le 19 septembre et arrive le 5 octobre. La quatrième colonne composée du 2ᵉ escadron, sous le commandement du capitaine de Masin, part le 21 septembre et arrive le 7 octobre. La cinquième colonne composée du dépôt sous le commandement du capitaine d'habillement Chopin, part en chemin de fer le 26 septembre, débarque à Corbeil et se rend par voie de terre à Melun où elle arrive le 27.

L'effectif est à cette date de cinquante et un officiers, cinq cent quatre-vingt-deux hommes et quatre cent quatre-vingt-quinze chevaux. Dans le courant de l'année on a reçu soixante-six chevaux de remonte.

1872. — Le régiment reçoit environ cent cinquante jeunes soldats et cent trente-trois chevaux de remonte.

1873. — Par ordre du Ministre, le 1ᵉʳ Cuirassiers doit se rendre à Commercy. Il se met en marche en trois colonnes. La première composée des 4ᵉ et 5ᵉ escadrons, sous le commandement du chef d'escadrons d'Alincourt, part le 23 octobre à l'effectif de douze officiers, cent cinquante-six hommes et cent quatre-vingt-quatorze chevaux, elle arrive le 4 novembre. La deuxième composée de l'état-major et des deux premiers escadrons, sous le commandement du colonel, part le 24 octobre, à l'effectif de vingt officiers, deux cent soixante-trois hommes et deux cent quatre-vingt-dix chevaux, elle arrive le 5 novembre. La troisième composée du peloton hors-rang et des hommes à pied sous le commandement du capitaine-trésorier Regnauld part en chemin de fer le 27 octobre à l'effectif de deux officiers, soixante-treize hommes, huit enfants de troupe et cinq chevaux ; elle arrive le même jour.

Au mois d'octobre on forme de nouveaux régiments de cavalerie au moyen de prélèvements effectués sur ceux qui existent déjà. Le 1er Cuirassiers perd le lieutenant-colonel Mariani désigné pour prendre avec son grade le commandement du 26e dragons. Il fournit en outre au 23e dragons : un chef d'escadrons, le commandant Boucher ; un adjoint au trésorier, le lieutenant Allaire : un porte-étendard, le sous-lieutenant Chevallot, plus son 3e escadron complet, comprenant : MM. Heymann, capitaine commandant, Blondeau, capitaine en deuxième, Jouanne et Thomassin, lieutenants, Geneau et Bouché, sous-lieutenants, et un effectif de quatre-vingt-quatorze hommes et quatre-vingt-dix-huit chevaux. Cet escadron quitte Melun le 28 octobre pour se rendre à Meaux. Le lieutenant-colonel Baillod qui était à la suite du régiment, est mis en pied, en remplacement du lieutenant-colonel Mariani.

Dans le courant de l'année le régiment a reçu cent deux chevaux de remonte.

1874. — Le colonel avec les 1er et 2e escadrons prend part aux manœuvres d'automne. La colonne composée de dix-sept officiers, deux cent quarante-six hommes, deux cent soixante-dix-sept chevaux, part le 13 septembre et rejoint le 15 à Varennes le 5e cuirassiers avec lequel elle doit former sous les ordres du général Torel une brigade de la division commandée par le général de Montaigu. Le colonel rentre à Commercy le 26 septembre.

Pendant l'année, le régiment a reçu deux cent quatre-vingt-six jeunes soldats et cent un chevaux de remonte.

1875. — Le 3 février le colonel d'Hauteville est nommé officier de la Légion d'honneur.

Au mois de juillet le régiment se rend aux manœuvres du camp de Châlons. Les 3e et 4e escadrons sous les ordres du lieutenant-colonel Baillod partent le 26 juillet à l'effectif de quatorze officiers, deux cent vingt hommes, deux cent quinze chevaux et arrivent le 30 à Vadenay.

L'état-major et les 1er et 2e escadrons sous les ordres du colonel partent le 27 juillet à l'effectif de quinze officiers, deux cent quarante-six hommes, deux cent quarante-cinq chevaux et arrivent le 27 août à la ferme de Piémont.

Le régiment exécute avec le 5e cuirassiers, des applications du service en campagne, sous la direction du général Torel.

Le deux colonnes repartent les 26 et 28 août, et arrivent à Commercy les 30 août et 1er septembre.

Le régiment a reçu trois cent treize jeunes soldats et cent dix-neuf chevaux de remonte.

1876. — Le 21 février le lieutenant-colonel Baillod est nommé colonel du 3e cuirassiers et est remplacé par M. Braun, chef d'escadrons du 4e cuirassiers.

Au mois d'avril le dépôt est transféré à Troyes, il quitte Commercy le 4 avril à l'effectif de dix officiers, cent trente-deux hommes et soixante-dix-huit chevaux. Il arrive à destination le 10 avril.

Au mois de juillet le régiment est envoyé à Paris pour faire partie de la division Bonnemains et former avec le 5e cuirassiers la brigade du général Boré-Verrier. Les 1er et 2e escadrons sous les ordres du lieutenant-colonel Braun, partent le 25 juillet et arrivent le 5 août. L'état-major et les 3e et 4e escadrons, sous les ordres du colonel, partent le 26 juillet et arrivent le 6 août. Le dépôt et le 5e escadron sous les ordres du capitaine Richez, partent de Troyes le 2 août et arrivent le 8.

Le régiment a reçu cent trente-huit jeunes soldats et cinquante-neuf chevaux de remonte.

1877. — La brigade prend part aux manœuvres de cavalerie qui s'exécutent dans le département de Seine-et-Marne. Le régiment part le 31 août à l'effectif de trente et un officiers, quatre cent soixante-deux hommes, quatre cent soixante-neuf chevaux. Du 1er au 7 septembre il manœuvre aux environs de Rosoy, Gretz, Ozouer-la-Ferrières. Il rentre à Paris le 8 septembre.

Le régiment a reçu cent quatre-vingt-trois jeunes soldats et vingt-huit chevaux de remonte.

1878. — Par décret du 30 mars, le colonel d'Hauteville est nommé général de brigade et remplacé au régiment par le colonel Thomas de Dancourt, qui commandait les dépôts de remonte d'Algérie.

Le régiment a reçu cent quatre-vingt-huit jeunes soldats et cent cinquante chevaux de remonte.

1879. — Par décret du 3 juin, le colonel de Dancourt est nommé général et remplacé par M. Lenfumé de Lignières, lieutenant-colonel du 6ᵉ chasseurs.

Au mois de septembre, la division prend part, avec la 4ᵉ division de cavalerie, à des manœuvres à double action dans le département de Seine-et-Marne, sous la direction du général de Galliffet. Le régiment part le 1ᵉʳ septembre, à l'effectif de trente-quatre officiers, quatre cent cinquante-six hommes, quatre cent cinquante-sept chevaux. Le 3, il est rendu dans ses cantonnements ; les manœuvres s'exécutent du 4 au 18. Le 20, on se met en marche pour rejoindre la garnison, où on arrive le 21.

Au mois de septembre, le régiment reçoit l'ordre d'aller tenir garnison à Maubeuge.

Le peloton hors rang part en chemin de fer le 1ᵉʳ octobre, à l'effectif de cinq officiers, quarante-six hommes, cinq chevaux, sous les ordres du major Guise, et arrive à destination le même jour. La première colonne, comprenant les 2ᵉ, 3ᵉ et 4ᵉ escadrons, part également le 1ᵉʳ octobre, à l'effectif de vingt-quatre officiers, quatre cent trente et un hommes, trois cent quatre-vingt-douze chevaux, sous les ordres du colonel, et arrive le 9. La deuxième colonne, comprenant les 1ᵉʳ et 5ᵉ escadrons, part le 5 octobre, à l'effectif de douze officiers, deux cent soixante-sept hommes, deux cent quarante-neuf chevaux, sous les ordres du commandant de la Rochetulon; elle passe le 15 octobre à Landre-cies, où elle laisse le 1er escadron.

Le 5e escadron arrive le lendemain 16 à Maubeuge.

Par décret du 25 octobre, le colonel de Lignières est appelé au commandement du 2e chasseurs; il est remplacé par M. Salvage de Clavières, lieutenant-colonel du 4e hussards.

Le régiment a reçu deux cent cinq jeunes soldats et cent seize chevaux de remonte.

1880. — Le 14 mai, le colonel reçoit, à six heures du soir, l'ordre de renvoyer les réservistes par anticipation et de partir, avec quatre escadrons de cent hommes, en tenue de campagne, pour se diriger sur Lille, où des grèves viennent d'éclater. Le 1er escadron s'embarque en chemin de fer à Landrecies, à trois heures du matin; les escadrons de Maubeuge s'embarquent : le 2e à six heures du matin, le 3e à neuf heures, le 4e à midi.

En arrivant à Lille, le régiment est caserné au quartier de la Madeleine. Le 24 mai, les 3e et 4e escadrons, sous le commande-ment du lieutenant-colonel Braun, partent pour rejoindre par étapes la garnison, où ils arrivent le 26. Les 1er et 2e escadrons, sous les ordres du colonel, partent de Lille le 31 mai, et ils arrivent le 1er juin : le 2e escadron à Maubeuge, le 1er à Landre-cies. A la date du 31 mai, le général Lefebvre, commandant le 1er corps d'armée, adresse au régiment un ordre du jour dans lequel il le félicite de son attitude parfaite, de son esprit excellent et de sa conduite pendant les grèves.

Le 10 juillet le colonel se rend à Paris avec trois officiers et huit hommes de troupe, pour assister à la distribution solennelle des drapeaux : il rentre le 18.

Le dimanche 25 juillet, l'étendard est présenté au régiment dans une revue de toutes les troupes de la garnison.

Par décret du 20 septembre, le lieutenant-colonel Braun est nommé colonel du 2e cuirassiers et remplacé par M. Haubt, chef d'escadrons au 5e cuirassiers.

Le 1er novembre, le régiment quitte la 1re brigade de cuirassiers dans laquelle il est remplacé par le 8e cuirassiers, pour faire partie avec le 2e cuirassiers, en garnison à Saint-Mihiel, de la 2e brigade. Ce changement est motivé par la nécessité de constituer chaque brigade avec un régiment impair cuirassé et un régiment pair décuirassé.

1881. — Par ordre ministériel en date du 20 avril, le régiment est désigné pour faire partie de la 2e division de cavalerie, à Lunéville. Cette division, placée sous le commandement du général de Verneville, est composée des 1er et 2e cuirassiers, 7e et 18e dragons, 5e et 10e hussards.

Le régiment quitte Maubeuge en trois colonnes. La première, composée du 1er escadron, sous les ordres du commandant de Ganay, part le 4 mai; elle est rejointe le 5 à Hirson par le 2e escadron venant de Landrecies et arrive à Lunéville le 17. La deuxième, composée des 3e et 4e escadrons, sous les ordres du colonel, part le 5 mai et arrive le 19.

La troisième, composée du 5e escadron, sous les ordres du capitaine Tricornot de Rose, part le 6 et se dirige sur le camp de Châlons, où elle arrive le 13. Le major avec les officiers comptables et le peloton hors rang partent le 9 mai en chemin de fer pour se rendre à Troyes.

Au mois de septembre, le régiment prend part aux manœuvres d'automne, exécutées aux environs de Vézelise, sous la direction du général de Galliffet. Il part le 1er septembre, à l'effectif de vingt-neuf officiers, trois cent quatre-vingt-neuf hommes, quatre cent quatre chevaux. Il rentre à sa garnison le 15 septembre. Le même jour, les 3e et 4e escadrons désignés pour aller occuper pendant six mois le détachement de Baccarat, sous les ordres du commandant de la Rochetulon, vont cantonner à Gerbevillers et arrivent à destination le 16.

1882. — Par décret du 27 janvier, M. de Labeau, chef d'escadrons au 4e chasseurs d'Afrique, est nommé lieutenant-colonel du régiment, en remplacement du lieutenant-colonel Haubt qui passe à l'Ecole de cavalerie.

Le 1er mars le détachement de Baccarat rentre à la garnison.

1883. — *Mort du colonel de Clavières*. — Le 5 mai le régiment a la douleur d'apprendre la mort de son colonel, M. de Clavières, décédé à Paris. Le lieutenant-colonel met à l'ordre les adieux que le colonel adressait avant de mourir au 1er Cuirassiers : « Je fais mes adieux à mon beau et bon 1er Cuirassiers, et « je répète à tous les officiers et sous-officiers qui le composent « que le dernier souvenir de leur vieux colonel a été pour lui. »

Le 23 mai, M. le général de Verneville, commandant la division, passe dans le cadre de réserve et est remplacé par M. le général Lardeur.

Le 25 juin, M. Dulac, lieutenant-colonel du 5e cuirassiers, prend le commandement du régiment.

Au mois d'août, le 1er Cuirassiers prend part à la deuxième série de manœuvres exécutées au camp de Châlons sous la direction du général de Galliffet. Il part le 6 août, à l'effectif de vingt-six officiers, quatre cent quarante-huit hommes et quatre cent soixante et un chevaux. Les quatre escadrons suivent des routes différentes et se réunissent le 11 à la dernière étape. Ils sont installés sous la tente dans la partie Est du camp, près de la ferme de Jonchéry. A l'issue des manœuvres, la 2e brigade de cuirassiers repart en une seule colonne pour Lunéville, où elle arrive le 30 août. Les 1er et 2e escadrons, sous les ordres du commandant de Ganay, continuent leur route sur Baccarat où ils doivent rester en détachement pendant six mois.

Le régiment a reçu deux cent trente-huit hommes et quatre-vingt-seize chevaux.

Indépendamment de son colonel, il a perdu le capitaine Bertrand.

Deux cent vingt-cinq hommes ont quitté le régiment par libération ou autres causes ; un sous-officier est passé officier ; quatre hommes sont décédés.

Cent trente-cinq chevaux ont disparu par réforme ou autres causes ; quatorze sont morts.

1884. — Le 1er mars, le détachement de Baccarat rentre à Lunéville ; il est relevé par le 2e cuirassiers.

Le régiment quitte sa garnison le 8 septembre pour aller exécuter des manœuvres de brigade aux environs de Vézelise. L'état-major avec les 2e, 3e et 4e escadrons est à Houdreville. Le 1er escadron est à Houdelmont. On rentre à Lunéville le 20 septembre.

Le 30 décembre, le général d'Hauteville, commandant la brigade, est admis à faire valoir ses droits à la retraite ; il est remplacé par M. le général de Negroni.

Dans le courant de l'année, les chefs d'escadrons de Benoist et de Ganay ont été promus lieutenants-colonels ; le capitaine d'habillement Journault a été décoré.

Le régiment a reçu deux cent six hommes et cent deux chevaux. Deux sous-officiers ont été rengagés ; un sous-officier a été nommé sous-lieutenant. Deux cent trente-sept hommes ont quitté le corps ; cinq sont décédés.

1885. — Le régiment prend part à des manœuvres de brigade aux environs d'Haroué. Il quitte Lunéville le 3 septembre. L'état-major, les 1er, 3e et 4e escadrons sont cantonnés à Haroué, le 2e escadron à Affracourt.

Le 14 septembre on rentre à la garnison.

Pendant cette année, le commandant Ollagne a été nommé officier de la Légion d'honneur ; les capitaines Buffet et de Rose ont été nommés chefs d'escadrons, et le capitaine Boquet chevalier de la Légion d'honneur.

Le régiment a reçu deux cent dix-sept hommes et quatre-vingt-six chevaux.

16

Trois sous-officiers ont été rengagés. On a perdu deux cent dix neuf hommes par libération ou autres causes. Quatre hommes sont décédés. Quatre-vingt-quinze chevaux ont quitté le corps par réforme ou autres causes ; huit sont morts.

1886. — La division prend part avec la 6e division (général de Kerhué) à des manœuvres exécutées au camp de Châlons, sous la direction du général L'Hotte, président du Comité de cavalerie. Le régiment part le 15 août. Les escadrons suivent des routes différentes et arrivent au camp le 21. L'état-major et les 1er, 2e et 4e escadrons sont à Saint-Hilaire-le-Grand, le 3e à Jonchéry. Le 5 septembre on se remet en marche par brigades pour arriver à Lunéville le 12.

Par décret du 24 août, le lieutenant-colonel de Labeau est nommé colonel du 4e hussards et est remplacé par le lieutenant-colonel Rozat de Mandres, sous-chef d'état-major du 12e corps d'armée.

Dans le courant de l'année, le capitaine Despierres a été nommé major au 3e dragons.

Le corps a reçu deux cent seize appelés ou engagés et soixante-treize chevaux. Deux sous-officiers ont été nommés sous-lieutenants ; deux sous-officiers ont été rengagés. Deux cent vingt-sept hommes sont partis, sept sont décédés. Quarante-huit chevaux ont été réformés; quinze sont morts, dont cinq pendant les manœuvres de Châlons.

1887. — Le régiment exécute des manœuvres de brigade dans les environs de Lunéville, sous les ordres de M. le général de Negroni, commandant la 2e brigade de cuirassiers.

Départ de Lunéville le 4 septembre.

Le 1er escadron cantonne à Serres, le 2e à Drouville, le 3e avec l'état-major à Réméréville, le 4e à Courbessaux.

Retour à Lunéville le 13 septembre.

Par décret du 5 juillet, le commandant Elias est nommé chevalier de la Légion d'honneur.

Le 29 novembre, le lieutenant-colonel Rozat de Mandres est nommé colonel du 4ᵉ cuirassiers.

Le corps a reçu deux cent quatre-vingt-un appelés ou engagés et cent cinq chevaux.

Un sous-officier a été nommé sous-lieutenant; sept sous-officiers ont été rengagés.

On a perdu cent vingt-neuf hommes par libération ou autres causes ; deux sont décédés.

Trente-quatre chevaux ont été réformés ; dix sont morts.

1888. — Par décret du 17 juillet, le général Lardeur est nommé au commandement de la 1ʳᵉ division de cavalerie à Paris, et remplacé à la tête de la 2ᵉ division par le général Loizillon.

Le 14 avril la 2ᵉ brigade de cuirassiers reçoit l'ordre de quitter Lunéville après les manœuvres d'automne, pour se rendre à Angers et à Niort ; elle doit faire partie de la 3ᵉ division de cavalerie, sous le commandement de M. le général de division Bonie (2ᵉ et 4ᵉ hussards, 27ᵉ et 28ᵉ dragons).

Le 1ᵉʳ Cuirassiers est désigné pour remplacer le 12ᵉ à Angers.

Le départ a lieu en trois colonnes.

Première colonne. — Les 3ᵉ et 4ᵉ escadrons, sous les ordres du colonel Dulac, partent de Lunéville le 20 août et arrivent à Angers le 16 septembre. Ils suivent l'itinéraire suivant :

20 août Nancy, 21 Toul, 22 Void, 23 et 24 Ligny, 25 Saint-Dizier, 26 Monthier-en-Der, 27 Brienne-le-Château, 28 Piney, 29 et 30 Troyes, 31 Estissac, 1ᵉʳ septembre Villeneuve-sur-Vannes, 2 Sens, 3 Courtenay, 4 et 5 Montargis, 6 Bellegarde, 7 Orléans, 8 Ouzouer-le-Marché, 9 Oucques, 10 et 11 Vendôme, 12 Montoire, 13 Château-du-Loir, 14 le Lude, 15 Baugé, 16 Angers.

Deuxième colonne. — Les 1ᵉʳ et 2ᵉ escadrons, sous les ordres du lieutenant-colonel de Cléric, partent de Lunéville le 20 août et arrivent à Angers le 15 septembre. Ils suivent l'itinéraire suivant :

20 août Bayon, 21 Vézelise, 22 Colombey, 23 et 24 Gondre-

court, 25 Joinville, 26 Doulevent, 27 Bar-sur-Aube, 28 et 29 Bar-sur-Seine, 30 Chaource, 31 Saint-Florentin, 1er septembre Joigny, 2 Charny, 3 et 4 Châtillon-sur-Loing, 5 Gien, 6 Cerdon, 7 la Motte-Beuvron, 8 Meung-sur-Beuvron, 9 et 10 Blois, 11 Château-Renault, 12 Neuillé-Pont-Pierre, 13 Château-Lavallière, 14 Baugé, 15 Angers.

Troisième colonne. — Le 5e escadron, sous les ordres du capitaine Lacan, part de Troyes le 20 août et arrive à Angers le 10 septembre. Il suit l'itinéraire suivant :

20 août Estissac, 21 Villeneuve-sur-Vannes, 22 et 23 Sens, 24 Courtenay, 25 Montargis, 26 Lorris, 27 et 28 Châteauneuf, 29 Orléans, 30 Beaugency, 31 Oucques, 1er et 2 septembre Vendôme, 3 Montoire, 4 la Chartre, 5 Château-du-Loir, 6 et 7 le Lude, 8 Baugé, 9 Seiches, 10 Angers.

Le dépôt et le peloton hors rang, sous les ordres du capitaine Journault, partent de Troyes par les voies ferrées le 21 août, et arrivent à Angers le 22 août.

Pendant cette année, le capitaine Lacan a été nommé chevalier de la Légion d'honneur ; le capitaine de Wignacourt, major du 17e régiment de dragons ; le capitaine Dubois de Meyrignac, major du régiment. M. de Cléric, chef d'escadrons breveté au 2e régiment de cuirassiers, a été nommé lieutenant-colonel du régiment.

Le régiment a reçu deux cent cinquante-six appelés ou engagés volontaires et cent quatre chevaux.

Un sous-officier a été nommé sous-lieutenant ; quatre sous-officiers ont été rengagés.

Deux cent vingt-sept hommes ont quitté le régiment par libération ou autres causes ; un est décédé.

Quarante-huit chevaux ont été réformés ; onze sont morts.

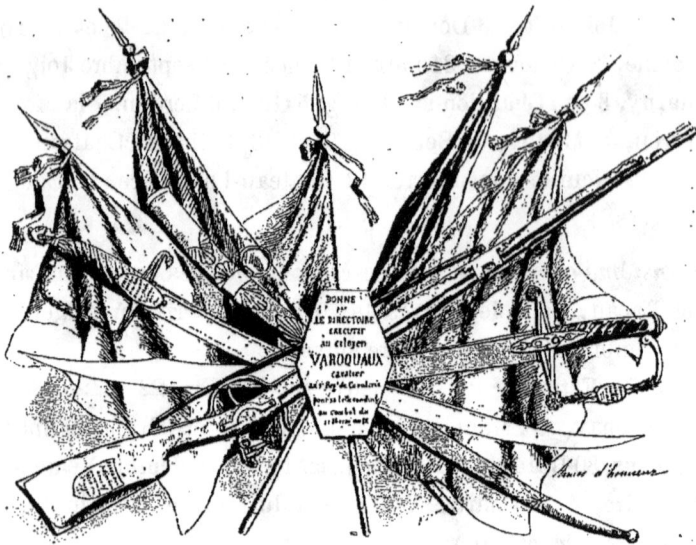

ÉTENDARDS

Les enseignes des régiments ne sont devenues uniformes dans l'armée française qu'en 1804.

Avant la Révolution, chaque corps de troupe avait son enseigne particulière aux couleurs du colonel, et sur l'une des faces figurait ordinairement un emblème ou une devise. -

Dans les troupes à cheval les enseignes portaient le nom d'étendards ou cornettes pour les régiments de cavalerie et de hussards, celui de guidons pour les régiments de dragons.

Ce qui distinguait essentiellement les étendards et guidons des drapeaux de l'infanterie, indépendamment des dimensions et de la forme de la pièce d'étoffe, c'est qu'ils ne portaient pas la croix et plusieurs couleurs sur la même face ; ils étaient pleins, d'une seule couleur, frangés d'or et d'argent et rehaussés par le soleil et la devise de Louis XIV : « *Nec pluribus impar* ».

Dans la cavalerie l'étendard était carré.

Dans les hussards il avait la forme allongée et était fendu en pointes.

Dans les dragons, le guidon était rectangulaire, un des petits côtés appliqué à la hampe, le bord opposé flottant était découpé en deux demi cercles.

L'étendard du régiment était porté par toutes les compagnies. La question de l'enseigne, reste des prérogatives du banneret, touchait si fort au cœur des capitaines et des mestres de camp, qu'un étendard arboré ne désarborait plus. Un régiment qui avait été porté à douze compagnies au moment d'une guerre, entendait conserver ses douze étendards et guidons alors même que les réformes l'avaient réduit à quatre compagnies.

Indépendamment des étendards particuliers des régiments, il existait pour toute la cavalerie légère une cornette blanche, signe de l'autorité du Colonel-Général, sa bannière personnelle. C'est le seul étendard blanc qui ait jamais flotté à la tête de nos escadrons de cavalerie légère ; il était porté par la 1re compagnie du régiment appartenant en propre au Colonel-Général.

La cornette blanche ne devait le salut qu'au Roi, aux princes du sang, au colonel-général et aux généraux d'armée, maréchaux de France. Elle ne saluait le colonel-général et les généraux d'armée que deux fois seulement, savoir : en entrant en campagne, et en en sortant. Elle était saluée par les autres étendards, et les officiers la saluaient aussi de l'épée. Les cavaliers des régiments assemblés étant pied-à-terre devaient monter à cheval, lorsque la cornette blanche paraissait. L'officier qui la portait était en charge et marchait comme capitaine sans en avoir la commission, et s'appelait cornette blanche. Cette charge était à la nomination du Colonel-Général.

Au sujet de la couleur de cette cornette, nous ferons observer qu'on voit apparaître à cette époque, le principe qui s'est maintenu de nos jours et d'après lequel on attribue la couleur blanche à l'autorité militaire supérieure, la couleur rouge au second rang de la hiérarchie, et la couleur bleue au troisième. Les régiments de l'état-major de la cavalerie portaient les trois couleurs sous l'ancienne monarchie, en raison du rang occupé par leurs chefs. Colonel-Général avait la cornette blanche, mestre de camp général la cornette rouge, et commissaire général la cornette bleue. Mais au 1er régiment, cette cornette distinctive était le privilège exclusif de la compagnie Colonelle-Générale ; dans les deux autres elle constituait l'étendard du régiment et était portée par toutes les compagnies.

Étendards du Régiment

Lorsqu'en 1657, le régiment prit le titre de Colonel-Général, sa première compagnie reçut en dépôt la cornette blanche frangée d'argent.

Les autres compagnies conservèrent l'étendard dont elles étaient déjà pourvues. Il était noir frangé d'or et portait sur la face le soleil royal brodé en or, avec la devise : « *Nec pluribus impar* ». Sur le revers une colonne de feu marchant devant les Israëlites avec la devise : « *Certum monstrat iter* ».

En 1738 les étendards noirs furent semés de fleurs de lys d'or aux armes de France et de tours d'argent aux armes de la maison de la Tour.

1759.—Lorsqu'en 1759, la charge de Colonel-Général passa dans la maison de Béthune, l'étendard particulier du régiment fut modifié. Toutes les compagnies à l'exception de la première qui conservait la cornette blanche, prirent l'étendard rouge. Sur la face se trou-

vait le soleil et la devise ; sur le revers une massue d'Hercule
plantée debout, surmontée d'une peau de lion en or, avec la
devise : « *Infractu frangit* ».

Ces nouveaux étendards ne subirent aucune modification jusqu'à la Révolution.

A partir de cette époque, on voit apparaître la réunion des trois
couleurs, bleu, blanc et rouge, mais elles ne sont pas toujours
disposées comme elles l'ont été depuis, et l'uniformité absolue
n'apparaît réellement qu'après la distribution des aigles par l'Empereur.

D'après M. de Bouillé, le fameux drapeau d'Arcole était blanc,
et le premier étendard que reçurent les cuirassiers, était bleu.

Un premier décret de 1790 prescrivit que les étendards particuliers des régiments, devaient être pourvus d'une cravate aux trois
couleurs.

1791. — Le décret du 30 juin décida que le premier drapeau,
ou étendard de chaque régiment, serait tricolore, et les autres
de la couleur distinctive affectée à chaque corps. Tous ces drapeaux
devaient porter d'un côté les mots : « *Discipline et obéissance à
la loi* » et de l'autre le numéro du corps. Les cravates étaient
tricolores.

Les régiments qui avaient sur leurs drapeaux des preuves
honorables de quelque action d'éclat les conservèrent, mais les
armoiries féodales et royales durent disparaître. L'étendard était
porté par un maréchal des logis dans chaque escadron.

Le 12 octobre, M. le vicomte de Vergnette, lieutenant-colonel
du régiment, rejoignit l'armée des princes à Coblentz, emportant
la cornette blanche.

Cette cornette rapportée en France à la première Restauration,
fut donnée au régiment le 14 septembre 1814. Au mois de mars 1815,
elle fut confiée à M. Plique, chef d'escadrons, quartier-maître
trésorier du régiment qui la garda pendant les Cent-Jours et la

renvoya au Ministre de la guerre le 24 décembre 1815, jour du licenciement du régiment.

1794. — Le décret du 10 janvier qui constituait à quatre escadrons tous les régiments de grosse cavalerie et à six escadrons ceux de cavalerie légère, prescrivit qu'il y aurait deux étendards pour les premiers et trois guidons pour les autres.

1803. — Le dernier étendard particulier qu'ait possédé le régiment est celui qui fut donné en 1803 aux nouveaux régiments de cuirassiers. Il était bleu, brodé d'or, marqué aux quatre coins du numéro du régiment et portait au milieu une cuirasse surmontée d'un casque, accompagnée de deux branches de laurier vertes ; au-dessus on lisait : « *République Française* », au-dessous « *° Escadron* ». La hampe portait une cravate tricolore frangée d'or.

1804. — Après la proclamation de l'Empire, tous les régiments reçurent un drapeau tricolore surmonté d'un aigle d'or aux ailes à demi-déployées et tenant la foudre dans ses serres. L'Empereur distribua ces emblèmes le 5 décembre 1804, dans une cérémonie qui eut lieu au Champ de Mars et à laquelle assistaient tous les colonels et des délégués des régiments.

Du haut d'un trône magnifique élevé devant l'École militaire, Napoléon après avoir remis les aigles aux colonels, prononça ce serment solennel : « *Vous jurez de sacrifier votre vie pour les défendre, et de les maintenir constamment par votre courage sur le chemin de la victoire !* »

« *Nous le jurons !* » répondirent tous les chefs de corps.

A dater de ce jour, le principe d'un drapeau unique pour la nation et pour l'armée fut établi ; mais l'ancien usage d'avoir plusieurs drapeaux par régiment, ne disparut pas encore complètement.

Le 12 octobre 1811, Napoléon étant à Amsterdam s'aperçut que plusieurs corps de troupes avaient jusqu'à quatre aigles. Berthier écrivit à ce sujet au Ministre de la guerre : « *L'aigle est la marque distinctive du régiment, il n'y en aura qu'une, parce qu'il n'y a qu'un seul colonel, un seul corps* ».

1814. — A la première Restauration l'armée reçut le drapeau blanc, portant les armes de France couronnées, entre deux branches de laurier, et au-dessous le numéro du régiment. Le fer de lance avait la forme d'une fleur de lys. Aux quatre coins figurait le même emblème.

Le 14 septembre le roi Louis XVIII distribua ces nouveaux drapeaux aux troupes réunies au Champ de Mars. Ainsi que le prouve une lettre écrite après cette cérémonie par le colonel de Lamotte-Guéry, le régiment reçut l'ancienne cornette blanche de Colonel-Général [1].

---

[1] *A Monsieur le comte d'Angeranville, maréchal de camp, inspecteur de la 1re. division militaire.*

Paris, le 28 septembre 1814.

Mon général,

Ce n'est pas sans surprise qu'en lisant le procès-verbal de la remise des drapeaux et étendards par le Roy le 14 courant aux régiments de la 1re division, je me suis aperçu que vous aviez oublié de constater par le même acte que l'ancienne oriflamme ou cornette blanche de la cavalerie de France rapportée par Monsieur, frère du Roy, avait été remise au régiment du Roy-Cuirassiers que j'ai l'honneur de commander. Vous penserez comme moi, mon général, que pour un régiment, cette faveur de Sa Majesté est trop flatteuse pour ne pas être constatée par un procès-verbal particulier. Puisque vous n'en avez pas fait mention (je présume par oubli) dans celui de la distribution des étendards, je vous prie avec instance, de faire droit à une juste réclamation et de croire aux sentiments respectueux de celui qui a l'honneur d'être, mon général, votre dévoué serviteur.

Le colonel commandant le régiment du Roy-Cuirassiers,
Baron Christophe de LAMOTTE-GUÉRY.

La période des Cent-Jours ramena le drapeau tricolore, qui après Waterloo, fut de nouveau remplacé par le drapeau blanc.

1830. — A la révolution de Juillet l'armée reprit les trois couleurs qu'elle n'a pas quittées depuis. La hampe des nouveaux drapeaux fut surmontée d'un coq gaulois.

La distribution solennelle fut faite par le roi Louis-Philippe le 27 mars 1831 au Champ de Mars.

Jusqu'à cette époque, l'étendard avait été porté par le 1er escadron, l'ordonnance du 4 mars 1831 prescrivit de le placer au centre du régiment.

1848. — Après la révolution de Février, le coq placé sur la hampe fut remplacé par une pique. Les nouveaux drapeaux furent distribués aux troupes par le Gouvernement provisoire sur la place de l'Arc-de-Triomphe, au mois d'avril 1848.

1851. — Un décret en date du 31 décembre modifia les drapeaux. La hampe fut surmontée d'un aigle. Sur l'une des faces figurait aux quatre coins une couronne de chêne ; dans l'intérieur de chaque couronne placée en regard se trouvait le chiffre L. N. et le numéro du régiment. Sur l'autre face les coins étaient semblables et au milieu se trouvaient les lettres R. F., et au-dessous les principales victoires auxquelles le régiment avait assisté depuis sa formation. Le prince Napoléon, président de la République, distribua ces nouveaux drapeaux le 10 mai 1852, au Champ de Mars.

1852. — A l'avènement du second Empire, les initiales républicaines cessèrent de figurer sur les drapeaux.

1871. — Après la chute de l'Empire, il ne fut pas fait de distribution solennelle, et jusqu'en 1880, les régiments n'eurent que des étendards en laine et sans inscription.

1880. — Le 14 juillet, le Président de la République dans une grande revue passée à Longchamps, remit à tous les colonels de l'armée les drapeaux et étendards dont sont actuellement pourvus les régiments. Ils sont en soie aux trois couleurs nationales et frangés d'or.

L'étendard du régiment a été reçu par le colonel Salvage de Clavières. Sur l'une des faces il porte l'inscription : « *République Française ;* » au-dessous : « *1er Régiment de Cuirassiers* ». Sur l'autre face : « *Honneur et Patrie* », et au-dessous le nom des victoires les plus célèbres auxquelles le régiment a pris part : « *Jemmapes, Austerlitz, Eylau, La Moskowa* ». Sur les deux faces sont placées aux quatre angles des couronnes de chêne entourant le numéro du régiment qui se trouve également sur la cravate tricolore dans une couronne de chêne brodée en or. La hampe est surmontée d'une pique au-dessous de laquelle est un ovale portant d'un côté R. F. et de l'autre le numéro du régiment.

UNIFORMES

La cavalerie ne fut habillée d'une manière uniforme qu'en 1690. Jusqu'à cette époque, la tenue, du moins dans les régiments de gentilshommes qui étaient de beaucoup les plus nombreux, était restée arbitraire et à la fantaisie des mestres-de-camp. Cette physionomie a peu varié jusqu'en 1740. A partir de cette date, elle se modifia au contact des Allemands pour aboutir au règlement de 1763 sur l'habillement et l'équipement uniformes, suivi de ceux de 1776, 1779 et 1786 qui sont le développement du premier.

Il y a donc pour les costumes des troupes à cheval trois époques bien caractérisées : l'une qui commence en 1690, à la création de l'uniforme; la seconde en 1740, au commencement de la guerre de la succession d'Autriche; la troisième en 1763, après la guerre de

Sept ans, et qui se maintient sans altérations sensibles jusqu'à la fin de l'Empire.

Description des premiers uniformes

Au début, l'uniforme était le suivant :

Troupe

Habillement. — **Un habit ou surtout à la française.** — Ce vêtement était très large, à deux rangs de boutons par devant, croisant sur le buffle par dessus la cuirasse ou porté ouvert, les revers attachés aux boutons. Il devait tomber à un pouce de terre l'homme étant à genoux. Le collet d'un pouce de hauteur était serré au cou par une cravate d'étamine noire. Les manches descendaient sur l'articulation du poignet, et les parements maintenus retroussés par des boutons pouvaient s'abattre sur les mains. A hauteur des hanches se trouvaient des poches dont les pattes se boutonnaient. Une patelette en drap appelée *épaulette*, maintenait la bandoulière du mousqueton. A cheval les pans de l'habit se portaient retroussés.

Un buffle. — C'était une veste en cuir de bœuf très longue et dont les pans se retroussaient comme ceux de l'habit, les manches étaient ornées de parements en drap rouge. Ce vêtement se portait sous l'habit. A l'exercice, les cavaliers étaient toujours en buffle.

Un chapeau. — Il était à quatre cornes, celle de devant retroussée brusquement ainsi que celle de derrière, la corne du côté gauche horizontale et celle du côté droit inclinée pour l'écoulement de la pluie. Le pourtour était garni sur la tranche d'un bon fil de laiton et bordé d'un galon.

Un manteau, de la couleur du fond de l'habit.

Une culotte, en peau à double ceinture.

Une paire de bottes fortes.

Un bonnet d'écurie et un sarreau en toile.

Des gants de peau. — Ils n'étaient portés que les jours de revue.

Armement. — Une cuirasse-plastron en fer bruni, assujettie sur le buffle par des courroies croisant sur le dos. Elle se portait sous l'habit et par dessus le buffle. Un seul régiment, le 7e, portait la double cuirasse.

Une calotte en fer placée dans l'intérieur du chapeau [1].

Un sabre droit ou épée de trente-trois pouces seulement, bien qu'au dix-huitième siècle toutes les puissances étrangères eussent le sabre de trente-sept pouces.

Un mousqueton de même calibre que le fusil mais beaucoup plus court.

Une paire de pistolets de même calibre.

Harnachement. — La selle était celle dite à la française. Elle était recouverte d'une housse et de chaperons de fonte galonnés.

Derrière la selle était placé un porte-manteau en drap.

Le total du poids que portait le cheval de troupe en marche s'élevait à trois cent vingt livres. Les chevaux étaient de taille moyenne, environ quatre pieds sept pouces (un mètre cinquante-deux). Cette condition avait été imposée par une ordonnance royale du 25 septembre 1680 « parce que Sa Majesté avait reconnu « que la plupart des officiers, par émulation de monter avanta- « geusement leurs cavaliers, leur donnaient de grands chevaux « moins propres pour le service que ceux d'une taille ordi- « naire... »

---

[1] Le 18 juillet 1693, à la bataille de Nerwinden, le prince de Conti reçut, en enlevant le village, un coup de sabre sur la tête que le fer de son chapeau para heureusement.

Officiers

L'uniforme des officiers ne différait de celui de la troupe que par la qualité du drap et les boutons dorés ou argentés. Les doublures ne pouvaient être que de laine sans galon et boutonnières de fil d'or et d'argent, excepté dans les régiments de l'état-major où l'officier avait les boutonnières en fil d'or. Le colonel portait les épaulettes en or ou en argent, suivant la couleur des boutons, garnies au bout de franges en nœuds de cordelières; le lieutenant-colonel la portait à gauche; le major, de chaque côté, sans nœuds de cordelières. Le capitaine et l'aide-major ayant commission de capitaine, comme le major mais d'un seul côté; le lieutenant, en argent losangée de soie jaune pour le bouton jaune et en opposition pour le bouton blanc, frange mêlée d'or ou d'argent et soie. Le sous-lieutenant, à fond de soie losangée d'or ou d'argent, et liserée seulement pour le porte-étendard et le quartier-maître.

Comme armement, les officiers avaient l'épée à la mousquetaire et une paire de pistolets. Ils portaient la cuirasse double au lieu du plastron, en exécution d'une ordonnance du 5 mars 1675 : « Le « Roi désirant pourvoir à la conservation des officiers de ses « troupes de cavalerie, lesquels pour la plupart combattaient sans « cuirasses, et empêcher qu'à l'avenir ils ne puissent être blessés « comme beaucoup l'ont été aux occasions dernières faute d'être « armés, ordonne à tous les officiers de sa dite cavalerie légère d'avoir « désormais des cuirasses qui soient au moins à l'épreuve du mous- « queton par devant et du pistolet par derrière, et de s'en armer « et de les porter non seulement aux jours de combat, mais aussi « à toutes les marches et en toutes autres occasions de guerre, « leur défendant très expressément de paraître jamais à la tête de « leurs troupes sans être armés des dites cuirasses. »

Les officiers paraissaient souvent devant leurs troupes sans être revêtus de leur uniforme et le Roi dut les rappeler à l'exécution

stricte de ses ordres par une ordonnance du 10 avril 1737. « Il est
« enjoint aux officiers des troupes de sa cavalerie de porter tou-
« jours l'habit uniforme pendant le temps qu'ils seront aux corps,
« soit en garnison dans les places, en quartier dans le pays plat
« ou en marche, comme le plus décent et le plus convenable pour
« les faire reconnaître et respecter des cavaliers. »

Uniformes du régiment

Colonel-Général porta d'abord l'habit gris. Une pièce originale
trouvée dans les tiroirs du roi Louis XIV donne des renseignements précis sur les uniformes en 1690. Tous les régiments y sont
énumérés; sur cent seize régiments de cavalerie légère, quatre-
vingt-sept avaient l'habit gris à revers rouges.

1740. — Lors de la modification apportée aux uniformes
en 1740, le régiment prit l'habit rouge avec revers et parements
en velours noir.

L'habit rouge était exclusivement réservé à cinq régiments :
Colonel-Général, la Reine, celui de la famille de Noailles et deux
régiments étrangers : Pons et Fitz-James. Les régiments royaux
et ceux des princes du sang avaient l'habit de drap bleu. Tous les
régiments de gentilshommes étaient habillés de drap gris plus ou
moins blanc.

Les bottes fortes furent remplacées par des bottes molles.

Colonel-Général portait le galon du chapeau en or fin et il avait
comme marque distinctive la cocarde mi-partie noire et blanche,
alors que tous les autres régiments la portaient noire.

La housse, les chaperons de fonte et le porte-manteau furent
également confectionnés en drap rouge. Ils étaient galonnés aux
armes du Colonel-Général.

A dater de 1750 la calotte en fer qui garnissait l'intérieur du
chapeau fut portée par dessus, maintenue par des pattes en cuir.

17

1763. — Le règlement de 1763 apporta des modifications notables dans la tenue. Tous les régiments de cavalerie sans exception prirent l'habit bleu. Colonel-Général eut pour marques distinctives les parements, le collet et le revers en panne cramoisie, la doublure de l'habit fut de même couleur. Les boutons étaient jaunes et timbrés au numéro du régiment ; ils étaient disposés sept au revers, trois au parement, trois à la patte de poche. Le chapeau était garni d'un galon de laine aurore. L'équipage du cheval était en drap bleu bordé d'un galon de laine en velours à l'épingle de dix-huit lignes de largeur, fond blanc surchargé d'une fleur de lys jaune sur un fond bleu entouré d'une étoile à neuf éperons rouges.

1767. — Le règlement du 25 avril ordonna que l'habit serait exécuté à la polonaise, sans pli à la hanche, sans poches et coupé à trois pouces de terre l'homme étant à genoux. Les parements, le collet et les revers étaient en panne cramoisie et bordés d'un galon de fil ou de laine jaune ; ils devinrent fixes et ne servirent plus que de marque distinctive entre les régiments. La veste en drap chamois remplaça le buffle.

La culotte de drap chamois fut donnée conjointement avec la culotte de peau réservée pour les cérémonies.

La botte molle fut diminuée et le cavalier reçut pour la tenue à pied des guêtres de toile noircie.

La cuirasse fut abandonnée comme usant trop les vêtements. La longueur du sabre fut portée à trente-six pouces.

1776. — En exécution de l'ordonnance du 11 mai, les revers sont garnis de pattes et agrafes au lieu de boutons. Le gilet et la culotte sont en drap blanc.

Les régiments sont divisés pour les marques distinctives en séries de trois. Chaque série a les revers et les parements d'une couleur particulière, et les régiments d'une même série se distin-

guent entre eux par la couleur du collet et le métal des boutons.
Colonel-Général a les revers, les parements, le collet écarlates, et
les boutons jaunes.

1779. — L'ordonnance du 29 janvier contient les prescriptions
suivantes : « Habit de drap bleu de roi à la française, poches en
« travers, veste de drap chamois, culotte de peau de couleur natu-
« relle. Il y a en outre un surtout de tricot bleu fait en frac. La
« cavalerie conservera le chapeau, les dragons prendront le casque
« en cuivre jaune. Les bas-officiers et les cavaliers porteront le
« plastron de cuirasse, et pour prévenir qu'il ne blesse et que
« l'habillement ne soit endommagé par son frottement, chaque
« homme se fournira d'un plastron de deux toiles matelassées de
« bourre et piquées. »

Les régiments sont divisés en huit classes ayant chacune leur
couleur distinctive. Colonel-Général conserve les parements, collet
et revers écarlates, et les boutons jaunes.

1786. — Le règlement du 30 octobre, type et modèle de précision et de clarté, acheva d'imprimer aux troupes l'exacte uniformité militaire. L'habit doublé de serge aux couleurs de distinction
doit être tenu assez large pour pouvoir agrafer les revers par
dessus la cuirasse qui sera portée sur la veste. La veste est en
drap bleu, doublée de serge. La culotte est en peau blanche ; le
manteau en drap blanc, piqué de bleu, garni de trois brandebourgs
de chaque côté. Le chapeau n'a plus que trois cornes. La cocarde
blanche remplace la cocarde noire. Le sabre est à fourreau de cuir
avec garnitures en cuivre.

Les galons pour les sous-officiers, brigadiers et appointés ainsi
que les chevrons pour les rengagés sont règlementés dans les
conditions où on les porte encore actuellement.

L'épaulette est donnée aux officiers comme marque distinctive.
Les mestres de camp qui ont le grade de brigadier, ont une

étoile brodée sur leur épaulette. Indépendamment du galon dont les housses et chaperons des régiments de l'état-major sont bordés, les mestres de camp titulaires doivent y faire ajouter des trophées, comme attributs de leur charge, savoir :

Le Colonel-Général cinq étendards en faisceau, deux bleus, deux rouges, un blanc:

1788. — Le 22 décembre, le Conseil de guerre décida la suppression des surtouts et ne laissa aux cavaliers qu'un habit devant durer trois ans, avec une veste de drap blanc, plus un gilet d'écurie ou tricot bleu et un sarreau de treillis pour panser les chevaux.

1791. — La République fit disparaître tous les attributs rappelant l'ancien régime, et remplaça le galonnage de livrée des équipages par un galon uniformément blanc. A part cette modification, le régiment conserva ses couleurs distinctives, mais la coupe du chapeau et de l'habit, et la forme des bottes subirent quelques changements. Un décret du 15 octobre 1792 supprima la croix de Saint-Louis comme décoration militaire, en renvoyant au comité de constitution la question de savoir s'il convenait que dans une république on conservât quelques marques distinctives.

Toutes ces mesures ne pouvaient manquer de soulever des protestations de la part de certains officiers. Il existe à ce sujet un document curieux dans les archives du ministère de la guerre. Un commissaire de la Convention près de l'armée du Nord, s'exprime ainsi dans un rapport daté du 26 mai 1793 : « J'ai remarqué que « beaucoup d'officiers des régiments de ligne portaient encore des « fleurs de lys sur le retroussis de leur habit. Le colonel du ci-devant « régiment Colonel-Général [1] de cavalerie a l'air de croire aux reve-

---

[1] C'était le colonel Doncourt, il commandait le régiment depuis le 9 mars 1793; il était chevalier de Saint-Louis de 1791.

« nants. Il porte un uniforme neuf, où il a bien soin de fixer sur
« le revers gauche, deux liserés qui attendent la croix proscrite.
« Les armes sont encore brodées sur la housse des chevaux. »

Le général Thoumas cite sur cette même question un fait plus
dramatique. Saint-Just étant délégué à l'armée du Rhin, fit
mettre à mort le colonel du 8e chasseurs, parce qu'on avait trouvé
dans sa valise, une croix de Saint-Louis enveloppée dans un vieux
ruban blanc.

1799. — L'état militaire de l'an VIII détaille ainsi la tenue des
régiments de cavalerie : habit bleu national, parements, revers,
collet, pattes de parements et liserés écarlates. Poches en travers,
boutons blancs au numéro du régiment. Chapeau à la française
garni d'une ganse blanche.

Equipage du cheval : Selle à la française, housse bleue bordée
d'un galon blanc avec grenade au coin. Une carabine, une paire
de pistolets, un sabre.

1802. — En exécution d'instructions données au mois de
septembre par le Premier Consul, la double cuirasse qui, jusqu'à
cette époque, n'avait été portée que par le 8e régiment de cavalerie
(anciens Cuirassiers du Roi) fut donnée en essai aux quatre
premiers régiments de cavalerie.

L'arrêté du 23 décembre prescrivit d'appliquer la même mesure
aux 5e, 6e et 7e régiments, ce qui faisait huit régiments cuirassés.

Il est assez difficile d'établir à quelle époque les régiments de
cavalerie avaient quitté le plastron de cuirasse, et même s'ils
l'avaient jamais quitté. Nous avons vu qu'il fut retiré en 1767,
mais les ordonnances du 29 janvier 1779 et du 1er octobre 1786
prouvent qu'il avait été rendu. D'autre part il semblerait ressortir
d'une lettre de Custine que les régiments en étaient encore pourvus à la date du 20 décembre 1792.

1803. — En exécution d'un arrêté du 24 septembre, les douze premiers régiments de cavalerie prennent la cuirasse et reçoivent le nom de régiments de cuirassiers. Ils ont l'habit-veste, le gilet sans manches, la culotte de peau, les bottes fortes, et une sur-culotte en drap gris, boutonnant extérieurement le long des cuisses. Ils quittent le chapeau pour prendre le casque avec bombe en acier, garni d'un turban en peau noire et surmonté d'un cimier en cuivre, se terminant par une crinière noire. Épaulettes rouges, gants à crispins.

1811. — Dès l'année 1805, l'empereur Napoléon avait manifesté l'intention d'armer les cuirassiers d'un mousqueton, mais l'exécution de cette mesure fut retardée jusqu'en 1811. Le 12 novembre, l'Empereur écrivit au général Clarke, ministre de la guerre : « Il est reconnu que la cavalerie cuirassée peut difficilement se « servir de sa carabine, mais il est aussi fort absurde que trois ou « quatre mille hommes de si braves gens, soient surpris dans leurs « cantonnements ou arrêtés dans leur marche par deux compa- « gnies de voltigeurs, il est donc indispensable de les armer de « mousqueton... »

Le 6 janvier 1812, l'Empereur revenait sur cette question en prescrivant de disposer les selles pour recevoir les mousquetons, et d'apprendre aux hommes à charger et à décharger leurs armes.

Quelque temps après, paraissait une instruction qui contenait les prescriptions suivantes :

« Les cuirassiers porteront le mousqueton à l'arçon droit de la « selle, il y sera fixé par une courroie qui liera la poignée, et sou- « tenu par une botte dans laquelle s'engage le bout du canon. Le « mousqueton sera armé d'une baïonnette dont le fourreau s'atta- « chera au ceinturon, comme dans l'arme des dragons. Les cui- « rassiers porteront le mousqueton au crochet lorsqu'ils devront « mettre pied à terre, et à cet effet il devra leur être donné une « banderolle... »

1814. — A la première Restauration, le 1er régiment de Cuirassiers (Cuirassiers du Roi) reçoit comme marques distinctives les épaulettes et les aiguillettes blanches.

1815. — L'ordonnance du 23 septembre règle la tenue des cuirassiers : habit bleu de roi, collet, parements et pattes de parements écarlates pour le 1er régiment. Casque à la romaine avec bombe en acier, garnie d'un turban en peau noire, cimier en cuivre surmonté d'une chenille noire. La botte est supprimée et la culotte est remplacée par un pantalon en drap gris, orné d'un passe-poil et garni entre les jambes d'une basane en cuir. Chaque cavalier n'est plus pourvu que d'un pistolet, et est armé d'une forte épée dont la lame a un mètre de longueur. La schabraque est en peau de mouton, noire pour les officiers, blanche pour la troupe.

1819. — Le casque adopté en 1815 est abandonné et remplacé par un nouveau modèle avec bombe en acier, garnie d'un turban en cuivre ; la chenille est remplacée par une brosse en crin et le casque garni d'une crinière noire.

1821. — La décision ministérielle du 10 août donne aux cuirassiers la schabraque en drap bleu.

1831. — Les cuirassiers, en exécution d'une décision remontant au 18 février 1828, prennent le pantalon garance. Le collet, les parements et les pattes de parements de l'habit-veste sont de même couleur.

1832. — La basane du pantalon de cheval est remplacée par de fausses bottes qui ne dépassent pas le genou.

Le pantalon des officiers est orné sur le côté d'un galon en argent.

1833. — Le galon de métal en usage pour le pantalon des

officiers, est remplacé par une bande en drap de la couleur du fond de l'habit. L'usage des parements de gants supprimé pour les autres régiments de cavalerie, n'est maintenu que pour les cuirassiers.

1834. — La cavalerie reprend la schabraque en peau de mouton; primitivement teinte en noir à titre d'essai, elle est définitivement blanche.

1840. — Le cimier du casque cesse d'être surmonté d'une brosse. Le bandeau de cuivre est remplacé par un turban en peau noire. Le drap orange est adopté comme couleur distinctive des quatre premiers régiments. Le premier a le collet, les pattes de parements et les liserés orange.

1845. — La cavalerie reçoit un nouveau modèle de harnachement. Le pantalon de cheval est alors garni entre les jambes par dessus le drap, depuis le bas jusqu'au haut de la ceinture par devant, et seulement jusqu'au-dessus des fesses par derrière, d'une basane en peau de veau noircie.

1852. — Le drap blanc remplace le drap orange, comme couleur distinctive. Pour le 1er Régiment : collet en drap garance orné d'une patte en drap blanc. Parements en drap du fond. Pattes de parements en drap blanc.

1853. — Deux décisions ministérielles des 6 mai et 28 août prescrivent que le régiment sera remonté en chevaux gris.

1854. — Un nouveau modèle de harnachement est mis en service. La schabraque en drap bleu de roi remplace la schabraque en peau de mouton. Le pantalon de cheval avec fausses bottes en cuir, qui est encore le modèle actuellement en service, est substitué au pantalon basané en cuir dans l'entre-jambes.

1859. — En exécution de la décision du 14 décembre, l'habit-veste est remplacé par une tunique avec collet et passe-poil garance, pattes et parements garance. Les jupes doivent descendre à vingt-sept centimètres l'homme étant à genou ; elles sont garnies de six gros boutons derrière, doublées de drap garance et se relèvent en forme de retroussis.

1860. — Les matelassures des cuirasses sont remplacées par un gilet matelassure bordé d'une bande de drap bleu foncé.

1863. — D'après la décision du 10 juin, le bourrelet qui borde le gilet matelassure est recouvert de drap garance au lieu de drap bleu foncé.

1865. — Une décision du 8 septembre prescrit qu'en raison du manque de ressources en chevaux gris, le régiment cessera d'être remonté en chevaux de cette nuance.

1868. — Les jupes des tuniques sont diminuées ; elles ne sont plus doublées en drap garance, et ne se relèvent plus lorsque l'homme est à cheval.

1871. — En exécution de la décision du 7 octobre, les boutons au lieu de porter le numéro du régiment sont ornés d'un filet sur les bords et au milieu d'une grenade en relief.

La décision du 12 décembre ramène la longueur des jupes à vingt-sept centimètres l'homme étant à genoux, les pans de derrière sont seuls doublés en drap garance, et se relèvent triangulairement par derrière, pour former retroussis lorsque l'homme est à cheval. Les collets des différents effets d'habillement sont garnis d'un écusson portant le numéro du régiment. Le ceinturon, les bélières et la dragonne sont en vache noircie, au lieu d'être en buffle blanc.

1872. — Le décret du 13 janvier remplace les passe-poils de couleur distinctive sur les tuniques, par des passe-poils de couleur du fond. Le manteau en drap blanc piqué de bleu est remplacé par le manteau en drap bleu foncé. La schabraque est supprimée.

La décision du 19 janvier donne le casque à bombe d'acier avec couvre-nuque, bandeau et cimier en cuivre, crinière noire fixée au cimier, et retombant sur le casque.

1884. — La décision du 11 février donne aux cuirassiers la tunique ample ; le ceinturon est porté par dessous le vêtement qui est muni sur le côté d'une fente pour donner passage à la bélière.

La décision du 14 août modifie le paquetage ; le porte-manteau est supprimé, le manteau se place sur le trousequin. La grande bélière du ceinturon est supprimée et à cheval le sabre se porte à la selle.

MILITAIRES TUÉS A L'ENNEMI

Officiers.

MM.

Vicomte DE TURENNE, colonel-général. Tué à Saltzbach, 27 juillet 1675.

DES GRAVIÈRES. lieutenant-colonel. Siège de Prague, 29 juillet 1742.

DE LUMIGNY, major. Siège de Prague, 29 juillet 1742.

DE PROVISY, major. Bataille de Minden, 1er août 1759.

BARROIS, sous-lieutenant. Reconnaissance sur Tongres, près Maëstricht, 4 mars 1793.

RICHARD, sous-lieutenant. Nerwinden, 18 mars 1793.

RAVENEL, sous-lieutenant. Sortie sous Maubeuge, 27 octobre 1793.

TALON, chef d'escadrons. A eu le bras emporté le 16 avril au combat de Leers. Mort à l'hôpital de Lille le 1er mai 1794.

CARLIER, capitaine. Blessé au combat de Saint-Michel, près Vérone, le 12 janvier. Mort à l'hôpital de Vérone le 16 janvier 1797.

MAURE, capitaine. A eu le bras emporté au combat de Saint-Michel le 12 janvier. Mort à l'hôpital de Vérone le 31 janvier 1797.

FLAUBERT, lieutenant. Mort à Montebello, des suites de sept blessures reçues à la bataille du Tagliamento, le 16 mars 1797.

NITOT, Hippolyte, capitaine. La Trebbia, 19 juin 1799.

THUON, lieutenant.   Austerlitz, 2 décembre 1805.

CÉGLAS, sous-lieutenant.   id.   id.

ODIOT, capitaine.   Eylau, 8 février 1807.

DE JARSAILLON, lieutenant,   id.   id.

SCHLESSER, capitaine adjudant-major. id.   id.

VARROQUAUX, sous-lieutenant. Essling, 22 mai 1809.

FRIBIS, capitaine. Combat d'Hollabrünn, 9 juillet 1809.

FONTAINE, capitaine. Mort à Vienne, le 10 août 1809, des blessures
reçues le 6 juillet à la bataille de Wagram.

CLÉMENT, sous-lieutenant. Leipzig, 16 octobre 1813.

FAURE, capitaine. Hanau, 30 octobre 1813.

NADAL, lieutenant. Mort le 4 mai des suites des blessures reçues
le 4 mai 1814 à la bataille sous Paris.

POINSOT, capitaine adjudant-major. Waterloo, 18 juin 1815.

BEASLAY, lieutenant.   id.   id.

EHRET, lieutenant.   id.   id.

DUPORT DE SAINT-VICTOR, sous-lieutenant. Tué le 29 décembre
1863 à l'affaire de Gol-Gol-Cayor, étant détaché à l'escadron de
spahis sénégalais.

THÉRIBOUT, lieutenant. Sedan, 1er septembre 1870.

DE NEVERLÉE, capitaine, officier d'ordonnance du général Ducrot.
Tué le 30 septembre 1870 en entraînant sa compagnie à l'attaque
du parc de Villiers.

Troupe.

SIMON,   cavalier. Combat près de Maëstricht, 2 mars
                                   1793.

DURAND, Jacques,   id.   Reconnaissance sur Tongres, près
                                   Maëstricht, 4 mars 1793.

CATHELIN,   id.   Nerwinden, 18 mars 1793.

CRÉPIN,   id.   id.   id.

DISCHER,   id.   id.   id.

DURAND,   id.   id.   id.

LACROIX dit LAPORTE,   id.   id.   id.

LEGOUT,   id.   id.   id.

ROBERT,   id.   Blocus de Maubeuge, 23 octobre
                                   1793.

GODEMÉ,   id.   Blocus de Maubeuge, 2 novembre
                                   1793.

VIGNARD,   id.   Combat de Leers, 16 avril 1794.

MAURAND,   id.   Bataille de Pont-à-Chin, 22 mai
                                   1794.

DEBASE,   id.   Bataille de Rousselaer, 13 juin
                                   1794.

DRIE,   id.   Engagement près de la Bréda,
                                   17 août 1794.

GUYON,   id.   Insurrection de la Vendée, 2 mars
                                   1795.

RICHARD, maréchal des logis. Reconnaissance sur Bussolengo,
                                   près Vérone, 20 novembre 1796.

JACOB,   cavalier. Reconnaissance sur Montebello,
                                   7 décembre 1796.

LABOULÉ,   id.   Reconnaissance sur Vicence, 17 dé-
                                   cembre 1796.

FAUCHEUX,	cavalier. Combat de Saint-Michel, près Vérone, 12 janvier 1797.		
MICHEL,	id.	Passage du Tagliamento, 16 mars 1797.	
REVEILLANT,	id.	id.	
NATOT,	id.	Assassiné pendant la nuit à coups de stylet par les habitants de Capo-d'Istria, 4 avril 1797.	
HEM,	id.	Engagement à Cento-Italice, 27 février 1799.	
DE LA RUE,	id.	La Trebbia, 18 juin 1799.	
BLOT,	id.	Novi, 14 août 1799.	
COCHIE,	id.	Combat de Ronchi, 28 octobre 1799.	
VACOSSIN,	id.	id.	id.
COLLET,	id.	Engagement à San-Massino, près Vérone.	
AUGER,	brigadier.	Austerlitz, 2 décembre 1805.	
BRUN,	cuirassier.	id.	id.
DELÉTRÉ,	id.	id.	id.
HARDY,	id.	id.	id.
HELLOUIN,	id.	id.	id.
HOMO,	id.	id.	id.
LALANDRE,	id.	id.	id.
RAGOT,	id.	id.	id.
RIGOT,	id.	id.	id.
RUELL,	id.	id.	id.
HORDÉ,	id.	Iéna, 14 octobre 1806.	
PINARD,	id.	id.	id.
PARRANTON,	id.	Combat de Hoff, 6 février 1807.	
AUBERT,	maréchal des logis.	Eylau, 8 février 1807.	
MARAUD,	id.	id.	id.
PEQUET,	id.	id.	id.
LEBON,	brigadier.	id.	id.

Marcomble,	brigadier.	Eylau, 8 février 1807	
Marragon,	id.	id.	id.
Vidron,	id.	id.	id.
Albert,	cuirassier.	id.	id.
Delatre,	id.	id.	id.
Hallet,	id.	id.	id.
Lenclume,	id.	id.	id.
Lucas,	id.	id.	id.
Ouin,	id.	id.	id.
Rouard,	id.	id.	id.
Rousseau,	id.	id.	id.
Scaglia,	id.	id.	id.
Travers,	id.	id.	id.
Jager,	id.	Combat près de Thorau (Prusse), 13 juin 1807.	
Auger,	id.	Bataille d'Eckmühl, 22 avril 1809.	
Aujard,	id.	id.	id.
Denis,	id.	id.	id.
Fiaux,	id.	id.	id.
Jacot,	id.	id.	id.
Klein,	id.	id.	id.
Lepreux,	id.	id.	id.
Migieux,	id.	id.	id.
Pans,	id.	id.	id.
Straub,	id.	id.	id.
Viard,	id.	id.	id.
Manceau,	brigadier.	Bataille d'Essling, 22 mai 1809.	
Aubert,	cuirassier.	id.	id.
Barabant,	id.	id.	id.
Berthe,	id.	id.	id.
Bouquet,	id.	id.	id.
Burrus,	id.	id.	id.
Calabress,	id.	id.	id.

CARLIER,	cuirassier.	Bataille d'Essling,	22 mai 1809.
CARON dit ROHAULT.	id.	id.	id.
CAUDA,	id.	id.	id.
COSSÉ,	id.	id.	id.
DEBOAINE,	id.	id.	id.
DESCHAMPS,	id.	id.	id.
DESPRET,	id.	id.	id.
FILIPPA,	id.	id.	id.
FRANZERO,	id.	id.	id.
GARÇON,	id.	id.	id.
GAUTHIER,	id.	id.	id.
GOLA,	id.	id.	id.
HESS,	id.	id.	id.
LAMI,	id.	id.	id.
LAVILLÉ,	id.	id.	id.
LEMIÈRE,	id.	id.	id.
MARIENNE,	id.	id.	id.
MARQUET,	id.	id.	id.
PRUNCK,	id.	id.	id.
RENAUD,	id.	id.	id.
REY,	id.	id.	id.
ROGUET,	id.	id.	id.
SAUSSAY,	id.	id.	id.
THIVELLIER,	id.	id.	id.
LESUEUR,	brigadier.	Wagram,	6 juillet 1809.
HÉBERT,	trompette.	id.	id.
BISSON,	cuirassier.	id.	id.
BLENGINO,	id.	id.	id.
DEMAZURE,	id.	id.	id.
JOUIN,	id.	id.	id.
LAURENT,	id.	id.	id.
LESIEUR,	id.	id.	id.
MARGUERITE,	id.	id.	id.

MERCIER,	cuirassier.	Wagram., 6 juillet 1809.	
MERTIN,	id.	id.	id.
DROMERÉ,	brigadier.	Hollabrünn, 9 juillet 1809.	
PIERROT,	id.	id.	id.
STAAL,	id.	id.	id.
VITRIN,	id.	id.	id.
BERNARD,	id.	La Moskowa, 7 septembre 1812.	
PLÉE,	maréchal des logis.	Combat de Winkowo, 18 oct. 1812.	
DASTOR.,	brigadier.	id.	id.
BADANO,	cuirassier.	id.	id.
BARBARIN,	id.	id.	id.
BARDET,	id.	id.	id.
CASDELLINO,	id.	id.	id.
DELAIRE,	id.	id.	id.
PRESSEQ,	id.	id.	id.
VARET,	id.	id.	id.
DESSERT,	id.	Leipzig, 18 octobre 1813.	
PARENTEAU,	id.	id.	id.
CADE,	id.	Hanau, 30 octobre 1813.	
DIRN,	id.	id.	id.
LEMAIRE,	id.	Combat de la Chaussée, près Châlons, 3 février 1814.	
DESABRIS,	id.	Combat en avant de Châlons, 4 février 1814.	
FERIZE,	id.	id.	id.
BOULLIANE,	id.	Waterloo, 18 juin 1815.	
BOURGUIGNON,	id.	id.	id.
DIJEANS,	id.	id.	id.
DULIN,	id.	id.	id.
GAUDRAN,	id.	id.	id.
GAUTHIER,	id.	id.	id.
GAYOT,	id.	id.	id.
GRESSIER,	id.	id.	id.

18

HUFFETIER,	cuirassier.	Waterloo,	18 juin 1815
LAQUERNOY,	id.	id.	id.
MARTEAU,	id.	id.	id.
PONTIEU,	id.	id.	id.
RODET,	id.	id.	id.
SCHRŒDER,	id.	id.	id.
SOYER,	id.	id.	id.
THOURON,	id.	id.	id.
BRIQUET,	id.	Frœschwiller,	6 août 1870.
CARRÉ,	id.	id.	id.
CAYRON,	id.	id.	id.
CLAPIER,	id.	id.	id.
DEBRET,	id.	id.	id.
DEHOT,	id.	id.	id.
DESTER,	id.	id.	id.
DUNY,	id.	id.	id.
LACONDEMINE,	id.	id	id.
LESIMPLE,	id.	id.	id.
PITOLET,	id.	id.	id.
TURCAN,	brigadier.	id.	id.
WACKERR,	cuirassier.	id.	id.
WALTER,	id.	id.	id:
BERNIER,	id.	Sedan,	1er septembre 1870.
DUPONT,	id.	id.	id.
IFFLI,	id.	id.	id.
ROBERT,	id.	id.	id.
ROUDIL,	id.	id.	id.
BLANC.	id.	Siège de Strasbourg.	
LE BUZIT,	id.	id.	id.
VIGIER,	id.	id.	id.

Colonels-généraux qui ont commandé le régiment

24 avril 1657. — Vicomte DE TURENNE, Henri de la Tour-d'Auvergne. Né à Sedan, le 11 septembre 1611. Prit le mousquet à l'âge de treize ans, servit en Hollande comme cadet et bas-officier. En 1630 il eut un régiment au service de la France, fut fait maréchal de camp en 1634, et prêta le serment de maréchal de France le 16 novembre 1643. Devenu propriétaire du régiment le 3 juin 1651. Colonel-général de la cavalerie légère en 1657. Maréchal-général en 1660. Tué à Saltzbach le 27 juillet 1675. Inhumé à Saint-Denis. Ses restes ont été transportés aux Invalides, en 1800.

24 septembre 1675. — Comte D'AUVERGNE, Frédéric-Maurice de la Tour, neveu du maréchal de Turenne. Né le 15 janvier 1642. Mort le 23 novembre 1707. Blessé au mois d'avril 1677 au siège de Cambrai.

10 février 1705. — Comte D'EVREUX, Henri-Louis de la Tour-d'Auvergne, neveu du Comte d'Auvergne. Né le 2 août 1679. Lieutenant-général le 18 juin 1708. Se démit de sa charge en 1740 en faveur de son petit-neveu, continua à faire les fonctions de cette charge pendant huit ans, jusqu'à ce que le prince de Turenne fût en âge de les exercer.

7 juillet 1740. — Prince DE TURENNE, Godefroy-Charles-Henri de la Tour-d'Auvergne, petit-neveu du comte d'Evreux. Né le 26 janvier 1728. Colonel-général en 1740 par suite de la démission de son grand-oncle. Brigadier de cavalerie le 20 mars 1747. Maréchal de camp le 10 mai 1748. Se démit de ses fonctions en 1759 et fut pourvu de la survivance de la charge de grand-chambellan. Devenu duc de Bouillon en 1772.

16 avril 1759. — Marquis DE BÉTHUNE, Armand. Né le 20 juillet 1711. Capitaine au régiment Royal-Piémont-Cavalerie le 23 juillet 1731. Guidon aux gendarmes Dauphin, rang de lieutenant-colonel, le 16 janvier 1739. Guidon aux gendarmes Ecossais, rang de mestre de camp, le 11 janvier 1743. Brigadier de cavalerie le 1er janvier 1748. Commissaire-général de la cavalerie le 19 avril 1748. Maréchal de camp le 10 mai 1748. Mestre de camp général de la cavalerie le 11 juin 1748. Chevalier de Saint-Louis le 14 janvier 1744. Chevalier de l'ordre du Saint-Esprit le 2 janvier 1757. Colonel-général de la cavalerie le 16 avril 1759. Lieutenant-général le 17 décembre 1759. Mort en 1791.

Mestres de camp, Chefs de brigade et Colonels

1631. — TREFSKI, colonel sous le duc de Saxe-Weymar, à la solde de la France depuis le 26 octobre 1635.

17 octobre 1641. — FLEXTEIN. Blessé le 3 août 1645 à la bataille de Nordlingen.

1649. — NIMITZ.

3 juin 1651. — Vicomte DE TURENNE, Henri de la Tour-d'Auvergne, colonel-général de la cavalerie légère en 1657.

24 avril 1657. — Marquis DE SAINT-VIANCE (N. de Philippe).

19 janvier 1666. — Marquis DE RENTY, Jean-Jacques.

16 mars 1674. — DE MUSSE.

168... — DE QUÉMADENC.

17... — LE BRUN D'INTEVILLE.

1711. — Comte D'ELÈVEMONT.

10 mai 1717. — Comte DE BIOULI.

1er septembre 1730. — Comte D'ONS-EN-BRAY, Léon-François Legendre de Lormoy. Brigadier de cavalerie le 1er janvier 1740. Maréchal de camp en 1744. Lieutenant-général le 10 mai 1748. Mort en 1772.

10 septembre 1744. — Marquis DE SOISY, Jérôme-Laurent d'Eon. Mestre de camp réformé à la suite de Colonel-Général. Brigadier de cavalerie le 10 mai 1748. Maréchal de camp le 20 février 1761. Lieutenant-général le 1er mai 1780. Blessé à la bataille de Fontenoy le 11 mai 1745. Mort en 1790.

1er mars 1748. — Comte D'OURCHES, Charles. Né en 1720. S'est retiré en 1758. Chevalier de Saint-Louis en 1757.

1758. — Chevalier DE PERSAN, Bon-Guy Doublet. Chevalier de Saint-Louis en 1756, comme capitaine réformé à la suite du régiment Colonel-Général. Mestre de camp du régiment de 1758 à 1761. Brigadier, le 3 janvier 1770. Maréchal de camp le 1er mai 1780. Comte de Persan en 1780.

13 avril 1761. — Marquis DE LA ROCHETTE, Aimé-Jacques Dubois. Enseigne de la Compagnie-Colonelle au régiment de Poitiers en 1741. Capitaine dans Barbançon-Cavalerie le 21 avril 1744. Mestre de camp lieutenant dans Colonel-Général le 13 avril 1761. Chevalier de Saint-Louis en 1759. Mort en 1763.

19 juillet 1763. — Vicomte DE LHUYS, Jean-François Drouhin d'Arquery. Mousquetaire. Capitaine au régiment Colonel-Général en 1757. Mestre de camp lieutenant en 1763. Quitte en 1768 et demeure attaché à la cavalerie avec son grade de mestre de camp et trois mille francs d'appointements. Chevalier de Saint-Louis en 1770. Brigadier le 1er mars 1780.

20 avril 1768. — Marquis D'ÉVRY, Joseph Moulins-Brunet. Né à Moulins vers 1720. Entré au service en 1736. Fait chevalier de Saint-Louis en 1754 étant capitaine au régiment Commissaire-Général-Cavalerie. Rang de mestre de camp en 1755. Lieutenant-colonel du régiment Commissaire-Général en 1760. Lieutenant-colonel de Royal-Champagne en 1764. Brigadier de cavalerie le 16 avril 1767. Mestre de camp lieutenant le 20 avril 1768. Maréchal de camp le 1er mars 1780.

13 avril 1780. — Marquis DE VASSAN, Louis-Zacharie. Avait été capitaine au régiment de 1772 à 1774. Chevalier de Saint-Louis en 1775. Brigadier de cavalerie le 1er janvier 1784. Mestre de camp commandant le régiment provincial d'artillerie de Besançon en 1786. Maréchal de camp le 9 mars 1788.

7 mai 1786. — Comte DE ROSAMBO, Charles-Louis-David Lepelletier d'Aunay. Né le 26 octobre 1750. Rang de sous-lieutenant dans Royal-Cavalerie en 1770. Cornette de la 1re compagnie des mousquetaires. Mestre de camp du régiment provincial d'artillerie de Besançon le 1er janvier 1784. Mestre de camp lieutenant de Colonel-Général-Cavalerie le 7 mai 1786. Chevalier de Saint-Louis 1787. Maréchal de camp le 26 octobre 1789.

25 juillet 1791. — Comte DE CLERMONT-TONNERRE, Stanislas-Marie-Adélaïde. Avait été colonel en second dans Royal-Navarre. Colonel en 1789. Député de la noblesse aux États-Généraux. Arrêté deux fois et relâché. Massacré le 10 août 1792 par un attroupement qu'ameuta contre lui un de ses domestiques.

5 février 1792. — DE LA VARENNE, Jacques-Antoine Deschamps. Cornette dans le régiment d'Escouloubre le 1er août 1743. Réformé le 5 janvier 1749. Replacé le 1er octobre 1756. Lieutenant le 10 février 1759. Capitaine le 7 avril 1760. Réformé le 1er avril 1763. Capitaine-commandant dans Royal-Normandie le 18 juin 1768. Lieutenant-colonel dans le même régiment, alors 19e régiment de cavalerie, le 25 juillet 1791. Colonel du 1er de Cavalerie le 5 février 1792. Général de brigade le 9 mars 1793. Chevalier de Saint-Louis le 15 mars 1763.

8 mars 1793. — DONCOURT, Claude-Louis. Né en 1741. Volontaire au 9e dragons en 1763. Maréchal des logis même année. Rang de sous-lieutenant sans appointements en 1768. Sous-aide-major en 1772. Sous-lieutenant en 1776. Lieutenant en deuxième en 1779. Lieutenant en premier en 1785. Capitaine commandant en 1789

Capitaine au 1er régiment de Cavalérie le 25 janvier 1792., Lieutenant-colonel le 18 mai 1792. Chef de brigade commandant le régiment le 8 mars 1793. Destitué le 15 septembre 1793. Chevalier de
Saint-Louis le 5 mai 1791.

1er octobre 1793. — MAILLARD, Jean. Né le 6 juin 1732. Cavalier
au régiment le 16 avril 1754. Fourrier le 14 octobre 1768. Maréchal
des logis chef en 1776. Adjudant en 1781. Porte-étendard le 1er septembre 1784. Lieutenant surnuméraire en 1789. Sous-lieutenant
en 1791. Capitaine le 22 mai 1792. Chef d'escadrons le 16 septembre 1793. Chef de brigade le 1er octobre 1793. A obtenu
sa retraite le 26 pluviôse an III. Chevalier de Saint-Louis du
28 avril 1790.

14 février 1795. — SÉVERAC, Jacques. Cavalier dans Colonel-
Général-Cavalerie en 1766. Brigadier en 1780. Fourrier en 1784.
Maréchal des logis chef en 1787. Adjudant en 1791. Sous-lieutenant
le 10 mars 1792. Lieutenant le 10 mai suivant. Capitaine en 1793.
Chef d'escadrons au choix en l'an II. Chef de brigade en l'an III.
Chevalier de Saint-Louis en 1792. Retraité le 30 frimaire an V.
Blessé le 18 mars 1793 à la bataille de Nerwinden de neuf coups
de sabre à la tête et sur le corps.

5 janvier 1797. — JUIGNET, Jean. Né le 17 janvier 1736.
Cavalier au 15e dragons le 1er décembre 1756. Brigadier le
27 mars 1763. Maréchal des logis le 21 décembre 1765. Fourrier le
1er juin 1772. Maréchal des logis chef le 11 juin 1776. Porte-guidon
le 7 mars 1778. Sous-lieutenant le 26 mars 1791. Lieutenant au
4e régiment de cavalerie le 15 septembre 1791. Repassé en cette
qualité au 15e dragons le 8 décembre 1791. Capitaine le 20 mars 1793.
Chef d'escadrons le 25 juin 1793. Chef de brigade au 1er régiment
de cavalerie le 16 nivôse an V. Mort de maladie à Ferrare
le 20 fructidor an VI.

3 décembre 1798. — Baron MARGARON, Pierre. Né le 1er mai 1765.

Sous-lieutenant à la suite en 1788. Lieutenant-adjoint à l'état-major de l'armée du Nord en avril 1792. Capitaine à la 1re compagnie franche le 1er juillet 1792. Chef de bataillon commandant la légion des Ardennes le 15 octobre 1792. Adjudant-général, chef de brigade, le 15 avril 1793. Chef de brigade au 1er régiment de Cavalerie le 3 nivôse an VII. Général de brigade le 11 fructidor an XI. Général de division le 16 août 1813.

Blessé d'une balle le 27 thermidor 1799 à Novi. A eu la jambe droite cassée à Passano en remplissant une mission du général Championnet. En l'an IX par suite d'un contre-ordre du général en chef Brune, il est enveloppé avec deux cents chevaux et deux canons par un corps de cavalerie ennemie sorti de Vérone. Il effectue deux charges vigoureuses, reprend le village de San-Massino, soutient deux attaques du corps qu'il vient de traverser, le repousse et s'empare de cent chevaux. Blessé deux fois à Austerlitz.

En Espagne met en déroute à Leira, un corps de vingt mille insurgés, lui tue huit ou neuf cents hommes, lui prend tous ses drapeaux et s'empare de Thomar.

A la bataille d'Evora, en juillet 1808, enfonce le centre de la ligne portugaise à la tête du 86e régiment et lui prend trois pièces de canon.

Se signale le 20 août 1808 à Vimeiro. Baron de l'Empire en 1808. Mort à Paris le 16 décembre 1824. Son nom est inscrit sur l'Arc-de-Triomphe, côté nord.

31 août 1803. — Baron GUITON, Marie-Adrien-François, né le 8 juin 1761. Soldat au 5e dragons de 1779 à 1787. Capitaine au 1er bataillon de la Meuse en octobre 1791. Capitaine au 23e chasseurs en octobre 1792. Chef d'escadrons au même régiment le 6 messidor an II (24 juin 1794). Chef d'escadrons de grenadiers à cheval de la garde des Consuls le 11 frimaire an IX (2 décembre 1800). Colonel du 1er régiment de Cuirassiers le 13 fructidor an XI. Général de brigade le 1er avril 1807.

Officier de la Légion d'honneur le 15 juin 1804. Commandeur le 24 décembre 1805. Commandait à Wagram et à Znaïm la 2ᵉ brigade de la 2ᵉ division de cuirassiers. Reçut de l'Empereur à titre de récompense nationale la baronnie avec dotation.

Retraité le 24 décembre 1814. Rappelé pendant les Cent-Jours. Retraité en 1815. Mort à Paris le 18 février 1819.

1ᵉʳ avril 1807. — Baron DE BERCKEIM, Sigismond-Frédéric. Né le 9 mai 1775. Sous-lieutenant au régiment de la Marck en avril 1792. Aide de camp du général Duverger en l'an IV. Capitaine au 2ᵉ carabiniers le 20 ventôse an VIII. Chef d'escadrons aux dragons le 3 thermidor an XIII. Chef d'escadrons au 1ᵉʳ Cuirassiers le 18 fructidor an XIII. Major au régiment le 9 mars 1806. Colonel du régiment le 1ᵉʳ avril 1807. Général de brigade le 12 juillet 1809. Général de division en 1813. Chevalier de la Légion d'honneur le 4 germinal an XIII. Officier le 11 juillet 1807. Chargé en 1814 de la levée en masse du département du Bas-Rhin. Défendit l'Alsace avec acharnement. Mort en 1819.

16 juillet 1809. — Baron CLERC, Antoine-Marguerite. Né à Lyon le 21 juillet 1774. Engagé au 10ᵉ régiment de chasseurs à cheval en 1790. Maréchal des logis chef le 14 germinal 1793. Sous-lieutenant le 16 nivôse an V aux grenadiers à cheval de la garde consulaire. Lieutenant le 29 messidor an VIII. Capitaine adjudant-major aux chasseurs de la garde consulaire le 9 vendémiaire an X. Chef d'escadrons le 18 fructidor an XIII. Colonel du 1ᵉʳ Cuirassiers le 16 juillet 1809. Chevalier de la Légion d'honneur le 25 prairial an XII. Officier le 14 mars 1806.

Blessé d'un coup de sabre au poignet devant Condé le 17 mai 1793 ; d'un coup de feu au travers du corps et d'un coup de sabre à la main droite à l'affaire de la Rheutle, près Manheim, le 28 mai 1794 ; d'un coup de feu le 20 août 1794 ; d'un coup de sabre le 3 avril 1795. Blessé aux parties d'un éclat d'obus à la bataille de Hanau

le 30 octobre 1813. Blessé d'un éclat d'obus à l'œil droit devant
Paris le 30 mars 1814. Maréchal de camp le 23 août 1814.

11 mai 1814. — Baron DE LA MOTTE-GUÉRY, Philippe-Chris-
tophe. Né à Nancy en 1769. Lieutenant aide de camp le 3 novembre 1792. Capitaine au 8ᵉ hussards le 9 janvier 1793. Chef d'escadrons au même régiment en 1794. Chef d'escadrons au 12ᵉ cuirassiers le 29 août 1799. Major le 29 octobre 1803. Colonel en deuxième
le 31 mars 1809. Colonel du 5ᵉ cuirassiers le 7 septembre 1811.
Colonel aux Cuirassiers du Roi le 11 mai 1814. Chevalier de la
Légion d'honneur le 20 mars 1804 ; officier le 11 octobre 1812 ;
commandeur le 29 juillet 1814. Créé baron de l'Empire le 28 septembre 1813.

Au passage du Rhin le 21 avril 1797, chargea à Anspach les
cuirassiers ennemis avec deux cents hommes, les culbuta et s'empara d'une colonne d'équipages et de chevaux de main ainsi que
des fourgons du général Klinghin. Aux affaires des 1ᵉʳ, 2 et
3 décembre 1800, contribua par la sagesse de ses manœuvres au
succès de la bataille de Hohenlinden. Dégagea un régiment de
chasseurs poursuivi par l'ennemi et enveloppa un régiment de
dragons autrichiens dont cent cinquante furent tués ou blessés.
Fait prisonnier par les insurgés espagnols et interné à bord du
ponton *La Castille* dans la baie de Cadix avec quinze cents hommes
et six cents officiers, s'échappa le 16 mai 1810 après une révolte
suivie d'un combat sanglant et parvint à rejoindre la flotte française qui était en vue.

25 mars 1815. — Comte ORDENER, Michel. Né à Huningue
le 3 avril 1787. Volontaire au 11ᵉ chasseurs en 1802. Élève à l'École
militaire la même année. Sous-lieutenant au 24ᵉ dragons en 1803.
Aide de camp du général Ordener en 1805, du général Duroc
en 1806. Capitaine le 7 avril 1807. Chef d'escadrons le 30 mars 1809.
Chef d'escadrons au 7ᵉ cuirassiers le 3 juin 1809. Colonel du même
régiment le 19 novembre 1812. Colonel du 30ᵉ régiment de dragons

le 11 mars 1813. Colonel à la suite du 16e dragons dans lequel
le 30e a été amalgamé le 20 novembre 1814. Colonel du 1er Cuirassiers le 25 mars 1815, en demi-solde le 21 octobre 1815. Chevalier de la Légion d'honneur le 14 mars 1806. Officier le 5 septembre 1813. Chevalier de Saint-Louis le 10 décembre 1814. Blessé
d'un coup de lance à la tête à la défense de Polotsk le 18 octobre 1812 ; d'un coup de feu à la cuisse au combat de la Berezina.
Contusionné par un boulet à la cuisse droite devant Paris,
le 30 mars 1814. Blessé d'un coup de feu au cou le 18 juin 1815 à
Waterloo.

27 septembre 1815. — Comte DE BÉTHUNE, Albert. Né
le 7 mars 1776 à Tournay (Belgique). Emigré ; rentré en 1814. Capitaine dans la garde à cheval de Paris le 31 mars 1814. Major
le 6 juillet. Lieutenant-colonel le 5 août. Colonel des gendarmes du Roi
le 1er mars 1815, suivit le Roi à Gand. Nommé au commandement
du régiment le 27 septembre 1815. Mis en non-activité sans traitement, sur sa demande, par décision royale du 19 juillet 1820.
Chevalier de la Légion d'honneur le 24 mai 1820.

8 août 1820. — Baron DE LA TOUR-FOISSAC, François-Louis-
Marie-Victor. Né à Phalsbourg (Meurthe) le 6 décembre 1784.
Engagé à quinze ans au 7e dragons le 1er avril 1799. Sous-lieutenant le 29 mai suivant. Chef d'escadrons en 1813. Lieutenant-
colonel du 2e cuirassiers de la garde royale en octobre 1815.
Breveté colonel le 1er juillet 1818. Appelé au commandement du
régiment en 1820. Admis au traitement de réforme par ordonnance
royale du 23 mai 1825. Chevalier de la Légion d'honneur
le 14 août 1809 ; officier le 20 mai 1820.

23 mai 1825. — DE SAINTE-MARIE, Philippe-Louis. Né à Paris
le 5 février 1787. Elève à l'École de Fontainebleau en 1805. Sous-
lieutenant en 1806. Capitaine en 1813. Chef d'escadrons au 2e cuirassiers de la Garde royale en 1815. Breveté lieutenant-colonel
en 1818. Colonel du régiment en 1825. Démissionnaire à la

révolution de Juillet, le 9 août 1830. Chevalier de la Légion d'honneur le 23 décembre 1813 ; officier le 29 décembre 1815. Blessé au combat de Guttstadt le 5 juin 1807 et à la bataille de Wachau le 14 octobre 1813.

5 avril 1830. — Comte ORDENER, Michel. Avait déjà commandé le régiment pendant les Cent-Jours. Nommé maréchal de camp le 2 avril 1831. Lieutenant-général le 20 octobre 1845. Sénateur en 1852. Mort le 22 novembre 1862.

14 août 1831. — FAUVART-BASTOUL, François-Joseph. Né le 15 juillet 1782, à la Buissière (Pas-de-Calais). Engagé au 8ᵉ chasseurs à cheval le 5 janvier 1797. Brigadier le 3 octobre 1798. Sous-lieutenant au 8ᵉ hussards le 11 octobre 1801. Lieutenant le 22 novembre 1806. Capitaine en 1807. Chef d'escadrons au 2ᵉ hussards en 1811. Lieutenant-colonel aux dragons de l'Hérault en 1820. Au 1ᵉʳ régiment de Cuirassiers de la garde royale le 30 décembre 1827. Envoyé en congé illimité avec le brevet de colonel le 11 août 1830. Appelé au commandement du régiment le 14 avril 1831. Maréchal de camp le 12 août 1833. Placé dans le cadre de réserve le 16 juillet 1844. Décédé à Versailles le 14 octobre 1851. Membre de la Légion d'honneur le 10 novembre 1810 ; officier le 11 avril 1815 ; commandeur le 30 avril 1835.

Son nom est inscrit au côté nord de l'Arc-de-Triomphe, colonne centrale.

18 août 1839. — MAREY, Guillaume-Stanislas. Né le 19 février 1796 à Nuits (Côte-d'Or). Élève de l'École polytechnique en 1814. Sous-lieutenant d'artillerie en 1817. Prit part comme capitaine d'artillerie à l'expédition d'Alger. Chargé en 1830 de la formation de deux escadrons de chasseurs algériens, qui en 1832 servirent de noyau aux régiments de chasseurs d'Afrique, fut placé comme chef d'escadrons au 1ᵉʳ régiment. Lieutenant-colonel en 1834. Forma les premiers escadrons de spahis et en fut nommé colonel le 31 mars 1837. Passé au régiment en 1839, puis au 2ᵉ chasseurs d'Afrique le 8 octobre 1841. Le colonel Marey fut autorisé en 1840 à prendre le nom de sa mère et à s'appeler Marey-Monge. Maréchal de camp le 9 avril 1843. Général de division le 12 juin 1848. Mort le 15 juin 1863. Chevalier de la Légion d'honneur le 14 septembre 1832 ; officier le 14 août 1835. Ses états de service portent dix citations à l'ordre de l'armée d'Afrique.

27 septembre 1841.—Franquetot, duc de Coigny. Était colonel du 6 juillet 1814 et avait été aide de camp du duc de Berry, puis du duc de Bordeaux. Quitta le service à la révolution de Juillet. Rentra en septembre 1841 comme colonel du régiment et fut nommé maréhal de camp le 22 janvier 1843. Le duc de Coigny avait perdu le bras droit en 1812 à Smolensk.

29 janvier 1843. — Reyau, Jean-Henry. Né le 16 janvier 1799 à Pau (Basses-Pyrénées). Entré aux gardes du corps en 1814. Sous-lieutenant au 3ᵉ cuirassiers en 1816. Capitaine en 1826. Chef d'escadrons en 1831. Lieutenant-colonel commandant le dépôt de remonte de Caen en 1839. Colonel du régiment en 1843. Nommé général de brigade le 10 juillet 1848. Général de division le 22 décembre 1851. A commandé le camp de Lunéville de 1849 à 1851 et de 1852 à 1854. Mort en 1885. Chevalier de la Légion d'honneur le 8 juin 1825 ; officier le 19 juillet 1846 ; grand-officier le 28 décembre 1859.

21 juillet 1848.—O'Riordan, Adhémar-Térence. Né le 7 août 1796 à Quimperlé (Finistère). Entré aux gardes du corps en 1815. Capitaine au 9ᵉ chasseurs en 1824. Chef d'escadrons en 1832. Lieutenant-colonel au 4ᵉ dragons le 14 août 1842. Admis à la pension de retraite le 2 janvier 1851. Chevalier de la Légion d'honneur le 30 avril 1835 ; officier le 17 avril 1845 ; commandeur le 2 décembre 1850.

3 janvier 1851. — De Cambiaire, Jean-Joseph-Alexandre-

Amédée. Né le 27 avril 1800 à Vabrel (Aveyron). Entré aux gardes
du corps en 1818. Capitaine au 2ᵉ cuirassiers en 1830. Major
au 10ᵉ en 1840. Lieutenant-colonel au régiment le 27 avril 1846.
Colonel le 3 janvier 1851. Nommé général de brigade le 31 décembre 1857. Chevalier de la Légion d'honneur le 24 avril 1842 ;
officier le 10 août 1853.

30 décembre 1857. — Du BARAIL, François-Charles. Né
le 28 mai 1820 à Versailles (Seine-et-Oise). Engagé aux spahis
en 1839. Sous-lieutenant en 1842. Chef d'escadrons en 1853.
Lieutenant-colonel en 1854. Passé aux chasseurs de la garde.
Nommé colonel du régiment en 1857. Passé le 23 janvier 1860 au
commandement du 3ᵉ chasseurs d'Afrique. Général de brigade
le 2 juillet 1863. Général de division le 23 mars 1870. Ministre de
la guerre en 1872. A commandé le 9ᵉ corps d'armée à Tours. Chevalier de la Légion d'honneur le 6 août 1843 ; officier le 3 mars 1854 ;
grand-officier le 20 avril 1871. Blessé à la bataille d'Isly, cité
quatre fois à l'ordre de l'armée d'Afrique.

17 janvier 1860. — DE BLANCHAUD, Jacques-Joseph. Né à
Lunéville (Meurthe). Entré à l'École militaire en 1827. Sous-
lieutenant, lieutenant, capitaine et major au 2ᵉ lanciers de 1831
à 1854. Lieutenant-colonel du 8ᵉ lanciers en 1854. Colonel du régiment en 1860. Admis à la pension de retraite le 5 janvier 1864.
Mort à Lunéville en 1887. Chevalier de la Légion d'honneur
le 5 décembre 1855 ; officier le 12 mars 1862.

12 mars 1864. — PELLETIER, Edme-Charles. Né le 15 mars 1812
à Montluçon (Allier). Engagé au 9ᵉ cuirassiers en 1830. Passé
aux spahis en 1837. Sous-lieutenant en 1840. Capitaine en 1846.
Chef d'escadrons en 1853. Lieutenant-colonel du 12ᵉ dragons
en 1859. Colonel du régiment en 1864. Passé le 13 août 1865 au
commandement du 2ᵉ régiment de chasseurs. Chevalier de la
Légion d'honneur le 27 novembre 1844 ; officier le 2 août 1858.
Blessé deux fois en Afrique et une fois à la bataille de Solférino.

13 août 1865. — LEFORESTIER DE VENDEUVRE, Raymond. Né
le 23 septembre 1813 à Manneville (Calvados). Entré à l'École
militaire en 1831. Sous-lieutenant et lieutenant au 6ᵉ cuirassiers.
Capitaine instructeur en 1844 au 5ᵉ chasseurs. Chef d'escadrons
en 1853 au 2ᵉ cuirassiers. Lieutenant-colonel au 3ᵉ cuirassiers
en 1859. Colonel du régiment en 1865. Nommé général de brigade
le 25 août 1870. Passé dans le cadre de réserve le 12 novembre
1881. Chevalier de la Légion d'honneur le 10 décembre 1849 ;
officier le 23 août 1861 ; commandeur le 10 septembre 1868.

14 mars 1871. — DE RENUSSON D'HAUTEVILLE, Jules-Joseph-
Gustave. Né à Azay-sur-Cher (Indre-et-Loire). Entré à l'École
militaire en 1841. Sous-lieutenant, lieutenant et capitaine au
12ᵉ chasseurs. Chef d'escadrons en 1861 au 6ᵉ cuirassiers. Appelé
en 1864 au commandement de la section de cavalerie à l'École
militaire. Lieutenant-colonel en 1868. Nommé au commandement
du 1ᵉʳ régiment de marche de cuirassiers le 27 septembre 1870 à
sa formation. Promu colonel le 18 novembre 1870. A pris le
commandement du régiment à sa réorganisation en 1871. Général
de brigade le 30 mars 1878. Retraité le 30 décembre 1884. Chevalier de la Légion d'honneur le 30 décembre 1863 ; officier le 3 février 1875 ; commandeur le 27 décembre 1884.

4 avril 1878. — THOMAS DE DANCOURT, Eugène-Pierre. Né
le 18 août 1823 à Abbeville (Somme). Entré à l'École militaire
en 1841. Colonel le 14 octobre 1870, commandait les dépôts de
remonte d'Algérie. A pris le commandement du régiment en 1878.
Général de brigade le 3 juin 1879. Retraité en 1885. Chevalier de
la Légion d'honneur le 23 mars 1861 ; officier le 13 mars 1869 ;
commandeur le 30 juillet 1878.

7 juin 1879. — LENFUMÉ DE LIGNIÈRES, Jean-Arthur. Né à
Laon (Aisne), le 28 novembre 1832. Entré à l'École militaire
en 1851. Sous-lieutenant le 1ᵉʳ octobre 1853. Lieutenant le 12 septembre 1856. Capitaine, le 11 décembre 1861. Chef d'escadrons

19 juillet 1870. A commandé le manège de Saumur et la section de cavalerie de Saint-Cyr. Lieutenant-colonel le 27 mai 1875. Passé au 6ᵉ chasseurs. Colonel du régiment le 7 juin 1879. Passé le 25 octobre 1879 au commandement du 2ᵉ chasseurs. Nommé général de brigade le 12 juillet 1884, commande la 3ᵉ brigade de chasseurs. Chevalier de la Légion d'honneur le 9 septembre 1870.

25 octobre 1879. — SALVAGE DE CLAVIÈRES, Georges-Marie. Né le 15 juillet 1831 à Polminhac (Cantal). Entré à l'École militaire en 1850. Sous-lieutenant le 1ᵉʳ octobre 1852. Lieutenant le 12 janvier 1856. Capitaine le 25 janvier 1860. Chef d'escadrons le 5 août 1869. Lieutenant-colonel du 4ᵉ hussards le 27 mai 1875. Colonel du régiment le 25 octobre 1879. Chevalier de la Légion d'honneur le 3 juin 1871. Mort en mai 1883.

5 juin 1883. — DULAC, Philippe. Né à Paris (Seine) le 20 novembre 1831. Entré à l'École militaire en 1851. Sous-lieutenant au 11ᵉ dragons le 1ᵉʳ octobre 1853. Lieutenant le 7 août 1856. Capitaine le 17 janvier 1863. Capitaine-écuyer à l'École spéciale militaire en 1871. Major au 3ᵉ dragons le 3 novembre 1872. Chef d'escadrons au même régiment. Lieutenant-colonel du 5ᵉ cuirassiers le 18 juillet 1878. Colonel du régiment le 3 juin 1883. Chevalier de la Légion d'honneur le 9 septembre 1870 ; officier le 12 juillet 1880.

CADRES DU RÉGIMENT AVANT 1815

Modifications successives survenues dans leur constitution

Quand le 24 mai 1668, le Roi décida la suppression de tous les régiments de cavalerie, la compagnie *Colonelle-Générale* resta seule sur pied de toutes les compagnies du régiment.

Elle se composa ainsi que toutes les autres compagnies franches de deux maréchaux des logis, six brigadiers, deux trompettes et quatre-vingt-douze cavaliers. Comme officiers, elle avait un capitaine (le colonel-général), un capitaine réformé, un cornette blanc, un lieutenant et un sous-lieutenant ayant tous les trois commissions de capitaines.

1670. — Le 5 février, chaque compagnie franche prend le nom d'escadron et est scindée en deux compagnies. A la première sont affectés le colonel-général, qui en est le capitaine, le cornette blanc et le sous-lieutenant : c'est elle qui a l'étendard blanc du colonel-général La deuxième compagnie a le capitaine réformé et le lieutenant. Chacune a un maréchal des logis, trois brigadiers, un trompette et quarante-six cavaliers.

1671. — Le 1er août on forme dans l'escadron une troisième compagnie composée comme la deuxième. Chacune des première et deuxième compagnies fournit quinze anciens cavaliers pour former le noyau de la nouvelle.

Le 9 août le Roi rétablit les états-majors des régiments de cavalerie : un mestre de camp (le colonel-général qui commande en même temps la Compagnie-Générale), un lieutenant-colonel (qui commande la 2e compagnie), un major (capitaine sans compagnie), un aumônier et un chirurgien.

Le 1er octobre de la même année on ajoute un cornette à chaque compagnie.

La Compagnie-Générale est entièrement montée en chevaux gris.

1672. — Le 4 février le régiment forme un deuxième escadron à trois compagnies.

1676. — Au mois d'octobre, le régiment forme un troisième escadron à trois compagnies.

1678. — Le 20 décembre, les cornettes sont supprimés, sauf le cornette blanc. Le lieutenant-colonel est également supprimé. La compagnie n'a plus qu'un capitaine, un lieutenant, un maréchal des logis, deux brigadiers, un trompette et trente-quatre cavaliers.

1679. — Le 28 février, l'escadron est formé à quatre compagnies : chacune a un capitaine, un lieutenant, un maréchal des logis, un brigadier, un trompette et vingt-quatre maîtres. Le régiment conserve trois escadrons.

1682. — Le 26 février, la compagnie a le même cadre, mais deux carabiniers et vingt-six cavaliers.

1683. — Le 10 septembre, la compagnie est augmentée de dix hommes, dont un brigadier.

1686. — Le 20 février, on rétablit le lieutenant-colonel et on crée un aide-major à l'état-major du régiment.

1689. — Le 1er février on met un cornette dans chaque compagnie.

1690. — Le 25 octobre, le régiment forme une compagnie de carabiniers de un capitaine, deux lieutenants, un cornette, un maréchal des logis, deux brigadiers, un trompette et vingt-sept cavaliers. Chaque compagnie conserve néanmoins ses deux carabiniers.

1691. — Le 21 octobre, les compagnies ordinaires sont augmentées de dix hommes et comptent chacune trois officiers, un maréchal des logis, deux brigadiers, un trompette, deux carabiniers et quarante-cinq maîtres. Le régiment a une compagnie de carabiniers et douze compagnies ordinaires qui forment quatre escadrons à trois compagnies.

1693. — Le 1er novembre, la compagnie de carabiniers passe au corps des carabiniers. Les compagnies n'ont plus de carabiniers et ont seulement trente-sept cavaliers.

1697. — Le 4 novembre, les cornettes sont supprimés, et la compagnie n'a plus que vingt-sept cavaliers non compris le cadre.

1699. — Le 15 novembre, le nombre des cavaliers est réduit à dix-sept et remis à vingt-sept le 25 janvier 1701.

1701. — Le 8 novembre, on rétablit un cornette dans chaque compagnie et le nombre des cavaliers est porté à trente-deux.

1714. — Le cornette est supprimé, et le nombre des cavaliers est réduit à vingt-sept.

1716. — Le 26 avril, le nombre des cavaliers est réduit à vingt-deux. Les douze compagnies forment trois escadrons à quatre compagnies.

1732. — Le 1er novembre on remet dans chaque compagnie un cornette qui est supprimé le 8 janvier 1737. La compagnie n'a plus que deux officiers, un maréchal des logis, deux brigadiers, un trompette et vingt-deux cavaliers.

1742. — Le 6 août, la compagnie est augmentée d'un cornette et dix cavaliers.

1743. — Le 6 mars on forme un quatrième escadron à quatre compagnies, soit seize compagnies pour le régiment.

1748. — Le 30 octobre, suppression du quatrième escadron et des cornettes des autres compagnies, qui restent constituées à deux officiers, un maréchal des logis, deux brigadiers, un trompette et vingt-sept cavaliers.

1755. — Le 1er décembre, la compagnie est augmentée d'un cornette et dix hommes.

1758. — Le 1er novembre on crée dans chaque compagnie un fourrier chargé des écritures et qui prend rang entre le maréchal des logis et le brigadier.

1761. — Le 1er décembre tous les régiments sont portés à quatre escadrons. « Sa Majesté ayant reconnu que les régiments de « cavalerie étaient trop faibles à deux escadrons pour soutenir les « différents services auxquels ils sont obligés en temps de guerre, « a résolu de les doubler pour les porter à quatre escadrons. » Vingt-sept régiments sont supprimés, et ceux qui sont conservés sont portés à quatre escadrons de cent soixante hommes chacun, divisés en quatre compagnies de quarante hommes. *Colonel-*

Général qui avait seul trois escadrons, forme son quatrième avec les quatre premières compagnies du régiment de Montcalm.

1762. — Le 21 décembre, le titre de cornette est supprimé et remplacé par celui de porte-étendard, excepté pour le cornette blanc. Le régiment est réduit à huit compagnies formant quatre escadrons de deux compagnies. La compagnie a un capitaine, un lieutenant, un sous-lieutenant, un porte-étendard, quatre maréchaux des logis, un fourrier, huit brigadiers, huit carabiniers, trente-deux cavaliers et un trompette. Elle se fractionne en deux divisions, quatre subdivisions et huit escouades. L'état-major du régiment comprend un mestre de camp et un lieutenant-colonel ayant chacun une compagnie, un major, deux aides-majors, deux sous-aides-majors, un trésorier, un quartier-maître, un timbalier. En temps de guerre on y ajoute un aumônier et un chirurgien. Il n'y a plus qu'un étendard par escadron. Le régiment est administré par un conseil d'administration. La compagnie du colonel-général a le cornette blanc en plus des officiers ordinaires de la compagnie.

1764. — L'ordonnance du 10 août supprime le trésorier et décide que le quartier-maître en remplira les fonctions.

1772. — L'ordonnance du 27 avril remet l'escadron à quatre compagnies et le régiment à trois escadrons. La compagnie a un capitaine, un lieutenant, un sous-lieutenant, un fourrier, deux maréchaux des logis, quatre brigadiers, quatre carabiniers, vingt-quatre cavaliers et un trompette. L'état-major se compose d'un mestre de camp et un lieutenant-colonel qui n'a plus de compagnie, un major, deux aides-majors, deux sous-aides-majors, un quartier-maître-trésorier, trois porte-étendards, un timbalier, un chirurgien et un maréchal-expert. La compagnie *Colonelle-Générale* a pour officiers : le mestre de camp lieutenant, le cornette blanc et deux sous-lieutenants.

1776. — L'ordonnance du 25 mars établit l'escadron-compagnie.

Le régiment a quatre escadrons de cavalerie et un escadron de chevau-légers. L'état-major comporte un mestre de camp commandant, un mestre de camp en second, un lieutenant-colonel, un major, un quartier-maître-trésorier, deux porte-étendards, un adjudant, un chirurgien-major, un aumônier, un maître-maréchal, un maître-sellier, un armurier. Le mestre de camp en second commande le premier escadron, le lieutenant-colonel le deuxième, et les trois autres sont commandés par un capitaine commandant. Chacun des cinq escadrons a un capitaine en second, deux lieutenants, deux sous-lieutenants, un maréchal des logis chef, un maréchal des logis, un fourrier, huit brigadiers, un cadet-gentilhomme, deux trompettes, un frater, un maréchal-ferrant, cent cinquante-deux cavaliers sur pied de guerre et quatre-vingt-seize sur pied de paix. Le régiment n'a plus que deux étendards et les officiers particuliers de la compagnie *Colonelle-Générale* sont supprimés. Sur pied de guerre, on ajoute au régiment un escadron auxiliaire servant de dépôt.

Cette ordonnance supprimait les inspecteurs généraux et mettait les troupes en divisions, en y attachant un lieutenant-général et trois maréchaux de camp qui avaient à tour de rôle la charge de l'inspection.

L'ordonnance du 1er octobre de la même année prescrit que le mestre de camp commandant le régiment *Colonel-Général* en conservera l'inspection, mais ce régiment sera en même temps soumis à l'inspection des officiers généraux employés aux divisions dans lesquelles il se trouvera.

La compagnie *Colonelle-Générale* continuera à être montée sur des chevaux gris, et les cavaliers porteront l'aiguillette.

1779. — Le 29 janvier l'escadron de chevau-légers passe au 1er régiment de chevau-légers. Le régiment reste à quatre esca-

drons avec un effectif de quatre cent quatre hommes et trois cent
soixante-quatre chevaux, sans les officiers.

Le 28 septembre, le mestre de camp en second et le lieutenant-
colonel sont remplacés par un capitaine à la tête des 1er et 2e escadrons.

1784. — L'ordonnance du 25 juillet fixe l'escadron à un capitaine commandant, un capitaine en second, un capitaine de
remplacement [1], deux lieutenants, deux sous-lieutenants,
un sous-lieutenant de remplacement, un maréchal des logis chef,
quatre maréchaux des logis, un fourrier, huit brigadiers et
huit appointés. Sur pied de paix il y a deux trompettes et quatre-
vingts cavaliers dont huit à pied ; sur pied de guerre, il y a
trois trompettes et cent quarante-quatre cavaliers dont douze à
pied. Il y a un maréchal-ferrant au nombre des cavaliers. L'escadron forme quatre pelotons pour les manœuvres ; pour le service
intérieur il forme deux divisions, quatre subdivisions et huit escouades. Chaque escadron a un étendard. Il y a un deuxième
adjudant à l'état-major. Le premier escadron du régiment prend
le nom de Compagnie-Colonelle, et a en plus un cornette blanc,
et un premier sous-lieutenant ayant rang de capitaine.

1788. — L'ordonnance du 17 mars supprime l'état-major général de la cavalerie par voie d'extinction. Les régiments de
l'état-major quitteront leurs noms, à mesure que chacune des
charges auxquelles ces régiments sont affectés viendra à s'éteindre ;
le régiment Colonel-Général prendra le nom de France [2]. On en
revient à l'escadron de deux compagnies.

Le régiment comprend six compagnies formant trois escadrons.
Etat-major : un colonel, un lieutenant-colonel, un major, un major

---

[1] Les officiers de remplacement ne touchaient pas d'appointements.
[2] Cette prescription n'eut pas occasion d'être appliquée, M. de Béthune n'étant
mort que lorsque le régiment eut pris le nom de 1er de Cavalerie.

en second, un quartier-maître-trésorier, deux adjudants, un chirurgien-major, un aumônier, un premier trompette, un maître
maréchal et quatre maîtres-ouvriers (sellier, armurier, tailleur,
bottier). Chacun des trois escadrons a un chef d'escadron,
un porte-étendard et un lieutenant surnuméraire.

1791. — Par règlement du 1er janvier les régiments sont
conservés à trois escadrons de trois compagnies. L'état-major
comprend : un colonel, deux lieutenants-colonels, un quartier-
maître-trésorier, un aumônier, un chirurgien-major, deux adjudants, un trompette-major, un maître-maréchal, un maître-
sellier, un maître-tailleur, un maître-bottier, un maître-culottier.

Le colonel-général, les chefs d'escadrons, le major sont supprimés, ainsi que les capitaines et les lieutenants de remplacement. La désignation de bas-officier est remplacée par celle de
sous-officier. La force d'un régiment complet est de vingt-huit
officiers et quatre cent onze cavaliers. Total quatre cent trente-
neuf hommes dont quatre cent vingt montés.

1794. — Le décret du 10 janvier règle ainsi la composition du
régiment de grosse cavalerie. Etat-major : un chef de brigade,
deux chefs d'escadrons, un quartier-maître-trésorier, deux porte-
étendards, deux adjudants, six maîtres-ouvriers, huit trompettes,
quatre escadrons comprenant deux compagnies. Dans chaque
escadron deux capitaines, deux lieutenants, deux sous-lieutenants,
deux maréchaux des logis chefs, quatre maréchaux des logis,
deux fourriers, huit brigadiers, cent quarante-six cavaliers,
deux maréchaux-ferrants.

Toutefois il faut observer que jamais les régiments ne purent
être constitués sur ce pied.

1796. — Par arrêté du 17 janvier les régiments de grosse
cavalerie sont réduits à trois escadrons.

1800. — Au commencement de cette année tous les régiments de cavalerie sont portés à cinq escadrons de deux compagnies. Ils furent ramenés plus tard à trois.

1802. — Le décret qui institue les régiments de cuirassiers les forme à quatre escadrons.

1806. — Le décret du 31 août règle la composition des régiments de cuirassiers.

Etat-major : un colonel, un major, deux chefs d'escadrons, deux adjudants-majors, un quartier-maître, deux adjudants, un brigadier-trompette, un tailleur, un sellier, un culottier, un bottier, un armurier-éperonnier ; quatre escadrons divisés en deux compagnies. Chaque escadron comprenant deux capitaines, deux lieutenants, deux sous-lieutenants, deux maréchaux des logis chefs, huit maréchaux des logis, deux fourriers, seize brigadiers, cent soixante-quatre cavaliers, deux trompettes.

1807. — Le 10 mars on forme un cinquième escadron et on augmente chaque compagnie de deux cavaliers.

1809. — Le 24 décembre, le 5ᵉ escadron est dissous.

1814. — L'ordonnance du 12 mai règle ainsi la composition des régiments : quatre escadrons à deux compagnies.

État-major : un colonel, un major, deux chefs d'escadrons, deux adjudants-majors, un quartier-maître, un porte-étendard, un chirurgien-major et un aide, deux adjudants, deux maréchaux-vétérinaires, un brigadier-trompette, cinq maîtres-ouvriers.

Dans chaque compagnie : un capitaine, un lieutenant, deux sous-lieutenants, un maréchal des logis chef, quatre maréchaux des logis, un fourrier, huit brigadiers, cinquante-huit cavaliers, deux trompettes.

1815. — L'ordonnance du 30 août supprime définitivement la division de l'escadron en compagnies et constitue les régiments à quatre escadrons. Les escadrons-compagnies prennent les noms des capitaines commandants. L'état-major est augmenté d'un lieutenant-colonel, un officier d'habillement, un maréchal-des logis trompette. Il ne comprend plus que quatre maîtres-ouvriers, le maître-culottier est supprimé. Le quartier-maître prend le nom de trésorier. Dans chaque escadron il y a : deux capitaines, deux lieutenants, quatre sous-lieutenants, un maréchal des logis chef, huit maréchaux des logis, un fourrier, seize brigadiers, cent quatre cavaliers, deux trompettes.

Contrôles des officiers à différentes époques

Le premier document présentant un contrôle des officiers par régiment remonte à 1734.

Depuis cette date jusqu'en 1741, Leman de la Jaisse a publié sous le titre d'*Abrégé de la carte du militaire français*, sept volumes donnant pour chaque régiment les noms des officiers de l'état-major.

En 1758, Roussel a repris sous le titre d'*États militaires*, une publication annuelle qui au début ne comportait que les officiers de l'état-major, mais qui en 1767 donna les noms des capitaines, et en 1777 le contrôle complet des officiers. Ce travail a été continué jusqu'en 1793.

De 1800 à 1805 l'adjudant-général Champaux a repris la publication d'*États militaires*.

Enfin en 1819 a paru le premier Annuaire, et ce travail a été continué depuis sans interruption, sauf pendant les années 1870 et 1871.

Carte du militaire français de 1734

Colonel-général : Comte D'ÉVREUX DE LA TOUR-D'AUVERGNE.

Mestre de camp, lieutenant : LEGENDRE DE LORMOY, comte d'ONS-EN-BRAY, 1730.

Lieutenant-colonel : Marquis DE SAINT-SAENS, brigadier.

Major : DES GRAVIÈRES.

Porte-cornette blanc : Marquis DE ROCHEFORT.

Carte du militaire français de 1740

En Quartier à Estain (Lorraine)

Colonel-général : Comte D'ÉVREUX DE LA TOUR D'AUVERGNE.

Mestre de camp, lieutenant : LEGENDRE DE LORMOY, brigadier.

Lieutenant-colonel : DES GRAVIÈRES, rang de mestre de camp.

Major : DE LUMIGNY, rang de mestre de camp.

Premier capitaine : DE VAUBERT.

Aide-major : Chevalier D'OLLIÈRES, capitaine.

Porte-cornette blanc : DE MAYNON.

État militaire de 1761

Colonel-général : Marquis DE BÉTHUNE, lieutenant-général.

Mestre de camp, lieutenant : Marquis DE LA ROCHETTE.

Lieutenant-colonel : DE NOINTEL, rang de mestre de camp.

Major : MAILLARD DE MAINBEVILLE.

Aide-major : DE FEINGS, rang de capitaine.

État militaire de 1767

Colonel-général : Marquis DE BÉTHUNE, lieutenant-général.
Mestre de camp, lieutenant : Vicomte DE LHUYS.
Lieutenant-colonel : DE VIEUVILLE.
Major : Chevalier DE PÉRIGNAT.
Aides-majors : DE FEINGS. Chevalier DE MONTALET.
Sous-aides-maiors : DE LA BAPOMERIE. DE CASTRES.
Quartier-maitre : DES AMBALLES.

Capitaines : Comte DE GINESTOUS DES GRAVIÈRES ✠. LE PRESTRE,
DE CHAVAIGNAC. DE BEAUMONTEL. DE RADEPONT. DE SAINT-POL.
DE SAULOT. DAUGEZ.

État militaire de 1772

Garison — Stenay

Colonel-général : Marquis DE BÉTHUNE, lieutenant-général.
Mestre de camp, lieutenant et inspecteur : Marquis D'EVRY.
brigadier ✠.
Lieutenant-colonel : Baron DE COULANGES.
Major : Chevalier DE PÉRIGNAT, rang de lieutenant-colonel.
Capitaines aides-majors : DE FEINGS. Chevalier DE MONTALET.
Sous-aides-majors : DE CASTRES. D'AUDÉ DU VILLARS.
Quartier-maitre-trésorier : DES AMBALLES.

Capitaines : Comte DE GINESTOUS DES GRAVIÈRES ✠. DE BEAU-
MONTEL ✠. DE RADEPONT. DE SAINT-POL. Comte DE DEFFAND.
DE SAULOT, Marquis DE MOGES. D'EVRY. Vicomte DE BOURBON-
BUSSET.

Premier Contrôle complet des Officiers du Régiment publié par l'État militaire de 1777

Colonel-général : Marquis DE BÉTHUNE, lieutenant-général.

Mestre de camp, lieutenant, commandant et inspecteur : Marquis D'EVRY, brigadier ✠.

Mestre de camp, en second : Baron DE CADIGNAN, ci-devant colonel en deuxième de la ligne de Lorraine.

Lieutenant-colonel : Baron DE COULANGES ✠.

Major : DE BEAUMONTEL.

Quartier-maître-trésorier : BELLEISLE.

Capitaines-commandants : Comte DE GINESTOUS DES GRA-VIÈRES, rang de mestre de camp ✠. Chevalier DE SAINT POL, chevau-légers, rang de major ✠. DE SAULOT, de la Colonelle Générale. Comte D'EVRY. Vicomte DE BOURBON BUSSET.

Capitaines en second : Chevalier DE MOYRIA. Baron DE LAQUEUE, DE LABALLUE, chevau-légers. DE CASAMAYOR D'ONEIX. Comte DE BÉTHUNE (charges). Comte ARMAND DE BÉTHUNE, cornette blanc (charges).

Lieutenants en premier : DE VARENNES, rang de capitaine. DE LAFOREST. SAINT-SULPICE ✠. TUGNOT ✠. Comte DE GINES-TOUS, chevau-légers.

Lieutenants en second : DES AMBALLES. D'AUDÉ DU VILLARS. DE VERGNETTE, chevau-légers. LE MOUL. DE MAROLLES.

Sous-lieutenants : DE BONNETIÈRE. SAVARY. MARTINEAU DE SOLEIME. VAUDUPUIS. BOISSY. AUBIN. D'ABBEVILLE, chevau-légers. DELAAGE. BARDELLES. DE CHOISY, chevau-légers.

État militaire de 1790

Colonel-général : Marquis DE BÉTHUNE, lieutenant-général.

Colonel-inspecteur : Comte D'AUNAY-ROSAMBO.

Lieutenant-colonel : Vicomte DE MAUROY.

Chef d'escadrons : DE MOYRIA.

Chef d'escadrons : Marquis DE HERRE.

Chef d'escadrons : MECKENEM D'ARTHAISE.

Major : Vicomte DE VERGNETTE.

Quartier-maître-trésorier : TALON, rang de lieutenant.

Capitaines : Comte DE POULPRY. MARTINEAU DE SOLEIME. Chevalier DESREAUX. PONJAUD D'AUTEUIL. Chevalier DE SAINT-SULPICE. D'ESFOURS.

Capitaines de remplacement : Marquis DE VIGNY. DE LA SALLE. D'ARTHENAY.

Charges : Marquis DE MAROLLES, capitaine sous-lieutenant. Marquis DE PATY-BELLEGARDE, cornette blanc.

Lieutenants : Chevalier DE MONTAUDOIN. DE VAUDUPUIS. AUBIN. DE MAISONFORTE. DE BARASSY. VIMAL DE BERBEZIL. MARTIN, surnuméraire. MAILLARD, surnuméraire. Chevalier DE LONCELLES, surnuméraire.

Sous-lieutenants : Chevalier DE FUMECHON. DE JOZAT. DE COLVILLE. DE LAIGUES. DUBOST. MORGAN. FORGET, porte-étendard. BERNARD, porte-étendard. JANSON, porte-étendard. LEGRAS, de remplacement. DE BRACQUEMONT, de remplacement. Vicomte DUTOUCHET, de remplacement.

État militaire de 1791

Lille

Colonel : N.

Lieutenant-colonel : VERGNETTE ✳, 9 décembre 1787.

Quartier-maître-trésorier : TALON ✳.

Capitaines : MECKENEM D'ARTHAISE, 21 avril 1777. DE POUL-PRY, 28 février 1778. DE SOLEIME, 29 mai 1778. DESREAUX, 29 mai 1778. SAINT-SULPICE ✳, 5 avril 1780.

Lieutenants : DE MONTAUDOIN. DE VAUDUPUIS. AUBIN ✳. MAI-SONFORTE. DE BARASSY. DE BERBEZIL.

Sous-lieutenants : DE FUMECHON. DE COLVILLE. MAILLARD ✳. DE LAIGUES. FORGET ✳. DUBOST. DE LONCELLES ✳. MORGAN. BERNARD ✳. JANSON. DE JOZAT.

État militaire de 1792

Lille

Colonel : N...

Lieutenants-colonels : DE PIERREPONT ✳, 6 novembre 1791. DE REY ✳, 6 novembre 1791.

Quartier-maître-trésorier : TALON.

Capitaines : MECKENEM, 21 avril 1777. SAINT-SULPICE ✳, 5 avril 1780. DE MAROLLES, 14 avril 1785. BELLEGARDE, 13 décembre 1787. DE MONTAUDOIN, 15 septembre 1791.

Lieutenants : MAILLARD ✳. DE LONCELLES ✳. DE BRACQUEMONT.

Sous-lieutenants : FORGET ✳. MORGAN. BERNARD ✳. JANSON. MAZER ✳. LEGENDRE. CRUSSET. PINARD. VANHŒNAEKER. LAGRA-VIÈRE. CHAMPAGNE.

20

État militaire de 1793

Condé

Colonel : DE LA VARENNE.

Lieutenant-colonel : DONCOURT.

Quartier-maître-trésorier : TALON, capitaine.

Capitaines : VEZIEN, MAILLARD, SIGWALD, FORGET, LONCELLES, BERNARD.

Lieutenants : MAZER. SEVERAC. CRUSSET. LEGENDRE. PINARD.

Sous-lieutenants : TALON. RICHARD. GRANDEFFE. BARROIS. DANNIAUX. FOUGÈRE. REBOUL. TŒIP-GRIGNY. NITOT. NITOT. ROTH. MOUGENS.

Contrôle des Officiers du régiment des Cuirassiers

Formé en exécution de l'ordonnance du 23 avril 1814, qui fut amalgamé en mai 1814 avec le 1ᵉʳ Cuirassiers

Colonel : CHRISTOPHE DE LA MOTTE GUÉRY O., ✻.

Major : MAUGERY ✻.

Chef d'escadrons : DE RENNEBERG O., ✻.

Chef d'escadrons : DE BRYAS ✻.

Capitaine adjudant-major : PATRIUS ✻.

Capitaine adjudant-major : POINSOT ✻.

Capitaines : HUSS ✻. MAUGER ✻. DE BANANS ✻. DUPORT DE SAINT-VICTOR ✻. CHAMBELLAN ✻. ORIOT ✻. DE FLÉCHIN ✻. DIJOLS ✻, CAPDEVILLE ✻.

Lieutenants : BERVILLERS. EHRET ✻. RICHELET ✻. SAULNIER. LANGLET ✻. BERNARD ✻. SANTO-DOMINGO.

Sous-lieutenants : GASCARD. MEUNIER ✻. BONNEFIN. JOUSSAUME. DE MORAND. BON. DESCHAMPS. OUDRY ✻. THIRION ✻. BAZILE ✻. PETIT ✻. DE LA BROSSE. ROCHE ✻. DE RAIMBOUVILLE. MIGNOT ✻.

LISTE ALPHABÉTIQUE

Des officiers qui ont servi au régiment depuis sa formation jusqu'au mois de juillet 1815 [1]

D'ABBEVILLE. Sous-lieutenant avant 1777. Passé en 1779 avec son escadron au 1er régiment de chevau-légers à sa formation.

AIMÉ. Cavalier au 4e dragons le 2 pluviôse an VIII. Sous-lieutenant au régiment le 8 février 1813. Retraité le 1er octobre 1814.

Baron D'ALAIS MONTALET. Aide-major de 1763 à 1770. Capitaine aide-major de 1770 à 1776. Chevalier de Saint-Louis.

ALIX. Cavalier au régiment le 6 novembre 1783. Brigadier-fourrier le 1er juillet 1792. Sous-officier le 1er janvier 1793. Sous-lieutenant le 16 septembre 1793. Lieutenant le 25 fructidor an II. Capitaine le 18 nivôse an V. Chef d'escadrons au 2e régiment de cavalerie le 1er pluviôse an VIII. Retraité en 1808. Reçut un sabre d'honneur le 4 messidor an VIII pour sa brillante conduite pendant les guerres de la Révolution. Cité quatre fois dans l'historique. Commandait le 2e de cavalerie à Marengo, où il enleva

---

[1] Pour les années antérieures à 1734, il n'a été possible de relever que quelques noms ; jusqu'en 1777 on n'a pu se procurer que les noms des officiers de l'état-major et d'une partie des capitaines, mais à dater de cette époque, la liste ne doit présenter que peu de lacunes.

Lorsqu'il n'est pas fait mention d'un autre régiment, les services comptent au régiment.

Les chefs de corps qui figurent sur un tableau spécial ne sont pas reportés ici.

un drapeau à l'ennemi. Maire de sa commune en 1815. Incarcéré et mis au secret pendant la première Restauration, puis relâché.

ALLARD. Cavalier en 1779. Brigadier en 1792. Sous-officier en 1793. Sous-lieutenant à l'ancienneté le 24 nivôse an VII. Lieutenant le 9 thermidor an VII.

DES AMBALLES. Cavalier en 1754. Quartier-maître-trésorier avant 1767. Rang de lieutenant en 1771. Lieutenant en 1773. Lieutenant en deuxième en 1776. Lieutenant en premier en 1778. Démissionnaire en 1789. Chevalier de Saint-Louis en 1788.

D'ARTHAIZE DE BALAY. Sous-lieutenant de remplacement en 1787. Réformé en 1788.

D'ARTHENAY. Capitaine de remplacement de 1789 à 1791.

AUBIN. Sous-lieutenant avant 1777. Lieutenant en deuxième en 1780. Démissionnaire en 1791. Chevalier de Saint-Louis en 1791.

AUCANNE. Capitaine de remplacement en 1785. Démissionnaire en janvier 1788.

D'AUDÉ DU VILLARS. Sous-lieutenant le 21 juillet 1769. Sous-aide-major en 1771. Lieutenant avant 1775. Lieutenant en deuxième en 1776. Capitaine en deuxième en 1779. Capitaine commandant en 1785. Mort en août 1789.

AUGER. Volontaire national à cheval le 24 août 1792. Quartier-maître-trésorier. Sous-lieutenant au régiment le 14 brumaire an V. Passé au 2e régiment de cavalerie le 1er vendémiaire an XI.

DE L'AVERDY. Capitaine en 1767. A quitté en 1771.

BACHELEY. Cuirassier au 2e régiment en 1804. Gendarme en Espagne en 1809. Sous-lieutenant au régiment le 28 février 1813. Prisonnier de guerre par les Anglais le 18 juin 1814.

BADEY. Cavalier au 20e régiment en décembre 1777. Sous-lieutenant le 1ᵉʳ avril 1793. Lieutenant le 1ᵉʳ messidor an III. Passé au 1ᵉʳ régiment de Cavalerie en nivôse an X. Capitaine le 16 frimaire an XI. Retraité en 1807. Décoré le 14 mars 1806. .

BAINAT. Cavalier au 4ᵉ cuirassiers en 1810. Sous-lieutenant au régiment le 25 mars 1815. Nomination annulée le 1ᵉʳ septembre 1815.

DE BANANS. Cavalier au 3ᵉ régiment de cuirassiers en l'an X. Sous-lieutenant en 1807. Lieutenant en 1809. Capitaine aux Cuirassiers du Roi, le 1ᵉʳ mai 1814. Décoré le 1ᵉʳ octobre 1807. Blessé à Wagram et à Leipzig. Trois chevaux tués sous lui.

DE LA BAPOMERIE. Sous-aide-major avant 1763. A quitté en 1771.

DE BARASSY. Rang de sous-lieutenant en 1775. Troisième sous-lieutenant sans appointements en 1781. Sous-lieutenant de remplacement en 1784. Lieutenant en deuxième en 1787. Lieutenant surnuméraire en 1788. En pied en 1789. A abandonné en septembre 1791.

BARDELLES. Sous-lieutenant avant 1777. A quitté en 1777.

BARROIS. Sous-lieutenant le 25 janvier 1792. Tué le 4 mars 1793, dans une reconnaissance sur Tongres.

BARTHÉLEMIE. Cavalier le 26 août 1781. Brigadier le 8 mai 1787. Brigadier-fourrier en août 1791. Sous-officier le 24 janvier 1792. Sous-lieutenant le 1ᵉʳ juin 1793. Lieutenant le 1ᵉʳ octobre 1793. Capitaine le 14 ventôse an IV. Chef d'escadrons dans les Guides de l'armée d'Italie le 1ᵉʳ floréal an V.

BASSET. Cavalier au 24ᵉ régiment de cavalerie le 1ᵉʳ floréal an II. Sous-lieutenant le 16 floréal an VII. Lieutenant au régiment le 11 nivôse an X. Démissionnaire le 13 messidor an XII.

BAUDOIN. Soldat au régiment Royal-Infanterie en 1778. Cavalier au régiment en 1791. Sous-lieutenant en l'an VII. Lieutenant en l'an XI. Capitaine en 1807. Retraité en 1808. Décoré le 26 prairial an XII. A eu un cheval tué sous lui, et a été blessé à la bataille de Novi.

BAUNAT. Cavalier en 1771. Brigadier en 1784. Maréchal des logis en 1791. Sous-lieutenant le 16 pluviôse an II. Mort le 2 messidor an II.

BAZILE. Cavalier au 7ᵉ cuirassiers en 1809. Sous-lieutenant le 1ᵉʳ juillet 1813. Aux Cuirassiers du Roi le 4 mai 1814. En non-activité le 24 décembre 1815. Décoré le 5 septembre 1813. Blessé le 26 août 1813. A eu un cheval tué sous lui.

BEASLAY. Cavalier en 1782. Sous-lieutenant en 1809. Lieutenant en 1811. Blessé à Znaïm en 1809, Mojaïsk en 1812. Tué à Waterloo.

DE BEAUMONTEL. Page en 1746. Sous-lieutenant au régiment en 1749. Lieutenant en 1749. Capitaine en 1758. Major en 1773. Rang de lieutenant-colonel le 24 juin 1780. Lieutenant-colonel le 1ᵉʳ mai 1788. Retiré le 14 mars 1789. Chevalier de Saint-Louis en 1771.

DE BELLEAU. A Saint-Cyr, en 1809. Sous-lieutenant au 121ᵉ de ligne en 1811. Blessé de trois coups de baïonnette et fait prisonnier à Cartailla le 13 avril 1813. Rentré en 1814. Lieutenant au 1ᵉʳ Cuirassiers le 26 mai 1815. En demi-solde le 17 septembre 1815.

BELLEISLE. Lieutenant chargé des détails en 1771. Quartier-maître-trésorier de 1776 à 1786. Chevalier de Saint-Louis en 1779.

BERLAIMONT. A Saint-Cyr en 1802. Aux pages de Sa Majesté en 1806. Sous-lieutenant au régiment en 1809. Prisonnier de guerre en Russie le 18 octobre 1812.

BERNARD, Nicolas. Cavalier en 1759. Maréchal des logis chef en 1784. Adjudant en 1787. Porte-étendard en 1789. Sous-lieutenant en 1791. Lieutenant en 1792. Capitaine le 24 juillet 1792. Chef d'escadrons en août 1793. Passé commissaire dans un dépôt de cavalerie. Chevalier de Saint-Louis le 19 juin 1791.

BERNARD. Cavalier au 11ᵉ cuirassiers en l'an IX. Sous-lieutenant en 1811. Lieutenant en 1813. Aux Cuirassiers du Roi le 1ᵉʳ mai 1814. Retraité d'office le 24 décembre 1815. Décoré le 14 mai 1812. Blessé en 1812, 1813 et 1814 ; a reçu quatre blessures à Waterloo.

BERVILLES. Vélite aux grenadiers à cheval de la Garde impériale en 1805. Sous-lieutenant en 1807. Lieutenant au 2ᵉ cuirassiers en 1812. Aux Cuirassiers du Roi le 4 mai 1814. Prisonnier de guerre à Waterloo.

BESTOLET. Cavalier en 1765. Brigadier en 1774. Maréchal des logis en 1784. Sous-lieutenant le 1ᵉʳ juin 1793. Lieutenant le 16 septembre 1793. A quitté avant 1800.

Comte DE BÉTHUNE. Capitaine de 1774 à 1779. Mestre de camp en deuxième de 1779 à 1788.

Comte Armand DE BÉTHUNE. Capitaine en 1774. Porte-cornette blanc de 1776 à 1780.

BICÉ. Sous-lieutenant en 1781 (avec rang de lieutenant). Lieutenant en deuxième de 1784 à 1786. Chevalier de Saint-Louis.

BLANC. Lieutenant de l'an VIII à l'an IX.

BLANCHET. Lieutenant en 1811. Adjudant-major de 1813 à 1815. Blessé en l'an III au blocus de Luxembourg, en 1805 à Prémolano et en 1807 à Eylau. Reçut le 3 thermidor an VIII, étant grenadier à cheval dans la garde des consuls, un sabre d'honneur, pour la brillante valeur qu'il déploya à la bataille de Marengo. Décoré le 26 prairial an XII.

BLAUVAIN, Cavalier en 1773. Sous-lieutenant le 18 octobre 1792. Mort en 1793.

BLOT. Capitaine. Blessé à la bataille de Cassel le 11 avril 1677.

BOISSY. Sous-lieutenant avant 1777. Passé en 1779, au 1er régiment de chevau-légers à sa formation.

BON. A l'école de Saint-Germain en 1811. Sous-lieutenant au 5e cuirassiers en 1813. Aux Cuirassiers du Roi en 1814. Passé aux cuirassiers de Berry en 1815. Décoré le 3 octobre 1814. A eu un cheval tué sous lui à Hanau.

BONNEFIN. Elève à Saint-Cyr en 1811. Sous-lieutenant au 4e régiment de cuirassiers en 1813. Aux Cuirassiers du Roi le 1er mai 1814. En non-activité le 24 décembre 1815.

DE BONNETIÈRE. Rang de sous-lieutenant sans appointements le 24 mars 1772. Sous-lieutenant le 1er juin 1772. Sous-aide-major le 18 mai 1774 jusqu'en 1776. Lieutenant en deuxième le 1er avril 1778. Lieutenant en premier de 1780 à 1782.

BORNE. Cavalier en 1785. Sous-lieutenant le 7 germinal an VIII. Lieutenant à l'élection le 4 thermidor an XI. Fait prisonnier de guerre à la reddition de Condé le 14 juillet 1793. Echangé en novembre suivant. Passé à la gendarmerie d'élite.

BOURBON, Jacques. Cavalier en 1787. Sous-lieutenant le 1er janvier 1806. Lieutenant en 1807. Capitaine le 16 octobre 1809. Retraité en 1809. Décoré le 27 frimaire an XII.

DE BOURBON-BUSSET. Capitaine en 1771. Capitaine commandant de 1776 à 1780.

BOURLON DE CHEVIGNÉ. Cavalier en 1803. Sous-lieutenant le 16 mai 1809. Lieutenant le 15 octobre 1809. Capitaine le 28 septembre 1813. Aide de camp du maréchal duc de Conegliano en mars 1815. Passé aux lanciers de la Garde royale le 12 novembre 1816. Blessé à Iéna, à Essling et sous les murs de Paris en 1814.

BOURZAC. Sous-lieutenant le 17 décembre 1811. En non-activité le 24 décembre 1814. Blessé en Espagne en 1809 et en 1811, près de Moscou en 1812, et à Leipzig en 1813.

BOUVERT. Capitaine par décret de la Convention nationale du 1er vendémiaire an III. A quitté avant l'an VIII.

DE BRACQUEMONT. Cadet-gentilhomme en 1780. Sous-lieutenant de remplacement en 1786. Lieutenant en 1791. A abandonné en janvier 1792.

BRIGEAT DE LAMBERT DE RÉZICOURT. Rang de sous-lieutenant sans appointements au régiment Royal-la-Marine en 1774. Sous-lieutenant en 1775. Lieutenant en deuxième en 1783. Sous-lieutenant au régiment Colonel-Général-Cavalerie en 1785. Capitaine réformé en 1786. A abandonné le 15 septembre 1791.

Comte DE BRION. Troisième sous-lieutenant sans appointements de 1782 à 1784. Sous-lieutenant de remplacement de 1784 à 1785. Capitaine réformé en 1785.

DE LA BROSSE. Garde d'honneur en 1813. Lieutenant aux Cuirassiers du Roi le 4 mai 1814. Passé au 1er Cuirassiers, Garde royale, le 1er décembre 1815. Blessé à la bataille de Leipzig et le 28 octobre 1813. Un cheval tué sous lui devant Paris.

BRUCKER. Cavalier en 1786. Sous-lieutenant en 1807. Reçut le 3 fructidor an IX, étant maréchal des logis, une carabine d'honneur pour s'être distingué par des actions d'éclat de 1792 à l'an IX. Blessé de plusieurs coups de sabre le 18 mars 1793, à la bataille de Nerwinden.

BRUGNIÈRE. Sous-lieutenant au 52e régiment d'infanterie le 18 juillet 1792. Lieutenant au dit régiment en l'an III. Capitaine à la 103e demi-brigade le 21 brumaire an IV. Adjoint aux adjudants-généraux le 30 brumaire an IV. Capitaine au régiment du 1er messidor an V, au 9 fructidor an VII.

DE BRYAS. Officier d'ordonnance du prince Louis Bonaparte

en 1805, comme lieutenant aux gendarmes d'ordonnance. Au 1er Cuirassiers en 1807. Capitaine au 6e cuirassiers en 1809. Chef d'escadrons au 6e cuirassiers le 10 février 1814. Aux Cuirassiers du Roi le 24 mai 1814. Au 2e cuirassiers de la Garde Royale le 12 octobre 1815. Brevet de lieutenant-colonel le 10 février 1818. Démissionnaire le 18 avril 1822. Officier de la Légion d'honneur. Chevalier de Saint-Louis. Blessé à Essling, à Wachau, et sous les murs de Paris. Trois chevaux tués sous lui.

CADE. Volontaire dans l'infanterie en 1792. Cavalier au régiment le 26 vendémiaire an VIII. Sous-lieutenant le 30 janvier 1806. Lieutenant en 1807. Capitaine le 15 octobre 1809. Retraité le 14 décembre 1815. Décoré le 3 avril 1807. S'est distingué par sa bravoure à Austerlitz. A pris un drapeau russe à Hoff. Blessé à Krasnoé. A eu plusieurs chevaux tués sous lui.

CADE. Garde d'honneur le 4 mai 1813. Sous-lieutenant au régiment le 12 mai 1815. Nomination annulée le 1er septembre 1815.

Baron DE CADIGNAN. Ci-devant colonel au 2e de la Légion de Lorraine. Mestre de camp en deuxième au régiment en 1776. Nommé colonel commandant le régiment d'Agenois le 11 novembre 1776. Chevalier de Saint-Louis.

CANAVASSI. Au service en 1778. Lieutenant-instructeur au 1er dragons piémontais en 1799. Capitaine attaché à l'état-major de l'armée d'Italie jusqu'à l'an X. Capitaine au régiment le 6 août 1808.

CAPEDEVILLE. Vélite aux dragons de la garde impériale en 1806. Sous-lieutenant au 29e dragons en 1809. Capitaine-adjoint à l'état-major Excelmans en septembre 1813. Capitaine aux Cuirassiers du Roi en juin 1814. Retraité le 24 décembre 1815. Décoré le 28 septembre 1813. A reçu trois blessures à Mojaïsk en 1812, deux blessures le 26 février 1814.

CAZETTE. Cavalier au 10e dragons de 1773 à 1777. Volontaire

national à cheval en août 1792. Chef d'escadrons à la formation du 24e régiment de cavalerie en 1793. Passé au régiment le 11 nivôse an X. Passé au 5e chasseurs le 21 frimaire an XI.

CARLIER. Cavalier le 18 décembre 1782. Brigadier le 6 avril 1791. Maréchal des logis le 19 avril 1791. Maréchal des logis chef le 22 août 1792. Sous-lieutenant le 1er juin 1793. Lieutenant le 16 septembre 1793. Capitaine le 25 fructidor an II. Mort de ses blessures à l'hôpital de Vérone le 27 nivôse an V.

CARTIER. Cavalier au 19e régiment en l'an VIII. Grenadier à cheval (Garde impériale) en l'an XI. Lieutenant au régiment en 1813. Retraité le 24 décembre 1815. Décoré le 14 mars 1806. Une blessure.

DE CASAMAYOR D'ONEIX. Capitaine en 1773. Capitaine en deuxième de 1776 à 1779.

DE CASTRES. Sous-aide-major de 1763 à 1774. Capitaine aide major de 1774 à 1776.

CATRIN. Aux grenadiers à cheval en 1806. Sous-lieutenant au régiment le 20 juin 1809. Lieutenant au 2e cuirassiers le 2 juin 1815. Décoré le 29 juillet 1814.

CAYEN dit MARIN, cavalier aux carabiniers de 1785 à 1787. Volontaire national à cheval en septembre 1792. Sous-lieutenant au 24e régiment de cavalerie le 7 février 1793. Lieutenant le 6 fructidor an VI. Passé au régiment le 11 nivôse an X. Capitaine le 24 novembre 1806. Retraité en 1808. Décoré le 14 avril 1807.

CÉGLAS. Soldat au régiment Provence-Infanterie en août 1780. Cavalier au 1er régiment de cavalerie en mai 1791. Sous-lieutenant à l'élection le 1er floréal an XII. Décoré le 19 frimaire an XII. Blessé à la bataille de la Sésia. Tué à la bataille d'Austerlitz le 1er frimaire an XIV.

CHAMBELLANT. Au 2e cuirassiers an II. Sous-lieutenant en 1807. Lieutenant en 1809. Capitaine aux Cuirassiers du Roi le 4 mai 1814.

En demi-solde en 1815. Décoré le 11 octobre 1812. Deux blessures à Leipzig. Un cheval tué sous lui devant Paris en 1814.

CHAMPAGNE. Sous-lieutenant de 1791 à 1793.

CHAPELLE. Sous-lieutenant le 1er mars 1810. Prisonnier de guerre en Russie le 15 décembre 1812.

CHARBANT. Cavalier en août 1803. Sous-lieutenant le 5 novembre 1811. Mort à Custrin le 29 janvier 1813.

CHARCELLAY DE LA ROBERDIÈRE. Gendarme à l'armée de l'Ouest en 1793. Capitaine au régiment le 28 février 1813. Retraité le 24 décembre 1815. Décoré le 1er mars 1813.

Marquis DE CHASTELLIER-DUMESNIL. Major du Colonel-Général-Dragon 1774. Mestre de camp en deuxième de Colonel-Général de 1777 à 1779. Mestre de camp commandant le régiment Mestre de camp Général-Cavalerie le 8 avril 1779. Mestre de camp lieutenant du régiment Colonel-Général-Hussards du 15 septembre 1783 à 1791. Chevalier de Malte.

Marquis DE CHATEAU-MORAND. Capitaine de 1761 à 1771.

Chevalier DE CHAVEIGNAC. Capitaine avant 1766. A quitté en 1768.

CHEVALIER. Soldat au régiment de Franche-Comté le 1er août 1784. Cavalier au régiment en mai 1788. Sous-lieutenant le 13 germinal an XI. Retraité en 1806. A reçu le 14 vendémiaire an XI étant maréchal des logis, un sabre d'honneur, pour avoir enlevé vingt-sept pièces de canon à la tête d'un détachement de huit cavaliers.

DE CHOISY. Sous-lieutenant avant 1777. A quitté en 1778.

CHRISTOPHE. Sous-lieutenant de 1799 à 1800.

CLÉMENDOT. Cavalier en 1805. Sous-lieutenant en 1813. En demi-solde en septembre 1815.

CLÉMENT. Cavalier le 8 avril 1805. Sous-lieutenant le 10 avril 1813. Tué à la bataille de Leipzig le 18 octobre 1813.

CLERC, Jean-Baptiste. Chasseur au 11ᵉ régiment en 1789. Maréchal des logis le 16. mai 1793. Sous-lieutenant le 15 prairial an III. Réformé et replacé au 1ᵉʳ Cuirassiers le 12 décembre 1806. Passé au 13ᵉ cuirassiers à la formation en 1808. Capitaine en 1812. Replacé au 1ᵉʳ Cuirassiers le 1ᵉʳ février 1813. Retraité le 16 août 1814. Décoré le 27 juillet 1814.

DU CLOS. Major en 1712.

DE COLLEVILLE, François-Julien. Sous-lieutenant le 8 juin 1780. A refusé de prêter serment le 3 juillet 1791.

Marquis DE COLVILLE. Sous-lieutenant de 1786 à 1787.

CONROT. Cavalier le 21 février 1787. Sous-lieutenant le 21 brumaire an XI. Lieutenant à l'élection le 4 ventôse an XIII. Capitaine au 2ᵉ carabiniers le 30 avril 1809. Reçut le 14 ventôse an XI, un sabre d'honneur pour sa brillante conduite pendant les campagnes précédentes.

CORVISART. Page de Sa Majesté l'Empereur en 1804. Sous-lieutenant au 2ᵉ carabiniers le 24 août 1808. Lieutenant au régiment le 15 octobre 1809. Adjudant-major en 1811. Capitaine au 3ᵉ cuirassiers le 8 octobre 1812. Blessé à Wagram.

COTTIN. Soldat au 3ᵉ dragons le 7 messidor an IX. Dragon Garde Impériale en 1808. Sous-lieutenant au régiment le 13 mars 1813. Lieutenant au 4ᵉ cuirassiers en 1815. A reçu trois blessures à Friedland.

Baron DE COULANGES. Cornette au régiment d'Andlau le 8 février 1739. Capitaine en 1746. Lieutenant-colonel au régiment Colonel-Général le 10 avril 1768. Mestre de camp commandant le 2ᵉ chevau-légers le 1ᵉʳ mars 1780. Chevalier de Saint-Louis en 1757.

DE COURT. Capitaine avant 1766. A quitté en 1766.

COUSIN. Soldat au régiment de Poitou en 1785. Au 7e dragons en 1786. Sous-lieutenant en 1793. Capitaine au régiment le 22 prairial an X. Passé au commandement de la compagnie de gendarmerie du Mont-Blanc le 26 ventôse an XIII.

CRUSSET. Cavalier en 1767. Brigadier en 1783. Sous-officier en 1784. Sous-lieutenant en septembre 1791. Lieutenant en mai 1792. Capitaine le 16 septembre 1793. Rentré dans ses foyers le 1er floréal an VII.

DAIGREMONT. Dragon au 11e régiment en 1787. Sous-lieutenant au 20e de cavalerie en 1792. Lieutenant en 1793. Capitaine le 17 germinal 1793. Chef d'escadrons le 2 brumaire an X. Passé au 8e cuirassiers le 17 nivôse an XII. Major au 1er Cuirassiers en avril 1807. Passé colonel au 13e cuirassiers le 21 octobre 1808. Décoré le 26 prairial an XII.

DANNIAUX. Sous-lieutenant en 1792. Lieutenant en 1793. Capitaine le 16 septembre 1793. En retraite le 30 frimaire an VII.

DAUDIÈS. Soldat au régiment de Vermandois le 3 juin 1785. Sous-lieutenant à ce régiment le 12 février 1792. Capitaine à la 122e demi-brigade le 1er juillet 1794. Adjoint aux adjudants généraux en nivôse an IV. Nommé capitaine à la suite du 1er de Cavalerie par le général Bonaparte, en remplacement de Nitot, tué le 1er vendémiaire an VII. Chef d'escadrons au 10e cuirassiers le 7 octobre 1806. Major au 12e cuirassiers le 7 avril 1809. Colonel à ce régiment le 29 mars 1813. Décoré le 26 prairial an XII. Créé chevalier d'Empire en 1810. Officier de la Légion d'honneur en 1813. Commandait la 2e brigade de la 1re division de cuirassiers à Dresde et à Leipsick. Blessé deux fois en l'an IV et deux fois à Leipsick.

DAUGER. Capitaine en 1766. A quitté en 1767.

DAUPHIN. Cavalier au 24ᵉ régiment en 1792. Grenadier à cheval de la Garde Impériale le 19 frimaire an IV. Sous-lieutenant au régiment le 12 fructidor an XIII. Lieutenant le 20 février 1807. Capitaine le 16 mai 1809. Retraité le 24 décembre 1815. Décoré le 14 mars 1806. Blessé à Hoff, à Eckmuhl, à Eylau, en avant de Moscou le 18 octobre 1812, et près de Châlons le 3 février 1814. Deux chevaux tués sous lui à Essling.

DAVID. Engagé au 5ᵉ dragons. Capitaine au 2ᵉ cuirassiers en 1813. Chef d'escadrons au régiment le 8 mai 1815. Décoré le 1ᵉʳ octobre 1807. Cinq blessures à la bataille de Leipsick.

DECHAMPSIS. Trésorier en 1769.

DU DEFFAND. Capitaine en 1771. A quitté en 1773.

DELAAGE DE SAINT-GERMAIN. Sous-lieutenant en 1772. Lieutenant en 2ᵉ en 1779. Lieutenant en 1ᵉʳ en 1787. Cornette en 1788. Capitaine au régiment Royal-Pologne en 1788.

DEHEZ. Soldat au régiment de Vintimille-Infanterie en 1788. Sous-lieutenant le 23 messidor an III. Lieutenant aux Guides du général Bonaparte le 20 floréal an V. Lieutenant au régiment le 12 décembre 1806. Retraité le 24 décembre 1815. Décoré de la Légion d'honneur le 29 juillet 1814. Blessé à Ulm en 1805. Deux blessures à Hanau.

DELEAU. Cavalier en 1802. Sous-lieutenant en 1809. Lieutenant le 25 septembre 1812. Prisonnier de guerre en Russie le 10 décembre 1812. Blessé à Hoff en 1807.

DEMONGIN. Cavalier le 2 décembre 1778. Cité pour action personnelle de guerre, et nommé officier sur le champ de bataille de Jeumont, près Maubeuge, le 29 septembre 1792. Lieutenant le 16 septembre 1793. Capitaine le 25 fructidor an II. Chef d'escadrons le 29 messidor an VII. En retraite le 1ᵉʳ janvier 1800. Décoré le 26 prairial an VII. Blessé près de Maubeuge le 26 septembre 1793, près de Coni le 6 brumaire an VIII, et à Austerlitz. Deux chevaux tués sous lui.

DENNEFERT. Cavalier au 19e régiment en 1789. Sous-lieutenant le 13 germinal an III. Lieutenant le 10 fructidor an VIII. Capitaine en fructidor an XI. Capitaine adjudant-major au 1er Cuirassiers le 15 ventôse an XII. Capitaine-commandant le 24 novembre 1806. Chef d'escadrons le 15 mars 1809. Retraité le 6 novembre 1811. Décoré le 14 avril 1807.

DEPERRAND. Cavalier en l'an XII. Sous-lieutenant le 5 novembre 1811. Lieutenant le 12 novembre 1813. En demi-solde le 1er septembre 1815. Décoré le 16 juin 1809.

DESBROSSES. Cavalier en 1801. Sous-lieutenant le 3 janvier 1809, En non activité par licenciement le 24 décembre 1815. Décoré le 13 juillet 1807. Blessé à Eckmuhl.

DESCHAMPS. Cavalier au 10e régiment de dragons an IX. Sous-lieutenant au 11e cuirassiers en 1813. Aux Cuirassiers du Roi le 1er mai 1814. Lieutenant le 30 mars 1815. Lieutenant au 3e cuirassiers en juin 1815.

DESFOSSÉS. Dragon au 2e régiment en 1793. Sous-lieutenant en l'an XII. Lieutenant au régiment le 30 mai 1807. Capitaine le 29 avril 1809. Décoré le 4 janvier 1807.

Chevalier DESREAUX. Rang de lieutenant au Royal-Étranger-Cavalerie en 1771. Capitaine au Colonel-Général le 29 mai 1778. Capitaine-commandant en 1788. A abandonné en septembre 1791. Chevalier de Malte.

DESSAIGNES. Cavalier le 17 novembre 1787. Sous-lieutenant le 14 ventôse an XI. Lieutenant le 6 janvier 1806. Capitaine le 15 mai 1807. Chef d'escadrons le 5 novembre 1811. Passé aux dragons de la Seine en décembre 1815. Retraité le 5 avril 1820. A reçu le 4 ventôse an XI un sabre d'honneur pour s'être signalé dans les

21

campagnes précédentes. Décoré le 5 mars 1808. Officier de la Légion d'honneur le 29 juillet 1814. Chevalier de Saint-Louis le 17 janvier 1815. Deux blessures à la bataille de Neervinden. Blessé à Austerlitz et à Mojaïsck.

DESTEZ. Gendarme d'ordonnance en 1806. Sous-lieutenant au régiment en 1809. En non-activité par licenciement le 24 décembre 1815.

DÉVISÉ. Cavalier au régiment en 1796. Dragon à l'escadron du Cap de Bonne-Espérance en 1802. Garde Royale de Hollande en 1806. Lieutenant au 1er Cuirassiers le 8 février 1813. Démissionnaire comme étranger en 1814. Blessé dans la Nouvelle-Hollande en 1799.

DEVOCEY. Vélite aux grenadiers à cheval (Garde Impériale). Sous-lieutenant au régiment le 13 juillet 1807. Lieutenant en octobre 1809. Prisonnier de guerre en Russie le 24 décembre 1812 Mort à l'hôpital de Dantzick le 13 février 1813.

DIBON. Élève à Saint-Germain. Sous-lieutenant aux chasseurs (Garde impériale) en 1813. Sous-lieutenant au 1er régiment de Cuirassiers le 10 juillet 1814. Lieutenant le 30 mars 1815. Passé au 5e cuirassiers le 1er juin 1815.

DIEFFORT. Élève à l'école de Fontainebleau en octobre 1803. Sous-lieutenant au 11e cuirassiers en 1805. Lieutenant en 1806. Capitaine au 1er Cuirassiers le 27 mars 1809. Blessé à Austerlitz et à Eylau. Mort à Custrin.

DIÉTRICH. Brigadier aux gendarmes d'ordonnance à cheval en 1806. Sous-lieutenant au régiment le 16 juillet 1807. Lieutenant le 3 juin 1809. Aide-de-camp du général Berckeim le 1er novembre 1809. Blessé le 22 mai 1809 à l'affaire d'Ebersdorf.

DIJOLS. Chasseur (Garde Impériale) le 1er floréal 1802. Sous-lieutenant en 1808. Capitaine en 1813. Aux Cuirassiers du Roi le

4 mai 1814. Décoré le 11 octobre 1812. Blessé en Pologne le 26 décembre 1806, en Russie le 21 novembre 1812 et à Leipsick. Deux chevaux tués sous lui.

DOLLFUS. Sous-lieutenant le 16 avril 1793. Démissionnaire le 15 fructidor an III.

DORNÈS. Cavalier au régiment Royal-Navarre en 1778. Sous-lieutenant en 1792. Lieutenant en 1792. Capitaine le 26 janvier 1793. Major au régiment le 6 brumaire an XII. Nommé colonel du 12ᵉ cuirassiers le 6 nivôse an XIV. Décoré le 4 germinal an XII.

DOUMENGE. Au 10ᵉ hussards en 1792. Sous-lieutenant an XIII. Lieutenant en l'an XIV. Capitaine en 1811. Major au 1ᵉʳ Cuirassiers le 2 juillet 1813. A la suite le 1ᵉʳ juillet 1814. Major titulaire le 4 mai 1815. Retraité le 24 décembre 1815. Décoré le 14 juin 1804. Chevalier de Saint-Louis le 19 janvier 1814. Deux blessures à la prise de Courtrai en l'an II.

DRON. Cavalier en 1813. Sous-lieutenant le 25 mars 1815. Nomination annulée le 1ᵉʳ septembre 1815.

DUBOST. Premier page de Madame la comtesse d'Artois de 1784 à 1787. Sous-lieutenant en 1787. A abandonné en septembre 1791.

DUPORT DE SAINT-VICTOR. Dragon au 19ᵉ en l'an XII. Sous-lieutenant en 1807. Lieutenant en 1808. Capitaine en 1811. Aux Cuirassiers du Roi le 4 mai 1814. Passé au 2ᵉ régiment de cuirassiers de la Garde le 23 octobre 1815. Décoré le 1ᵉʳ octobre 1807. Un cheval tué sous lui à Wachau.

DURAND. Cavalier le 28 mars 1777. Brigadier le 1ᵉʳ septembre 1784. Sous-officier le 14 janvier 1792. Sous-lieutenant le 16 septembre 1793. Lieutenant à l'élection le 24 frimaire an VII. Retraité le 21 brumaire an XI. Blessé à Neerwinden et à la Trebbia.

DURIMÉNIL. Sous-lieutenant au 22ᵉ régiment de cavalerie en 1773.

Lieutenant en 1774. Lieutenant en pied en 1784. Capitaine au
1ᵉʳ régiment de cavalerie le 25 janvier 1792. A abandonné la même
année.

Vicomte Dutouchet. Sous-lieutenant de remplacement de 1786
à 1791.

Duval de Beaumont. Lieutenant-colonel en 1759. Blessé de huit
coups de feu à la bataille de Minden le 17 août 1759. A dû succomber
à ses blessures. A, en tout cas, quitté le régiment à cette époque.

D'Egremont. Élève de Fontainebleau le 29 novembre 1806. Sous-
lieutenant au régiment le 16 mai 1807. Passé au 13ᵉ cuirassiers le
21 octobre 1808.

Ehret. Cuirassier au 4ᵉ en l'an XI. Sous-lieutenant en 1809.
Lieutenant en 1812. Aux Cuirassiers du Roi le 1ᵉʳ mai 1814. Décoré
le 3 octobre 1814. Tué à Mont-Saint-Jean le 18 juin 1815.

D'Erneville. Sous-lieutenant de 1779 à 1786.

D'Esfours. Sous-lieutenant de 1778 à 1782. Capitaine de remplacement en 1785. En pied de 1787 à 1790.

D'Esmenard. Sous-lieutenant au régiment Vexin-Infanterie
en 1790. Lieutenant en 1792. Capitaine à l'état-major du grand
duc de Berg en 1808. Chef d'escadrons au 1ᵉʳ Cuirassiers le
5 août 1814. Blessé à Santiago le 26 mai 1810.

De l'Espine. A servi dans la 16ᵉ demi-brigade en l'an VI. Passé
maréchal des logis au 1ᵉʳ Cuirassiers le 9 floréal an XI. Sous-lieutenant le 20 février 1807. Lieutenant le 25 mai 1807. Parti avec
l'escadron envoyé au 13ᵉ cuirassiers. Mort en Espagne le
22 avril 1809.

Euller. Soldat au régiment d'Alsace le 19 décembre 1780.
Passé au régiment avant 1793. Sous-lieutenant le 16 mai 1809.
Lieutenant le 15 octobre 1809. Retraité le 13 mai 1812. Décoré
le 3 avril 1807. Blessé à Neerwinden et à Austerlitz.

Comte D'Evry. Capitaine en 1771. Capitaine commandant de 1776 à 1786. Rang de lieutenant-colonel en 1780.

Faget de Tersac. Major avant 1756 jusqu'en 1758.

Faure. Cavalier le 23 avril 1785. Sous-lieutenant le 23 thermidor an VII. Lieutenant le 23 germinal an XII. Capitaine le 3 avril 1807. Décoré le 24 avril 1807. Blessé devant Tournay le 3 prairial an III et à la Secchia le 6 messidor an VII. Sept blessures près d'Ulm le 16 octobre 1805. Tué à la bataille de Hanau.

De Feings. Aide-major avant 1759, jusqu'en 1774. Rang de capitaine en 1760.

Flaubert. Cavalier le 9 décembre 1779. Brigadier le 14 juillet 1787. Sous-officier le 14 janvier 1792. Sous-lieutenant le 16 septembre 1793. Lieutenant le 25 fructidor an II. Mort à l'hôpital de Montebello le 14 germinal an V par suite de sept blessures reçues à la bataille de Tagliamento le 26 ventôse an V.

De Fléchin. Gendarme d'ordonnance de Sa Majesté en 1806. Sous-lieutenant en 1807. Lieutenant en 1809. Capitaine en 1812. Aux Cuirassiers du Roi le 1er mai 1814. Passé au 2e cuirassiers (Garde royale) le 1er octobre 1815. Décoré le 16 juin 1809.

Fontaine. Cavalier en avril 1789. Sous-lieutenant le 14 ventôse an XI. Lieutenant le 28 septembre 1806. Capitaine le 16 mai 1809. Décoré le 27 frimaire an XII. Mort à Vienne le 10 août 1809 des suites de blessures reçues à Wagram.

Forget. Cavalier en 1758. Maréchal des logis en 1766. Fourrier-écrivain en 1777. Porte-étendard en 1786. Lieutenant le 25 janvier 1792. Capitaine le 10 mai 1792. (Ne figure plus sur l'annuaire de 1800.) Chevalier de Saint-Louis en 1791.

Fougère. Cavalier en 1772. Sous-lieutenant le 10 mai 1792. Lieutenant le 16 septembre 1793. Capitaine le 12 floréal an II. A quitté comme chef d'escadrons le 26 pluviôse an III.

DE FOYAL. Capitaine de 1769 à 1771.

FRIBIS. Cavalier au 4ᵉ hussards en mai 1787. Sous-lieutenant au 6ᵉ hussards en avril 1793. Lieutenant en thermidor an II. Capitaine sur le champ de bataille à l'affaire de Beyheim (Hollande) en l'an VIII. Au 1ᵉʳ Cuirassiers le 5 ventôse an VIII. Décoré de la Légion d'honneur en 1807. Fait prisonnier et a reçu trois blessures à l'affaire de Marchiennes près Aniche. Tué à Hollabrunn le 9 juillet 1809.

Chevalier DE FUMECHON. Cadet-gentilhomme en mars 1779. Sous-lieutenant en 1781. A abandonné en septembre 1791.

GAGELIN. Cuirassier le 28 février 1808. Sous-lieutenant le 20 avril 1814. Blessé à Essling.

DE GANNAY. Sous-lieutenant en 1777. A quitté en 1778.

GARNIER. Sous-lieutenant le 10 mai 1815. En demi-solde le 1ᵉʳ septembre 1815.

GASCARD. Cavalier au 12ᵉ cuirassiers en 1805. Sous-lieutenant en 1812. Aux Cuirassiers du Roi le 1ᵉʳ mai 1814. Passé aux mousquetaires le 1ᵉʳ juillet 1814.

GAUTHIER. Cavalier le 3 septembre 1765. Brigadier le 1ᵉʳ janvier 1783. Maréchal des logis le 1ᵉʳ juin 1793. Sous-lieutenant le 16 septembre 1793. Mort de maladie au dépôt à Lille, le 2 messidor an VI.

GÉRARD. Cavalier en pluviôse an II. Sous-lieutenant le 22 novembre 1806. Lieutenant en 1807. Capitaine en mai 1809. Décoré le 14 avril 1807. Mort à Strausdorf en Autriche le 3 septembre 1809.

GÉRY-TERRASSE. Cuirassier en octobre 1779. Sous-lieutenant le 28 fructidor an X. Lieutenant le 13 messidor an XII. Capitaine le 25 mai 1807. Décoré le 1ᵉʳ octobre 1807.

GINESSEAUX. Soldat au régiment Dauphin-Infanterie le

11 juin 1786. Cavalier au régiment le 16 octobre 1787. Sous-lieutenant le 18 nivôse an V. Lieutenant dans les guides de l'armée d'Italie en messidor an V.

Comte DE GINESTOUS. Lieutenant avant 1775. Lieutenant en premier de 1776 à 1778. Chevalier de Saint-Louis.

GIROD, adjudant-major en l'an X.

DE GONNEVILLE. Chasseur au 20ᵉ chasseurs en l'an XIII. Sous-lieutenant au 6ᵉ cuirassiers le 28 prairial an XIII. Lieutenant le 5 avril an XIII. Capitaine le 17 août 1809. Au 13ᵉ cuirassiers en 1810. Au 1ᵉʳ Cuirassiers le 1ᵉʳ février 1813. Chef d'escadrons le 20 avril 1814. Passé chef d'état-major de la division de Corse le 1ᵉʳ septembre 1814. Décoré le 1ᵉʳ octobre 1807. Blessé et fait prisonnier le 3 février 1807.

GRANDEFFE. Sous-lieutenant en 1792. Lieutenant en juin 1793. Destitué le 15 septembre 1793.

GRAVIÈRE. Cavalier le 9 décembre 1779. Brigadier le 13 octobre 1791. Maréchal des logis chef le 1ᵉʳ juin 1793. Sous-lieutenant le 1ᵉʳ octobre 1793. (Ne figure plus sur l'annuaire de 1800.)

Comte DE GINESTOUS DES GRAVIÈRES. Capitaine de 1767 à 1778. Rang de major en 1770. Rang de lieutenant-colonel en 1771. Rang de mestre de camp en 1772. Chevalier de Saint-Louis.

DES GRAVIÈRES. Major en 1730. Lieutenant-colonel en 1735. Brevet de mestre de camp en 1736. Tué le 29 juillet 1742 au siège de Prague.

GROSSELIN. Cavalier au 2ᵉ régiment en 1793. Lieutenant en 1807. Capitaine au régiment le 23 octobre 1811. Blessé d'un coup de feu à la jambe gauche le 7 floréal an II près Ménin. Carabine d'honneur le 3 thermidor an VIII. Blessé aux reins par un boulet à Eylau le 8 février 1807. Blessé d'un coup de lance en Russie le 18 octobre 1812. Retraité le 24 décembre 1815. Décoré le 26 prairial an XII.

GUÉDON. Cavalier au 11e régiment an II. Lieutenant au 1er Cuirassiers le 8 février 1813. En demi-solde en 1815. Décoré le 13 thermidor an XIII. Blessé à Biberach en l'an V et à Alband en l'an VII.

GUERRIN. Cavalier au 24e régiment en 1799. Cavalier au régiment en 1802. Sous-lieutenant en 1809. Lieutenant en 1811. Prisonnier de guerre le 15 décembre 1812. Rentré en 1815. En non-activité le 24 décembre 1815. Décoré le 11 décembre 1812. Blessé à Eylau, à Essling, deux fois en Russie en 1812. Un cheval tué sous lui.

HAREL. Cavalier en 1796. Sous-lieutenant le 15 octobre 1809. Passé dans le train en 1811.

HECKENBENNER. Cavalier le 21 janvier 1785. Brigadier-fourrier le 1er juin 1793. Sous-officier le 16 septembre 1793. Sous-lieutenant à l'élection le 26 nivôse an VII. Blessé et fait prisonnier à la bataille de la Trebbia le 1er messidor an VII. Rentré de prison le 7 ventôse an IX. Démissionnaire le 9 messidor an X.

HENRY. Cavalier au 24e régiment en 1799. Cavalier au 1er Cuirassiers en 1802. Sous-lieutenant le 16 mai 1809. Lieutenant le 9 février 1813. Retraité le 24 décembre 1815. Décoré le 13 août 1809. Blessé à Eylau, Eckmuhl, deux fois à Essling. Trois chevaux tués sous lui.

D'HERBIGNY. Cavalier au 16e régiment de chasseurs en 1803. Lieutenant dans le train des équipages en 1812. Au 1er régiment de Cuirassiers le 19 novembre 1814. En non-activité en 1815.

Marquis DE HERRE. Mousquetaire en 1769. Sous-lieutenant à la Compagnie Colonelle du régiment en 1770. Rang de capitaine en 1772. Capitaine commandant (a payé dix mille francs) en 1780. Chef d'escadron le 1er mai 1788. A quitté en 1791.

D'HOUDETOT. Enseigne à drapeau aux gendarmes français

en 1770. Sous-lieutenant sans appointements au régiment Champagne-Infanterie. Capitaine au régiment Royal-Picardie en 1788. Capitaine au régiment Colonel-Général en 1789. Démissionnaire en 1790.

HUMBERT (Lambert). Cavalier au 24ᵉ de cavalerie en 1799. Cavalier au 1ᵉʳ Cuirassiers en 1802. Sous-lieutenant le 16 mai 1809. Passé dans le train en 1812. Décoré le 1ᵉʳ octobre 1807. Blessé à Essling et à Eckmuhl.

HUMBERT (Charles). Cavalier en 1806. Sous-lieutenant le 10 avril 1813. A reçu six blessures et a été fait prisonnier à Leipsick le 18 août 1813. Rentré en 1814. En non-activité le 24 décembre 1815. Décoré le 29 juillet 1814.

HUSS. Cavalier au 7ᵉ cuirassiers en 1786. Lieutenant en l'an VI. Capitaine adjudant-major le 22 fructidor an VII. Aux Cuirassiers du Roi en 1814. Retraité en 1815. Décoré le 19 novembre 1812. Deux chevaux tués sous lui à Polotsk et à la Bérésina.

JANSON. Porte-étendard en 1789. Sous-lieutenant en 1791. Lieutenant en mai 1792. A abandonné le même jour.

JARLAND. Sous-lieutenant en frimaire an II. Lieutenant au régiment le 14 novembre 1806. Passé capitaine à l'état-major de la 6ᵉ division le 15 août 1809. Décoré le 16 juin 1809.

DE JARSAILLON. Cavalier au 21ᵉ chasseurs de l'an VII à l'an VIII. Cavalier au 1ᵉʳ régiment de Cavalerie le 1ᵉʳ pluviôse an VIII. Sous-lieutenant le 12 vendémiaire an IX. Lieutenant en 1806. Tué à la bataille d'Eylau le 8 février 1807.

JOUSSANNE. A l'école de Saint-Germain en 1810. Sous-lieutenant en 1813. Aux Cuirassiers du Roi le 1ᵉʳ mai 1814.

DE JOZAT. Sous-lieutenant de 1782 à 1791.

DE JUIGNÉ. Gendarme d'ordonnance en 1806. Lieutenant au

9° cuirassiers en 1807. Capitaine au 1er Cuirassiers en 1808. Démissionnaire en 1810.

KNIFF LE CANDELLE. Élève à l'école de Saint-Germain en 1811. Sous-lieutenant au 1er Cuirassiers le 30 janvier 1813. Retiré comme étranger en 1814.

DE LABALUE. Capitaine en 1772. Passé avec son escadron au 1er chevau-légers à sa formation en 1779.

LABASTIDE. Gendarme de la Garde royale comme enfant du corps en 1771. Cavalier au 12° de cavalerie en 1782. Porte-étendard en 1784. Sous-lieutenant en 1789. Lieutenant au 1er de Cavalerie le 25 janvier 1792.

LACOSTE. Cavalier au 16° de cavalerie en 1799. Lieutenant au 17° dragons en 1811. Capitaine en 1813. Au 1er Cuirassiers en 1814. En demi-solde le 15 juillet 1815. Décoré le 15 juin 1804.

DE LAFOREST. Lieutenant avant 1775. Lieutenant en premier de 1776 à 1778.

DE LAGRAVIÈRE. Sous-lieutenant en 1791. A quitté en 1792.

DE LAIGNES. Porte-drapeau au régiment d'artillerie de Metz en 1779. Sous-lieutenant aux dragons en 1780. Sous-lieutenant au régiment en 1786. A abandonné en septembre 1791.

DE LANASCOT. Garde d'honneur au 1er régiment en 1813. Sous-lieutenant au 1er Cuirassiers le 23 novembre 1813. Passé au 1er Cuirassiers de la Garde royale le 1er décembre 1815.

DE LA LANDE. Lieutenant. A eu la jambe emportée par un boulet à la bataille de Fontenoy le 11 mai 1745.

LANGLET. Cavalier au 22° de cavalerie an VII. Sous-lieutenant au 12° cuirassiers en 1812. Lieutenant en 1813. Aux Cuirassiers du Roi le 1er mai 1814. Lieutenant au 11° cuirassiers le 1er juin 1815. Décoré le 25 février 1814. Blessé à Friedland.

Baron DE LAQUEÜE. Capitaine en 1773. Capitaine en second en 1776. Capitaine-commandant en 1779. Major de 1780 à 1786. Chevalier de Saint-Louis en 1781. Mort en activité en 1786.

LAUBÉ. Lieutenant-colonel en 1793. Venant du 5ᵉ de cavalerie.

LAURANS. Sous-lieutenant porte-étendard de 1786 à 1787.

LAVIGNE. Cavalier au régiment de Berry en 1762. Cavalier au 5ᵉ hussards (Lauzun) en 1788. Volontaire national étant à l'hôtel des Invalides en août 1792. Lieutenant à la formation du 24ᵉ régiment de cavalerie le 27 février 1793. Capitaine le 25 floréal an II. Capitaine au 1ᵉʳ de Cavalerie le 11 nivôse an X. Retraité le 16 frimaire an II.

LECLERC (Etienne). Cavalier le 4 août 1780. Brigadier le 8 mai 1787. Brigadier-fourrier le 2 août 1791. Sous-officier le 28 août 1792. Sous-lieutenant du 16 septembre 1793 à 1800.

LECLERC (Charles-Désiré). Cavalier au 14ᵉ régiment en l'an VI. Cavalier au 1ᵉʳ régiment en l'an X. Sous-lieutenant le 25 mai 1807. Lieutenant le 15 octobre 1809. Décoré le 3 avril 1807. Mort le 2 mai 1812 à Strauz (Prusse).

LECOMTE. Sous-lieutenant le 17 fructidor an VII. (Ne figure que sur l'état militaire de l'an XIII.)

LEGENDRE. Cavalier en 1776. Fourrier en 1782. Sous-lieutenant le 15 septembre 1791. Lieutenant en 1792. Capitaine le 16 septembre 1793. Chef d'escadrons en 1795. A commandé le régiment pendant la campagne de 1796. Rentré dans ses foyers le 1ᵉʳ floréal an VII.

LÉGO. Vélite aux grenadiers à cheval de la Garde impériale en 1806. Sous-lieutenant au 1ᵉʳ Cuirassiers en 1809. Lieutenant en 1811. Aide-de-camp du général Lefèvre en octobre 1812. Passé aux dragons (Garde royale) le 15 novembre 1815. Décoré en 1812.

LEGRAS. Sous-lieutenant de 1787 à 1788. Sous-lieutenant de remplacement de 1788 à 1791.

LELOUTRE. Vélite aux dragons (Garde impériale) en 1807. Sous-lieutenant en 1813. Porte-étendard au 1er Cuirassiers le 1er mai 1814.

LEMOINE, cavalier le 3 avril 1772. Brigadier le 21 février 1784. Maréchal des logis en octobre 1791. Sous-lieutenant le 1er juin 1792. Lieutenant le 16 septembre 1793. Retraité le 21 brumaire an XI. Blessé à la bataille de Neerwinden.

LEROUX (François). Grenadier à pied de la Garde le 14 juin 1809. Sous-lieutenant au 1er Cuirassiers le 13 mars 1813. Aux cuirassiers du Roi en 1814. Réformé en 1818. Dix-huit blessures.

LEROUX (Augustin). Cavalier au 2e chevau-légers (Garde impériale) en 1811. Sous-lieutenant au 16e chasseurs à cheval en 1813. Lieutenant en 1813. Lieutenant au 1er Cuirassiers le 8 mai 1814. Passé au 7e cuirassiers le 1er juin 1815.

LEVILAIN. A servi dans la gendarmerie à la Guadeloupe de l'an VI à l'an VIII. A essuyé les deux combats de la frégate « la Vengeance ». Blessé à l'épaule d'un éclat d'obus le 2 fructidor an VIII. Blessé au col le 8 fructidor an VIII. Fait prisonnier par les Anglais. Sous-lieutenant au 1er Cuirassiers le 14 novembre 1806. Lieutenant au 5e cuirassiers le 1er avril 1809.

LIMOZIN. A l'école de Saint-Germain en janvier 1810. Aux grenadiers en 1812. Sous-lieutenant au régiment le 30 janvier 1813. Blessé à Hanau. Trois blessures à la bataille de Sezanne. Retiré avec pension le 1er novembre 1814.

Chevalier DE LONCELLES. Brigadier en 1767. Porte-étendard en 1787. Lieutenant surnuméraire en 1789. Lieutenant en pied en 1791. Capitaine en 1792. Suspendu par les représentants du peuple en 1792. Chevalier de Saint-Louis.

DE LUMIGNY. Major en 1735. Rang de mestre de camp en 1741. Tué le 29 juillet 1742, au siège de Prague.

MAGNON. Cavalier le 8 mai 1778. Brigadier le 2 août 1791. Brigadier-fourrier le 16 avril 1792. Sous-officier le 28 août 1792. Adjudant le 3 nivôse an IV. Sous-lieutenant le 3 messidor an VI. Capitaine à l'élection le 16 frimaire an XI. Retraité le 1er février 1807. Décoré le 26 prairial an XII. Blessé à Neerwinden et au Tagliamento. Un cheval tué sous lui.

MAILLARD DE MAINBEVILLE. Major de 1759 à 1765. Chevalier de Saint-Louis en 1762.

MAINGUET. Cavalier au 4e hussards en 1804. Gendarme en Espagne en 1810. Sous-lieutenant au régiment le 28 février 1813. En demi-solde en septembre 1815.

DE MAISONFORTE. Sous-lieutenant au régiment le 18 mai 1774. Lieutenant en second en 1786. A abandonné son emploi le 1er décembre 1791.

MAISONNEUVE. Sous-lieutenant de 1778 à 1779. Passé en 1779 au 1er chevau-légers.

MANCEL DE BOUESDÉNOS. Quartier-maître trésorier du bataillon des Chasseurs français en 1811. Au 12e régiment de cuirassiers en 1814. Aux Cuirassiers du Roi le 1er août 1814. Trésorier aux dragons du Rhône en 1815. Chevalier de la Légion d'honneur en 1815.

MAOUR. Cavalier le 22 avril 1786. Sous-lieutenant le 4 ventôse an VIII. Lieutenant le 24 novembre 1806. Capitaine au 11e cuirassiers le 1er juin 1809. Décoré le 1er octobre 1807.

MARAIS. Cavalier au 25e régiment de cavalerie en 1769. Sous-lieutenant au régiment le 29 novembre 1806. Lieutenant le 25 mai 1807. Capitaine en 1811. Retraité le 24 décembre 1815. Décoré le 14 avril 1807. Blessé près de Munich le 10 frimaire an IX. Blessé à Hoff.

MARET. Cavalier au régiment Franche-Comté-Cavalerie le 21 novembre 1779. Cavalier au 1ᵉʳ régiment de cavalerie en 1788. Sous-lieutenant le 26 nivôse an VII. Lieutenant le 23 thermidor an VII. Capitaine le 20 février 1807. Retraité en 1809. Décoré le 1ᵉʳ octobre 1807.

MARGEOT DE SAINT-OUEN. Sous-lieutenant en pied sans appointements au régiment Armagnac-Infanterie en 1783. Sous-lieutenant en 1784. Sous-lieutenaut au régiment en 1787. Réformé en mai 1788.

DE MAROLLES. Lieutenant avant 1775. Lieutenant en deuxième en 1776. Lieutenant en premier au 1ᵉʳ chevau-légers de 1779 à 1783. Charge de capitaine, premier sous-lieutenant de 1785 à 1791. Capitaine de 1791 à 1792.

MARTIN. Cavalier le 1ᵉʳ avril 1757. Porte-étendard le 14 janvier 1774. Réformé en 1776. Replacé en 1778. Lieutenant surnuméraire de 1789 à 1791. Chevalier de Saint-Louis en 1790.

MARTIN DE MÉGNOT. Vélite aux grenadiers à cheval (Garde impériale) en 1806. Sous-lieutenant au 1ᵉʳ Cuirassiers le 8 mai 1813. En demi-solde le 1ᵉʳ septembre 1815.

MARTINE. Cavalier en 1807. Sous-lieutenant le 28 septembre 1812. Prisonnier de guerre en Russie le 29 novembre 1812, au passage de la Bérésina.

MARTINEAU DE SOLEINNE. Gendarme de la Garde du Roi en 1772. Sous-lieutenant au régiment Colonel-Général-Cavalerie en 1772. Lieutenant en deuxième en 1778. Capitaine en deuxième le 29 mai 1778. Capitaine commandant en 1788. A refusé de prêter serment, et a abandonné son emploi le 15 septembre 1791.

MAUBERT. Cavalier le 15 janvier 1785. Brigadier-fourrier le 1ᵉʳ janvier 1793. Maréchal des logis chef le 16 septembre 1793. Adjudant le 22 messidor an V. Sous-lieutenant à l'élection le

26 nivôse an VII. Lieutenant adjudant-major le 4 ventôse an VIII. Capitaine le 1er janvier 1806. Chef d'escadrons le 16 mai 1809. Retraité le 16 août 1814. Décoré le 15 juin 1804. Blessé à Essling, Wagram et à Hanau.

MAUBLANC. Sous-lieutenant le 14 décembre 1806. Lieutenant le 16 mai 1809. Capitaine adjudant-major le 15 octobre 1809. Retraité le 24 décembre 1815. Décoré le 16 juin 1809. Blessé à Eylau et à Hollabrunn.

MAUGER. Soldat au 1er bataillon de Dieppe en 1793. Sous-lieutenant au 4e cuirassiers en 1806. Capitaine en 1809. Aux cuirassiers du Roi le 1er mai 1814. Retraité le 24 décembre 1815. Chevalier de la Légion d'honneur le 1er octobre 1807 ; officier le 4 décembre 1813. Blessé à Essling le 11 août 1812. Quatre chevaux tués sous lui.

MAUGERY. Chasseur au 7e régiment le 24 août 1793. Sous-lieutenant en 1793. Lieutenant au 6e régiment. Capitaine le 22 thermidor an II. Chef d'escadrons au 9e cuirassiers le 11 mai 1809. Chef d'escadrons au 12e cuirassiers le 1er juillet 1811. Major aux cuirassiers du Roi le 11 mai 1814. Chevalier de la légion d'honneur. Chevalier de Saint-Louis. A reçu deux blessures, et a été fait prisonnier à Iéna. Blessé à Gunstadt. Blessé et fait prisonnier le 1er mai 1809. Trois chevaux tués sous lui.

MAURE. Cavalier le 22 mai 1777. Brigadier en novembre 1784. Brigadier-fourrier en 1791. Sous-officier en août 1791. Sous-lieutenant le 1er juin 1793. Lieutenant le 16 septembre 1793. Capitaine le 25 fructidor an II. A eu un bras emporté par un boulet près Saint-Michel le 24 nivôse an V. Mort des suites de ses blessures le 11 pluviôse an V.

Vicomte DE MAUROY. Lieutenant d'infanterie (a payé 10,000 fr.) le 14 juin 1766. Rang de capitaine au régiment du Roi-Cavalerie le 25 avril 1772. Capitaine en deuxième le 16 juin 1776. Capitaine commandant le 16 juillet 1780. Chef d'escadrons à la formation le 1er mai 1788. Lieutenant-colonel au régiment Colonel-Général-Cavalerie le 17 mai 1789. Démissionnaire en 1790.

DE MAYNON. Porte-cornette blanc en 1740.

MAZER. Cavalier en 1767. Adjudant en 1789. Sous-lieutenant en avril 1791. Lieutenant en 1792. Capitaine le 1er juin 1793. Chevalier de Saint-Louis. (Ne figure plus sur l'annuaire de 1800.)

MECKENEM D'ARTHAISE. Aux Pages en 1772. Sous-lieutenant à la suite du régiment Royal-Étranger-Cavalerie le 22 février 1776. Capitaine réformé au Colonel-Général-Cavalerie le 21 avril 1777. Capitaine en deuxième le 24 juin 1780. Capitaine-commandant le 9 mars 1781. Chef d'escadrons le 1er mai 1788. Capitaine à la formation le 18 mars 1791. Passé lieutenant-colonel au 3e régiment de cavalerie le 1er mai 1792.

MEUNIER. Cavalier au 6e cuirassiers en l'an VII. Sous-lieutenant en 1809. Aux cuirassiers du Roi le 1er mai 1814. En non activité le 24 décembre 1815. Décoré le 14 mai 1813. Deux blessures à Essling. Trois chevaux tués sous lui.

MICHEL. Sous-lieutenant au régiment le 28 octobre 1811. Décoré le 14 avril 1807. Mort de fatigues et de privations à la Grande armée le 25 novembre 1812.

MIGNOT. Garde d'honneur en 1813. Sous-lieutenant aux cuirassiers du Roi le 1er mai 1814. En non activité le 24 décembre 1815. Décoré le 25 novembre 1813.

MILLOT. Cavalier en 1786. Sous-lieutenant au choix du Directoire, nommé par le général en chef Macdonald le 10 prairial an VII. Lieutenant le 16 frimaire an XI. A reçu quatre blessures à la bataille du Tagliamento. Mort à Versailles (tué en duel), le 4 thermidor an XI.

MARQUIS DE MOGES. Cornette au régiment en avril 1760. Capitaine en 1769. Lieutenant-colonel à la suite en août 1772. Mestre de camp à la suite en 1774. Colonel en second du régiment de Bessigny le 18 mai 1776. Maréchal de camp le 7 avril 1790. Chevalier de Saint-Louis en mai 1776.

MOISSONNIER. Cavalier en 1798. Sous-lieutenant le 16 mars 1809. Passé dans le train en 1812. Décoré le 3 avril 1807. Blessé à Iéna.

MONOZEN. Capitaine de l'an VIII à l'an IX.

DE MONTAIGU. Cadet-gentilhomme au régiment en 1779. Sous-lieutenant (5,000 fr.) de 1779 à 1787.

DE MONTAUDOIN. Lieutenant en premier en 1782. Capitaine le 15 septembre 1791. Lieutenant-colonel en 1793.

MONTEIL dit DUTEIL. A servi dans la marine de 1774 à 1782. Blessé à bord de la « Cérès » le 3 juin 1779 et à bord du « Petit Annibal » dans le combat du 12 avril 1782 devant Madras. Rentré au service en 1792. Lieutenant au 1er régiment de cavalerie le 1er brumaire an II. Capitaine le 18 messidor an VII. Chef d'escadrons en remplacement de Roize le 9 mai 1807. Major le 16 mai 1809. Nommé colonel-major au 4e régiment des Gardes d'honneur le 21 avril 1813. Décoré le 26 prairial an XII. Blessé le 8 mai 1793, près de Valenciennes.

MONTEIL (Étienne). Cavalier en décembre 1809. Sous-lieutenant le 29 mai 1812. Prisonnier de guerre en Russie le 30 novembre 1812.

DE MORAND. A l'école de Saint-Germain en 1810. Sous-lieutenant au 7e cuirassiers en 1813. Aux Cuirassiers du Roi le 1er mai 1814. Passé au 2e cuirassiers (Garde royale) en 1815. Trois chevaux tués sous lui.

MORGAND. Sous-lieutenant de 1787 à 1793.

MOUGEOT. Cavalier en 1800. Sous-lieutenant en novembre 1811. Prisonnier de guerre le 15 novembre 1812. Rentré au régiment en septembre 1814. Retiré avec pension le 1er novembre 1814. Deux blessures à Essling. Blessé en Russie le 15 novembre 1812.

MONGENS. Sous-lieutenant en 1792. (Ne figure plus sur l'annuaire de 1800.)

LE MOUL. Lieutenant avant 1775. Lieutenant en deuxième en 1776. Lieutenant en premier de 1778 à 1787. Chevalier de Saint-Louis en 1778.

MOULETTE. Soldat au régiment de Vermandois en décembre 1772. Soldat au 1er dragons de 1782 à 1791. Volontaire national à cheval en août 1792. Capitaine au 24e régiment de cavalerie le 7 février 1793. Passé au 1er régiment de cavalerie le 11 nivôse an X. Retraité le 16 frimaire an XI.

DE MOYRIA DE CHATILLON. Aux pages de Madame la Dauphine. Sous-lieutenant au régiment de la Reine (dragons) le 1er avril 1767. Au régiment Colonel-Général en 1769. Capitaine en pied (a payé 10,000 fr.) en 1771. Capitaine en premier le 1er juillet 1776. Capitaine commandant le 1er avril 1778. Chef d'escadrons le 1er mai 1780. A commandé la compagnie des cadets de l'École militaire. Retiré le 1er janvier 1791. Chevalier de Saint-Louis en 1782.

NADAL (Timothée). Cavalier le 11 janvier 1777. Brigadier le 11 avril 1785. Brigadier-fourrier le 1er janvier 1791. Sous-officier le 2 août 1791. Sous-lieutenant le 18 mars 1793. Lieutenant le 16 septembre 1793. Capitaine le 1er octobre 1793. Chef d'escadrons le 17 nivôse an V. Mort à Versailles le 8 pluviôse an XI.

NADAL (François). Cavalier le 10 octobre 1799. Sous-lieutenant en 1809. Lieutenant en 1811. Chevalier de la Légion d'honneur le 11 octobre 1812. Blessé à Iéna. Mort le 4 mai 1814, des suites de blessures reçues devant Paris, le 30 mars 1814.

NÉNOT. Sous-lieutenant au régiment le 25 mars 1815. Chevalier de la Légion d'honneur le 4 décembre 1813. Prisonnier de guerre à Waterloo, le 18 juin 1815.

NEUVILLE. Lieutenant sur l'État militaire de l'an VIII. (Ne figure plus sur celui de l'an X.)

NITOT (Charles). Sous-lieutenant le 17 juin 1792. Lieutenant le 21 messidor an III. Blessé de plusieurs coups de sabre et fait prisonnier à la bataille du Tagliamento le 26 ventôse an V. Échangé le 16 germinal an V. Capitaine au choix du corps le 13 floréal an VII. Démissionnaire le 30 floréal an X.

NITOT (Hippolyte). Sous-lieutenant en 1792. Lieutenant le 1er thermidor an II. Capitaine le 18 pluviôse an V. Tué à la Trebbia le 1er messidor an VII.

DE NOINTEL. Lieutenant-colonel avec rang de mestre de camp de 1759 à 1765.

LE NOIR D'ESPINASSE. Capitaine de 1773 à 1780.

Comte DE NONANT. Sous-lieutenant de remplacement de 1785 à 1786.

NOVILLARS. Cavalier au 4e hussards le 1er thermidor an VII. Sous-lieutenant à la demande du général Lecourbe pour action d'éclat à l'affaire du 1er messidor an VIII. Lieutenant au 24e régiment de cavalerie à la demande du général Moreau pour action d'éclat à la bataille de Hohenlinden le 12 frimaire an IX. Passé au 1er régiment de cavalerie le 22 pluviôse an X. Capitaine le 22 thermidor an XI. Nommé aide-de-camp du général Margaron le 20 fructidor an XI. A reçu un sabre d'honneur pour action d'éclat à la bataille de Hohenlinden, par décret du 18 pluviôse an II. Blessé à Neresheim en l'an VIII. Deux blessures à Hohenlinden. Trois blessures, dont deux graves, dans les différentes affaires sur le Danube, pendant les ans VIII et IX.

ODIOT. Cavalier le 7 novembre 1778. Sous-lieutenant le

17 avril 1792. Lieutenant le 1ᵉʳ juin 1793. Destitué le 16 septembre 1793. Réintégré lieutenant le 8 prairial an V. Capitaine à l'ancienneté le 10 floréal an VII. Décoré le 26 prairial an XII. Blessé à Neervinden et près de Maubeuge le 15 juin 1793. Trois chevaux tués sous lui. Tué à la bataille d'Eylau.

D'OLLIÈRES. Aide-major en 1737. Lieutenant-colonel en 1758. S'est retiré en 1759. Mort quelque temps après. Blessé à la bataille de Fontenoy, le 11 mai 1745.

OMOR. Cavalier au 8ᵉ cuirassiers en 1802. Sous-lieutenant au régiment de 1809 à 1815. Décoré le 28 septembre 1813.

ORIOT. Au 10ᵉ hussards en 1796. Sous-lieutenant au même régiment le 11 fructidor an VI. Capitaine aux Cuirassiers du Roi en 1814. Retraité le 24 décembre 1815. Décoré le 11 octobre 1812. Blessé le 18 octobre 1812.

OUDRY. Cavalier au 9ᵉ régiment de cuirassiers en 1805. Sous-lieutenant en 1813. Aux Cuirassiers du Roi le 4 mai 1814. Lieutenant au 6ᵉ cuirassiers le 1ᵉʳ juin 1815. En demi-solde le 24 décembre 1815. Décoré le 25 février 1814.

PAILLOT. Capitaine avant 1766. A quitté en 1766.

DE LA PAPOTIÈRE. Lieutenant avant 1775. A quitté en 1775.

PARÈS. Cavalier le 5 pluviôse an VII. Sous-lieutenant le 5 novembre 1811. Prisonnier à Leipsick, le 19 octobre 1813. Rentré en 1814. Retraité le 16 août 1814. Décoré le 29 juillet 1814. A reçu trois blessures à Austerlitz. Une blessure à Leipsick.

PATRIUS. Cavalier au 19ᵉ de cavalerie le 4 fructidor an VII. Élève à l'École d'application de Versailles de l'an XI à l'an XIII. Sous-lieutenant au 9ᵉ cuirassiers en 1809. Lieutenant en 1812. Capitaine en 1813. Capitaine adjudant-major aux Cuirassiers du Roi le 4 mars 1814. Retraité le 24 décembre 1815. Décoré le 1ᵉʳ octobre 1807. Blessé à Leipsick.

Marquis DE PATY-BELLEGARDE. Sous-lieutenant au régiment du Roi-Infanterie en 1780. Sous-lieutenant au régiment Colonel-Général-Cavalerie en 1784. Charge de cornette blanc, rang de capitaine, le 3 décembre 1787. Capitaine commandant le 15 septembre 1791. A abandonné en janvier 1792.

Chevalier DE PÉRIGNAT. Major de 1766 à 1773. Rang de lieutenant-colonel en 1769. Brigadier de cavalerie le 1er mars 1780.

PERSON dit NEUVILLE. Cavalier en 1759. Brigadier en 1762. Maréchal des logis en 1769. Sous-lieutenant en septembre 1793. Lieutenant le 12 floréal an II. Retraité le 1er vendémiaire an VII.

DE PERTHUIS. Page en 1808. Sous-lieutenant au 1er cuirassiers le 14 janvier 1811. Lieutenant en 1814. Passé au 1er cuirassiers (Garde royale) le 1er décembre 1815. Retraité en 1818. Décoré le 18 septembre 1813. Blessé à Hanau.

PESCHELOCHE. Cavalier au régiment de Flandre-Infanterie le 30 juin 1768. Capitaine de la Garde nationale parisienne en 1789. Adjoint aux adjudants-généraux, et adjudant-général provisoire le 29 messidor an III. Chef d'escadrons en l'an IX. Chef d'escadrons à la suite du 1er régiment de cavalerie le 30 nivôse an IX. Chef d'escadrons en pied au 1er de cavalerie le 18 pluviôse an XI. Nommé major au 15e dragons.

PETIT. Cavalier le 17 ventôse an VII. Sous-lieutenant le 6 janvier 1806. Lieutenant en 1807. Capitaine le 16 mai 1809. Retraité le 21 octobre 1813. Décoré en octobre 1807. Blessé à la Trebbia, le 2 messidor an VII. S'est particulièrement distingué, en prenant à lui seul un obusier à l'ennemi, après avoir tué ou blessé plusieurs canonniers, à la bataille d'Austerlitz, le 2 décembre 1805. Blessé à Essling.

PETIT. Cavalier au 3e cuirassiers en 1807. Sous-lieutenant en 1813. Sous-lieutenant aux Cuirassiers du Roi le 4 mai 1814.

Passé au 1er régiment de cuirassiers de la Garde royale le 1er décembre 1815. Décoré le 4 décembre 1813.

PICARD. Cavalier le 5 fructidor an IX. Sous-lieutenant le 25 mai 1807. Lieutenant le 16 mai 1809. Décoré le 1er octobre 1807.

PIERREDON. Enfant de troupe au régiment en 1787. Sous-lieutenant le 14 janvier 1806. Lieutenant en 1807. Capitaine le 26 mai 1807. Retraité le 24 décembre 1815. Décoré le 14 avril 1807. Blessé à Maubeuge le 23 octobre 1793, à la bataille d'Austerlitz, à Essling et à Leipsick.

Comte DE PIERREPONT. Mousquetaire en 1761. Lieutenant en second au régiment du Roi-Infanterie le 10 février 1763. Capitaine au régiment Royal-Navarre-Cavalerie le 4 mai 1771. Chef d'escadrons en 1788. Lieutenant-colonel au régiment Colonel-Général-Cavalerie le 6 novembre 1791. Démissionnaire le 26 avril 1792. Chevalier de Saint-Louis le 28 juin 1789.

PILLERAULT. Au 12e régiment de cuirassiers en 1808. Sous-lieutenant au 1er Cuirassiers le 12 janvier 1813. Retraité le 6 juillet 1814.

PINARD. Cavalier le 2 avril 1774. Sous-lieutenant le 15 septembre 1791. Lieutenant le 24 juillet 1792. Destitué le 15 septembre 1793. Réintégré le 11 vendémiaire an IV. Capitaine à l'élection au choix du corps le 24 frimaire an VII. Retiré avec pension de retraite le 25 décembre 1806. Décoré le 26 prairial an XII. Un cheval tué sous lui à Novi.

PLATON. Cavalier le 11 janvier 1777. Brigadier le 16 avril 1792. Maréchal des logis le 1er juin 1793. Sous-lieutenant le 16 septembre 1793. Lieutenant le 27 pluviôse an VII. Retraité le 24 décembre 1815. Décoré le 26 prairial an XII.

POINSOT. Page de Sa Majesté en 1807. Sous-lieutenant au 2e cuirassiers en 1812. Capitaine en 1813. Capitaine adjudant-major aux Cuirassiers du Roi le 4 mai 1814. Décoré le 5 septembre 1813. Blessé à la Moskowa et à Brienne. Deux chevaux tués sous lui. Tué à la bataille de Waterloo.

PONJAUD D'AUTEUIL. Sous-lieutenant sans appointements en 1774. Sous-lieutenant en 1775. Réformé en 1776. Replacé en 1779. Capitaine commandant en 1787. A quitté en 1790.

Comte DE POULPRY. Capitaine en deuxième le 28 février 1778. Venu au régiment en 1780. Capitaine commandant en 1788. A quitté en 1792.

Chevalier LE PRESTRE. Capitaine avant 1766 jusqu'en 1770.

DE PROVISY. Major en 1758. Tué à la bataille de Minden en 1759.

Chevalier DE RADEPONT. Capitaine de 1766 à 1772.

DE RAIMBOUVILLE. Élève à Saint-Germain le 4 mars 1811. Sous-lieutenant au 5e cuirassiers en 1813. Aux Cuirassiers du Roi en 1814. Sous-lieutenant au 1er cuirassiers de la Garde royale le 1er décembre 1815.

RAVENEL. Cavalier le 26 avril 1776. Brigadier le 12 juin 1785. Sous-officier le 16 avril 1792. Sous-lieutenant le 16 septembre 1793. Tué dans une sortie sous Maubeuge le 27 octobre 1793.

REBOUL. Cavalier en 1779. Sous-lieutenant le 10 mai 1792. Destitué par ordre des représentants du peuple le 16 septembre 1793·

REDER. Cavalier en 1791. Sous-lieutenant le 25 mai 1807. Lieutenant le 16 mai 1809. Retraité le 24 décembre 1815. Décoré le 1er octobre 1807. Blessé à Neerwinden et devant Kœnigsberg en 1807.

Comte DE RENNEBERG. Sous-lieutenant en 1802. Chef d'escadrons au 14e cuirassiers en 1810. Aux Cuirassiers du Roi le 1er juin 1814. Chef d'état-major du 1er corps de cavalerie en 1815. Prisonnier de guerre le 18 juin 1815. Officier de la Légion d'honneur.

RICHARD. Cavalier en 1773. Maréchal des logis en 1791. Sous-lieutenant en 1792. Tué à Neerwinden le 18 mars 1793.

DE LA RICHARDIÈRE. Capitaine. Blessé le 30 décembre 1741, au camp de Pisek.

RICHE. Cavalier le 12 février 1770. Brigadier le 29 mars 1783. Maréchal des logis le 1er juin 1793. Sous-lieutenant le 16 septembre 1793. (Ne figure plus sur l'annuaire de 1800.)

RICHELET. Cavalier au 6e cuirassiers en l'an VII. Sous-lieutenant en 1809. Lieutenant en 1813. Aux Cuirassiers du Roi le 1er mai 1814. Retraité le 24 décembre 1815. Décoré le 25 février 1814. Blessé à Essling. Deux chevaux tués sous lui.

RICHOUX. Sous-lieutenant en 1800.

RILLIET. Élève à Saint-Germain en 1810. Sous-lieutenant au régiment en janvier 1813. Démissionnaire comme étranger en 1814.

ROCHE. Cavalier au 3e régiment de cuirassiers en 1799. Sous-lieutenant aux Cuirassiers du Roi le 1er juillet 1814. En non activité le 24 décembre 1815. Décoré le 4 décembre 1813.

Marquis DE ROCHEFORT. Porte-cornette blanc de 1731 à 1740.

ROIZE. Volontaire au 1er hussards le 15 vendémiaire an II. Sous-lieutenant au 20e dragons en l'an VI. Prisonnier de guerre par les Anglais, le 28 pluviôse 1799. Rentré le 1er thermidor 1799. Lieutenant le 3 messidor an VIII. Capitaine le 1er brumaire an IX. Aide de camp du général Davoust. Chef d'escadrons au 1er Cuirassiers en remplacement de Berckeim, le 16 mai 1806. Major au 14e dragons en 1807. Chevalier de la Légion d'honneur. Blessé à Iéna et à Hoff.

ROTH. Cavalier en 1776. Sous-lieutenant le 17 juin 1792. Lieutenant le 16 septembre 1793. Capitaine le 1er thermidor an II. Retiré dans ses foyers le 1er floréal an VII.

Roumet. Cavalier au 17e d'artillerie en 1793. Gendarme eu 1802. Gendarme d'élite en 1804. Lieutenant au 1er Cuirassiers le 28 février 1813. Retraité le 24 décembre 1815.

De Roy. Rang de sous-lieutenant sans appointements (a payé 10,000 fr.) le 9 novembre 1772. Pourvu d'une compagnie le 9 novembre 1774. Réformé à la formation de 1776. Capitaine en deuxième en 1777. Capitaine commandant au 9e de cavalerie le 21 mai 1786. Chef d'escadrons le 7 juin 1788. Lieutenant-colonel au régiment Colonel-Général-Cavalerie le 6 novembre 1791. Démissionnaire le 18 mai 1792. Chevalier de Saint-Louis.

Ruault. Cavalier le 29 août 1803. Fourrier le 14 juin 1805. Maréchal des logis le 16 novembre 1806. Adjudant le 25 mai 1808. Sous-lieutenant le 31 juillet 1810. Passé trésorier au 11e cuirassiers le 14 février 1814. Chevalier de la Légion d'honneur le 17 mars 1815.

De Saint-Brice. Charge de capitaine. Premier sous-lieutenant de 1781 à 1786.

De Saint-Cyr. Capitaine. Premier sous-lieutenant de 1779 à 1781. Charge de cornette-blanc de 1781 à 1788.

Marquis de Saint-Georges. Né le 24 avril 1720. Mousquetaire en 1733. Obtint une compagnie dans le régiment Colonel-Général-Cavalerie, le 21 décembre suivant. Obtint le 22 mai 1745, une commission pour tenir rang de mestre de camp de cavalerie. Mestre de camp lieutenant d'une brigade de cavalerie le 6 décembre 1756. Brigadier le 1er mai 1758. Maréchal de camp le 20 février 1761. Lieutenant-général le 1er mars 1780. Chevalier de Saint-Louis en 1749 à la bataille de Raucoux. Grand croix le 15 mai 1773. Blessé à la bataille de Fontenoy.

Saint-Georges. Cavalier au 23e régiment en 1800. Sous-lieutenant au 5e cuirassiers en 1801. Au 1er Cuirassiers en octobre 1809.

Décoré le 14 avril 1807. Blessé à Austerlitz et à Eylau. A reçu trois blessures à Essling. Fait prisonnier le 2 décembre 1812.

De Saint-Pol. Capitaine en 1766. Capitaine commandant l'escadron de chevau-légers du régiment de 1776 à 1780. Rang de major en 1784. Chevalier de Saint-Louis.

Marquis de Saint-Saens. Etait lieutenant-colonel au régiment en 1712. Brigadier en 1719. A quitté en 1735.

De Saint-Sulpice. Garde-marine en 1756. Cornette au régiment Colonel-Général-Cavalerie le 1er février 1757. Lieutenant en juillet 1758. Sous-lieutenant à la formation en 1763. Lieutenant avant 1775, en premier en 1776. Rang de capitaine le 5 avril 1780. Pourvu d'une compagnie le 27 janvier 1789. Lieutenant-colonel au 20e de cavalerie le 13 avril 1792. Colonel du 20e de cavalerie le 22 septembre 1792. Chevalier de Saint-Louis.

De la Salle. Rang de sous-lieutenant dans le régiment Chartres-Dragons en 1775. Capitaine au régiment (a payé 10,000 fr.) en 1784. Capitaine en deuxième en 1787. Premier aide de camp du lieutenant-général de la Mortière, commandant la 21e division, en 1791.

Santo-Domingo. Gendarme d'ordonnance de Sa Majesté en 1807. Sous-lieutenant au 3e cuirassiers en 1809. Lieutenant au 12e cuirassiers en 1813. Aux Cuirassiers du Roi le 4 mai 1814. Passé lieutenant au 9e cuirassiers le 18 juin 1815. Décoré le 4 décembre 1813. A eu un cheval tué sous lui à la Moskowa le 7 septembre 1812.

Saulnier. Au 12e dragons en l'an VII. Lieutenant au 3e cuirassiers en 1813. Aux Cuirassiers du Roi le 1er mai 1814. Retraité le 24 décembre 1815.

De Saulot. Capitaine de 1766 à 1779. Capitaine commandant la compagnie Colonelle-Générale-Cavalerie avant 1777 jusqu'en 1779.

SAVARY. Sous-lieutenant en 1776. Lieutenant en deuxième de 1778 à 1779.

SCHLESSER. Cavalier le 24 juin 1786. Sous-lieutenant le 16 frimaire an XI. Lieutenant en janvier 1806. Adjudant-major le 15 septembre 1806. Décoré le 14 mars 1806. Tué à la bataille d'Eylau le 8 février 1807.

SCHMITT. A servi pendant huit ans dans les hussards. Cavalier au régiment le 4 mars 1766. Brigadier le 3 décembre 1782. Maréchal des logis le 1er juin 1793. Sous-lieutenant du 29 août 1793 à 1800.

SCHWARTZ. Enfant du corps admis à la solde le 8 juin 1777. Brigadier le 6 avril 1791. Brigadier-fourrier le 13 octobre 1791. Sous-officier le 16 avril 1792. A eu un cheval tué sous lui à Neerwinden, et a été fait prisonnier le 18 mars 1793. Echangé le 13 avril 1793. Sous-lieutenant le 1er octobre 1793. Réformé le 8 fructidor an V. Remis en pied le 18 nivôse an VI. Blessé de deux coups de sabre sur la figure, à la Sechia et fait prisonnier le 6 messidor an VII. Rentré au corps le 16 du même mois. Capitaine adjudant-major le 22 thermidor an XI. Mort de la fièvre à Paris, le 18 pluviôse an XII.

SERVAS. Cavalier en 1805. Sous-lieutenant en 1809. Démissionnaire en 1811.

SIGWALD. Cavalier au 15e régiment de cavalerie en 1755. Lieutenant au régiment Colonel-Général-Cavalerie en 1791. Capitaine en mai 1792. Blessé à la sortie du 7 mai 1793, près Maubeuge. Mis à la retraite pour blessures par ordre du Comité de Salut public le 25 fructidor an II. Chevalier de Saint-Louis le 26 octobre 1791.

SIMONOT. Cavalier au 7e hussards en 1801. Sous-lieutenant au 1er Cuirassiers le 12 avril 1815. En non-activité le 24 décembre 1815. Décoré le 14 avril 1807.

SOLDINI. Capitaine au 57ᵉ d'infanterie. Nommé capitaine au 1ᵉʳ régiment de cavalerie le 17 germinal an III. Démissionnaire le 9 ventôse an IV.

SOUBEIRAN. Soldat au régiment de Cambrésis, puis aux dragons en 1785. Chasseur du département de Haute-Garonne en 1792. Capitaine de grenadiers, 1ᵉʳ bataillon, infanterie légère. Capitaine au 1ᵉʳ de cavalerie par décret de la Convention du 19 fructidor an II. Passé chef d'escadrons au 20ᵉ dragons.

TALON (Nicolas). Cavalier le 31 janvier 1754. Maréchal des logis en 1766. Adjudant en 1776. Porte-étendard en 1780. Quartier-maître trésorier avec rang de lieutenant en 1786. Chevalier de Saint-Louis le 19 juin 1791. Rang de capitaine le 25 janvier 1792. Destitué par ordre du Ministre le 9 septembre 1793.

TALON. Cavalier le 12 janvier 1776. Maréchal des logis chef en 1788. Sous-lieutenant le 25 janvier 1792. Lieutenant le 10 octobre 1792. Blessé à la bataille de Neerwinden, le 18 mars 1793. Capitaine le 16 septembre 1793. Chef d'escadrons le 18 octobre 1793. A eu le bras emporté par un boulet le 27 germinal an II. Mort des suites de cette blessure à l'hôpital de Lille, le 11 floréal an II.

TAURIN-PAGAN. Hussard de Jemmapes en mai 1793. Passé au 12ᵉ dragons en 1793. Nommé sous-lieutenant sur le champ de bataille, par le général Championnet, le 22 pluviôse an VII. Aide de camp du général Raoul, en fructidor an VII. Lieutenant au 1ᵉʳ régiment de cavalerie le 28 fructidor an X. Passé aide de camp du général Duhesme, en l'an XI.

THALPAIN. Quartier-maître avec rang de lieutenant de 1773 à 1776. Sous-lieutenant en 1778. Lieutenant en deuxième de 1781 à 1784. Chevalier de Saint-Louis.

THIONVILLE. Adjoint surnuméraire du génie en l'an VIII. Maréchal des logis au 1ᵉʳ Cuirassiers en l'an X. Lieutenant aide de camp

du général du génie Campredon, 27 floréal an XIII. Au service du
roi de Naples en 1807. Prisonnier des Anglais le 25 mars 1809.
Rentré le 18 juin 1814. Capitaine de cavalerie près le roi de France
le 4 juin 1815. Capitaine au 1er Cuirassiers le 10 juillet 1815. En
demi-solde le 1er septembre 1815.

THIRION. Cavalier au 21e régiment de dragons en l'an XIII.
Sous-lieutenant au 9e cuirassiers en 1813. Aux Cuirassiers du Roi
le 4 mai 1814. En non-activité le 24 décembre 1815. Décoré le
5 septembre 1813. Blessé à Ostrolenka le 3 février 1807, à la Moskowa et à Leipsick.

THORRÉ. Cavalier en 1808. Sous-lieutenant le 29 mars 1815.
Nomination annulée le 1er septembre 1815.

THUON. Soldat au régiment d'Armagnac le 17 février 1783.
Blessé d'un coup de feu à l'épaule gauche le 11 avril 1793. Passé
maréchal des logis dans la 32e division de gendarmerie nationale
en 1793. Lieutenant le 4 ventôse an IV. Réformé en l'an VI. Maréchal des logis au 1er régiment de cavalerie le 1er vendémiaire an VII.
Sous-lieutenant le 10 prairial an VII. Lieutenant le 14 ventôse
an XI. Blessé d'un coup de feu à la cuisse le 1er frimaire an XI.
Mort des suites de blessures reçues à la bataille d'Austerlitz.

TOEIP-GRIGNY. Sous-lieutenant au régiment Colonel-Général-
Cavalerie le 17 juin 1792. Nommé au grade de général de brigade
chef d'État-major de l'armée de la Moselle par récompense nationale
le 16 pluviôse an II. Etait avant d'entrer au service clerc de
notaire, et commis de banque. Se signale par sa bravoure à toutes
les actions sous Mons, Menin, Courtrai, Thionville et Valmy.
Destitué le 29 messidor an II par acte arbitraire des représentants
Hentz et Goujon. Réintégré dans son grade par le Comité de
Salut public le 21 fructidor, et placé comme chef d'état-major de
l'armée de l'Ouest. Organise et dirige les colonnes mobiles qui
soumettent Stofflet et Charette. Sabre d'honneur par décret du

9 germinal an IX. Commandeur de la Légion d'honneur à la création. Passé à l'armée de Naples. Tué devant Gaëte le 10 février 1806.

TOURETTE. Sous-lieutenant le 14 décembre 1806. Lieutenant le 16 mai 1809. Capitaine adjudant-major le 15 octobre 1809. Capitaine commandant le 25 septembre 1812. Retraité le 24 décembre 1815. Décoré le 16 juin 1809. Blessé à Essling. Trois blessures en Russie le 18 octobre 1812. Blessé le 12 décembre 1812, et le 30 octobre 1813.

TOURNON. Élève à Fontainebleau en 1808. Sous-lieutenant au régiment en 1810. Prisonnier de guerre en Russie le 16 décembre 1812.

TREUILLE. Lieutenant au bataillon de la Vienne en 1791. Sous-lieutenant au 4e dragons en 1792. Lieutenant en l'an V. Capitaine le 26 floréal an VI. Chef d'escadrons au 1er régiment de cavalerie en l'an XIII. Passé à la Garde impériale en l'an XIV. Décoré le 26 prairial an XII.

TUGNOT. Lieutenant avant 1775. Lieutenant en premier de 1776 à 1780. Chevalier de Saint-Louis.

VACOSSIN. Cavalier le 19 pluviôse an II. Sous-lieutenant le 3 avril 1807. Lieutenant le 20 juin 1809. Prisonnier de guerre en Russie le 10 décembre 1812. Décoré le 14 avril 1807. Blessé près de Tournai le 17 mai 1794 et à Austerlitz. A reçu dix-sept blessures à Hoff. Cinq chevaux tués sous lui.

VAMBRE. Soldat au régiment Forêts-Infanterie en 1785. Cavalier au régiment en 1791. Sous-lieutenant le 3 juin 1809. Retraité avec pension le 16 août 1814. Reçut une carabine d'honneur le 25 thermidor an IX, pour sa conduite distinguée à l'armée d'Italie pendant la campagne de 1800. Décoré le 30 mai 1803. Blessé à la bataille de Neerwinden, et près de Lille le 13 mai 1794.

VANDENBERGHE. Sous-lieutenant en 1810. Adjudant-major à Hambourg le 20 avril 1814. Décoré le 29 juillet 1814. Étranger démissionnaire le 1er octobre 1815.

VANHAENECHER. Sous-lieutenant du 15 septembre 1791 à 1792.

DE VARENNES. Lieutenant (rang de capitaine) avant 1775. Lieutenant en premier rang de capitaine en 1776. Passé au 6e chevau-légers en 1779. Chevalier de Saint-Louis en 1778.

VARROCAUX. Cavalier le 1er frimaire an II. Brigadier le 11 frimaire an VII. Maréchal des logis le 13 germinal an XI. Sous-lieutenant le 25 mai 1807. Tué à la bataille d'Essling le 22 mai 1809. Obtint le 25 thermidor an IX, une carabine d'honneur pour avoir fait des prisonniers autrichiens et avoir délivré plusieurs prisonniers français en avant de Vérone.

DE VAUBERT. Premier capitaine en 1740.

DE VAUDUPUY. Gendarme de la Garde. Sous-lieutenant au Colonel-Général-Cavalerie en 1772. Lieutenant en deuxième en 1778. Lieutenant en prenmier en 1787. A abandonné en septembre 1791.

Vicomte DE VERGNETTE. Page de la Grande Écurie de 1762 à 1766. Sous-lieutenant au Colonel-Général Cavalerie en 1776. Lieutenant en 1772. Capitaine à l'escadron de chevau-légers du régiment en 1779. Major le 5 mars 1786. A quitté en 1792 en emportant la cornette blanche. Colonel à la suite du 1er Cuirassiers en septembre 1814. Rentré dans ses foyers le 13 mars 1815. Chevalier de Saint-Louis le 28 mai 1786.

VETTEZ. Cavalier au 7e dragons en l'an VII. Gendarme en Espagne en 1809. Sous-lieutenant au 1er Cuirassiers le 1er mars 1813. Réformé le 1er août 1814.

VÉZIEN DE LA TOUR. Gendarme de la Gendarmerie royale le 16 août 1768. Brigadier surnuméraire à la compagnie des gendarmes anglais en 1784. Lieutenant surnuméraire au 22e de cavalerie en 1788. Capitaine au régiment Colonel-Général en janvier 1792. Destitué à l'armée du Nord le 16 septembre 1793, par arrêté des représentants du peuple.

VIAL. Capitaine au 1er de cavalerie par décret de la Convention nationale, le 23 vendémiaire an III.

DE VIENVILLE. Lieutenant-colonel, rang de mestre de camp, de 1765 à 1768.

Marquis DE VIGNY. Cadet gentilhomme en 1778. Sous-lieutenant de 1779 à 1782. Capitaine de remplacement de 1785 à 1791.

VIMAL DE BERBEZIL. Cadet gentilhomme en 1778. Sous-lieutenant en 1778. Lieutenant en 1787. Lieutenant surnuméraire en 1788. En pied en 1789. A quitté en 1791.

DE VOUTE. Vélite des grenadiers à cheval (Garde impériale). Sous-lieutenant au 1er régiment de Cuirassiers le 13 juillet 1807. Lieutenant le 15 octobre 1809. Chevalier de la Légion d'honneur le 16 janvier 1809.

ZAMBEAUX. Cavalier en 1792. Sous-lieutenant en l'an VI. Lieutenant le 21 brumaire an XI. Le 7 août 1793, se trouvant cerné par un détachement de dragons anglais sur la route de Cambrai à Arras, il se fit jour à travers, et fit prisonnier un sous-officier à qui il sauva la vie, malgré la loi qui ordonnait de ne pas faire quartier aux prisonniers de cette nation. En l'an II, à Monglorian, près Vannes, il fit mordre la poussière aux brigands. et fit deux prisonniers. Mort de maladie à Paris, le 3 ventôse an XIII.

Contrôle des Officiers des Cuirassiers de la Reine

A la Réorganisation du Régiment en 1815

GRADES	NOMS	ÉTATS DE SERVICES
Colonel........	Cte de Béthune..	(Voir aux chefs de corps).
Lieutenant-colonel..........	Chevalier de Chelers..........	Cadet-gentilhomme en 1783. Sous-lieutenant au 2e carabiniers en 1788. Démissionnaire en 1791. Garde du corps le 24 octobre 1815. Lieutenant-colonel du régiment le 8 novembre 1815. Chevalier de la Légion d'honneur le 24 mai 1820.
Chef d'escadrons	De Laleu.......	Engagé à la compagnie-noble d'Artois en 1792. Cadet aux dragons de Latour au service de l'Autriche le 5 octobre 1793. Sous-lieutenant en 1799. Lieutenant en 1804. Capitaine en 1809. Maréchal des logis aux gendarmes de la Maison du Roi le 6 juillet 1814. Chef d'escadrons au régiment le 22 novembre 1815. Passé dans la gendarmerie royale le 21 août 1817. Chevalier de Saint-Louis le 20 août 1814. Chevalier de la Légion d'honneur le 1er mars 1815. Officier le 26 décembre 1815. Blessé à l'affaire de Cueznach et à l'affaire de Ratisbonne.
Chef d'escadrons	Cte de Latour...	Garde d'honneur de la ville de Paris en 1804. Capitaine au régiment d'Yssembourg en 1806. Aide de camp de 1808 à 1815. Chef d'escadrons au régiment le 24 janvier 1816. En non-activité le 15 avril 1823. Chevalier de la Légion d'honneur le 17 janvier 1815.
Major..........	Millot........	Engagé en 1792 au 24e régiment de cavalerie. Grenadier à cheval en 1800. Sous-lieutenant au 1e cuirassiers en 1805. Chef d'escadrons au même régiment en 1814. Major au régiment le 28 août 1816. Lieutenant-colonel aux cuirassiers de Condé le 4 novembre 1824. Officier de la Légion d'honneur le 5 septembre 1813.

23

GRADES	NOMS	ÉTATS DE SERVICES
Adjudant-major	ESCARS	Engagé au 1er carabiniers en 1798. Grenadier à cheval de la Garde consulaire en 1802. Lieutenant au 2e cuirassiers en 1813. Lieutenant adjudant-major au régiment le 8 mai 1816. Capitaine adjudant-major le 23 octobre 1816. Nommé chef d'escadrons honoraire par décision royale du 4 avril 1830. Chevalier de la Légion d'honneur le 25 novembre 1807.
Adjudant-major	DESCRIVIEUX	Engagé au 9e hussards en 1805. Sous-lieutenant en 1809, Lieutenant en 1813. Lieutenant adjudant-major au régiment le 20 novembre 1816. Passé au 2e régiment de cuirassiers de la Garde royale le 22 novembre 1828. Chevalier de la Légion d'honneur le 17 juillet 1809. Blessé d'un coup de feu à la tête le 24 décembre 1810; d'un coup de feu au bras le 22 mai 1811; d'un coup de baïonnette au bas-ventre le 14 juin 1811. Le 13 mai 1809 il chargea lui quatrième dans un faubourg de Vienne un bataillon d'infanterie, fit mettre bas les armes à plus de deux cents hommes qu'il ramena auprès du maréchal Lannes.
Capitaine d'habillement	MERCIER	Sous-lieutenant au dépôt des remontes à Bruxelles en 1795. Quartier-maître-trésorier dans l'infanterie en 1808. Lieutenant le 11 avril 1813. Capitaine au 72e de ligne le 26 octobre 1813, au 1er de ligne le 27 mars 1815. Capitaine d'habillement au régiment le 17 juillet 1816. Admis au traitement de réforme le 10 juin 1822. Chevalier de la Légion d'honneur le 6 février 1814.
Lieutenant-trésorier	TEMPIÉ	Officier d'administration en 1801. Quartier-maître-trésorier à l'École spéciale de marine en 1811. Officier d'administration en 1815. Trésorier au régiment le 22 novembre 1815. Major le 26 mars 1823. Chevalier de la Légion d'honneur le 25 avril 1821; de Saint-Louis le 17 août 1822. Au traitement de réforme le 8 septembre 1831.
Lieuten.-porte-étendard......	DUPLESSIS.	Garde du corps (rang de lieutenant) le 15 juin 1814. Gendarme de la Garde du Roi le 11 novembre 1814. Porte-étendard au régiment le 22 novembre 1815. Passé aux dragons de la Manche le 7 février 1823.
Chirurgien-major	DUMOUSTIER.....	Élève à l'hôpital militaire de Lille en 1788. À l'armée du Nord en 1792. Chirurgien-major au 18e chasseurs le 1er décembre 1792. Au 9e cuirassiers le 7 septembre 1794. Au régiment le 17 janvier 1816. A quitté le 13 novembre 1816. Chevalier de la Légion d'honneur le 1er octobre 1807.

GRADES	NOMS	ÉTATS DE SERVICES
Aide-major.....	SICARD	Elève à l'hôpital de Toulon en 1804. Sous-aide-major au 4e régiment d'artillerie à cheval en 1807. Aide-major au 22e d'infanterie en 1810. Au 35e d'infanterie en 1814. Au régiment le 17 janvie 1816. Chirurgien-major le 20 avril 1818. Chevalier de la Légion d'honneur le 25 avril 1821.
Capitaine.......	LE FEBVRE......	Cavalier au 5e de cavalerie en 1800. Sous-lieutenant en 1807. Lieutenant en 1809. Capitaine en 1813. Au régiment le 2 novembre 1815. Démissionnaire le 23 juillet 1822. Chevalier de la Légion d'honneur le 1er octobre 1807.
Capitaine.......	DE CASTEJA	Maréchal des logis (rang de capitaine) aux gendarmes de la Garde du Roi le 1er juillet 1814. Capitaine au régiment le 22 novembre 1815. Chef d'escadrons au 5e cuirassiers le 8 janvier 1821. Chevalier de la Légion d'honneur le 11 septembre 1814. A fait la campagne de 1815 dans l'armée royale de Gand.
Capitaine.......	DE LA HOUSSAYE.	Cavalier au 20e chasseurs en 1805. Sous-lieutenant en 1811. Lieutenant en 1813. Capitaine en 1814. Au régiment le 17 janvier 1816. Démissionnaire le 5 février 1820. A eu trois chevaux tués sous lui à Leipsick. Blessé au pont de la Guillotière le 3 février 1814.
Capitaine.......	DE RÉGIS	Cadet au service du roi de Naples, Ferdinand IV, en 1802. Rentré en France en 1807. Capitaine le 22 juillet 1814. Aide de camp de M. le vicomte d'Escars le 23 mars 1815. Au régiment le 17 janvier 1816. Chevalier de la Légion d'honneur le 5 avril 1815.
Capitaine.......	BOURLON DE CHÉVIGNÉ.........	Provenait de l'ancien 1er Cuirassiers. Voir ses états de service sur la liste précédente. Passé aux lanciers de la Garde le 12 novembre 1816.
Capitaine.......	DE CARADEUC....	Elève à l'Ecole de Saint-Cyr en 1809. Gendarme (rang de lieutenant) dans la maison du Roi le 1er juillet 1814. Capitaine aide de camp du général d'Andigné le 6 juin 1815. Au régiment le 1er janvier 1816. Passé au 21e régiment de chasseurs à cheval le 1er janvier 1826. Campagne de 1815 à l'armée royale de Vendée.
Lieutenant	D'ÉLEGORGUE DE RONY.........	Garde du corps du Roi (rang de lieutenant) dans la compagnie écossaise le 16 juin 1814. Lieutenant au régiment le 13 décembre 1816. Capitaine le 7 avril 1821. Mort le 11 décembre 1834 à Paris. Campagne de 1815 à l'armée royale de Gand.

GRADES	NOMS	ÉTATS DE SERVICES
Lieutenant	LE BOUTEILLER..	Garde d'honneur au 3° régiment en 1813. Gendarme de la Garde du Roi (rang de lieutenant) le 1er juillet 1814. Lieutenant au régiment le 22 novembre 1815. Capitaine le 16 octobre 1816. Renvoyé dans ses foyers le 20 août 1830 par ordre de M. le lieutenant-général Lamarque. Chevalier de la Légion d'honneur le 1er mars 1815. Campagne de 1813-1814 à la Grande Armée. Campagne de 1815 à l'armée royale de Gand. Blessé de deux coups de feu à Montmirail.
Lieutenant	Cte DE JOHANNE DE LA CARE DE SAUMERY	Garde du corps du Roi (rang de lieutenant) dans la compagnie de Luxembourg le 9 juillet 1814. Lieutenant au régiment le 13 décembre 1815. Passé au 2° régiment de cuirassiers de la Garde le 9 novembre 1820.
Lieutenant	DE LA ROCHETULON	Nommé directement lieutenant au régiment le 24 janvier 1816. Démissionnaire le 30 août 1816.
Lieutenant	D'HAUCOURT	Garde d'honneur au 1er régiment le 1er juillet 1813. Garde du corps du Roi (rang de lieutenant) le 16 juin 1814. Lieutenant au régiment le 24 janvier 1816. Capitaine aux dragons du Calvados le 26 février 1823.
Lieutenant	DE COURVOL	A l'École de Saint-Germain en 1813. Sous-lieutenant au 12° cuirassiers le 30 mars 1814. Garde du corps (rang de lieutenant) à la compagnie de Grammont le 15 juin 1814. Lieutenant au régiment le 24 janvier 1816. Capitaine le 11 avril 1821. En traitement de réforme le 15 août 1830.
Lieutenant	Cte DE TOULON-GEON	Garde du corps du roi d'Espagne Charles IV le 9 septembre 1805. Lieutenant au régiment de Naples le 23 août 1807. Gendarme (rang de lieutenant) aux gendarmes de la Garde du Roi le 30 mai 1815. Lieutenant au régiment le 13 décembre 1815. Capitaine le 11 avril 1816 (rang du 30 mai 1815). Passé au 1er régiment de Cuirassiers de la Garde le 8 mars 1823.
Sous-lieutenant.	D'HARNOIS	Chasseur au régiment des vélites chasseurs de la Garde le 26 janvier 1807. Garde du corps (rang de lieutenant) le 16 juin 1814. Sous-lieutenant au régiment le 13 décembre 1815. Lieutenant le 11 avril 1816. Démissionnaire le 18 juin 1817. Chevalier de la Légion d'honneur le 15 février 1815. Campagne de 1815 à l'armée royale de Gand.

GRADES	NOMS	ÉTATS DE SERVICES
Sous-lieutenant.	SAYARD DE SIN-CENY.........	Gendarme de la maison du Roi (rang de lieutenant) le 1er juillet 1814. Sous-lieutenant au régiment le 13 décembre 1815. Passé au 2e bataillon colonial le 27 octobre 1817.
Sous-lieutenant.	GÉRARD........	A l'École de Saint-Cyr en 1813. Garde du corps de Monsieur (rang de sous-lieutenant) le 15 juillet 1814. Sous-lieutenant au régiment le 13 décembre 1815. Passé à la légion de la Charente-Inférieure le 11 janvier 1820. Campagne de 1815 à l'armée royale de Gand.
Sous-lieutenant.	BADOULLEAU	Garde du corps de Monsieur (rang de sous-lieutenant) le 15 juillet 1814. Sous-lieutenant au régiment le 13 décembre 1815. Passé au 2e cuirassiers de la Garde le 1er novembre 1821. Campagne de 1815 à l'armée royale de Gand. —
Sous-lieutenant.	Vicomte DE LA-PORTE........	A l'École polytechnique en 1812. Garde du corps de Monsieur (rang de sous-lieutenant) le 16 juillet 1814. Sous-lieutenant au régiment le 24 janvier 1816. Lieutenant le 4 juin 1817. Réformé le 14 avril 1819.
Sous-lieutenant.	Vicomte DE LA MYRE-MORY...	Élève à l'École de Saint-Germain en 1813. Mousquetaire de la maison du Roi (rang de lieutenant) le 1er juillet 1814. Sous-lieutenant au régiment le 24 janvier 1816. Lieutenant le 28 août 1816. Démissionnaire le 22 avril 1817.
Sous-lieutenant.	Chevalier DE MAIS-SEMY	Gendarme de la maison du Roi (rang de lieutenant) le 1er août 1814. Sous-lieutenant au régiment le 24 janvier 1816. En non-activité le 21 octobre 1820.
Sous-lieutenant.	DE MONTALARD..	Surnuméraire aux gendarmes de la maison du Roi (rang de lieutenant) le 22 octobre 1814. Gendarme en pied le 1er janvier 1815. Sous-lieutenant au régiment le 24 janvier 1816. Réformé le 3 septembre 1818.
Sous-lieutenant.	DESCOURTILS DE MERLEMONT...	Surnuméraire aux gendarmes du Roi (rang de lieutenant) le 3 mars 1815. Sous-lieutenant au régiment le 24 janvier 1816. Lieutenant le 26 février 1823. Lieutenant au 1er régiment de Cuirassiers de la Garde le 1er mai 1825.
Sous-lieutenant.	HURÉAU DE SE-NARMONT......	Surnuméraire aux gendarmes du Roi (rang de sous-lieutenant) le 16 juin 1814. Sous-lieutenant au régiment le 24 janvier 1816. Démissionnaire le 22 mai 1821.

GRADES	NOMS	ÉTATS DE SERVICES
Sous-lieutenant.	DE LA FONTAINE-SOLARE......	Mousquetaire de la Garde du Roi (rang de lieutenant) le 2 septembre 1814. Sous-lieutenant au régiment le 11 avril 1816. Lieutenant le 1er octobre 1817. Capitaine le 2 juillet 1826. Démissionnaire le 14 août 1830.
Sous-lieutenant.	D'HÉNOUVILLE...	Maréchal des logis au 1er régiment de la Garde d'honneur en 1813. Adjudant au régiment le 25 février 1816. Sous-lieutenant le 31 juillet 1816. Réformé le 14 avril 1819.
Sous-lieutenant.	MARTIN.........	Engagé au 7e cuirassiers en 1808. Maréchal des logis le 2 septembre 1809. Au régiment le 8 février 1816. Sous-lieutenant le 31 juillet 1816. Mort dans un incendie à Saumur le 19 décembre 1821. Chevalier de la Légion d'honneur le 20 août 1814. A eu un cheval tué sous lui à Essling et à Mont-Saint-Jean. Blessé au passage de la Bérésina.
Sous-lieutenant.	Marq. DE QUIQUE-RAN DE BEAUJEU	Gendarme de la maison du Roi (rang de lieutenant) le 1er juillet 1814. Sous-lieutenant au régiment le 13 décembre 1815. Lieutenant le 29 janvier 1817. Capitaine le 26 février 1823. Démissionnaire le 14 août 1830.
Sous-lieutenant.	GROGNET.......	Engagé aux chasseurs à pied de la Garde en 1808. Sous-lieutenant au 7e cuirassiers en 1814. Au régiment le 3 juillet 1816. Passé au 5e escadron de remplacement au corps le 8 mars 1820.
Sous-lieutenant.	DE MARCELLUS..	Gendarme de la maison du Roi (rang de lieutenant) le 14 décembre 1814. Sous-lieutenant au régiment le 24 janvier 1816. Lieutenant le 11 avril 1821. Passé au 2e cuirassiers de la Garde le 4 juillet 1822.

LISTE DES OFFICIERS DE 1816 A 1888 [1]

NOMS	ÉTATS DE SERVICES AU RÉGIMENT	MOTIFS DE LA RADIATION DES CONTROLES
WIGNIER DE BEAU-PRÉ	Sous-lieutenant le 29 janvier 1817. Lieutenant le 29 janvier 1823. Capitaine adjudant-major le 2 juillet 1826.	En congé illimité le 1er décembre 1830
Vicomte DE BOUBERS	Sous-lieutenant le 19 mars 1817	Au 1er Cuirassiers de la Garde le 24 octobre 1821.
BOUDIN DE VESVRES.	Lieutenant le 19 mars 1817.	En traitement de réforme le 7 décembre 1822.
DE GOUY	Capitaine le 29 janvier 1817.	Aux hussards de la Garde le 9 juin 1819.
DU FAY	Sous-lieutenant le 27 juillet 1817. Lieutenant le 10 avril 1822.	Capitaine au 2e régiment de carabiniers le 1er juin 1825.
DESTREMONT	Sous-lieutenant le 1er octobre 1817. Lieutenant le 6 octobre 1819.	Lieutenant de gendarmerie le 26 mars 1822.
DE FACIEU.........	Sous-lieutenant le 1er mars 1818.	Mis en non-activité sans solde le 25 juin 1821.
Comte DE TONNOY ..	Chef d'escadrons le 30 juillet 1817.	En traitement de réforme le 13 janvier 1819.
LENTZ	Adjudant sous-officier le 7 août 1816. Sous-lieutenant le 18 novembre 1818.	Aux cuirassiers du Dauphin le 25 janvier 1823.
BERGER...........	Chef d'escadrons le 4 mars 1819.	En traitement de réforme le 12 décembre 1822.
MARIN	Maréchal des logis chef (enrôlé volontaire) le 23 mars 1816. Sous-lieutenant le 5 mai 1819.	Garde du corps de S. A. R. Monsieur le 15 juin 1821.
DE CHANDENIER....	Capitaine en deuxième le 28 août 1819.	Démissionnaire le 21 août 1821.

[1] Les colonels du régiment ne figurent pas sur cette liste.

NOMS	ÉTATS DE SERVICES AU RÉGIMENT	MOTIFS DE LA RADIATION DES CONTROLES
STEIB	Sous-lieutenent le 4 août 1819. Lieutenant le 28 octobre 1827.	A la 29ᵉ compagnie de fusiliers sédentaires le 19 juin 1830.
LEBLOND	Sous-lieutenant le 18 octobre 1819.	Mort à l'hôpital de Nancy le 12 juin 1823.
DE MAISTRE	Capitaine le 26 février 1820.	Au 2ᵉ régiment de cuirassiers le 1ᵉʳ avril 1825.
CABARRUS	Sous-lieutenant le 6 février 1820.	Démissionnaire le 25 février 1821.
LOMBART	Sous-lieutenant le 23 octobre 1819. Lieutenant le 22 juin 1828.	Passé à la gendarmerie royale de la ville de Paris le 25 février 1830.
CLERGET.	Aide – major sous - lieutenant le 12 mars 1820.	Lieutenant aide-major au 8ᵉ de ligne le 1ᵉʳ juin 1822.
MERCIER.	Lieutenant le 21 octobre 1820. Lieutenant adjudant-major le 9 janvier 1822. Capitaine adjudant-major le 15 juillet 1824.	En traitement de réforme le 24 juin 1826.
JACQUIER	Brigadier le 8 février 1816 Maréchal des logis le 10 avril 1816. Adjudant sous-officier le 1ᵉʳ mars 1819. Sous-lieutenant le 20 décembre 1820. Lieutenant le 28 octobre 1829. Adjudant - major le 9 octobre 1830. Capitaine le 31 décembre 1835.	Officier d'habillement à l'Ecole royale de cavalerie de Saumur le 12 février 1836.
ADMANT	Sous-lieutenant le 27 avril 1821. Lieutenant d'habillement le 1ᵉʳ mai 1822 Lieutenant-trésorier le 25 juin 1823 Capitaine le 9 février 1827.	Retraité le 8 mars 1838.
DE CHATEAUBRIAND.	Sous-lieutenant le 23 juin 1821. Lieutenant le 26 février 1823.	En non-activité sans solde le 9 septembre 1826.
BAZAILLE	Adjudant sous - officier le 30 décembre 1820. Sous-lieutenant le 4 juillet 1821. Porte-étendard le 7 mars 1823. Chevalier de Saint-Louis le 23 mai 1825.	Mort à Joigny le 17 février 1826.
BLANC.	Sous-officier le 7 août 1816. Sous-lieutenant le 9 janvier 1822. Chevalier de la Légion d'honneur le 13 août 1823.	Au 1ᵉʳ régiment de Cuirassiers de la Garde royale le 5 février 1827.
DUHOT	Sous-lieutenant le 11 janvier 1822.	Lieutenant au 3ᵉ cuirassiers d'Angoulême le 10 mars 1823.
HOUDAILLE	Sous-lieutenant le 11 janvier 1822. Lieutenant le 10 mars 1824.	En traitement de réforme le 12 novembre 1828.
DE MONTCHENU	Sous-lieutenant le 10 avril 1822.	Au régiment de hussards de la Garde royale le 18 juin 1827.

NOMS	ÉTATS DE SERVICES AU RÉGIMENT	MOTIFS DE LA RADIATION DES CONTROLES
BOULY.............	Maréchal des logis le 27 décembre 1820. Adjudant sous-officier le 8 septembre 1821. Sous-lieutenant le 26 juin 1822.	Aux cuirassiers de Berry le 4 avril 1823.
Comte CHAMPION DE NANSOUTY	Lieutenant de remplacement le 6 décembre 1820 ; en pied le 5 avril 1822 (rang du 16 juillet 1819).	Au 1er régiment de grenadiers de la Garde royale le 26 mars 1825.
PARISET	Sous-lieutenant le 31 juillet 1822.	Au 2e régiment de grenadiers de la Garde royale le 21 mai 1827.
BOURGEOIS.........	Lieutenant le 18 septembre 1822. Lieutenant d'habillement le 25 juin 1823. Capitaine d'habillement le 23 décembre 1825. Chevalier de Saint-Louis le 30 octobre 1829.	Au 2e chasseurs d'Afrique le 9 mars 1838.
DUPRÉ	Sous-lieutenant le 11 avril 1823. Lieutenant le 4 juillet 1830. Adjudant-major le 5 novembre 1830. Capitaine adjudant-major le 4 juillet 1834. Chevalier de la Légion d'honneur le 13 novembre 1832.	Mort le 5 juillet 1837.
Comte DE DAMAS...	Chef d'escadrons le 18 décembre 1822	Au 2e régiment de grenadiers de la Garde royale le 10 juillet 1825. Mort général.
GRANDVAUX.........	Sous-lieutenant le 5 mars 1823. Lieutenant le 2 juillet 1826.	Lieutenant de gendarmerie le 22 juin 1829.
VAUDORÉ..........	Sous-lieutenant le 5 mars 1823. Lieutenant le 23 décembre 1825. Capitaine le 11 septembre 1830.	Retraité le 30 mars 1835.
DABADIE...........	Sous-lieutenant le 9 avril 1823.	Au 1er régiment de carabiniers le 23 juin 1826.
DELAMOTTE........	Sous-lieutenant le 30 mai 1823. Lieutenant le 2 juillet 1826. Capitaine le 11 septembre 1830.	Retraité le 21 février 1840.
DE VILLEFUMADE...	Brigadier le 6 septembre 1820. Maréchal des logis le 23 septembre 1820. Adjudant sous-officier le 14 mai 1822. Sous-lieutenant le 29 janvier 1823.	En traitement de réforme le 24 juin 1826.
DUEZ.............	Maréchal des logis chef le 3 février 1823. Sous-lieutenant le 9 juillet 1823.	Aux gardes du corps du Roi le 5 novembre 1825.
DE MONTMORENCY-LUXEMBOURG.....	Sous-lieutenant le 1er octobre 1822.	Au 1er régiment de Cuirassiers de la Garde royale le 20 décembre 1826.

NOMS	ÉTATS DE SERVICES AU RÉGIMENT	MOTIFS DE LA RADIATION DES CONTROLES
Geoffroy	Sous-lieutenant le 30 juillet 1823. Lieutenant le 4 juillet 1830.	A quitté le régiment sans autorisation le 2 août 1830. Rayé le 11 septembre suivant.
Fauveau de Frénilly	Sous-lieutenant le 1er octobre 1823.	Au 2e régiment de carabiniers le 13 juillet 1825.
Baron de Morell...	Lieutenant-colonel le 12 mars 1824.	Commandant en second de l'Ecole royale de cavalerie de Saumur le 16 janvier 1827. Mort général de brigade.
De Montaigu	Lieutenant le 5 mai 1824.	Au 1er régiment de Cuirassiers de la Garde royale, le 9 juillet 1828.
Gosse de Serlay..	Chef d'escadrons le 4 novembre 1824.	Sous-intendant militaire de 3e classe le 1er janvier 1829.
De Montrond......	Capitaine le 17 mars 1825. Chevalier de la Légion d'honneur le 7 janvier 1833.	Chef d'escadrons au 1er régiment de dragons le 14 octobre 1837.
De Muissart	Lieutenant le 20 avril 1825. Capitaine le 28 octobre 1827. Capitaine adjudant-major le 31 décembre 1828.	Démissionnaire le 16 août 1830.
De Lanascol......	Chef d'escadrons le 8 juin 1825. Chevalier de Saint-Louis le 30 octobre 1829.	En traitement de réforme le 1er mars 1830.
Fournier	Sous-lieutenant le 28 octobre 1825. Lieutenant le 4 juillet 1830.	Mort le 1er septembre 1830.
Tisson	Capitaine le 26 décembre 1825. Adjudant-major le 16 juin 1826.	En non-activité sans solde le 5 juillet 1826.
Soutison	Adjudant sous-officier le 9 avril 1823. Sous-lieutenant le 16 février 1826.	Aux gardes du corps de S. M. le 20 décembre 1828.
De Goyon........	Lieutenant le 26 décembre 1825. Capitaine le 4 juillet 1830. Chevalier de Malte le 25 mars 1826	Retiré dans ses foyers le 15 août 1830. Mort général de division.
Paper	Maréchal des logis le 2 janvier 1823. Adjudant sous-officier le 3 février 1823. Sous-lieutenant porte-étendard le 2 juillet 1826. Lieutenant le 11 septembre 1830. Chevalier de la Légion d'honneur le 23 mai 1825.	En non-activité pour infirmités temporaires le 19 octobre 1834.
De Bougainville ..	Lieutenant-colonel le 31 décembre 1826.	Colonel du 3e régiment de dragons le 15 juin 1830. Mort général de brigade.
Parent du Moiron.	Lieutenant le 9 mai 1827. Capitaine le 4 juillet 1830.	Major au 11e chasseurs le 7 décembre 1841.

NOMS	ÉTATS DE SERVICES AU RÉGIMENT	MOTIFS DE LA RADIATION DES CONTROLES
Maret	Cuirassier le 18 avril 1822. Brigadier le 24 octobre 1823. Maréchal des logis le 1er novembre 1825. Sous-lieutenant le 28 octobre 1827.	Mort à l'hôpital de Paris le 21 avril 1831.
Gouësson.........	Sous-lieutenant le 26 septembre 1827. Lieutenant le 12 août 1831. Capitaine le 4 janvier 1840. Chevalier de la Légion d'honneur le 21 mars 1831.	Retraité le 11 juin 1843.
Baville..........	Sous-lieutenant le 26 septembre 1827 Lieutenant le 11 septembre 1830. Capitaine le 31 décembre 1834.	Au 7e régiment de hussards le 24 novembre 1840.
Claudin..........	Cuirassier le 28 septembre 1821. Brigadier le 28 septembre 1822. Sous-officier le 3 février 1823. Adjudant le 16 mai 1827. Sous-lieutenant le 3 janvier 1828.	En non-activité sans solde le 8 octobre 1831.
De Pontac	Sous-lieutenant le 30 septembre 1827.	Démissionnaire le 31 mai 1832.
De Kermoisan.....	Sous-lieutenant le 26 septembre 1827. Lieutenant le 11 septembre 1830.	Démissionnaire le 20 août 1834.
Boyer...........	Capitaine instructeur en chef le 15 octobre 1828. Chevalier de la Légion d'honneur le 21 mars 1831	Chef d'escadrons au 3e cuirassiers le 17 octobre 1839. Mort général de brigade.
Marion..........	Sous-lieutenant le 3 décembre 1828 (rang du 16 février 1826). Lieutenant le 5 novembre 1830.	En traitement de réforme le 31 mai 1832. Mort général de brigade.
Chompré	Chef d'escadrons le 21 décembre 1828. Officier de la Légion d'honneur le 13 novembre 1832.	Lieutenant-colonel au 3e régiment de cuirassiers le 17 septembre 1835.
Vernot	Capitaine le 2 novembre 1828.	Adjudant de place le 8 octobre 1829.
Grand	Lieutenant d'état-major le 11 octobre 1828. Capitaine adjudant-major le 11 septembre 1830. Capitaine commandant le 24 novembre 1830.	Au corps royal d'état-major le 31 mars 1831. Mort général de division.
Barbeyrac de Saint Maurice........	Chef d'escadrons le 5 mars 1830.	Lieutenant-colonel au 7e cuirassiers le 21 février 1831.
De La Bachelerie.	Lieutenant-colonel le 6 juin 1830.	Colonel au 4e régiment de cuirassiers le 1er février 1832.
Rodier..........	Sous-lieutenant le 4 juillet 1830.	Décédé le 26 juillet 1838.
Mitz	Cuirassier le 25 avril 1828. Brigadier fourrier le 19 septembre 1828. Adjudant sous-officier le 8 mai 1829. Sous-lieutenant porte-étendard	Capitaine-trésorier au 6e régiment de dragons le 27 avril 1841.

NOMS	ÉTATS DE SERVICES AU RÉGIMENT	MOTIFS DE LA RADIATION DES CONTROLES
	le 11 septembre 1830 (rang du 11 septembre 1828). Lieutenant le 15 mars 1838.	
THÉRY	Cuirassier le 3 mai 1816. Brigadier le 8 décembre 1816. Maréchal des logis le 3 mars 1819. Sous-lieutenant le 11 septembre 1830. Lieutenant le 4 janvier 1840. Capitaine le 15 juillet 1843. Chevalier de la Légion d'honneur le 23 juillet 1847.	Retraité le 1er janvier 1848.
GAIGNÉ...........	Maréchal des logis chef le 19 septembre 1828. Sous-lieutenant le 11 septembre 1830. Lieutenant le 26 février 1840. Capitaine le 21 janvier 1844.	Retraité le 25 juin 1846.
PITHOT...........	Cuirassier le 26 juillet 1821. Brigadier le 28 juillet 1822. Sous-officier le 19 septembre 1824. Sous-lieutenant le 11 septembre 1830. Lieutenant le 16 novembre 1840. Capitaine adjudant-major le 5 octobre 1843. Capitaine commandant le 19 janvier 1848. Chevalier de la Légion d'honneur le 22 avril 1849.	Retraité le 7 août 1853.
ERNST	Cuirassier le 18 février 1823. Brigadier le 19 septembre 1824. Maréchal des logis le 3 mars 1827. Sous-lieutenant le 11 septembre 1830. Lieutenant le 11 décembre 1840. Capitaine le 11 septembre 1844. Chevalier de la Légion d'honneur le 15 avril 1850.	Retraité le 11 mai 1855.
DARRAS	Lieutenant le 11 septembre 1830. Capitaine le 25 avril 1835. Chevalier de la Légion d'honneur le 21 avril 1831.	En non-activité pour infirmités temporaires le 5 janvier 1840.
CAREL............	Capitaine le 1er octobre 1830. Chef d'escadrons le 11 août 1831. Officier de la Légion d'honneur le 7 janvier 1833.	Retraité le 31 décembre 1836.
GIMÉ.............	Lieutenant en premier le 5 novembre 1830. Capitaine en 2e le 12 décembre 1833.	Retraité le 12 août 1836.
THOURONDE dit ANNE	Sous-lieutenant le 24 août 1830. Lieutenant le 5 novembre 1830.	Mort le 5 janvier 1836.

NOMS	ÉTATS DE SERVICES AU RÉGIMENT	MOTIFS DE LA RADIATION DES CONTROLES
LARNAUDIE	Sous-lieutenant le 5 novembre 1830. Lieutenant le 23 août 1831. Capitaine le 4 septembre 1837. Capitaine adjudant-major le 9 janvier 1841. Capitaine commandant le 22 mai 1843. Chevalier de la Légion d'honneur le 24 avril 1842.	Retraité le 13 juillet 1846.
GIRARD............	Sous-lieutenant le 5 novembre 1830. Lieutenant le 5 juillet 1832. Capitaine le 25 avril 1840.	Retraité le 21 mai 1843.
SÉNÉPART.........:..	Capitaine le 5 novembre 1830.	Chef d'escadrons au 4e cuirassiers le 21 janvier 1832.
DE VALMALE......	Sous-lieutenant le 5 novembre 1830. Lieutenant le 6 juillet 1831. Capitaine le 15 janvier 1838.	En non-activité pour infirmités temporaires le 29 avril 1840.
MAVET...........	Lieutenant le 5 novembre 1830. Capitaine le 31 août 1836. Capitaine adjudant-major le 27 juillet 1837. Capitaine commandant le 24 novembre 1840.	Au 8e régiment de hussards le 25 décembre 1840. Mort général de brigade.
NÉPOTY	Lieutenant le 5 novembre 1830. Capitaine le 23 août 1831. Chevalier de la Légion d'honneur le 21 mars 1831.	En non-activité pour infirmités temporaires le 19 octobre 1834.
BRICE	Capitaine le 5 novembre 1830.	Chef d'escadrons au 6e cuirassiers le 10 octobre 1833.
DUBOSC DE NEUILLY	Lieutenant le 5 novembre 1830. Capitaine le 12 août 1831. Chevalier de la Légion d'honneur le 28 mai 1846.	Chef d'escadrons au 1er régiment de carabiniers le 19 janvier 1848. Mort général de brigade.
GALAND DE LONGUE-RUE	Sous-lieutenant le 10 novembre 1830. Lieutenant le 31 décembre 1834. Capitaine le 26 février 1840. Capitaine adjudant-major le 7 décembre 1840. Capitaine commandant le 23 juin 1843.	Chef d'escadrons au 8e cuirassiers le 18 décembre 1848. Mort général de division.
MARAN............	Capitaine le 25 janvier 1831. Chevalier de la Légion d'honneur le 6 octobre 1837.	Chef d'escadrons au 3e chasseurs le 23 mars 1846.
DUBIN............	Capitaine le 25 janvier 1831. Chevalier de la Légion d'honneur le 30 avril 1836.	Chef d'escadrons au 4e lanciers le 24 novembre 1840.
THOMAS DE DANCOURT	Chef d'escadrons le 28 février 1831.	Lieutenant-colonel au 9e cuirassiers le 12 août 1831.

NOMS	ÉTATS DE SERVICES AU RÉGIMENT	MOTIFS DE LA RADIATION DES CONTROLES
GRUSSE.	Sous-lieutenant le 10 juin 1831. Lieutenant le 30 avril 1836.	Lieutenant de gendarmerie le 9 février 1838.
PAILLET	Lieutenant le 6 juillet 1831. Adjudant-major le 5 juillet 1832. Capitaine adjudant-major le 4 septembre 1837. Capitaine commandant le 25 décembre 1840. Chevalier de la Légion d'honneur le 13 novembre 1832.	Retraité le 12 septembre 1844.
BOCK dit SCHLUTER.	Sous-lieutenant adjoint au trésorier le 6 juillet 1831. Lieutenant le 29 septembre 1832. Capitaine-trésorier le 27 avril 1838. Chevalier de la Légion d'honneur le 19 avril 1843.	Retraité le 20 janvier 1851.
MINGUET	Adjudant sous-officier le 27 août 1830. Sous-lieutenant le 12 août 1831.	Lieutenant au 13e régiment de chasseurs le 3 janvier 1841.
PONS	Sous-lieutenant le 10 juin 1831. Lieutenant le 3 décembre 1832. Capitaine le 11 décembre 1840. Chevalier de la Légion d'honneur le 12 octobre 1847.	Retraité le 25 juin 1851.
COIGNET	Adjudant sous-officier le 17 septembre 1830. Sous-lieutenant le 12 août 1831.	Lieutenant au 13e régiment de chasseurs le 3 janvier 1841.
DE GRAY	Maréchal des logis le 3 octobre 1827, Sous-lieutenant le 12 août 1831. Lieutenant le 25 avril 1840.	Capitaine instructeur au 3e lanciers le 29 janvier 1844.
LOUP	Chef d'escadrons le 5 août 1832.	Commandant de la place de Cette le 13 juillet 1832.
DE TURCKHEIM	Capitaine-commandant le 5 novembre 1830.	Chef d'escadrons au 3e cuirassiers le 26 janvier 1836.
PAQUIN	Major le 23 août 1831.	Sous-intendant militaire de 2e classe le 18 mars 1837.
POILLOÜE DE SAINT-PÉRIER	Sous-lieutenant le 21 septembre 1831.	Démissionnaire le 3 décembre 1837.
RIGAL	Sous-lieutenant le 14 septembre 1831. Lieutenant le 25 avril 1835, Capitaine le 31 janvier 1841. Chevalier de la Légion d'honneur le 28 septembre 1836.	Retraité le 17 janvier 1845.
LIBERT	Lieutenant-colonel le 17 février 1832.	Sous-intendant militaire de 2e classe le 26 août 1838.
MOTELEY	Capitaine le 5 février 1832.	Chef d'escadrons au 9e cuirassiers le 26 janvier 1836.

NOMS	ÉTATS DE SERVICES AU RÉGIMENT	MOTIFS DE LA RADIATION DES CONTROLES
DESTAMPES	Maréchal des logis le 15 avril 1829. Sous-lieutenant le 5 juillet 1832.	Aux spahis à Bône le 1er octobre 1837. Retraité comme général de brigade
MOLIÉ............	Sous-lieutenant le 21 juillet 1832 Lieutenant le 11 décembre 1840. Capitaine le 19 janvier 1845. Chevalier de la Légion d'honneur le 11 août 1850.	Auxiliaire à l'état-major des places le 14 février 1855.
BOZONNIER DE LES-PINACE	Sous-lieutenant le 23 novembre 1832. Lieutenant en deuxième le 12 septembre 1833. Capitaine le 11 décembre 1840.	Retraité le 21 juillet 1843.
PLAYOULT	Sous-lieutenant le 23 novembre 1832. Lieutenant en deuxième le 15 janvier 1838. Capitaine le 25 décembre 1841. Chevalier de la Légion d'honneur le 24 décembre 1848.	Retraité le 19 décembre 1851.
AMEIL	Sous-lieutenant le 1er octobre 1832 Lieutenant le 30 mai 1837.	Capitaine instructeur au 13e régiment de chasseurs le 25 octobre 1840. Mort général de division.
VINCENT	Adjudant sous-officier le 8 septembre 1830. Sous-lieutenant le 23 novembre 1832. Lieutenant le 31 janvier 1841. Capitaine adjudant-major le 5 octobre 1843.	Retraité le 6 février 1847.
KAPPLER	Adjudant sous-officier le 18 septembre 1830. Sous-lieutenant le 23 novembre 1832. Lieutenant le 1er mai 1841. Capitaine le 15 mars 1846. Chevalier de la Légion d'honneur le 15 avril 1846.	Retraité le 18 juillet 1848.
MARTIN..........	Cuirassier le 8 janvier 1820. Brigadier le 15 mars 1821. Maréchal des logis le 28 juillet 1822. Sous-lieutenant le 18 avril 1834. Lieutenant le 25 décembre 1841. Capitaine le 21 août 1846. Chevalier de la Légion d'honneur le 10 décembre 1849.	Retraité le 8 octobre 1851.
LABORIE..........	Chef d'escadrons le 2 septembre 1835.	Retraité le 16 janvier 1837.
COULIBŒUF DE BLOC-QUEVILLE	Capitaine le 28 mars 1836.	Chef d'escadrons au 3e régiment de chasseurs le 13 mars 1837.
BUCQUOY	Cuirassier le 11 janvier 1827. Brigadier le 28 février 1828. Sous-offi-	Chef d'escadrons au 3e régiment de lanciers le 14 mai 1854.

NOMS	ÉTATS DE SERVICES AU RÉGIMENT	MOTIFS DE LA RADIATION DES CONTROLES
	cier le 1er avril 1828. Sous-lieutenant le 30 avril 1836. Porteétendard le 24 mars 1838. Lieutenant le 7 novembre 1841. Capitaine le 21 juin 1846. Capitaine adjudant-major le 20 février 1847. Capitaine commandant le 30 octobre 1849. Chevalier de la Légion d'honneur le 10 mai 1852.	
L'ESPARDA.........	Chef d'escadrons le 31 décembre 1836.	Au 4e chasseurs d'Afrique le 18 mai 1840.
THÉVENARD	Chef d'escadrons le 31 décembre 1836. Major le 26 avril 1839.	Retraité le 24 janvier 1841.
DE WACQUANT.....	Major le 28 février 1837. Chef d'escadrons (par permutation) le 26 avril 1839. Lieutenant-colonel le 23 décembre 1841.	Colonel au 2e carabiniers le 15 mai 1846.
RACLOT...........	Lieutenant le 31 août 1836. Capitaine le 30 mai 1837. Chevalier de la Légion d'honneur le 25 avril 1840.	Retraité le 20 avril 1841.
COURTIER.........	Lieutenant le 4 septembre 1837. Capitaine le 1er mai 1841.	A la 3e compagnie de cavaliers vétérans le 16 janvier 1844.
BOUSSIN	Maréchal des logis chef le 7 septembre 1830. Sous-lieutenant le 15 janvier 1838. Lieutenant le 15 juillet 1843. Capitaine le 5 mars 1847.	Mort à l'hôpital le 31 mai 1849.
LE BLOND	Capitaine d'habillement le 20 janvier 1838 Chevalier de la Légion d'honneur le 12 octobre 1847.	Chef d'escadrons au 7e lanciers le 29 avril 1850.
DE BOURGOING	Lieutenant-colonel le 24 août 1838.	Colonel au 1er dragons le 23 décembre 1841.
DUPLESSIS	Maréchal des logis le 14 février 1831. Sous-lieutenant adjoint au trésorier le 12 novembre 1838. Lieutenant le 21 janvier 1844. Capitaine le 19 décembre 1848. Capitaine d'habillement le 9 mai 1850. Chevalier de la Légion d'honneur le 18 juillet 1852.	Mort à l'hôpital le 14 février 1858.
COBUS............	Capitaine instructeur le 20 octobre 1839. Chevalier de la Légion d'honneur le 14 avril 1844.	Chef d'escadrons au 2e dragons le 21 décembre 1851.
JUE ...:..........	Adjudant sous-officier le 18 septembre 1830. Sous-lieutenant le	Retraité le 18 janvier 1851.

NOMS	ÉTATS DE SERVICES AU RÉGIMENT	MOTIFS DE LA RADIATION DES CONTROLES
	25 avril 1840. Porte-étendard le 18 novembre 1841. Lieutenant le 26 octobre 1843. Capitaine en deuxième le 16 août 1848. Chevalier de la Légion d'honneur le 19 septembre 1846.	
DEBELLEAU	Chef d'escadrons le 6 mai 1840.	Décédé le 25 août 1846.
WOLFF	Cuirassier le 5 mars 1832. Brigadier le 18 janvier 1833. Sous-officier le 12 juillet 1833. Sous-lieutenant le 11 décembre 1840. Lieutenant le 11 septembre 1844. Capitaine adjudant-major le 11 avril 1848.	Capitaine instructeur au 8e cuirassiers le 4 février 1850.
CABOCHE	Adjudant sous-officier le 16 décembre 1830. Sous-lieutenant le 27 décembre 1840. Lieutenant le 19 janvier 1845. Capitaine adjudant-major le 4 février 1850. Chevalier de la Légion d'honneur le 23 juillet 1847.	Retraité le 21 septembre 1852.
WEIMER	Sous-lieutenant le 27 décembre 1840. Lieutenant le 21 juin 1846. Capitaine le 10 juillet 1851.	Retraité le 27 avril 1853.
COSTES	Maréchal des logis le 25 avril 1828. Sous-lieutenant le 31 janvier 1841. Lieutenant le 10 mars 1844. Capitaine adjudant-major le 25 juin 1849. Chevalier de la Légion d'honneur le 23 mars 1851.	Chef d'escadrons au 1er dragons le 28 mars 1856.
FOUILLAC DE PADIRAC	Sous-lieutenant le 17 mars 1841. Lieutenant le 26 octobre 1843. Capitaine le 11 avril 1848. Chevalier de la Légion d'honneur le 20 août 1849.	Retraité le 19 décembre 1851.
MARTINEL	Maréchal des logis chef le 18 août 1830. Sous-lieutenant le 17 avril 1841. Lieutenant le 21 août 1846. Capitaine le 30 septembre 1851. Chevalier de la Légion d'honneur le 6 octobre 1837.	Retraité le 11 mai 1853.
PAROT	Major le 10 mars 1841.	Au 2e régiment de lanciers le 10 décembre 1842.
D'OULLEMBOURG	Chef d'escadrons le 23 décembre 1841. Chevalier de la Légion d'honneur le 19 avril 1843.	Lieutenant-colonel au 2e cuirassiers le 1er mai 1848. Mort général de brigade.

24

NOMS	ÉTATS DE SERVICES AU RÉGIMENT	MOTIFS DE LA RADIATION DES CONTROLES
SERPENTINI	Sous-officier le 27 août 1830. Sous-lieutenant le 23 décembre 1841. Porte-étendard le 17 avril 1842. Lieutenant le 15 mars 1846.	Adjudant de place à Corte (Corse) le 21 juin 1847.
LEBAUD.............	Engagé volontaire le 12 février 1831. Maréchal des logis le 17 février 1831. Adjudant sous-officier le 1er mai 1841. Sous-lieutenant le 15 avril 1842. Lieutenant le 5 mars 1847. Capitaine le 10 décembre 1851. Chevalier de la Légion d'honneur le 29 octobre 1849.	Retraité le 24 mai 1852.
CHASTEL DE VILLE-MONT...........	Major le 24 novembre 1842.	Lieutenant-colonel au 11e chasseurs le 11 octobre 1845.
POTTIER	Sous-lieutenant le 1er octobre 1843. Lieutenant le 10 juillet 1847. Capitaine le 19 février 1851. Capitaine adjudant-major le 15 septembre 1852. Capitaine commandant le 13 avril 1853.	Major au 4e dragons le 12 novembre 1859.
DELERM	Maréchal des logis le 7 septembre 1830. Sous-lieutenant le 26 octobre 1843. Lieutenant le 11 avril 1848. Capitaine en deuxième le 10 mai 1852. Capitaine adjudant-major le 1er octobre 1853. Chevalier de la Légion d'honneur le 15 août 1851.	Retraité le 3 février 1855.
PIOCHARD DE LA BRULERIE............	Cuirassier (enrôlé volontaire) le 6 avril 1833. Brigadier le 15 avril 1834. Maréchal des logis le 21 mars 1838. Sous-lieutenant le 10 mars 1844. Lieutenant le 11 avril 1848. Capitaine le 2 mai 1853. Capitaine commandant le 10 mai 1854.	Adjudant de place à Lyon le 3 août 1857.
KLIPFFEL.........	Sous-lieutenant le 14 avril 1844.	Au 9e régiment de cuirassiers le 28 janvier 1848.
LEPREUD'HOMME-FONTENOY DE CHATENOY...........	Sous-lieutenant le 14 avril 1844. Lieutenant le 25 juin 1849. Capitaine de deuxième classe le 2 mai 1853. Capitaine commandant le 14 mai 1854.	Au 4e chasseurs d'Afrique le 21 janvier 1856.
POCHON	Sous-lieutenant le 14 avril 1844. Lieutenant le 19 décembre 1848. Capitaine de deuxième classe le	En réforme le 10 février 1856.

NOMS	ÉTATS DE SERVICES AU RÉGIMENT	MOTIFS DE LA RADIATION DES CONTROLES
CALBARDURE.......	12 septembre 1852. Capitaine commandant le 6 mai 1854. Cuirassier (enrôlé volontaire) le 20 mars 1831. Brigadier le 18 janvier 1833. Brigadier-fourrier le 30 novembre 1834. Adjudant sous-officier le 27 janvier 1842. Sous-lieutenant le 19 janvier 1845. Porte-étendard le 28 mars 1846. Lieutenant le 14 mai 1850. Capitaine le 1er mai 1854. Capitaine commandant le 10 mai 1856. Chevalier de la Légion d'honneur le 10 août 1853.	Secrétaire-archiviste de première classe le 24 mars 1864.
PERCHET	Major le 14 septembre 1845. Officier de la Légion d'honneur le 24 octobre 1848.	Lieutenant-colonel au 9e régiment de chasseurs le 16 juin 1852.
DE LAGORRÉE.....	Sous-lieutenant le 29 novembre 1845.	Au 2e régiment d'infanterie de ligne le 5 avril 1849.
RIDDE............	Cuirassier le 1er novembre 1833. Brigadier le 27 décembre 1835. Brigadier-fourrier le 6 mars 1836. Adjudant sous-officier le 25 juin 1842. Sous-lieutenant adjoint au trésorier le 21 juin 1846. Lieutenant le 10 juillet 1851. Capitaine-trésorier le 10 août 1853. Chevalier de la Légion d'honneur le 30 décembre 1857.	Retraité le 25 août 1865.
DE FARÉMONT......	Chef d'escadrons le 25 février 1847.	Lieutenant-colonel au 2e régiment de spahis le 9 octobre 1849.
LAMARCHE.........	Sous-lieutenant le 27 avril 1847. Lieutenant le 30 septembre 1851. Capitaine adjudant-major le 1er mai 1854. Capitaine de première classe le 3 août 1857.	Capitaine de gendarmerie le 12 janvier 1858.
PINKER...........	Sous-lieutenant le 7 août 1847. Porte-étendard le 30 mai 1850. Lieutenant le 10 décembre 1851. Capitaine le 20 janvier 1855. Capitaine adjudant-major le 19 mars 1856. Capitaine commandant le 7 novembre 1859. Chevalier de la Légion d'honneur le 5 novembre 1859.	Retraité le 7 août 1866.
MÉLIN RAMOND DU TAILLIS..........	Cuirassier le 7 décembre 1844. Sous-officier le 23 mai 1845. Sous-lieu-	Démissionnaire le 11 juin 1852.

NOMS	ÉTATS DE SERVICES AU RÉGIMENT	MOTIFS DE LA RADIATION DES CONTROLES
	tenant le 20 janvier 1848. Lieutenant le 10 mai 1852.	
MOTTET............	Sous-lieutenant le 11 avril 1848. Lieutenant le 12 juin 1852 Capitaine le 21 février 1855. Capitaine commandant le 2 septembre 1858 Chevalier de la Légion d'honneur le 12 juin 1856.	Retraité le 17 décembre 1861
COLLENET..........	Cuirassier le 2 mai 1835. Brigadier fourrier le 26 mai 1838. Adjudant sous-officier le 1er mai 1844. Sous-lieutenant le 11 avril 1848. Lieutenant le 12 septembre 1852. Capitaine le 30 mai 1855. Capitaine d'habillement le 21 février 1858. Capitaine de première classe le 21 mai 1860. Chevalier de la Légion d'honneur le 13 mars 1861.	Retraité le 3 avril 1866
HITTIER	Cuirassier le 4 novembre 1838. Sous-officier le 12 novembre 1839. Sous-lieutenant le 1er mai 1848.	Au 8e cuirassiers le 19 mai 1848.
GUÉNIOT..........	Cuirassier le 9 décembre 1838. Brigadier le 23 décembre 1839. Maréchal des logis le 1er juin 1841. Sous-lieutenant le 1er mai 1848. Lieutenant le 2 mai 1853. Capitaine le 29 mars 1856. Capitaine de première classe le 21 mai 1860. Chevalier de la Légion d'honneur le 12 août 1862.	En non-activité pour infirmités temporaires le 1er octobre 1866.
WARTELLE	Chef d'escadrons le 17 avril 1848. Chevalier de la Légion d'honneur le 25 juin 1849.	Lieutenant-colonel au 2e régiment de lanciers le 8 janvier 1854.
VIDAL DE LAUZUN...	Sous-lieutenant le 26 avril 1848. Lieutenant le 12 avril 1850. Capitaine le 1er octobre 1853. Capitaine commandant le 11 mai 1855.	Démissionnaire le 2 septembre 1858.
LACROIX..........	Sous-lieutenant le 1er mai 1848. Porte-étendard le 11 décembre 1851. Lieutenant le 10 août 1853. Capitaine adjudant-major le 7 août 1856. Capitaine de 1re classe le 21 mai 1860.	Au 2e régiment de cuirassiers de la Garde impériale le 14 juin 1860.

NOMS	ÉTATS DE SERVICES AU RÉGIMENT	MOTIFS DE LA RADIATION DES CONTRÔLES
PLANCKAERT	Sous-lieutenant le 4 juin 1848. Lieutenant le 1er mai 1854. Capitaine le 30 décembre 1857. Capitaine commandant le 24 mai 1860. Chef d'escadrons le 15 novembre 1870. Chevalier de la Légion d'honneur le 12 août 1862.	Au 7e régiment de marche de cuirassiers le 25 novembre 1870.
DE GARNIER DES GARETS	Cuirassier (engagé volontaire) le 18 septembre 1843. Brigadier-fourrier le 30 mai 1844. Maréchal des logis le 12 décembre 1844. Sous-lieutenant le 4 juin 1848. Lieutenant le 1er mai 1854. Capitaine le 13 août 1857. Capitaine instructeur le 25 juin 1858. Capitaine de première classe le 24 mai 1860. Capitaine commandant le 6 janvier 1865. Chevalier de la Légion d'honneur le 30 décembre 1863	En non-activité pour infirmités temporaires le 20 novembre 1866.
DE LATOUR D'AUVERGNE.........	Lieutenant le 16 août 1848. Capitaine le 14 mai 1850.	Démissionnaire le 8 octobre 1853.
LEFRANC DE POMPIGNAN...........	Sous-lieutenant le 5 avril 1849.	Au 8e hussards le 20 octobre 1850.
DIBON...........	Cuirassier (engagé volontaire) le 4 août 1832. Brigadier le 21 novembre 1833. Maréchal des logis le 19 mars 1836. Sous-lieutenant le 25 juin 1849. Lieutenant le 1er mai 1854. Capitaine le 10 octobre 1858. Chevalier de la Légion d'honneur le 7 août 1859.	Retraité le 23 novembre 1862.
ANCILLON.........	Chef d'escadrons le 22 septembre 1849. Major le 18 janvier 1854. Chevalier de la Légion d'honneur le 15 avril 1850.	En non-activité pour infirmités temporaires le 16 mars 1854.
CHOMEREAU DE SAINT ANDRÉ	Sous-lieutenant le 1er octobre 1847. Lieutenant le 10 décembre 1851. Capitaine de deuxième classe le 1er mai 1854. Capitaine adjudant-major le 16 février 1855.	Au 2e régiment de cuirassiers de la Garde impériale le 25 juin 1856. Retraité comme général de brigade.
CURIEN	Cuirassier le 10 septembre 1840. Brigadier-fourrier le 16 avril 1842. Maréchal des logis le 1er janvier 1844. Adjudant sous-officier le	Mort le 25 novembre 1868 à Belfort.

NOMS	ÉTATS DE SERVICES AU RÉGIMENT	MOTIFS DE LA RADIATION DES CONTROLES
	2 juillet 1849. Sous-lieutenant le 5 juin 1850. Sous-lieutenant adjoint au trésorier le 10 juillet 1851. Porte-étendard le 10 août 1853 Lieutenant le 21 février 1855. Capitaine le 30 mai 1860. Capitaine adjudant-major le 31 décembre 1864. Capitaine - trésorier de deuxième classe le 13 août 1865 ; capitaine-trésorier de première classe le 20 novembre 1866. Chevalier de la Légion d'honneur le 27 décembre 1861.	
DE BEAULAINCOURT.	Sous-lieutenant le 20 octobre 1850 Lieutenant le 1er octobre 1853. Capitaine le 7 août 1856.	Au 1er régiment de chasseurs d'Afrique le 11 mars 1859.
D'ANDRÉ	Sous-lieutenant le 20 octobre 1850 (par permutation). Lieutenant le 2 mai 1853. Capitaine le 9 février 1856. Capitaine adjudant-major le 30 décembre 1857. Capitaine de première classe le 21 mai 1860. Capitaine commandant le 12 mars 1864.	En non-activité pour infirmités temporaires le 24 octobre 1864.
Baron D'AZÉMAR ...	Lieutenant-colonel le 3 janvier 1851.	Colonel au 6e lanciers le 16 octobre 1854. Retraité comme général de brigade.
DHEURLE..........	Capitaine-trésorier le 19 février 1851. Capitaine-commandant le 10 août 1853. Chevalier de la Légion d'honneur le 26 décembre 1852.	Retraité le 6 mai 1854.
LECOMPASSEUR DE COURTIVRON	Lieutenant le 21 février 1851. Capitaine le 10 décembre 1851. Capitaine adjudant-major le 20 avril 1853. Capitaine-commandant le 1er octobre 1853. Chevalier de la Légion d'honneur le 30 décembre 1862.	Chef d'escadrons au 7e lanciers le 11 janvier 1865.
HAAS..............	Cuirassier le 10 septembre 1840. Brigadier le 17 octobre 1843. Sous-officier le 9 septembre 1844. Sous-lieutenant le 10 juillet 1851. Lieutenant le 30 mai 1855. Capitaine le 11 décembre 1861. Capitaine	Retraité le 7 juin 1872.

NOMS	ÉTATS DE SERVICES AU RÉGIMENT	MOTIFS DE LA RADIATION DES CONTROLES
	adjudant-major le 15 janvier 1862. Capitaine de première classe le 20 novembre 1866. Chevalier de la Légion d'honneur le 29 décembre 1860 ; officier le 1er février 1872.	
LEBAUD.............	Cuirassier (engagé volontaire) le 15 mars 1844. Brigadier le 25 janvier 1846. Sous-officier le 16 avril 1847. Sous-lieutenant le 10 décembre 1851. Lieutenant le 29 mars 1856. Capitaine le 30 mai 1860. Capitaine adjudant-major le 13 août 1865. Chevalier de la Légion d'honneur le 29 décembre 1865.	Retraité le 24 mars 1873.
LHOTTE.............	Capitaine-instructeur le 10 décembre 1851.	Chef d'escadrons au 9e chasseurs le 5 juillet 1858. Actuellement général de division.
PUJALET-PLAA	Cuirassier (engagé volontaire) le 22 mars 1843. Brigadier le 25 janvier 1846. Maréchal des logis le 1er novembre 1846. Sous-lieutenant le 13 janvier 1852.	Mort à l'hôpital le 6 avril 1855.
MIRANDE	Sous-lieutenant le 10 décembre 1851. Lieutenant le 9 février 1856. Capitaine le 14 mars 1864. Chevalier de la Légion d'honneur le 29 décembre 1854.	En non-activité pour infirmités temporaires le 25 décembre 1867.
TRIPARD...........	Major le 4 juin 1852. Chef d'escadrons le 18 janvier 1854. Chevalier de la Légion d'honneur le 25 septembre 1854.	Lieutenant-colonel au 4e hussards le 10 février 1858. Mort général de brigade.
DUCOS.............	Cuirassier le 27 juillet 1844. Brigadier-fourrier le 16 février 1845. Adjudant sous-officier le 24 février 1850. Sous-lieutenant le 12 juin 1852. Lieutenant le 7 août 1856.	Mort à l'hôpital le 19 août 1856.
VERSIN	Sous-lieutenant le 10 octobre 1852. Lieutenant le 25 janvier 1855.	Au régiment de dragons de la Garde impériale le 27 juin 1856.
LORCET...........	Sous-lieutenant le 2 mai 1853. Lieutenant le 1er mai 1854. Capitaine le 24 mars 1858. Capitaine commandant le 6 juillet 1860. Chevalier de la Légion d'honneur le 13 août 1863.	Adjudant de place de première classe le 30 décembre 1867.

NOMS	ÉTATS DE SERVICES AU RÉGIMENT	MOTIFS DE LA RADIATION DES CONTROLES
BECQUEY-BEAUPRÉ..	Sous-lieutenant le 7 mai 1853.	Au régiment de cuirassiers de la Garde impériale le 14 juillet 1854.
EDELINE	Sous-lieutenant le 10 juin 1853. Lieutenant le 13 août 1857.	Mort à l'hôpital le 22 octobre 1862.
EINGLER	Cuirassier (engagé volontaire) le 31 décembre 1844. Brigadier le 24 novembre 1845. Sous-officier le 24 octobre 1847. Sous-lieutenant adjoint au trésorier le 10 août 1853. Lieutenant le 30 décembre 1857.	Condamné le 14 septembre 1860 à trois ans de prison et à la destitution pour vol de fonds dont il était comptable.
MASSON DE MORFON-TAINE...........	Sous-lieutenant le 5 octobre 1853. Lieutenant le 11 juillet 1855. Capitaine le 2 août 1858. Capitaine adjudant-major le 31 octobre 1859. Capitaine-commandant le 9 décembre 1861.	Démissionnaire le 17 novembre 1867
LE GUALÈS	Chef d'escadrons le 30 décembre 1853. Chevalier de l'ordre de Léopold de Belgique le 26 décembre 1857. Officier de la Légion d'honneur le 20 mars 1858.	Retraité le 19 juillet 1858.
OLRY.............	Major le 3 mars 1854. Chevalier de la Légion d'honneur le 13 août 1857.	Lieutenant-colonel au 2e dragons le 29 janvier 1860.
LANDRY	Chef d'escadrons le 1er mai 1854. Officier de la Légion d'honneur le 7 avril 1860.	Lieutenant-colonel au 3e cuirassiers le 26 août 1865.
MARCHANT........	Capitaine le 1er mai 1854. Capitaine commandant le 14 février 1856. Chef d'escadrons le 22 décembre 1868. Chevalier de la Légion d'honneur le 13 avril 1859.	Retraité le 4 août 1869.
MARGUERIT	Capitaine le 1er mai 1854. Capitaine commandant le 3 août 1857. Chevalier de la Légion d'honneur le 2 août 1858.	En non-activité pour infirmités temporaires le 21 mai 1860.
CHOPIN..........	Sous-lieutenant le 1er mai 1854. Lieutenant le 2 août 1858. Capitaine le 12 août 1864. Capitaine d'habillement le 12 mars 1866. Capitaine de première classe le 30 décembre 1867. Chevalier de la Légion d'honneur le 12 août 1866.	Décédé le 9 mai 1873.

NOMS	ÉTATS DE SERVICES AU RÉGIMENT	MOTIFS DE LA RADIATION DES CONTROLES
DUCHÉ	Sous-lieutenant le 1er mai 1854. Lieutenant le 31 octobre 1859. Capitaine le 13 août 1865.	Mort à l'asile d'aliénés de Stéphansfeld le 17 mai 1869.
CHEVALIER.	Sous-lieutenant le 1er mai 1854. Lieutenant le 30 mai 1860 Capitaine le 29 mai 1867.	Capitaine de gendarmerie le 29 décembre 1868.
BRIOL	Sous-lieutenant le 1er mai 1854.	Au 2e régiment de cuirassiers le 4 juillet 1856.
LYET	Sous-lieutenant le 1er mai 1854. Porte-étendard le 7 mars 1855. Lieutenant le 10 novembre 1860. Chevalier de la Légion d'honneur le 7 avril 1860.	Capitaine au 7e chasseurs le 25 août 1866.
THÉNEVIN	Sous-lieutenant le 31 juillet 1854. Porte-étendard le 26 juin 1857 Lieutenant le 11 décembre 1861 Capitaine le 25 décembre 1867. Capitaine-commandant le 22 mars 1870. Chevalier de la Légion d'honneur le 22 décembre 1866.	Retraité le 21 juin 1872.
COLOMBAT	Sous-lieutenant le 31 juillet 1854.	Démissionnaire le 10 août 1856.
DEMONT DE BENQUE.	Sous-lieutenant le 28 septembre 1854. Lieutenant le 22 septembre 1856. Capitaine le 17 novembre 1862. Capitaine adjudant-major le 12 mars 1864. Capitaine-instructeur le 31 décembre 1864. Capitaine-commandant le 14 novembre 1867.	Chef d'escadrons au 9e cuirassiers le 20 août 1870.
BEAUMARD.	Lieutenant-colonel le 11 octobre 1854	Commandant de la place de Cambrai le 3 septembre 1856.
DESACHY	Sous-lieutenant le 20 septembre 1854. Lieutenant le 24 mars 1858.	Mort le 27 novembre 1862 (phtisie).
DORLENCOURT.	Lieutenant le 25 octobre 1854.	Mort le 23 juin 1855 (apoplexie foudroyante).
DE MASIN.	Sous-lieutenant le 1er octobre 1854. Lieutenant le 10 octobre 1858. Capitaine le 6 janvier 1865. Capitaine-commandant le 2 janvier 1868.	Major au 5e cuirassiers le 17 avril 1875.
FOVELET.	Sous-lieutenant le 20 janvier 1855.	Mort le 23 mai 1861 (phtisie pulmonaire).
MITTAINE	Sous-lieutenant le 30 mai 1855. Lieutenant le 17 novembre 1862.	Lieutenant de gendarmerie le 20 janvier 1864.

NOMS	ÉTATS DE SERVICES AU RÉGIMENT	MOTIFS DE LA RADIATION DES CONTROLES
LITTAUT...........	Sous-officier le 19 octobre 1850. Sous-lieutenant le 11 juillet 1855. Lieutenant le 17 novembre 1862.	Lieutenant à la Garde de Paris le 20 janvier 1864.
VIDAL DE LAUSUN..	Cuirassier (engagé volontaire) le 23 novembre 1853. Sous-lieutenant le 1er octobre 1855. Lieutenant le 11 décembre 1861.	Démissionnaire le 23 novembre 1862.
GANDONNIÈRE	Sous-officier le 1er avril 1854. Sous-lieutenant le 6 octobre 1855.	Au régiment de chasseurs à cheval de la Garde impériale le 16 mai 1859.
DELATTRE	Capitaine-commandant (par permutation) le 14 janvier 1856.	Mort à l'hôpital du Val-de-Grâce le 4 mai 1856.
BILLET	Sous-lieutenant le 29 mars 1856.	En non-activité pour infirmités temporaires le 2 août 1857.
FAVEREAU	Lieutenant le 7 août 1856. Capitaine le 31 octobre 1859. Capitaine de première classe le 11 janvier 1865.	Chef d'escadrons au 1er hussards le 22 mars 1870.
LAFAY............	Lieutenant le 7 août 1856.	En non-activité par retrait d'emploi le 17 octobre 1861.
BLANC............	Sous-lieutenant le 7 août 1856. Lieutenant le 24 décembre 1862. Capitaine le 26 décembre 1868. Capitaine adjudant-major le 26 avril 1871. Chevalier de la Légion d'honneur le 3 juin 1871.	Major au 3e spahis le 29 mai 1877.
D'OULLENBOURG....	Sous-lieutenant le 7 août 1856. Lieutenant le 17 novembre 1862. Capitaine le 26 décembre 1868. Capitaine-instructeur le 20 août 1870, Chevalier de la Légion d'honneur le 5 février 1878.	Chef d'escadrons au 14e dragons le 11 mars 1880.
ROBERT DE SAINT-VINCENT........	Lieutenant-colonel le 9 septembre 1856.	Au 2e cuirassiers de la Garde le 12 novembre 1859.
CRISTIN..........	Cuirassier (engagé volontaire) le 12 février 1837. Sous-officier le 30 décembre 1838. Sous-lieutenant (par permutation) le 22 septembre 1856. Lieutenant le 31 décembre 1863.	Retraité le 15 juin 1867.
HOECKER	Sous-lieutenant le 22 septembre 1856	A la 1re compagnie de cavaliers de remonte le 15 juin 1859.
MENNESSIER DE LA LANCE...........	Sous-lieutenant le 1er octobre 1856. Lieutenant le 30 mai 1860. Capitaine le 6 janvier 1865.	Au 1er spahis le 2 juin 1866.

NOMS	ÉTATS DE SERVICES AU RÉGIMENT	MOTIFS DE LA RADIATION DES CONTROLES
De Néverlée......	Sous-lieutenant le 1er octobre 1857. Lieutenant le 31 décembre 1863. Capitaine le 26 décembre 1868. Chevalier de la Légion d'honneur le 12 août 1861.	Tué le 30 novembre 1870 à la tête de la compagnie qu'il comman- dait au moment où il l'entraînait à l'attaque du parc de Villiers.
Billerey..........	Sous-lieutenant le 1er octobre 1857.	Au régiment des guides de la Garde impériale le 7 février 1860.
Regnauld.........	Cuirassier le 23 mars 1850. Brigadier le 1er juillet 1851. Brigadier-four- rier le 3 février 1852 Adjudant sous-officier le 6 avril 1856. Sous- lieutenant adjoint au trésorier le 30 décembre 1857. Lieutenant le 14 mars 1864. Capitaine le 12 mars 1870. Capitaine-trésorier le 10 août 1871. Chevalier de la Légion d'honneur le 22 mars 1872.	Retraité le 1er mai 1881.
De Brémond d'Ars.	Chef d'escadrons le 14 février 1858.	Retraité le 29 novembre 1864.
Du Pasquier de Dommartin......	Chef d'escadrons le 2 août 1858. Chevalier de la Légion d'honneur le 7 avril 1860.	Lieutenant-colonel au 6e régiment de chasseurs le 4 janvier 1867.
Vuillin...........	Cuirassier (engagé volontaire) le 20 juin 1843. Brigadier le 1er no- vembre 1846. Maréchal des logis le 1er octobre 1849. Adjudant sous-officier le 7 juin 1855. Sous- lieutenant le 10 octobre 1858 Porte- étendard le 11 décembre 1861. Lieutenant le 12 août 1864. Capi- taine le 16 juillet 1870. Chevalier de la Légion d'honneur le 14 août 1865.	Au 2e cuirassiers le 11 septembre 1870.
Barbaud..........	Sous-lieutenant le 10 octobre 1858. Lieutenant le 6 janvier 1865. Ca- pitaine le 20 août 1870. Chevalier de la Légion d'honneur le 28 dé- cembre 1868. Blessé d'un coup de feu au bras droit le 1er septembre 1870 à Sedan.	Retraité le 1er décembre 1874.
Marcel...........	Sous-lieutenant le 1er octobre 1858.	Au régiment de chasseurs de la Garde impériale le 11 juin 1859.
De Perthuis de Laillevault.....	Capitaine le 5 mars 1859.	Démissionnaire le 1er avril 1860.
Barreau..........	Sous-lieutenant le 15 juin 1859.	Au 2e cuirassiers le 20 juillet 1860.
De Ribeaucourt...	Sous-lieutenant le 8 juin 1859. Lieu- tenant le 13 août 1865.	Au 3e régiment de cuirassiers le 23 mars 1867.

NOMS	ÉTATS DE SERVICES AU RÉGIMENT	MOTIFS DE LA RADIATION DES CONTROLES
NOVARIO............	Sous-lieutenant le 3 août 1859.	En non-activité pour infirmités temporaires le 23 octobre 1859.
DE BENOIST........	Sous-lieutenant le 1er octobre 1859. Lieutenant le 6 janvier 1865. Capitaine-instructeur le 8 janvier 1866.	Au 2e cuirassiers le 11 septembre 1870.
DESNOYERS	Sous-lieutenant le 31 octobre 1859. Lieutenant le 29 mai 1867. Chevalier de la Légion d'honneur le 20 août 1870.	Capitaine au 3e cuirassiers le 8 mai 1872.
DE TREIL DE PAR-DAILHAN........	Lieutenant-colonel le 30 novembre 1859.	Colonel du 5e lanciers le 24 juin 1864.
LABOURT	Sous-lieutenant le 28 janvier 1860. Lieutenant le 29 mai 1867. Capitaine adjudant-major le 11 octobre 1870.	Au 4e cuirassiers le 30 octobre 1870.
HUMBERT..........	Major le 3 février 1860.	Professeur d'art et d'histoire militaire à Saumur le 30 octobre 1860.
VAUCHERET........	Cuirassier le 30 juillet 1845. Brigadier le 28 décembre 1846. Maréchal des logis le 11 avril 1849. Adjudant sous-officier le 9 janvier 1858. Sous-lieutenant le 30 mai 1860. Porte-étendard le 12 août 1864. Lieutenant le 25 décembre 1867. Chevalier de la Légion d'honneur le 10 septembre 1868.	Au 2e cuirassiers le 11 septembre 1870.
RADET.......... ...	Capitaine le 4 juin 1860. Capitaine adjudant-major le 9 décembre 1861	Capitaine de gendarmerie le 2 septembre 1864.
DUPORT SAINT-VICTOR	Sous-lieutenant le 6 juillet 1860, et détaché à l'escadron de spahis sénégalais.	Tué à l'ennemi le 29 décembre 1863 à l'affaire de Gol-Gol-Cayor.
DE MAURET........	Major le 24 octobre 1860. Chef d'escadrons le 30 septembre 1865.	Lieutenant-colonel au 2e régiment de chasseurs le 23 octobre 1869.
NOBLAT	Sous-lieutenant le 10 novembre 1860 Lieutenant le 4 mars 1868.	Lieutenant de gendarmerie le 14 août 1869.
PASSERAT DE SILANS.	Sous-lieutenant le 1er octobre 1860.	Au 2e spahis le 5 septembre 1863.
THÉRIBOUT.........	Sous-lieutenant le 12 août 1861. Lieutenant le 26 décembre 1868. Chevalier de la Légion d'honneur le 20 août 1870.	Tué à Sedan le 1er septembre 1870
DE CAMPOU	Sous-lieutenant le 1er octobre 1861. Lieutenant le 26 décembre 1868.	Au 9e cuirassiers le 9 janvier 1871

NOMS	ÉTATS DE SERVICES AU RÉGIMENT	MOTIFS DE LA RADIATION DES CONTROLES
GARNIER............	Capitaine le 4 janvier 1871. Blessé d'une balle au pied gauche à Fræschwiller le 6 août 1870. Cuirassier le 6 janvier 1853. Brigadier le 16 novembre 1853. Brigadier-fourrier le 10 mai 1854. Adjudant sous-officier le 19 octobre 1858. Sous-lieutenant le 11 décembre 1861. Lieutenant le 8 août 1869. Capitaine le 3 novembre 1872. Chevalier de la Légion d'honneur le 3 juin 1871.	Major au 15e dragons le 16 novembre 1884.
BOUSSAC..........	Sous-lieutenant le 17 novembre 1862. Lieutenant le 22 mars 1870. Chevalier de la Légion d'honneur le 26 décembre 1861	En non-activité pour infirmités temporaires le 5 août 1870.
BLONDEAU........	Sous-lieutenant le 17 novembre 1862. Lieutenant le 16 décembre 1868. Capitaine le 26 juillet 1872. Chevalier de la Légion d'honneur le 20 août 1870.	Au 23e dragons le 28 octobre 1873.
DE BOURNAT.......	Sous-lieutenant le 17 novembre 1862. Lieutenant le 2 août 1870. Capitaine le 8 mars 1873. Chevalier de la Légion d'honneur le 6 février 1877.	Au 2e cuirassiers de marche du 11 septembre 1870 au 11 juin 1872. Au 5e cuirassiers le 23 décembre 1879.
MARTINET.........	Sous-lieutenant le 24 décembre 1862. Chevalier de la Légion d'honneur le 28 décembre 1867.	Lieutenant au 3e dragons le 12 septembre 1870.
RENAULD..........	Sous-lieutenant le 13 août 1863.	En non-activité pour infirmités temporaires le 16 octobre 1869.
MARMET..........	Cuirassier (engagé volontaire) le 9 mai 1853. Brigadier le 25 février 1854. Maréchal des logis le 6 septembre 1854. Sous-lieutenant le 31 décembre 1863 Porte-étendard le 25 décembre 1867. Lieutenant le 20 août 1870. Capitaine-instructeur le 19 octobre 1870. Lieutenant le 15 janvier 1872 (rang du 20 août 1870). Capitaine le 29 mars 1872 (rang du 30 août 1871) Capitaine adjudant-major le 19 septembre 1872. Capitaine d'habillement le 28 novembre 1874. Capitaine-commandant le 26 mai 1877.	Major au 3e cuirassiers le 15 juin 1883.

NOMS	ÉTATS DE SERVICES AU RÉGIMENT	MOTIFS DE LA RADIATION DES CONTROLES
De Raincourt	Chevalier de la Légion d'honneur le 11 janvier 1876. Blessé le 6 août 1870 au bas-ventre et au bras gauche par deux coups de feu à Frœschwiller. Sous-lieutenant le 31 décembre 1863.	Démissionnaire le 18 avril 1864.
Allaire	Cuirassier le 9 février 1854. Brigadier le 28 juin 1855. Maréchal des logis le 1er janvier 1856. Sous-lieutenant adjoint au trésorier le 14 mars 1864. Lieutenant le 3 septembre 1870.	Au 23e dragons le 20 octobre 1873.
Cornat.	Lieutenant-colonel le 11 juillet 1864.	Au régiment de carabiniers de la Garde impériale le 22 août 1866. Actuellement commandant du 18e corps d'armée.
Bertrand	Sous-lieutenant le 12 août 1864. Chevalier de la Légion d'honneur le 11 août 1867.	Mort à l'hôpital de Lunéville le 27 décembre 1869.
Pignant	Sous lieutenant le 12 août 1864.	Au régiment de carabiniers de la Garde impériale le 11 novembre 1867.
Buffet	Sous-lieutenant le 1er octobre 1864. Lieutenant le 16 juillet 1870. Capitaine le 8 mars 1873. Capitaine-commandant le 14 décembre 1881	Chef d'escadrons au 14e dragons le 12 janvier 1886.
Dusargues de Planzolle	Chef d'escadrons le 31 décembre 1864. Officier de la Légion d'honneur le 21 décembre 1866.	Retraité le 27 mars 1867.
De Tourreau	Sous-lieutenant le 6 janvier 1865.	Démissionnaire le 1er mars 1865.
Vezain	Sous-lieutenant le 14 mars 1865.	Au 2e régiment de chasseurs le 20 mai 1866.
De Lascous..	Sous-lieutenant le 13 août 1865.	Au 4e chasseurs d'Afrique le 3 avril 1867.
Boulangé	Chef d'escadrons le 26 août 1865. Major le 30 septembre 1865. Officier de la Légion d'honneur le 11 août 1869.	En non-activité pour infirmités temporaires le 10 août 1871.
De Laitre	Sous-lieutenant le 1er octobre 1865.	Au 2e cuirassiers le 11 septembre 1870.
Castello	Capitaine le 26 mai 1866.	Au 4e chasseurs d'Afrique le 3 avril 1867.
Hubac	Lieutenant-colonel le 12 août 1866.	Retraité le 21 août 1868.

NOMS	ÉTATS DE SERVICES AU RÉGIMENT	MOTIFS DE LA RADIATION DES CONTROLES
D'AVIAU DE PIOLANT	Sous-lieutenant le 1er octobre 1866.	Au 3e régiment de chasseurs le 28 mars 1867.
DE SURMONT......	Capitaine le 22 décembre 1866. Capitaine-trésorier le 3 décembre 1868.	Major au 5e cuirassiers le 26 décembre 1870.
JACQUET..........	Chef d'escadrons le 11 mars 1867.	En non-activité pour infirmités temporaires le 3 octobre 1868.
DELACOURT........	Capitaine le 8 mars 1867.	Retraité le 25 juin 1872.
MIANNÉE DE SAINT FIRMIN........	Sous-lieutenant le 29 mai 1867.	Au 2e cuirassiers le 11 septembre 1870.
DES LIGNERIS.....	Sous-lieutenant le 1er octobre 1867.	Lieutenant au 8e cuirassiers le 14 mai 1872.
ANYAC...........	Sous-lieutenant le 30 octobre 1867. Porte-étendard le 30 août 1870. Blessé à Sedan le 1er septembre 1870.	Au 11e dragons le 11 janvier 1871.
HENRYET DE LAUNAY	Capitaine le 23 décembre 1867. Capitaine - commandant le 22 décembre 1868.	Au 2e cuirassiers le 11 septembre 1870
DE VOUGES DE CHANTECLAIR..........	Lieutenant-colonel le 10 août 1868.	Colonel du 9e cuirassiers le 20 août 1870. Mort comme général de division.
BELLET DE TAVERNOST........	Sous-lieutenant le 1er octobre 1868. Lieutenant le 15 mars 1873.	Capitaine au 18e dragons le 1er novembre 1878.
BOLACHIN.........	Sous-lieutenant le 26 décembre 1868. Lieutenant le 8 décembre 1870. Capitaine adjudant-major le 18 décembre 1870. Blessé d'un coup de feu à la jambe droite le 6 août 1870 à Reischoffen.	Au 10e régiment de marche de cuirassiers le 15 février 1871.
GÉAY DE MONTENON.	Sous-lieutenant le 26 décembre 1868. Lieutenant le 1er avril 1873. Chevalier de la Légion d'honneur le 3 juin 1871. Blessé à Sedan le 1er septembre 1870 d'un coup de feu à la joue gauche.	Capitaine-instructeur au 9e cuirassiers le 5 juin 1876.
PICARD..........	Chef d'escadrons le 5 août 1869. Officier de la Légion d'honneur le 9 juin 1871.	Retraité le 9 mai 1875.
GUYON...........	Sous-lieutenant le 8 août 1869. Lieutenant le 1er mars 1872.	Au 8e cuirassiers de marche le 30 octobre 1870. Au 4e chasseurs d'Afrique le 26 mai 1872.
DE CUGNON D'ALINCOURT...........	Chef d'escadrons le 15 octobre 1869. Officier de la Légion d'honneur	Lieutenant-colonel au 2e cuirassiers le 14 octobre 1875.

NOMS	ÉTATS DE SERVICES AU RÉGIMENT	MOTIFS DE LA RADIATION DES CONTROLES
	le 22 mai 1873. Blessé à Sedan le 1er septembre 1870 d'un coup de feu au bras droit et de deux coups de sabre légers à la tête et à la main.	
DELAHAYE.........	Sous-lieutenant le 1er octobre 1869. Lieutenant le 19 décembre 1873	Démissionnaire le 25 janvier 1878.
DUMONT	Sous-lieutenant le 12 mars 1870. Lieutenant le 26 février 1874. Capitaine le 18 décembre 1879. Capitaine commandant le 27 mars 1883. Chevalier de la Légion d'honneur le 31 décembre 1872. A reçu par une balle une contusion au bas-ventre à Frœschwiller le 6 août 1870.	Retraité le 4 août 1888.
GACHOT	Sous-lieutenant le 12 mars 1870.	Lieutenant au 3e cuirassiers le 8 mars 1874.
DE BRANDT	Sous-lieutenant le 1er octobre 1869.	Lieutenant au 12e cuirassiers le 13 septembre 1874.
CRESPY...........	Sous-lieutenant le 16 juillet 1870. Lieutenant (à titre provisoire) le 16 octobre 1870.	En non-activité pour infirmités temporaires le 25 décembre 1871.
GIQUET DE PRESSAC.	Brigadier le 1er janvier 1863. Maréchal des logis le 11 janvier 1864. Sous-lieutenant le 16 juillet 1870. Lieutenant le 6 mai 1875.	Capitaine au 5e cuirassiers le 4 janvier 1881.
MICHEL...........	Cuirassier (engagé volontaire) le 18 mars 1858. Brigadier le 2 octobre 1859. Maréchal des logis fourrier le 1er décembre 1862. Sous-lieutenant le 2 août 1870. Adjoint au trésorier le 11 septembre 1870.	Au 3e régiment de marche de cuirassiers le 2 octobre 1870.
CHEVALLOT	Cuirassier (engagé volontaire) le 2 mai 1861. Brigadier le 8 avril 1862. Sous-officier le 14 octobre 1864. Sous-lieutenant le 9 septembre 1870.	Porte-étendard au 23e dragons le 20 octobre 1873,
LEPETIT DE SÉRANS.	Cuirassier le 15 octobre 1865. Brigadier le 17 octobre 1865. Sous-officier le 6 novembre 1867. Sous-lieutenant le 9 septembre 1870.	Au 2e régiment de marche de cuirassiers le 11 septembre 1870.
TILLETTE DE CLERMONT-TONNERRE..	Sous-lieutenant le 14 août 1870. Lieutenant le 23 octobre 1870.	Au 4e régiment de marche de cuirassiers le 30 octobre 1870.

NOMS	ÉTATS DE SERVICES AU RÉGIMENT	MOTIFS DE LA RADIATION DES CONTROLES
GUILLERMIN........	Capitaine le 26 août 1870.	Au 4e cuirassiers le 30 octobre 1870.
HEYMANN..........	Capitaine le 3 septembre 1870.	Au 23e dragons le 28 octobre 1873.
MARIE.............	Lieutenant le 3 septembre 1870.	Au 9e cuirassiers le 18 décembre 1873.
GINISTY	Cuirassier (engagé volontaire) le 6 septembre 1858. Brigadier le 26 février 1860. Sous-officier le 31 mai 1863. Sous-lieutenant le 19 octobre 1870.	Au 8e régiment de marche de cuirassiers le 26 novembre 1870.
LAURENT	Cuirassier le 17 janvier 1861. Brigadier le 21 juin 1862. Sous-officier le 16 août 1865. Sous-lieutenant le 23 octobre 1870.	Au 4e régiment de marche de cuirassiers le 30 octobre 1870.
GRANT DE LUXOLIÈRE DE BELLUSSIÈRE..	Sous-lieutenant le 29 septembre 1870	Au 4e régiment de marche de cuirassiers le 30 octobre 1870.
HURARD..........	Cuirassier le 25 août 1865. Brigadier le 20 février 1867. Maréchal des logis le 8 octobre 1868. Sous-lieutenant le 29 octobre 1870.	Au 8e régiment de marche de cuirassiers le 26 novembre 1870.
ELION............	Sous-lieutenant le 3 décembre 1870.	Au 9e régiment de marche de cuirassiers le 7 janvier 1871.
BOULANGÉ	Capitaine auxiliaire (sur sa demande pour le temps de la guerre) le 12 septembre 1870. Capitaine-trésorier le 23 décembre 1870. Chevalier de la Légion d'honneur le 3 juin 1871.	Rendu à la vie civile le 1er juin 1871.
BELON.	Sous-lieutenant le 3 décembre 1870.	Au 9e cuirassiers de marche le 7 janvier 1871.
BURGARD	Enfant de troupe le 18 mars 1857. Cuirassier le 18 janvier 1868. Brigadier-fourrier le 19 août 1869. Maréchal des logis fourrier le 1er octobre 1870. Sous-lieutenant (à titre provisoire) le 11 décembre 1870.	Remis maréchal des logis au corps le 1er mars 1872.
GRAMOND.........	Sous-lieutenant le 8 décembre 1870. Lieutenant le 4 janvier 1871.	Au 9e régiment de cuirassiers de marche le 7 janvier 1871.
RUSCH............	Cuirassier (engagé volontaire) le 19 février 1867. Brigadier le 26 février 1868. Maréchal des logis le 2 septembre 1869. Sous-lieutenant le 4 janvier 1871	Au 9e régiment de cuirassiers de marche le 7 janvier 1871.
DUTOUYA.........	Chef d'escadrons le 15 novembre 1870	Mort à Tarbes le 20 novembre 1870.
BOUCHER	Chef d'escadrons le 29 août 1870.	Au 23e dragons le 20 octobre 1873.

25

NOMS	ÉTATS DE SERVICES AU RÉGIMENT	MOTIFS DE LA RADIATION DES CONTROLES
Cougy............	Sous-lieutenant le 19 janvier 1871.	Au 10e cuirassiers le 16 avril 1873.
Delahaye.........	Engagé volontaire pour la durée de la guerre le 11 octobre 1870. Sous-lieutenant le 16 octobre 1870. Lieutenant le 4 janvier 1871.	Rendu à la vie civile le 1er mars 1872.
Jocteur de Monro-zier..............	Chef d'escadrons le 20 janvier 1871.	Au 12e cuirassiers le 23 février 1872.
Bugnottet........	Chef d'escadrons au 1er de marche le 4 septembre 1870. Au 1er Cuirassiers le 14 mars 1871. Officier de la Légion d'honneur le 5 mai 1871.	Au 11e cuirassiers le 18 février 1872.
Dombrat..........	Chef d'escadrons au 1er de marche le 10 février 1871. Au 1er Cuirassiers le 14 mars 1871.	Au 10e cuirassiers le 16 janvier 1873. Actuellement général de brigade.
Vionnois..........	Capitaine au 1er de marche le 3 septembre 1870. Capitaine adjudant-major au 1er Cuirassiers le 14 mars 1871. Capitaine le 1er décembre 1874. Chevalier de la Légion d'honneur le 5 mai 1871.	Chef d'escadrons au 5e cuirassiers le 27 septembre 1880.
De Pontac........	Lieutenant au 1er de marche le 1er septembre 1870. Capitaine adjudant-major le 7 novembre 1870. Au 1er Cuirassiers le 14 mars 1871 (rang du 16 juillet 1871). Capitaine le 1er mars 1872. Capitaine-commandant le 18 avril 1875.	Chef d'escadrons au 9e cuirassiers le 29 avril 1882.
Crousse...........	Capitaine au 1er de marche le 1er septembre 1870. Au 1er Cuirassiers le 14 mars 1871.	En non-activité pour infirmités temporaires le 25 juin 1872.
Vissière..........	Capitaine au 1er de marche le 25 septembre 1870. Au 1er Cuirassiers le 15 mars 1871.	Retraité le 21 juin 1872.
Delebarre........	Lieutenant au 1er de marche le 1er septembre 1870. Capitaine le 23 décembre 1870. Au 1er Cuirassiers le 14 mars 1871.	Retraité le 6 mars 1873.
Breuil...........	Lieutenant au 1er de marche le 1er septembre 1870. Capitaine le 30 novembre 1870. Au 1er Cuirassiers le 14 mars 1871. Capitaine d'habillement le 19 mai 1873. Chevalier de la Légion d'honneur le 5 mai 1871.	Retraité le 10 décembre 1874.
Chammas.........	Lieutenant au 1er de marche le 1er septembre 1870. Capitaine le	Au 5e cuirassiers le 1er mars 1872.

NOMS	ÉTATS DE SERVICES AU RÉGIMENT	MOTIFS DE LA RADIATION DES CONTROLES
De Lévis-Mirepoix .	19 décembre 1870. Capitaine au 1er Cuirassiers le 14 mars 1871. Lieutenant le 1er mars 1872 (rang du 2 août 1870). Sous-lieutenant au 1er de marche le 1er septembre 1870. Lieutenant le 29 septembre 1870. Capitaine le 19 décembre 1870. Au 1er Cuirassiers le 14 mars 1871. Lieutenant le 1er mars 1872 (rang du 29 septembre 1870).	Au 10e cuirassiers le 1er mars 1872.
De Selle.........	Sous-lieutenant au 1er de marche le 1er septembre 1870. Lieutenant le 21 octobre 1870. Capitaine le 14 janvier 1871. Au 1er Cuirassiers le 15 mars 1871. Lieutenant le 1er mars 1872 (rang du 21 octobre 1870).	Au 8e cuirassiers le 1er mars 1872.
Thomann.........	Sous-lieutenant au 1er de marche le 1er septembre 1870. Lieutenant le 7 novembre 1870. Lieutenant au 1er Cuirassiers le 14 mars 1871.	Au 23e dragons, le 28 octobre 1873.
Francez..........	Sous-lieutenant au 1er de marche le 1er septembre 1870. Lieutenant le 23 décembre 1870. Au 1er Cuirassiers le 14 mars 1871. Chevalier de la Légion d'honneur le 25 juin 1872.	Capitaine au 24e dragons le 16 mai 1875.
Dubern	Sous-lieutenant au 1er de marche le 1er septembre 1870 Lieutenant le 30 novembre 1870. Lieutenant au 1er Cuirassiers le 14 mars 1871 Sous-lieutenant le 1er mars 1872 (rang du 15 juillet 1870).	Lieutenant au 11e cuirassiers le 8 mars 1874.
Cossonnier d'Oyat .	Sous-lieutenant au 1er de marche le 1er septembre 1870. Lieutenant le 19 décembre 1870. Lieutenant au 1er Cuirassiers le 14 mars 1871. Sous-lieutenant le 1er mars 1872 (rang du 15 juillet 1870).	Lieutenant au 11e dragons le 10 septembre 1874.
De Terves	Sous-lieutenant au 1er de marche le 1er septembre 1870. Lieutenant le 19 décembre 1870. Lieutenant au 1er Cuirassiers le 14 mars 1871. Sous-lieutenant le 1er mars 1872 (rang du 15 juillet 1870).	Lieutenant au 11e hussards le 12 décembre 1874.

NOMS	ÉTATS DE SERVICES AU RÉGIMENT	MOTIFS DE LA RADIATION DES CONTROLES
GILLOT.............	Sous-lieutenant au 1er de marche le 1er septembre 1870. Lieutenant le 19 décembre 1870. Lieutenant au 1er Cuirassiers le 14 mars 1871.	Mort le 20 août 1871.
RENARD	Sous-lieutenant officier payeur au 1er de marche le 1er septembre 1870. Lieutenant le 19 décembre 1870. Lieutenant au 1er Cuirassiers le 14 mars 1871. Sous-lieutenant le 1er mars 1872 (rang du 31 août 1870).	Au 23e dragons le 28 octobre 1873.
CHIRÉE............	Sous-officier au 1er de marche le 1er septembre 1870. Sous-lieutenant le 21 octobre 1870. Lieutenant le 14 janvier 1871. Lieutenant au 1er Cuirassiers. le 14 mars 1871. Sous-lieutenant le 1er mars 1872 (rang du 21 octobre 1870).	Démissionnaire le 19 mars 1872.
ROSIÉ	Sous-officier au 1er de marche le 1er septembre 1870. Sous-lieutenant le 7 novembre 1870. Sous-lieutenant au 1er Cuirassiers le 14 mars 1871	Mis en réforme le 11 janvier 1874.
MARCHAL	Sous-officier au 1er de marche le 1er septembre 1870. Sous-lieutenant le 23 décembre 1870. Sous-lieutenant le 14 mars 1871. Lieutenant le 6 septembre 1876 (rang du 14 août 1876).	Capitaine au 21e dragons le 22 septembre 1883.
BUNEL.............	Sous-officier au 1er de marche le 1er septembre 1870. Sous-lieutenant le 29 novembre 1870. Sous-lieutenant au 1er Cuirassiers le 14 mars 1871.	Lieutenant au 10e cuirassiers le 23 août 1876.
GUIRAUD...........	Brigadier au 1er de marche le 1er septembre 1870. Sous-officier le 26 septembre 1870. Sous-lieutenant le 11 décembre 1870. Sous-lieutenant au 1er Cuirassiers le 14 mars 1871. Porte-étendard le 15 mai 1872. Lieutenant porte-étendard le 30 septembre 1877. Chevalier de la Légion d'honneur le 12 juillet 1880.	Capitaine au 2e cuirassiers le 27 mars 1885.
RATTE.............	Sous-officier au 1er de marche le 1er septembre 1870. Sous-lieute-	Mort le 7 mai 1877.

NOMS	ÉTATS DE SERVICES AU RÉGIMENT	MOTIFS DE LA RADIATION DES CONTROLES
	nant adjoint au trésorier le 19 décembre 1870. Sous-lieutenant au 1er Cuirassiers le 14 mars 1871.	
GÉNEAU	Sous-officier au 1er de marche le 1er septembre 1870. Sous-lieutenant le 19 décembre 1870. Au 1er Cuirassiers le 14 mars 1871.	Au 23e dragons le 28 octobre 1873.
LALLEMANT........	Sous-officier au 1er de marche le 1er septembre 1870. Sous-lieutenant le 19 décembre 1870. Au 1er Cuirassiers le 14 mars 1871. Sous-lieutenant adjoint au trésorier le 12 juin 1877. Lieutenant adjoint au trésorier le 18 décembre 1877. Lieutenant faisant fonctions de trésorier le 1er mai 1881. Capitaine-trésorier le 6 septembre 1883.	
TARDIEU.............	Sous-officier au 1er de marche le 1er septembre 1870. Sous-lieutenant le 19 décembre 1870. Au 1er Cuirassiers le 14 mars 1871. Blessé le 8 décembre 1870 d'un coup de feu au bras gauche. Chevalier de la Légion d'honneur le 5 mai 1871.	A la 6e compagnie de cavaliers de remonte le 13 avril 1873.
GRUSELLE	Sous-officier au 1er de marche le 1er septembre 1870. Sous-lieutenant provisoire le 14 janvier 1871. Au 1er Cuirassiers le 14 mars 1871.	Démissionnaire le 20 novembre 1871.
MALIK.............	Sous-lieutenant le 14 janvier 1871.	Au 10e cuirassiers le 16 avril 1873.
FELLERATH	Sous-lieutenant au 1er de marche le 1er septembre 1870. Lieutenant le 3 septembre 1870. Capitaine le 19 décembre 1870. Au 1er Cuirassiers le 14 mars 1871. Lieutenant le 1er mars 1872 (rang du 3 septembre 1870).	Au 7e cuirassiers le 1er mars 1872.
RICHEZ............	Capitaine le 3 septembre 1870. Chevalier de la Légion d'honneur le 21 avril 1874.	Retraité le 30 novembre 1881.
BEUVE............	Cuirassier le 10 juin 1859. Brigadier le 26 février 1860. Sous-officier le 8 juillet 1861. Sous-lieutenant le 9 septembre 1870.	Au 14e dragons le 23 mars 1873.

NOMS	ÉTATS DE SERVICES AU RÉGIMENT	MOTIFS DE LA RADIATION DES CONTROLES
MARIANI...........	Lieutenant-colonel le 20 août 1870, lieutenant-colonel le 26 avril 1871.	Au 2e cuirassiers de marche le 12 septembre 1870. Au 26e dragons le 20 octobre 1873. Retraité comme général de brigade.
REBOUL	Lieutenant le 25 février 1872. Chevalier de la Légion d'honneur le 7 octobre 1875.	Capitaine au 3e cuirassiers le 27 octobre 1875.
BOUCHÉ...........	Sous-lieutenant le 25 février 1872.	Au 23e dragons le 28 octobre 1873.
BOLACHIN.........	Lieutenant le 1er mars 1872. Capitaine le 16 mars 1876. Capitaine d'habillement le 26 mai 1877. Chevalier de la Légion d'honneur le 20 novembre 1872.	Commandant la 5e compagnie de cavaliers de remonte à Saumur le 23 novembre 1879.
MONET	Capitaine-instructeur le 8 mars 1872.	Au 5e dragons le 22 novembre 1873.
JOUANNE...... ...	Sous-lieutenant le 1er mars 1872 (rang du 12 mars 1870). Lieutenant le 29 mars 1872.	Au 23e dragons le 28 octobre 1873.
BROCHEUX	Lieutenant le 4 mars 1372. (rang du 3 septembre 1870).	Au 2e cuirassiers le 10 juin 1872.
AMIEL............	Sous-lieutenant le 21 mars 1872 (rang du 15 novembre 1870)	Lieutenant au 9e cuirassiers le 11 décembre 1876.
FIÉRON...........	Sous-lieutenant le 1er octobre 1852. Major le 27 mars 1872. Chevalier de la Légion d'honneur le 22 mai 1873.	Au 1er carabiniers le 2 mai 1853. Lieutenant-colonel au 20e dragons le 8 août 1877.
DE LA HAMAYDE....	Lieutenant le 23 mai 1872	Capitaine au 12e cuirassiers le 27 octobre 1875.
DE ROYER DE SAINT-JULIEN	Sous-lieutenant le 19 octobre 1872.	Au 3e chasseurs d'Afrique le 29 septembre 1878.
BERTRAND DE LAUNAY............	Sous-lieutenant le 19 mars 1873 (rang du 9 septembre 1870).	Lieutenant au 8e cuirassiers le 8 septembre 1874.
BIZOT	Lieutenant le 1er avril 1873.	Capitaine au 5e cuirassiers le 1er août 1878.
COMBRET	Sous-lieutenant le 29 mars 1873.	Au 21e dragons le 20 octobre 1873
BERTRAND	Capitaine le 1er août 1873. Chevalier de la Légion d'honneur le 29 décembre 1881.	Décédé à Lunéville le 26 mars 1883.
GRAND-CLÉMENT....	Lieutenant le 19 juillet 1873. Chevalier de la Légion d'honneur le 6 février 1877.	Capitaine au 25e dragons le 2 juin 1879.
BAILLOD..........	Lieutenant-colonel le 11 octobre 1873.	Colonel au 3e cuirassiers le 1er mars 1876. Actuellement général de brigade.

NOMS	ÉTATS DE SERVICES AU RÉGIMENT	MOTIFS DE LA RADIATION DES CONTROLES
DE TRICORNOT DE ROSE............	Capitaine-instructeur le 19 novembre 1873. Capitaine-commandant le 27 septembre 1880.	Chef d'escadrons au 3e cuirassiers le 13 mai 1885.
LHERNAULT........	Cuirassier le 7 mars 1854. Brigadier le 7 juin 1855. Sous-officier le 9 janvier 1859. Sous-lieutenant le 26 février 1874. Décoré de la Médaille militaire le 10 septembre 1868.	A la 2e compagnie de cavaliers de remonte le 11 décembre 1876.
HAMON............	Sous-lieutenant le 26 février 1874. Lieutenant le 24 mars 1880.	En non-activité par retrait d'emploi le 21 septembre 1880.
HERBAY..........	Sous-lieutenant le 9 mars 1874.	Sous-lieutenant de gendarmerie le 29 novembre 1876.
GENVOT..........	Sous-lieutenant le 15 mars 1874.	Au 6e cuirassiers le 16 novembre 1875.
MITAINE..........	Sous-lieutenant le 13 septembre 1874. Lieutenant le 22 mai 1880.	Capitaine au 26e dragons le 12 mars 1887.
BERGÉ...	Sous-lieutenant le 12 septembre 1874.	Lieutenant au 11e cuirassiers le 21 juillet 1880.
DUMONT..........	Sous-lieutenant le 2 octobre 1874.	Au 11e cuirassiers le 11 novembre 1875.
BEAUJARD....	Sous-lieutenant le 1er décembre 1874	Au 5e cuirassiers le 16 novembre 1875.
AUBARET	Capitaine le 1er mai 1875.	En non-activité pour infirmités temporaires le 11 décembre 1875.
LEVASTRE.........	Chef d'escadrons le 29 mai 1875.	En non-activité pour infirmités temporaires le 6 janvier 1876.
THIBAULT DE LA RO-CHETHULON	Chef d'escadrons le 8 octobre 1875.	Lieutenant-colonel au 6e cuirassiers le 9 octobre 1881.
MARTIN...........	Lieutenant le 29 octobre 1875.	Au 22e dragons le 10 février 1878.
DECAMP	Lieutenant le 29 octobre 1875. Porte-étendard le 2 mars 1881.	Capitaine au 15e dragons le 7 septembre 1882.
JULLIEN..........	Sous-lieutenant le 11 novembre 1875.	Au 5e cuirassiers le 31 mars 1876.
DE MONTALEMBERT DE CERS	Sous-lieutenant le 1er octobre 1875.	Au 9e cuirassiers le 2 novembre 1876.
FIÉVÉE...........	Chef d'escadrons le 28 décembre 1875.	En non-activité le 26 juillet 1878.
BRAUN	Lieutenant-colonel le 21 février 1876.	Colonel du 2e cuirassiers le 27 septembre 1880. Actuellement général de brigade.
JOURNAULT	Lieutenant le 20 mars 1876. Lieutenant d'habillement le 18 décembre 1879. Capitaine d'habillement le 22 décembre 1882. Chevalier de	

NOMS	ÉTATS DE SERVICES AU RÉGIMENT	MOTIFS DE LA RADIATION DES CONTROLES
	la Légion d'honneur le 27 décembre 1884.	
VIGOUREUX	Lieutenant le 16 juin 1876.	Au 5e cuirassiers le 6 septembre 1876
DE KLOPSTEIN	Sous-lieutenant le 25 octobre 1876. Lieutenant le 18 décembre 1879.	Lieutenant-écuyer à l'Ecole militaire de Saint-Cyr le 26 septembre 1881.
DE VILLIERS DE LA NOUE............	Sous-lieutenant le 3 octobre 1876.	Au 5e dragons le 29 octobre 1877.
CALBA...............	Sous-lieutenant le 1er décembre 1876. Adjoint au trésorier le 1er mai 1881. Lieutenant adjoint au trésorier le 30 décembre 1881. Capitaine le 22 août 1888.	
LECARDONNEL......	Sous-lieutenant le 1er décembre 1876.	Lieutenant au 11e cuirassiers le 30 décembre 1881.
DE BEECKMAN......	Sous-lieutenant le 1er décembre 1876.	Démissionnaire le 28 décembre 1879.
BILGER.............	Major le 26 juillet 1877.	Chef d'escadrons hors rang au dépôt de Mérignac le 9 février 1879.
DU BOIS DE MEYRIGNAC............	Capitaine le 28 août 1877. Capitaine commandant le 28 avril 1882. Major le 30 octobre 1888.	Au 9e cuirassiers le 8 janvier 1889.
VINCENT LEFEBVRE DE CHAMPORIN ...	Sous-lieutenant le 21 octobre 1877. Lieutenant le 26 août 1881.	Lieutenant au 10e dragons le 11 mars 1881. Capitaine - instructeur au 12e dragons le 19 octobre 1887.
D'ANSTRUDE........	Sous-lieutenant le 1er octobre 1877.	Au 18e dragons le 30 octobre 1878.
BONNEMAINS.......	Lieutenant le 12 février 1878.	Démissionnaire le 5 mai 1880.
DE CHAPONAY......	Lieutenant le 19 février 1878.	Démissionnaire le 21 janvier 1880.
DE GANAY.........	Chef d'escadrons le 18 juillet 1878.	Lieutenant-colonel au 2e régiment de chasseurs d'Afrique le 22 février 1884.
MAURER...........	Lieutenant le 23 juillet 1878.	Au 3e chasseurs d'Afrique le 4 janvier 1881.
NŒTINGER........	Sous-lieutenant le 18 octobre 1878.	Lieutenant au 8e cuirassiers le 10 mars 1882.
DE BOUILLÉ DU CHARIOL............	Lieutenant le 21 octobre 1878. Capitaine le 5 juin 1883. Capitaine commandant le 3 mars 1888.	
GUISE.............	Major le 29 janvier 1879.	Retraité le 1er avril 1884
GÉRARD	Lieutenant le 25 mai 1879. Capitaine le 8 juillet 1886. Capitaine commandant le 3 janvier 1889.	

NOMS	ÉTATS DE SERVICES AU RÉGIMENT	MOTIFS DE LA RADIATION DES CONTROLES.
DUPONT-DELPORTE .	Lieutenant le 18 décembre 1879.	Au 2ᵉ chasseurs d'Afrique le 20 juillet 1881.
BOUYER	Capitaine le 24 mars 1880. Capitaine commandant le 12 juin 1883. Chevalier de la Légion d'honneur le 18 janvier 1881.	
DE LA BÉDOYÈRE. . .	Sous-lieutenant le 27 juillet 1880.	Démissionnaire le 3 juin 1882.
BLOT	Sous-lieutenant le 24 juillet 1880.	A la 6ᵉ compagnie de cavaliers de remonte le 18 juin 1882.
DÜRR	Sous-lieutenant le 27 juillet 1880. Porte-étendard le 31 août 1882. Sous-lieutenant le 30 décembre 1883. Lieutenant le 18 mars 1885.	
HAUBT	Lieutenant-colonel le 20 septembre 1880.	Commandant en second de l'Ecole d'application de cavalerie le 5 février 1882.
D'ALBIGNAC.	Sous-lieutenant le 21 septembre 1880.	Lieutenant au 2ᵉ dragons le 27 mars 1885.
D'OILLIAMSON.	Capitaine – instructeur le 20 septembre 1880. Capitaine-commandant le 29 décembre 1885.	Au 5ᵉ chasseurs d'Afrique le 19 octobre 1887.
ARMILHON	Sous-lieutenant le 23 septembre 1880. Porte-étendard le 30 décembre 1883. Lieutenant, porte-étendard le 13 mai 1885.	
HUDELLET	Lieutenant le 27 décembre 1880.	Lieutenant-instructeur à l'Ecole spéciale militaire le 20 septembre 1883.
DE DAMPIERRE.	Lieutenant le 27 décembre 1880.	Capitaine au 15ᵉ régiment de chasseurs le 8 juillet 1886.
MEYER	Lieutenant le 27 décembre 1880. Chevalier de la Légion d'honneur le 5 décembre 1882.	Au 3ᵉ chasseurs d'Afrique le 7 décembre 1885.
POUTORD	Sous-lieutenant le 14 mai 1881.	Sous-lieutenant de gendarmerie le 24 octobre 1884.
DEMAICHE	Lieutenant le 10 juillet 1881.	Au 10ᵉ dragons le 26 août 1881.
HUYN DE VERNÉ-VILLE	Sous-lieutenant le 9 août 1881. Lieutenant le 11 juillet 1883.	Lieutenant au 2ᵉ dragons le 14 avril 1883.
LE HARIVEL DE GONNEVILLE	Sous-lieutenant le 10 septembre 1881.	Lieutenant au 2ᵉ cuirassiers le 16 novembre 1884.
BROCH D'HOTELANS.	Lieutenant le 20 septembre 1881.	Démissionnaire le 1ᵉʳ mai 1884.
DE BENOIST.	Chef d'escadrons le 3 octobre 1884.	Lieutenant-colonel au 7ᵉ dragons le 22 février 1884.
BOQUET.	Capitaine le 30 décembre 1881. Che-	

NOMS	ÉTATS DE SERVICES AU RÉGIMENT	MOTIFS DE LA RADIATION DES CONTROLES
	valier de la Légion d'honneur le 7 juillet 1885.	
COLINET DE LABEAU.	Lieutenant-colonel le 27 janvier 1882.	Colonel du 4º régiment de hussards ie 7 septembre 1886.
LACAN	Capitaine le 21 avril 1882. Capitaine commandant le 18 juillet 1886. Chevalier de la Légion d'honneur le 29 décembre 1887.	Retraité le 1er mars 1889.
DEPRET	Sous-lieutenant le 9 septembre 1882.	Au 15º chasseurs le 21 octobre 1882.
WALCH	Cuirassier le 5 juillet 1874. Brigadier le 30 avril 1875. Maréchal des logis le 29 mai 1876. Adjudant le 1er mai 1880. Sous-lieutenant le 11 septembre 1882.	Au 18e dragons le 20 décembre 1883.
DE METZ	Sous-lieutenant le 11 septembre 1882. Lieutenant le 13 janvier 1887.	
DE SCHMID	Sous-lieutenant le 17 octobre 1882.	En non-activité pour infirmités temporaires le 30 août 1884.
RUEZ	Sous-lieutenant le 26 octobre 1882.	Au 4º cuirassiers le 12 janvier 1883.
BESNARD	Sous-lieutenant le 12 janvier 1883. Lieutenant le 4 mars 1887. Lieutenant adjoint au trésorier le 22 août 1888.	
DESPIERRE	Capitaine le 5 juin 1883. Capitaine-commandant le 13 mai 1885.	Major au 3º dragons le 8 juillet 1886.
DE CAZES	Lieutenant le 5 juin 1883.	Au 2º dragons le 4 juillet 1883.
CHAVANE	Lieutenant le 6 septembre 1883.	Capitaine-instructeur au 11e cuirassiers le 24 juillet 1884.
GABORIT DE MONTJOU	Lieutenant le 6 septembre 1883.	
DE VASSELOT DE RÉGNÉ	Sous-lieutenant le 6 septembre 1883. Lieutenant le 17 mai 1887.	Au 1er régiment de chasseurs le 23 octobre 1887.
DE COLLEVILLE	Chef d'escadrons le 22 février 1884.	Major au 7º cuirassiers le 16 novembre 1884.
OLLAGNE	Chef d'escadrons le 22 février 1884. Officier de la Légion d'honneur le 28 décembre 1885.	Commandant de recrutement (hors cadres) le 23 juillet 1886.
VERNHES	Lieutenant le 10 mai 1884.	Capitaine au 19e dragons le 1er février 1887.
SERVES	Major le 10 mai 1884.	Au 1er dragons le 4 décembre 1885.
SCHWERTFECHTER . .	Lieutenant le 13 juillet 1884.	Lieutenant - trésorier de gendarmerie le 1er avril 1885.
MAILLOT	Sous-lieutenant le 15 septembre 1884. Lieutenant le 30 octobre 1888.	

NOMS	ÉTATS DE SERVICES AU RÉGIMENT	MOTIFS DE LA RADIATION DES CONTROLES
BESSIÈRES	Sous-lieutenant le 15 septembre 1884. Lieutenant le 30 octobre 1888.	
LENS....	Capitaine le 7 novembre 1884. Capitaine commandant le 10 août 1888. Chevalier de la Légion d'honneur le 28 décembre 1888.	
ELIAS	Chef d'escadrons le 7 novembre 1884. Chevalier de la Légion d'honneur le 5 juillet 1887.	
MARCHAL.........	Sous-lieutenant le 7 novembre 1884.	Démissionnaire le 12 septembre 1885.
MILLEREAU	Lieutenant le 29 mars 1885.	
PACOT.....	Capitaine le 13 mai 1885.	En non-activité pour infirmités temporaires le 4 janvier 1886.
HENRYS	Sous-lieutenant le 6 septembre 1885.	Au 6e chasseurs d'Afrique le 19 octobre 1887.
MARTENOT DE COR-DOUE............	Sous-lieutenant le 6 septembre 1885.	Au 10e dragons le 31 décembre 1887.
DE GRAMMONT	Sous-lieutenant le 6 septembre 1885.	
DE CHAPPEDELAINE.	Sous-lieutenant le 28 octobre 1885.	
HAMEL	Major le 4 décembre 1885.	Commandant du bureau de recrutement de Châteauroux le 30 septembre 1888.
BRIDOUX..........	Lieutenant le 3 décembre 1885.	Capitaine-instructeur au 3e dragons le 1er février 1887.
DEZAUNAY	Capitaine-instructeur le 12 février 1886. Capitaine-commandant le 30 octobre 1888.	
DE LA SELLE.......	Lieutenant le 8 juillet 1886.	Au 28e dragons le 31 décembre 1887.
DULAC	Lieutenant le 8 juillet 1886.	
BAUVIN..........	Chef d'escadrons le 14 août 1886.	
ROZAT DE MANDRES.	Lieutenant-colonel le 24 août 1886.	Colonel du 4e cuirassiers l· 4 décembre 1887.
BORDIER..........	Lieutenant le 13 janvier 1887	Mis en réforme par mesure de discipline le 30 avril 1887.
BOUNEVIALLE	Sous-lieutenant le 13 janvier 1887.	
DE WIGNACOURT...	Capitaine le 12 février 1886.	Major au 17e dragons le 10 mars 1888.
CHEVALIER........	Sous-lieutenant le 7 septembre 1887.	
BIZARD..........	Sous-lieutenant le 24 septembre 1887.	
MUAUX	Sous-lieutenant le 9 octobre 1887.	
MALHORTY........	Capitaine le 7 octobre 1887.	Major au 9e dragons le 12 janvier 1888.
VACQUIER.........	Capitaine le 30 décembre 1887.	

NOMS	ÉTATS DE SERVICES AU RÉGIMENT	MOTIFS DE LA RADIATION DES CONTROLES
DE POURCET DE SA-HUNE......	Sous-lieutenant le 30 décembre 1887.	
FERTÉ...............	Lieutenant le 30 décembre 1887.	
DILSCHNEIDER......	Lieutenant le 11 janvier 1888.	Capitaine-instructeur au 10e cuirassiers le 13 juillet 1888.
DE CLÉRIC........	Lieutenant-colonel le 11 mai 1888.	
BARRY	Lieutenant venu par permutation du 10e cuirassiers le 31 décembre 1887.	
RICHARD..........	Sous-lieutenant le 30 octobre 1888.	
LEVÉ.............	Capitaine le 30 octobre 1888. Officier d'ordonnance du général de Gallifet.	
MACÉ DE GASTINES..	Lieutenant faisant fonctions d'instructeur le 30 octobre 1888. Capitaine-instructeur le 7 mars 1889.	
DE FONTANGES	Major le 26 décembre 1888	
DELORIÈRE........	Sous-lieutenant le 26 décembre 1888.	
TEISSIER..........	Capitaine le 7 mars 1889.	

Liste des Officiers d'état-major qui ont été détachés au régiment

DATES	NOMS	GRADES
De 1827 à 1829	DE BRESSIEUX...............	Lieutenant.
1831 à 1832	GINESTE DE LISSERTEL	Lieutenant.
1834 à 1837	DE MAC-MAHON	Capitaine.
1841 à 1843	SCHERB..................	Capitaine.
1844 à 1845	MITANT..................	Lieutenant et capitaine.
1846	GALLE..................	Lieutenant.
1847 à 1848	CHRÉTIEN...............	Lieutenant.
1848 à 1849	LEWAL..................	Lieutenant et capitaine.
1850 à 1852	VIDAL DE LAUZUN	Lieutenant et capitaine.
1853	MALAVIALLE	Capitaine.
1856 à 1857	HACQUART...............	Lieutenant.
1858 à 1859	DE CHAMPLONIS...........	Lieutenant et capitaine.
1858 à 1859	LEPLUS.................	Lieutenant.
1863	MARINIER...............	Lieutenant.
1863 à 1864	GODELIER...............	Lieutenant.
1866	DE MONTARBY............	Lieutenant.
1869	LACHOUQUE	Lieutenant.
1870	LAFUENTE	Lieutenant.
1872 à 1875	FOURNIER...............	Lieutenant et capitaine
1877 à 1879	DALOZ..................	Lieutenant.

Liste des Chirurgiens et Médecins

NOMS	ÉTATS DE SERVICES AU RÉGIMENT	MOTIFS DE LA RADIATION DES CONTROLES
SAVARY-DUCLOS	Chirurgien aide-major le 31 juillet 1831. Chevalier de la Légion d'honneur le 4 novembre 1849.	Passé aux hôpitaux militaires de la division d'Alger le 25 mai 1853.
COURBASSIER.......	Chirurgien major de première classe le 7 décembre 1850. Chevalier de la Légion d'honneur le 19 juillet 1846.	Passé au 11ᵉ d'artillerie le 27 juillet 1852.
SIMON	Médecin major de deuxième classe le 9 juin 1852. Chevalier de la Légion d'honneur le 25 septembre 1854.	Mis en non-activité pour infirmités temporaires le 4 mars 1855.
CANTELOUBE	Médecin aide-major de première classe le 16 août 1853. Chevalier de la Légion d'honneur le 22 décembre 1852.	Passé aux hôpitaux de l'armée d'Orient le 9 avril 1855.
JOLICLERC	Médecin aide-major de deuxième classe le 20 septembre 1855.	Passé à l'hôpital militaire de Dunkerque le 29 octobre 1855.
DAROLLES	Médecin major de deuxième classe le 11 mars 1855. Chevalier de la Légion d'honneur le 9 août 1854.	Mis en non-activité pour infirmités temporaires le 1ᵉʳ août 1855.
DUCROQQUET	Médecin major de première classe le 3 juillet 1853. Chevalier de la Légion d'honneur le 8 octobre 1852.	Passé au 1ᵉʳ régiment de voltigeurs de la Garde impériale le 30 mars 1858.
LINQUETTE........	Médecin aide-major de première classe le 10 octobre 1855.	Passé aux hôpitaux de l'armée d'Italie le 8 juin 1859.
CINTRAT..........	Médecin major deuxième classe le 4 avril 1858.	Passé au 1ᵉʳ régiment de grenadiers de la Garde impériale le 28 mai 1860.
RENDU	Médecin aide-major de première classe le 26 février 1860.	Passé au 15ᵉ d'artillerie le 5 novembre 1861.
RÉEB.............	Médecin major de deuxième classe le 20 juillet 1860. Chevalier de la Légion d'honneur le 10 octobre 1858.	Passé aux hôpitaux militaires de la division d'Alger le 10 septembre 1861.

NOMS	ÉTATS DE SERVICES AU RÉGIMENT	MOTIFS DE LA RADIATION DES CONTROLES
MIRAMONT	Médecin major de deuxième classe le 17 août 1861. Chevalier de la Légion d'honneur le 8 décembre 1859.	Promu médecin major de première classe au 37e régiment de ligne le 17 janvier 1863.
HEYMANN	Médecin aide-major de première classe le 18 octobre 1861.	Passé au 3e régiment du génie le 8 février 1865.
MARTIER	Médecin major de deuxième classe le 5 février 1863. Chevalier de la Légion d'honneur le 15 juillet 1859.	Promu médecin major de première classe au 79e régiment de ligne le 21 août 1869.
BROUILLET	Médecin aide-major de première classe le 31 décembre 1864.	Passé au 6e d'artillerie le 14 décembre 1865.
BUCQUOY	Médecin aide-major de première classe le 24 mai 1866.	Passé au 42e régiment d'infanterie le 23 octobre 1867.
WEILL	Médecin major de deuxième classe le 17 août 1869.	Passé au 20e d'artillerie le 3 février 1870.
PILLON	Médecin major de deuxième classe le 3 février 1870. Chevalier de la Légion d'honneur le 7 juin 1865.	Passé au 36e régiment d'infanterie le 10 octobre 1870.
ANNEQUIN	Médecin aide-major de première classe le 26 février 1870.	Passé au 5e dragons le 8 novembre 1870.
GUENEL	Médecin aide-major auxiliaire le 2 décembre 1870.	
JOURDAN	Médecin major de deuxième classe le 14 mars 1871. Chevalier de la Légion d'honneur le 11 octobre 1873.	Promu médecin major de première classe au 75e régiment de ligne le 11 juillet 1876.
CRUSSARD	Médecin aide-major de première classe le 14 mars 1871.	Passé à l'hôpital militaire de Vincennes le 17 mars 1873.
ABOT	Médecin aide-major de première classe le 14 mars 1871.	Démissionnaire du 4 septembre 1871.
LALLEMAND	Médecin aide-major de première classe le 31 décembre 1872.	Passé au 22e dragons le 23 octobre 1873.
VERCOUTRE	Médecin aide-major de deuxième classe le 7 juin 1875. Médecin aide-major de première classe le 11 janvier 1876.	Passé au 22e d'artillerie le 25 mai 1875.
LUX	Médecin major de deuxième classe le 17 juillet 1876.	Mis en non-activité par retrait d'emploi le 21 août 1877.
CRUSSARD	Médecin major de deuxième classe le 2 novembre 1877.	Nommé médecin major de 1re classe au 114e régiment d'infanterie le 6 septembre 1882.
PICQUÉ	Médecin aide-major de première classe le 7 mai 1880.	Démissionnaire du 27 décembre 1880.

NOMS	ÉTATS DE SERVICES AU RÉGIMENT	MOTIFS DE LA RADIATION DES CONTROLES
DARRÉ...........	Médecin aide-major de première classe le 3 janvier 1881. Médecin aide-major de première classe le 27 juillet 1883.	Passé au 73e de ligne le 7 septembre 1881. Passé au 7e cuirassiers le 12 janvier 1885.
ANDRÉ..........	Médecin aide-major de première classe le 9 septembre 1881.	Promu médecin major de deuxième classe au 106e de ligne le 1er septembre 1883.
MARESCHAL,......	Médecin-major de deuxième classe le 26 octobre 1882.	Passé au 16e bataillon d'artillerie de forteresse le 23 septembre 1883.
CHONÉ..........	Médecin major de deuxième classe le 4 août 1883.	Passé au 2e cuirassiers le 24 septembre 1887.
SCHOULL.,.......	Médecin aide-major de première classe le 21 janvier 1885.	Passé au 91e de ligne le 1er juin 1887.
FARCY..........	Médecin aide-major de première classe le 25 avril 1887.	Promu médecin major de deuxième classe au 96e d'infanterie le 1er mars 1888.
GREMION-MENUAU..	Médecin major de deuxième classe le 17 septembre 1887.	Passé à la division d'occupation du Tonkin et de l'Annam le 21 octobre 1887.
LAURENT........	Médecin major de deuxième classe le 14 octobre 1887.	Passé au 12e cuirassiers le 25 septembre 1888.
BAROIS.........	Médecin major de deuxième classe le 25 septembre 1888	
LANSAC.........	Médecin aide-major de deuxième classe le 5 novembre 1888.	

Liste des Vétérinaires

NOMS	ÉTATS DE SERVICES AU RÉGIMENT	MOTIFS DE LA RADIATION DES CONTROLES
LECLERC..........	Vétérinaire en premier le 1er juin 1827. Chevalier de la Légion d'honneur le 17 avril 1845.	Admis à la retraite le 20 juillet 1846.
STÉNOSSE.........	Aide-vétérinaire le 9 septembre 1833.	Démissionnaire le 20 janvier 1846.
DUTILH..........	Aide-vétérinaire de première classe le 12 septembre 1852.	Démissionnaire du 13 mars 1855.
MOULIN..........	Vétérinaire en premier le 11 juillet 1846. Chevalier de la Légion d'honneur le 29 décembre 1860.	Passé aux dragons de l'Impératrice le 22 mars 1861.
CROC	Aide-vétérinaire de deuxième classe le 6 mai 1854.	Passé au 2e chasseurs d'Afrique le 1er juillet 1857.
GUILLET.........	Aide-vétérinaire de deuxième classe le 21 octobre 1856.	Passé au 2e carabiniers le 12 mars 1858.
BIGOT	Aide-vétérinaire de première classe le 20 juin 1857.	Promu vétérinaire en deuxième au 1er hussards le 29 août 1858.
LESCOT..........	Aide-vétérinaire de deuxième classe le 30 mars 1858.	Passé à l'Ecole de cavalerie le 19 mai 1859.
FAUCON..........	Aide-vétérinaire le 16 août 1857.	Passé dans l'artillerie de la Garde le 10 mai 1861.
DURAND	Aide-vétérinaire de deuxième classe le 20 septembre 1859.	Passé au 2e carabiniers le 1er mars 1860.
MARTY	Vétérinaire en premier le 25 février 1860.	Passé au dépôt de remonte d'Aurillac le 29 mai 1860.
BONNET..........	Vétérinaire en deuxième le 4 février 1860.	Passé aux lanciers de la Garde impériale le 25 mars 1864.
BLANC	Vétérinaire en premier le 13 mars 1861. Chevalier de la Légion d'honneur le 19 avril 1860.	Passé au dépôt de remonte d'Auch le 2 février 1868.
CHARON	Aide-vétérinaire le 31 octobre 1861.	Passé au 5e escadron du train des équipages le 24 février 1866.
THOMAS	Aide-vétérinaire le 13 octobre 1865.	Passé au 2e hussards le 1er octobre 1868.
BERNADOT	Vétérinaire en deuxième le 24 janvier 1866.	Promu vétérinaire en premier au 36e d'artillerie le 30 décembre 1873.

26

NOMS	ÉTATS DE SERVICES AU RÉGIMENT	MOTIFS DE LA RADIATION DES CONTROLES
GERMAIN..........	Vétérinaire en premier le 3 janvier 1868. Chevalier de la Légion d'honneur le 31 décembre 1863.	Passé au 29e d'artillerie le 9 juin 1872.
QUÉTIN...........	Aide-vétérinaire le 12 octobre 1868.	Démissionnaire du 17 février 1872.
OLLIER..........	Vétérinaire en deuxième le 13 février 1879.	Promu vétérinaire en premier au 13e dragons le 31 mars 1885.
FLAMENS	Vétérinaire en premier le 29 juin 1872.	Passé au dépôt de remonte de Sampigny le 1er février 1875.
BEAU	Vétérinaire en deuxième le 16 octobre 1871.	Passé au 22e dragons le 27 juin 1875.
SALLE	Vétérinaire en premier le 20 juin 1875.	Passé au 9e dragons le 28 juillet 1875.
CLERC...........	Vétérinaire en premier le 14 septembre 1876. Chevalier de la Légion d'honneur le 31 mars 1871.	Mis en non-activité pour infirmités temporaires le 14 septembre 1879.
PETIT	Aide-vétérinaire le 23 octobre 1876.	Démissionnaire du 24 mars 1879.
BALDENWECK	Vétérinaire en premier le 21 octobre 1879.	Décédé le 29 avril 1888.
PONARD..........	Aide-vétérinaire le 23 octobre 1879.	Placé hors cadres le 22 octobre 1881.
MARCHAL	Aide-vétérinaire le 17 septembre 1882	Promu vétérinaire en deuxième au 18e dragons le 14 juillet 1888.
CAZENAVE........	Vétérinaire en deuxième le 18 mars 1885.	Passé au 25e d'artillerie le 7 novembre 1888.
KRAIT	Vétérinaire en premier le 28 mai 1888.	Passé au 11e cuirassiers le 27 août 1888.
VISEUX..........	Vétérinaire en premier le 27 août 1888. Détaché comme directeur provisoire au 9e ressort vétérinaire à Bordeaux.	Promu vétérinaire principal de deuxième classe le 30 novembre 1888.
DRAPPIER........	Aide-vétérinaire le 16 septembre 1888	
THARY	Vétérinaire en deuxième le 7 novembre 1888.	

Liste des Aumôniers

NOMS	ÉTATS DE SERVICES AU RÉGIMENT	MOTIFS DE LA RADIATION DES CONTROLES
MERCIER...........	Aumônier le 19 mars 1817.	Rayé le 24 octobre 1821.
AMONDIEU	Aumônier le 11 octobre 1821.	Démissionnaire le 21 février 1829.

Le Régiment de fer

Marche et Chant
du
1er Cuirassiers

En-ten-dez vous la fan-fare é-cla-tan-te la voix du chef et le pas des cour-siers, d'un Ré-gi-ment c'est la marche im-po-san-te l'on a-per-çoit des ar-mu-res d'a-cier

Animé

Sous l'u-ni-forme il faut qu'en-nui se tai-se, le noble or-gueil fait que chacun est

a T°

fier. On se sent vivre et le cœur bat à l'ai-se trois fois sa-lut au

Ré-gi-ment de fer. On se sent vivre et le cœur bat à l'ai-

Refrain

-se, trois fois sa-lut au Ré-gi-ment de fer. Beau Ré-gi-ment, ma-

-gni-fi-que co-hor-te, fiers es-ca-drons d'ou s'é-chappe l'é-clair

Votre aspect seul m'ex- alte et me trans- por . . te . . . Ou . . .

tut beau Ré-gi-ment de fer!!

2ᵉ COUPLET

Le régiment c'est aussi la famille,
Centre d'amis et de cœurs généreux ;
Poste d'honneur où le courage brille,
Comme au beau temps des toürnois et des preux.
Chacun connaît le dévouement sublime,
Noble devoir qui toujours nous est cher,
L'âme est loyale et le cœur magnanime, } bis.
On est soldat au régiment de fer !

3ᵉ COUPLET

Quand a sonné le clairon des batailles,
Chacun répond à la voix du pays ;
On court peut-être aux nobles funérailles,
Mais c'est la mort sur les champs ennemis.
Il faut alors, lorsque le canon tonne,
Voir nos soldats vrais diables de l'enfer,
Le plomb partout fait son œuvre et moissonne } bis.
Mais rien n'arrête un régiment de fer !

4ᵉ COUPLET

Jusqu'à présent sur ma feuille de route,
Dieu ne voulut apposer son visa,
J'étais pourtant à la grande redoute,
J'ai vu les eaux de la Bérésina.
A Waterloo j'ai porté la cuirasse,
Quel jour de sang, quel souvenir amer,
Comme un torrent, un ouragan qui passe, } bis.
J'ai vu charger un régiment de fer !

5ᵉ COUPLET

Ainsi parlait un vieillard intrépide,
Quand près de lui un régiment passa ;
Du vieux soldat l'œil gris était humide,
Ses vingt-cinq ans il se les rappela.
Son cœur ému tressaillit d'espérance,
Quand l'étendard passa superbe et fier ;
Je te salue, beau drapeau de la France, } bis.
Trois fois salut, beau régiment de fer !

TABLE DES MATIÈRES

ANGERS, IMPRIMERIE LACHÈSE ET DOLBEAU.

www.ingramcontent.com/pod-product-compliance
Lightning Source LLC
Chambersburg PA
CBHW071952270326
41928CB00009B/1415